经销商管理

动作分解培训

魏庆·著

图书在版编目（CIP）数据

经销商管理动作分解培训 / 魏庆著 . --3 版 . --
北京：北京联合出版公司，2025.5. --ISBN 978-7
-5596-8317-5

Ⅰ. F274

中国国家版本馆 CIP 数据核字第 2025CD5750 号

经销商管理动作分解培训

作　　者：魏　庆
出 品 人：赵红仕
选题策划：北京时代光华图书有限公司
责任编辑：周　杨
封面设计：亢莹莹

北京联合出版公司出版
（北京市西城区德外大街 83 号楼 9 层　　100088）
北京时代光华图书有限公司发行
涿州市京南印刷厂印刷　　新华书店经销
字数 501 千字　　　787 毫米 × 1092 毫米　　1/16　　32.25 印张
2025 年 5 月第 1 版　　2025 年 5 月第 1 次印刷
ISBN 978-7-5596-8317-5
定价：128.00 元

版权所有，侵权必究
未经书面许可，不得以任何方式转载、复制、翻印本书部分或全部内容
本书若有质量问题，请与本社图书销售中心联系调换。电话：010-82894445

目 录

前言 1

导读 7

课程概述 11

第一章　端正观念：多维度动态看厂商关系

本章是全书的理论基础，主题是端正观念：厂家、经销商、厂家业务员应该怎样客观理性地看待厂家和经销商之间的关系。

第一节　厂商关系中的悖论 003

第二节　多维度看厂商关系 010

第二章　新经销商的选择

解决一个问题，最好的方法是从根本上防止问题的发生。要想日后在经销商管理问题上少出麻烦，首先要学会选择一个好的经销商。

第一节　经销商选择的思路 033

第二节　经销商选择的标准 037

第三节　经销商选择残局破解 055

第四节　经销商选择动作流程 067

第三章　经销商谈判：激励合作意愿

对新市场进行开拓时，经销商是否大力配合厂家工作，直接决定了新市场开拓的成败。

同一个经销商，把这个产品做得"风生水起"，把那个产品做

I

得"一烂到底",说到底就是是否主推的结果。

第一节　经销商谈判的内功心法……………………………077

第二节　新经销商谈判"套路"一——树立专业形象…………087

第三节　新经销商谈判"套路"二——让经销商感到安全………096

第四节　新经销商谈判"套路"三——一定会赚钱……………108

第五节　新经销商谈判"套路"四——残局破解………………115

第四章　经销商日常拜访动作流程

本章将以情景模拟的形式,展现一个业务员日常拜访经销商的动作流程,同时提供具体的业务管理工具。

第一节　经销商日常拜访动作流程——服务模块………………125

第二节　经销商日常拜访动作流程——客户管理
　　　　和专业影响力模块…………………………………138

第五章　经销商政策制定"迷踪拳"

本章我们要学习一些管理层面和政策方面的内容。

通过这些比较独特且有效的经销商政策案例,揭示它们背后的规律和可复制的模型。

第一节　为经销商提供多维度商业价值…………………………155

第二节　经销商的第一层需求:厂家诚信服务…………………157

第三节　经销商的第二层需求:安全经营,不会赔钱…………162

第四节　经销商的第三层需求:持续的利润增长………………169

第五节　经销商的第四层需求:经营管理能力的提升…………175

第六节　经销商合同签订…………………………………………181

第七节　经销商考核奖励政策……………………………………191

第六章　"与狼共舞":大客户的治理

如何既能跟大客户合作,利用他们的资源迅速做大销量,又能避免副作用?怎样识别出好狼和恶狼(其中哪些是坚决不能继续合作,需要刹掉的恶性大客户)?怎样刹掉恶性大客户又不留后遗

目 录

症？这就是本章要学习的内容。

第一节　大客户是厂家自己养大的……………………………209

第二节　如何与狼共舞——与大客户和平共处………………212

第三节　屠狼有术——怎样让恶性大客户"安乐死"…………217

第七章　冲货、砸价治理

冲货、砸价是营销顽症，严重危害市场秩序。想要根治冲货，得靠各个区域经理、业务员、经销商身体力行，甚至要用到一些"江湖招数"。本章我们将着重学习站在执行层面根治冲货、砸价的招数和动作。

第一节　预防冲货，全面了解冲货类型……………………229

第二节　对症下药，千方百计打击冲货……………………233

第三节　预防二批接冲货和二批砸价………………………245

第八章　经销商管理如何模块化

"经销商管理"这门武功，包含了所有重点技术模块。把这些模块都学会了，我们就能变成经销商管理和经销商服务方面的高手。请思考一个问题："一个经销商，能不能把我们的品牌和产品在当地卖起来，取决于什么？"

第一节　经销商管理包括哪些模块……………………………259

第二节　厂家对经销商不满意，其实是经销商"替人背黑锅"…266

第三节　经销商销售人员考核的九个通病和雷区………………269

第四节　为什么我的经销商规模不一……………………………272

第九章　经销商自身运营能力提升

本章探讨的主题是经销商自身运营能力如何提升。老板经常会遇到这种问题：

"过去我给员工的是纯提成制，没有任务。现在打算回去改革，给员工做任务考核，结果员工知道后集体闹事，说如果考核任务，我们就不干了！"

类似的困局很多，老板计划在公司推行考核改革，结果员工不吃这一套。这事儿咋办？

第一节　经销商如何用最简单的方法管好销售团队 ……………… 277

第二节　业务员正在毁掉经销商的生意"命根子" ………………… 284

第三节　经销商老板不敢管业务员怎么办 ……………………… 290

第四节　经销商如何推进人员考核改革 ………………………… 296

第十章　这样操作才能精准解决终端动销问题

动销话题，涉及的体系很庞大，谈细节、给工具、讲方法，三十万字未必能写全面。

本章不讲具体实战细节，只讲框架逻辑，浓缩纲要。

第一节　终端动销所有工作清单 ………………………………… 305

第二节　精准营销，锁定能动销的网点 ………………………… 310

第三节　业务员要做"狙击手"，锁定能动销的店 ……………… 316

第四节　动销是考核出来的 ……………………………………… 321

第五节　动销的核心工作——终端动销检核 …………………… 327

第十一章　加强团队管理的正确做法

团队管理的重点是做对考核，向美团、顺丰等企业学习，思考除了"高待遇、低难度"之外，他们还有什么诀窍。

快消品经销商的业务员如果也能这样积极，那该多好！

其实，他们用到的方法并不神秘，本章就告诉你怎么做。

第一节　五个考核，让业务员像快递员那么积极 ……………… 339

第二节　要卖"你想卖的"才能赚钱：分品项考核细则 ………… 343

第三节　任务连环考核，业务员只能往前冲 …………………… 349

第十二章　打工人的自我修炼

很多高管之所以成为高管，不是因为专业强，而是因为格局大，最终获得老板信任，分享企业成果。

有大志的人，才能有大格局。见识过大海的浩瀚，就不必在

目 录

乎池塘里的是非。

第一节　老一代营销人，会不会没饭吃 ················· 359
第二节　打工者的格局 ····························· 361
第三节　销售培训新趋势 ··························· 364
第四节　营销"老炮儿"们如何保持"狼性" ············· 366

第十三章　营销高管的工作模型

用考核和示范，解决业务员"愿不愿意"卖新品的问题。

企业支持系统能否让业务员觉得"这个新品支持力度大"。

出台各种标准让业务员明白，按照标准去做就行。

最后还要监控业务员，"有没有正在推广新品"，进度如何。

第一节　年度增量规划的落地管理 ····················· 375
第二节　精准营销：管理动销机会店 ··················· 391
第三节　建立企业内部纠错机制 ······················· 396
第四节　如何面对"经销商资金不够" ·················· 399
第五节　经销商说"新品卖不动"，怎么办 ·············· 404
第六节　抓好"春节后"销售拐点 ····················· 410
第七节　年度营销规划绘制明年的"增量施工图" ········ 414

观点链接一　**有效的营销培训：从理念宣导落实到动作分解** ········· 421

营销培训如何突出实用性，作者针对这一话题的文章在当时引起了业内的广泛讨论，先后被多家媒体转载。

观点链接二　**营销人员的营销技能模块清单** ······················· 431

营销是一门技术，由一系列知识技术模块组成。企业如何根据这些模块建立自己的内部培训系统？营销人员在不同阶段要学习哪些技术模块？作者根据自己多年营销培训的经验，给出了具体工具和方案。

观点链接三　企业内部营销知识管理：肥水莫流外人田 ……………439

　　　　　　　企业内部如何建立知识管理体系——把企业历史上各个区域不同阶段的案例、经验、教训沉淀提炼出来，变成企业内部原发性的实用培训教材。作者根据自身操作体会给出此工作的步骤、工具、流程和执行细节。

后记　营销人如何跳出职场潜规则——营销人员的成熟职业心理 ……461

　　　　　　　营销人员怎么调试心态？怎么面对打工路上的种种"不公"？怎么面对鞭打快牛的潜规则？怎么面对职场政治？本文讲的不是成功学更不是厚黑学，而是一个老营销人对这些问题的体会。

2024再版后记　魏庆杂谈——闲话无常 ……………………………475

前　言

一、我也"已经老了"

"我已经老了",说这话的是写出《情人》的玛格丽特·杜拉斯。够狠！短短五个字,无限沧桑,尽显其中。

嘿嘿,没想到,现在也轮到我说一回了。

上大学的时候,我要勤工俭学、讨生活、赚饭钱,下午放学后沿街卖快餐,春节放假钻地下通道卖灯笼。同学们在宿舍喝酒、打牌、看电影的时候,我却在街头为学费奔波。

作为国内首批计算机专业的本科毕业生,我却在一片反对声中,扔掉了抢手的专业对口工作,跑去卖饮品。

出身贫寒,学历一般,根基浅薄,无势、无才、无背景。从我撞进营销行业算起,已超20个春秋。从一家卖红酒的民营小公司开始,我辗转进入可口可乐、顶新国际集团等大企业。从直销车司机做起,一步一步做到营销总监。怀着满腔"攻城略地、建功立业"的营销狗血理想,我从没想过要弃"武"从文。

后来机缘巧合,我偶然给兄弟企业讲课,把自己的一线工作经验做好总结,讲给同行们听。其间我不经意发现,营销人员非常渴望这些源于一线的经验,他们迫切需要这类能迅速学以致用的动作分解式的培训。于是我离开营销总监岗位,站上了三尺讲台。

从最初做沿街叫卖的小贩,到转行做营销的另类毕业生;从走街串巷、爬冰卧雪的基层"销售农民工",到"统帅三军"的营销老总,再到现在变成一个拥有掌声、鲜花、红毯的教书先生;从当年顽疾附体、吃中药如牛饮、多愁多病的药罐子,到如今逐渐康复,每天健身两小时的运动狂……回首过往，我也算看了不少风景。

2004年应邀写这本书的时候，我刚刚进入营销培训顾问行业两三年。彼时无知者无畏，对前辈老师们颇多不屑，结果遭了报应。今天我也成了前辈"老家伙"。本书再版之时，我也算是个"老教师"了，回忆起那些莽撞的青春往事，还真是有点恍惚。

二、有关这本书的再版和修订

《经销商管理动作分解培训》讲的就是经销商管理那点事，内容无关热点风云，无关企业内幕，无关成功学，无关基础理论知识，更无关风花雪月。一本读者面不那么宽的专业书籍，多年之后能再版，作为作者，我当然很高兴。

本书内容是在我的两门很成熟的培训课程教材基础上进行了精选和修订。2004年写第一稿时我累惨了，那时候的我还是个"武将"，理论功底太薄，原以为不过是轻松的文字整理，谁知一落笔，历时四个月方才尽兴。其中最大的艰辛，不是立论之勇，也不是专业深入之难，而是从口语到书面语言的转变，从专业性到可读性的延伸。书中所有的销售思路、普适规律、解决技巧，全部要能够变成动作，让读者上午读完，下午就能用，同时还要防止"营销问题解决方案固化"对读者的误导。"寒天饮冰水，点滴在心头"，字字句句都付出了难言的艰辛，目的是让读者阅读畅快。

再看这本书的内容，经年积累下来，其实书中的每一个章节都可以再充实，独立成册。在经销商管理这个大话题下面，也有很多新的小话题可讲——那就成了系列书了，容量太大，时间也不允许。所以此次再版，我对第一章"端正观念：多维度动态看厂商关系"、第四章"经销商日常拜访动作流程"、第五章"经销商政策制定'迷踪拳'"，以及观点链接、后记等内容进行了更新。

开篇之前，丑话在先，还是要再次给大家打两针预防针。

第一针：不要排斥其他行业的经验。

相信大家会从书里闻到红烧牛肉面或者汽水、果汁的味道——因为我做销售这么多年，都是卖吃卖喝（食品、饮品），行业痕迹在所难免。

刚刚进入培训行业的时候，我也以为自己只能给食品、快速消费品行业讲课。没想到后来偶然的机会，我进入了家电行业、建材行业，甚至给农药行业、传媒产业做培训，联想、康佳、重汽王牌、大自然家居、美的、东鹏瓷砖，甚至电视台……一家一家讲，效果竟然很好。

原来营销的模式真的相通，原来快速消费品行业的经验在其他很多行业中都能复制和借鉴。

如果你做的不是快速消费品行业，也不妨把心态放平一些，看看这本书里面有多少经验方法和动作可以借鉴。相信你看完后，一定能发现很多与你的工作相通甚至相同的地方。

第二针：不要期望太高。

书中没有高深玄妙的新流派、新理念，全是大家日常工作中遇到的实际问题。相信大家会在书中看到自己昨天碰到过的故事，有的能让你看到自己的影子，有的可能让你感觉似曾相识。我只期望把工作中常遇到的凡人凡事剖析清楚，讲出背后隐藏的规律、动作和模型，能够做到"把理念宣导落实到动作分解"，让大家学完马上就能用。"从理念到动作"，既是中国营销界和培训界的机会，也是一大难题，更是我作为培训顾问一直追求的目标，我坚信这个方向在未来会成为主流。

三、我把青春献给你

有一本书的名字叫"我把青春献给你"，我看到这个书名时深有感触。

我从没有做过人生规划，但冥冥之中似乎有明灯指引，让我花了20多年的时间，把所有心智集中于一点，心无旁骛地只做营销这一件事情。之后我又花了近10年的时间，摆脱了营销培训"客串票友"的身份，往更专业的方向发展。

我已执教20多年了，其间认识了无数同行和前辈，当中有不少人或功成身退，或悄然转行。成也好，败也罢，最后无非是过眼烟云。

按照武侠小说里的说法，"江湖上每天都是要死人的"。无人能够幸免，所以无须感叹，只有感恩。多年之后，我依然能侥幸在营销咨询培训界有一席之地，被客户和同行们接受，心中甚为感恩。无端被人喜欢，这是"飞来横福"，对这种福气，我很敬畏也很珍惜！

只是有时看到自己的客户企业和学员的公司上市、打败国际企业、管理期权兑现，创造了一个又一个营销奇迹和传奇人生，心中会有点茫然。毕竟我也有过激情燃烧的岁月，金戈铁马的梦想在我心中从未消退。如今做学问（如果每天码字写文章、读书、备课、实践、总结，这些都算是做学问的话），安静有了，稳定有了，安身立命的事情也有了，但是寂寞和失落也来了，而且来得很凶猛。

我要不要"还俗"，也去做点什么更刺激的事情？这种情绪曾困扰我很久，一度令我落寞，宛如《七剑下天山》开头那首词中说的："把剑凄然望，无处招归舟。"

"戒生定，定生慧"的智慧帮我从纠结中解脱。人总是想要的太多。以我的兴趣、精力、体力和念力，"入佛门六根不净无法免俗，进商界狼性不足欲念太浅"。唯独做个旁观者，享受孤独，"板凳要坐十年冷"，用超出常人的耐心，记录、总结、实践、提炼、备课、讲课，以此来做学问。

营销的入门门槛低，大多数人很轻松就能入门。但是，这些人最终的际遇差别又特别大。市场比营销变化快、游戏规则升级、销售队伍年龄变轻且学历变高，造成企业兴衰交替加速。在这些背景之下，只有极少数的佼佼者能脱颖而出、春风得意，更多人的努力往往会被湮没。多少意气风发、满腔热血、理想的少年郎进去，患有脂肪肝、胃溃疡、神经衰弱，白发委顿、未老先衰的"老家伙"出来另谋生路？营销人生就是一部悬疑惊悚剧，多少曾经风流的人物，只差一步到罗马，至今苦苦谋生。

营销有多难？"营销"细化一下是"销售"，再细化一下是"消费品销售"，即使做熟做透了，也无非是"区域市场管理""经销商管理""中小终端线路管理""卖场谈判管理""新产品销售管理""销售数据分析""促销管理""销售团队考核激励""销售团队命令奖罚"等几十个话题。每一个话题之下，营销人员总是碰到重复的具体问题，而这些问题的答案其实早在民间（欲知详情，且看本书的观点链接）。只不过营销人员忙于低头拉车，没时间抬头看路。这些宝贵的智慧倘若无人整理，不能积累成实实在在的知识产品，与大家同享，那么终究会流失，实在太过可惜。

后面的10年、20年、30年，我希望竭尽所能，将这些营销问题的答案和常识记录、收集、梳理，变成可复制的经验、模块、模型，提炼成知识产品，陆续推出，最终集成类似消费品营销技能模块清单、营销常识大辞典、十万个怎么办等系列工具书，把自己的经验全部回馈给这个行业。所以，《经销商管理动作分解培训》的升级再版，仅仅是个开始。相信很多看过我文字和听过我课程的读者、听众，将来肯定会比我优秀，只希望我的文字能影响他们，让他们的营销工作有据可依。营销新人入行，能按照营销技能模块的目录，按图索骥去学习。能多看到一点"前人摸的石头"，"过河"就轻松些，营销生涯也能少些艰辛和弯路。这将是我今后的快乐，是命运对我的恩惠，也是为文者最微薄的一点希望。

我想这件事情足够我做一生，也值得"我把青春献给你"。"并非只有蜜蜂在花丛中飞行，然而只有蜜蜂才将花粉收起来酿蜜"。我相信我有这个自律能力，有这个专业储备，也有这份精力。

——写下此序，与我2002年初次踏上讲台时同样是宜人的初夏，但其间相隔已数十年。时年岁在甲辰，前取龙虎之凶猛助威，共享太平。

四、鸣谢

一路学营销以来，前辈大家们的专著暂且不提，光是《销售与市场》杂志、《商界》杂志，以及中国营销传播网站上各位营销同行的真知灼见，已让我获益良多。培训师最幸福的是能以天下为师，我已经培训了几百家企业，在课程的问答互动过程中、培训前访谈和市场走访过程中，乃至在饭局闲谈中，我也一直在向各路精英们讨教，在此衷心感谢同行们的交流和指导。在文字表达上，我非常喜欢刘原先生、戴厚英女士的著作，因此费尽心思地把两位老师所有能找到的作品都搜来学习，算是个偷师自学未成才的"俗家弟子"，在此拜谢。

导 读

一、本书在讲什么

《经销商管理动作分解培训》是作者集多年一线营销实务经验原创撰写。就此课题，作者已经先后为可口可乐公司、联想集团、统一企业、美的集团、创维集团等数百家企业的营销队伍提供了培训。

课程主要围绕厂家对经销商的选择、激励、日常拜访和管理，销售政策制定，冲突解决，价格秩序维护，大客户更换等常见问题，给出实际操作方法和应对难题、破解残局的动作。

二、本书的特点是什么

书中所有的营销理念和方法都落实到了动作，读者上午看完，下午就能用！

第一，"情景对话"的风格，内容安排上有点像电视连续剧脚本。

模块顺序完全模拟一个业务员选择经销商，激发经销商合作积极性，共同开发新市场，管理老经销商，制定经销商的促销方案和销售政策，处理冲货、砸价、"剁"大客户等问题的实际工作过程来描写。

第二，针对经销商管理过程中常遇到的问题设置"残局破解"模块，解决实际问题。

培训了几百家企业，发现他们在经销商管理方面遇到了一些共性问题，比如冲货、砸价、欠款、客大欺厂、经销商不主推、没有合作意愿、抱怨产品价格高或者利润低等，书中每一个章节都设置了"残局破解"模块，给出了有针对性的解决方法和动作流程。

第三，内容通俗易懂，语言幽默风趣，读起来会比较轻松。书中的营销笑话也有不少，寓教于乐。非常适合做以经销商为主体通路的企业营销人员培训教材。

三、本书怎么读、怎么用

请重点关注目录，本书目录篇幅较长，里面详细列明了每一章节的知识点、动作、技巧和解决的问题。读者可以参照目录迅速检索出自己关心的章节，作用类似工具书，现用现查。

本书正文共分十三章，每章的内容简介如下：

第一章从厂家、经销商、厂家业务员三个角度来分析厂商之间的利益纠葛，有助于各方摆正心态、化解不平之气、纠正错误观念。

第二章和第三章讲经销商的选择和具体的谈判操作内容，适合一线人员学习，也适合经理学完后拿去指导业务员。

第四章讲经销商日常拜访、日常管理的专业模型，适合一线人员学习，更适合企业以此为范本，建立起自己的制度和流程，规范一线人员的经销商拜访行为。

第五章讲销售、促销政策制定的内容，对销售经理、销售总监、总经理会有很大帮助。

第六章和第七章是针对企业普遍存在的冲货、砸价、价格混乱、大客户反控厂家等问题，具体该用什么动作解决的专题讲解。管理层和执行层都能在里面找到自己关心的内容。

第八章讲"经销商管理"这门武功，包含所有的重点技术模块。把这些模块都学会了，你就能变成一个经销商管理和经销商服务方面的高手。

第九章讲的是经销商如何用最简单的方法管理好销售团队，特别是如何管理好业务员，别让业务员毁掉经销商。

第十章讲的是做好终端动销的具体方法和工具，特别是如何用好工作清单，如何对业务员做好考核等。

第十一章讲的是如何利用考核做好业务员管理，让快消品经销商的业务员像快递员一样积极。

第十二章讲的是一个职业经理人，在面对未来市场的变化时该何去何从，如何在瞬息万变的发展浪潮中获得自己的一席之地。

第十三章讲的是营销高管在面对经销商常见的问题时，如何利用自己的工作模型提升业绩，同时不断提升自己的工作技能。

"观点链接"部分节选了我的几篇有关营销培训话题的探索性文章，供同行切磋。其中《有效的营销培训：从理念宣导落实到动作分解》讲述了我的培训主张，该文章曾经先后被国内十几家媒体转载。还有新收录的《营销人员的营销技能模块清单》和《企业内部营销知识管理：肥水莫流外人田》两文，对企业构建内部培训体系会有所帮助。

后记《营销人如何跳出职场潜规则——营销人员的成熟职业心理》，讲述了我数十年职业经理和营销顾问生涯中对"如何面对办公室政治""营销人员如何面对鞭打快牛的业绩压力""营销人员如何用企图心、专心、耐心来落实自己的职业生涯规划"等问题的感受和体会。其内容在培训现场深得学员共鸣，可作为营销新人的心理建设教材，也可作为营销老手的自勉文章。

课程概述

本小节是正文的开篇，我们先一起了解一下经销商管理这门课程的写作思路和主体框架模块设置。

一、经销商管理的市场背景

1. 经销商管理很重要也很复杂，但是正在被轻视

超市渠道一直比较强势，营销界言销售必讲终端，言终端必指超市卖场。似乎卖场已经成为日用品企业营销工作的重中之重，我觉得有点热过了头。

毋庸讳言，商场超市是产品重要的形象窗口之一，不可小视。但目前商场超市只是在个别较大的城市才真正成为主流渠道，而在大多数北方城市，尤其是二三线城市，零售额还是集中在零销店、批发商和经销商身上。

从全国市场的角度看，目前渠道的主流绝对不是商场超市，销量还是要靠经销商、批发商和零销店来完成的。经销商管理很重要，因为他们才是区域市场真正的操作者。同样的产品，同样的价位，同样的广告投入，甚至基本相似的市场环境下，甲经销商能把市场做得"风生水起"，乙经销商却可能一败涂地——至少在未来5~10年，仍然可以毫不夸张地讲，有什么样的经销商，就有什么样的市场！

2. 经销商管理企业需自省

很多企业抱怨"国内经销商素质低""无序竞争严重""喜欢客大欺厂"，等等。出现这种情况，根源主要在企业自身。这些企业不妨问问自己："我选择经销商的标准是什么？是按既定标准认真考查，还是只要有钱进货就来者不拒？""我的经销商政策是否避开了'高销量者高返利'的误区？""我能定期掌握各地经销商的库存吗？能及时了解各地经销商的出货网络和价格

吗？""我的员工接受过'如何有效管理经销商'的培训吗？"

如果这些最基本的问题你都不能做出肯定的回答，那么答案很明显：不是经销商难管，而是你管得太差。

经销商管理很重要——每一个企业都知道，但对此问题的认识只停留在口头上是不行的，企业要真正在员工技能培训，经销商政策制定，经销商的库存、价格、出货网络掌控等方面下功夫。

经销商管理工作很复杂，但深究一下就会发现，情况并非像大多数企业抱怨的那样。不是"中国的经销商难惹"，而是厂家的经销商管理工作太不扎实。

本课程就是从实际操作的方法、动作、难题应对和残局破解的角度，帮助企业解决经销商管理的一系列问题。

二、经销商管理课程设计具体思路和模块设置

1. 树立正确的观念，正确看待厂家和经销商之间的关系

营销媒体常常在喊"厂商（即厂家和经销商）之间是鱼水关系、双赢关系"，大多数业务员也会觉得，酒量大，销量就大；关系好，销量就好。把经销商管理完全看作是做客情，业务员的"功力"都体现在能否和经销商搞好私人关系上。

受这些片面观点的误导，很多业务员在拜访经销商的过程中，跟客户天南海北地闲聊——沟通客情，但就是不讲市场怎么操作。对于经销商砸价、冲货、截留促销品等种种恶意操作，业务员也不敢"管"——怕得罪"上帝"，损失销量，最终导致市场主动权完全掌控在经销商手中。实际上，真正懂销售的人都知道，厂商之间的关系根本没有那么单纯。

观念决定行为，业务员的经销商管理培训首先要从端正观念开始，让大家了解厂家与经销商关系的实质，了解自己作为一名业务员所扮演的角色。

2. 经销商选择的整体思路、标准、动作分解、动作流程

解决一个问题的最好方法是从根本上防止问题的发生，要想有效管理经销商，就要先学会如何科学地选择经销商。

（1）经销商选择的思路

经销商不是越大越好，选择经销商要全面考虑。不但要考查他的实力，还要看他是否有强烈的合作意愿，在商誉、终端网络和行销意识等综合指标上是否达标。

（2）经销商选择的动作分解

厂商关系实质、经销商选择思路培训都是理论教育，业务员听起来会觉得很有意思，但大多听完还是不知道如何行动。所以下一步的工作就是把理论教育向下延伸，变成实战场景，并落实到每个动作的分解——告诉业务员经销商的实力、行销意识等各项指标在实际工作中应该如何调查；每一个大指标可以拆分成多个小指标，通过哪些动作——问什么话、走访哪些区域、观察什么现象、搜集什么数据、怎么发问等，如此才可以逐一落实对以上指标的评估。

（3）引导业务员把注意力集中到正确的方向上

知不等于行，人的思维有惯性，业务员记了一肚子思路、动作、标准后，下市场还是喜欢按过去的思维习惯去找一个大客户回来。所以要再建立一个客户评估模型，让业务员用这个模型对候选客户进行评估打分，从而引导业务员的思想和注意力向前面讲过的标准和动作上集中。评估模型如何建立，以及模型的主要内容、使用方法、注意事项等，也要逐步落实到动作上。

（4）动作流程给业务员更感性的认识

业务员明白了经销商选择的思路、标准、动作、评估工具，就一定能科学地去寻找经销商吗？不尽然。业务员到一个陌生市场中，面对那么多的人和车，不知道当地方言怎么讲，不知道批发市场门朝哪边开，一下子就会晕头转向。老虎吃天不知从哪儿下口，一肚子学问不知怎么用，所以还要给业务员一个工作流程，告诉他到陌生市场下了车之后，先干什么，再干什么，最后干什么，给他把流程完整地演一遍，就能让他在实际工作中懂得运用所学到的知识筛选经销商。

3. 如何促成准经销商的合作意愿

正式签合同之前，和经销商的合作还只是厂家的一厢情愿，客户最多只能算"准经销商"。现实工作中往往不是你选客户，更多的时候是客户选你，有些客户各方面条件都不错，但他对经营你的产品不感兴趣。如何激发客户的合作意愿就成了经销商选择的最终问题，也是难点问题，所以要再教业务员如何和客户谈判，激发合作意愿——怎样分析客户的心态，谈判前做什么准备，谈判时要选择怎样的环境，什么时候保持沉默，什么时候要陈述观点，第一句话讲什么，常见的经销商的疑虑和异议是哪几个，什么时候反驳，怎样反驳，等等——最终打消客户疑虑，完成经销商选择的工作。

4. 经销商日常拜访动作分解、动作流程

业务员和新经销商打交道，要介绍产品，要宣讲政策，总之有很多话题可讲。一旦新经销商选定，新市场开拓完成，新经销商就变成了老客户。老客户对公司的产品、政策都比较熟悉，业务员周期性拜访老客户时说什么就成了问题。

外埠市场业务员拜访经销商，早上坐车去，晚上坐车回，中午吃顿饭，一天有效的工作时间其实不超过四个小时。在这有限的工作时间里，如果企业不能给业务员一个清晰的方向，让他们明确拜访经销商的具体动作，那么大概率会出现下面这样的情况：

业务员见经销商后只会讲老三句——"货卖得怎么样？""钱什么时候给？""这次公司有'买百送二'的政策，你这边能要多少？"。然后就开始和经销商聊私人感情，真正有建设意义的市场工作一点也没做。如此，经销商拜访简直就像"走亲戚"。

其实，并非业务员偷懒，而是他们不知道拜访经销商到底该做什么。企业支付的薪资有限，想招到能力一流的业务员，仅靠一点企业文化和经营理念的灌输是不大可能的。企业要告诉他们，具体该做哪些动作。比如，抬起脚、向前伸、向下踩，这就叫迈了一步。

这样做，业务员就能知道原来拜访经销商有9件事、12个动作要做；知道在拜访经销商时，下车后应该先干什么，后干什么；还能知道见面后第一个10分钟做哪些动作，第二个10分钟做哪些动作；知道经销商见面后通常第一句话会说什么，自己应该如何应答；知道经销商最常问的10句话是什么。这样业务员就有了清晰的方向，工作才会更有成效。

5. 企业行为对经销商管理的作用

经销商管理不仅仅体现在业务操作层面，而且企业对经销商的年终返利、销售奖励、账款控制与企业的经销商大会、企业业绩分析系统等对经销商网络健康都能起到预警作用。这些制度化的企业行为对经销商管理来说是很重要的。企业行为对经销商管理的动作演绎，包括签订经销商合同，以及制定促销方法、销售政策、账款政策、业绩监控等。

6. 经销商管理面临的常见营销残局如何破解

销售很多时候没有道理可讲，经销商就是会"冲货砸价"，客户就是会"欠钱不还"，大经销商就是会"客大欺厂"，小经销商就是会"尸位素餐"——把市场做得到处留下空白，还不允许你开第二户。

类似这种营销残局问题，读者期望看到的绝不是"如何合理设置价格，防止问题发生"等类似事后诸葛亮的说教，而是更想知道解决问题的具体方法。

在这一部分中，我集多年实战经验，在近百家企业的培训、答疑、互动讨论过程中搜集素材，对常见的典型市场残局、业务操作细节问题提出破解方法和具体动作。

综上所述，经销商管理课程设置的整体思路如下：

层层递进，抽丝剥茧，贴近业务员实际工作场景，落实到动作分解。

只有这样，培训内容才会更有利于业务员吸收，让他们学后立即能用，从而更有实战效果。

第一章

端正观念：
多维度动态看厂商关系

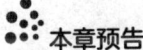 **本章预告**

本章是全书的理论基础，主题是端正观念：厂家、经销商、厂家业务员应该怎样客观理性地看待厂家和经销商之间的关系。

1. 营销界流行的说法，"厂家与经销商之间是双赢关系"，真的成立吗？

2. 纠正业界在厂商关系问题上常见的认识误区。

3. 剖析经销商和厂家"利益纠葛"的具体表现，揭示厂商多维度利益关系的实质。

4. 理念应用：

（1）厂家业务员管理好经销商的标准是什么？

（2）厂商博弈过程中，厂家迅速掌握经销商下线客户网络的五个方法和七个动作。

（3）厂家组建业务团队帮经销商做市场时，如何避免"主劳臣逸"的陷阱。

（4）厂家业务员如何分别赢得经销商老板和经销商业务团队的支持。

第一节 厂商关系中的悖论

一、业务员在厂商关系问题上的认识误区

1. 厂家和经销商关系的实质是什么

这是一个很初级的问题，你也许觉得很可笑，但实际上就是这么初级的问题都有很多人答错，不信你先试着自己回答一下，之后再看下面的内容。

人的观念决定行为，观念上有针眼大的窟窿，行为上就能吹进斗大的风。大多数业务员在经销商管理工作方面的低效表现，说明他们不仅有技能问题，甚至对自己是谁——作为一名厂家业务员，在和经销商打交道的过程中到底扮演什么角色——都没搞清楚，厂家和经销商之间的关系也没摆正位置。于是，就会出现下面这两类业务员。

（1）第一类业务员

第一类业务员的作风偏"左派"，目前这种业务员变得越来越少，因为已经"混"不下去了。

观念： 厂家和经销商之间是买卖关系、贸易关系。

行为： 千方百计、花言巧语地让经销商压货，以为只要销量任务完成，货款追回来就万事大吉了，之后人也不见了踪影。至于经销商的货卖得怎么样、卖的什么价格、卖到哪里去了、有没有即期的风险，等等，他一概不管。经销商要想再见他，除非打电话说要进货或者回款。

（2）第二类业务员

第二类业务员的作风偏"右派"，80%以上业务员属此行列。

观念： 经销商是客户，"客户就是上帝"。经销商管理就是做客情，做客情就是讲江湖义气，酒量大销量就大，关系好销量就好。

行为一：标准化操作。见了经销商只有老三句——货卖得怎么样？钱什么时候能给？这次公司有新政策，你要多少货？

行为二：以客为尊。在经销商面前犯"软骨病"，对经销商的种种恶意操作（如砸价、冲货、截留费用等）视而不见。

行为三："业务技能"熟练。江湖气十足，酒场上妙语连珠、来者不拒，牌桌上花样百出、样样精通，业务工作的主要内容就是陪着经销商吃吃喝喝——做客情。

行为四：善于"双赢"。帮经销商向公司哭穷，要福利政策，甚至帮经销商冲货、截留促销品，最后经销商赢得销量和利润，业务员得到业绩奖金，认为这是"双赢"。

行为五：摸不清重点。整天围着经销商转，天南海北地闲聊，跑前跑后地帮忙，但就是不说正事，不讨论市场下一步怎么做、不掌握经销商的库存、不帮经销商分析市场、不做市场策划方案，对经销商的出货价格、下线网络等更是一无所知。

显然，上述两类业务员在经销商管理工作上都不会取得好结果。第一类业务员只顾压货而没有服务，经销商甚至会对厂家产生轻视、怨恨的情绪（认为厂家不负责任，老是让我多进货，卖不动了他们也不管）；第二类业务员与经销商私人关系不错，但对经销商的管理只停留在"讨好"客户的层面。最终，这两类业务员都会得到殊途同归的几种结果。

结果一：厂家业务员的市场工作仅限于经销商拜访，对经销商下线市场的网络、库存、价格等一无所知，市场完全被经销商反控。

结果二：厂家的各种终端促销资源完全交给经销商执行，没有辅导和监控，导致促销不能有效落实，终端表现无法提升。

结果三：不能有效制止经销商的冲货、砸价等恶意操作，市场价格秩序混乱。

2. 厂商之间的关系到底该如何定位

我多次在培训课堂上提出这个问题，学员的回答大多是——厂商之间是"夫妻关系""双赢关系"，甚至在一次公开课上，有个老总级别的学员的回答是："经销商是厂家的衣食父母，不是亲人胜似亲人。"

这话说得简直是神志不清！多年的营销经验告诉我，厂家对经销商不仅要积极服务、大力扶持，更多时候应该是做到六个字："斗智"（引导经销商按厂家的市场策略行事），"斗勇"（制裁恶意操作、不听劝阻的经销商），甚至"斗狠"（对恶意扰乱市场、拖欠货款的经销商要及时坚决取缔，甚至诉诸法律）。厂家和经销商之间一直是互相仰仗又互相利用、互相扶持又互相提防的关系，既有鲜花、美酒、红地毯，也有皮鞭、镣铐、狼牙棒，间或上演"凌迟剥皮"的悲剧冲突。

夫妻关系、双赢关系，谁说的？

书上！

营销界专家学者们怀着善良的动机创造的舆论，在一定程度上误导了业务员，使业务员在经销商面前犯了"软骨病"，通过跟经销商搞好私人关系和纵容经销商违规操作换取"客情"，对真正可以帮助经销商创造效益、改善经营状态、塑造专业客情的工作（如对经销商的库存、价格、网络的内部管理，市场操作方面的协助、辅导、掌控等）却一点不做，最终既害了自己（业务技能无法提升），又害了厂家（市场混乱、销量降低），也害了经销商（产品做不起来，经销商只贪图眼前小利，不能成长）。

二、厂家与经销商之间的利益差异

厂商之间关系的实质是什么？我们先不下结论，而是来分析一下厂家和经销商各自的利益是否相同。

1. 经销商最想跟厂家要的条件是什么

是促销政策？还是更高返利？都不对。经销商最想要的一定是"拿货不给钱"的赊销政策，然后才是其他。

归纳一下，经销商想跟厂家要的条件如下：

（1）降低资金风险

① 先赊货，后付款。

② 低价格，高返利。

③ 单次要求的提货量少。

④回转快，卖不完可以退货。

⑤旺季有充足的货源保证。

（2）更大的独家经销权利

最好是："中国总代理10年不变"等类似的协议。

（3）更多的支持

①厂家投入更多的人力，帮经销商拿订单和做推广。

②厂家提供更多的推广费用，以及广告、促销的支持。

（4）更好的服务

①产品质量没问题。

②客诉出现时，厂家能马上出面处理。

③及时送货，及时调换不良品。

（5）更宽容的态度

①旺季经销商的运力不够，导致下线客户经常断货，希望厂家不要追究。

②借厂家的产品打开销售通道，还要卖点高利润的竞争品牌的产品，希望厂家别介意。

（6）其他

①厂家给经销商更多的培训辅导。

②厂家的品牌影响力要够强，这样经销商才有面子。

③厂家的产品能弥补经销商当前经营产品线的不足。

2. 厂家最想让经销商做什么

厂商交易时，厂家最想让经销商做下面这些事：

（1）降低厂家成本

① 先给钱，后给货（年初缴保证金，每月固定的结算日，账上要预留30万元的货款，总之占用资金越多越好）。

② 最好整车进货，以降低厂家的配送成本。

③ 产品销售和库存管理细致，尽量别出现退货。

（2）专注的投入

经销商如果想要"经销独家"，就只能专心做厂家的这一种产品。

（3）市场推广力度大

经销商最好有成熟的网络、充足的人力与物力，厂家不必有太多的投入，经销商就能自行开拓与推广市场。

（4）配合力度大

① 经销商最好能完全配合厂家的市场策略。

② 不窜货、不砸价、不抬价。

③ 全品项销售，认真执行厂家的促销方案。

3. 厂商之间的利益对立和矛盾冲突

（1）厂商之间想的不一样，有时甚至相反

① 厂家想先款后货，经销商想先货后款。

② 厂家想让经销商经销独家，经销商想要独家经销。

③ 厂家想让经销商按规定价格执行，经销商只想获取最大利润。

④ 厂家有产能压力，想尽快扩大销售规模；经销商只希望获得利润、安全第一。

⑤ 厂家希望销售业绩倍增，经销商希望小富即安、享受生活。

⑥ 厂家认为市场是我的主场，经销商则认为市场是我的地盘。

⑦ 厂家推新品时会先做市场后赚钱，经销商往往是为了赚钱才做市场。

⑧ 厂家聚焦一个品类，在一个行业里做大做强；经销商要丰富产品线，化解结构性风险。

瞧瞧这两个号称"夫妻关系"的合作伙伴，简直可以算是天敌了！说厂商之间各怀鬼胎的确不太好听，换句话来形容，就是各有各的利益。

也正是因为有这种利益上的冲突，厂商交易中常常会出现互相伤害的局面。

（2）经销商常会给厂家带来很多负面问题

① 拿着独家经销权，却不"经销独家"，对本品也不主推。

② "假意经销"，拿着厂家的经销权，却集中精力卖竞品（原因是竞品利润高）。

③ 冲货、砸价、抬价，截留各种费用。

④ 只做畅销或高利润的产品，不愿意做新品推广。

⑤运力、人力、资金不足,市场空白多,制约厂家市场发展。

⑥怕压资金不给卖场供货,怕运费划不来不给小店送货。

⑦省级经销商对自己所在的城市认真投入,觉得外围市场迟早要被厂家拿走,经销商就"生娃不管娃",只管扔货,别的不做。

⑧把客户资料攥在手中,对厂家的促销政策任意更改,对厂家业务员想办法腐蚀或架空,最终反控网络,挟市场以令厂家,不断提出无理要求。

用一句话总结经销商的负面作用,就是:没有几个厂家是"死"在自身产品质量问题上的,大多数厂家在一个区域市场里"死"掉,主要是"死"在了经销商手里。

(3)厂家"伤害"经销商的常用方法

但厂家也不是等闲之辈,也有很多办法可以"整死"经销商。经销商有三怕:一怕中途换马,二怕遍地开花,三怕年终返利哈哈哈。其中,"中途换马"的意思是,经销商刚把某地市场做起来,厂家就把他给换了。"遍地开花"的意思是,经销商原来拥有的是独家代理权,结果厂家又新找了30个经销商,一起售卖产品。"年终返利哈哈哈"的意思是,经销商等年底找厂家兑现返利的时候,厂家就说今年效益不好,明年再说吧,用打哈哈的方式糊弄过去。厂家"伤害"经销商的常用方法,大致有以下几种:

①爆仓。厂家业务员给经销商压货过多,产品即期、过期又无法退货。

②断货。经销商辛辛苦苦推广新产品,正当销势上升,要有收获时,却因厂家断货而导致利润损失。

③价格损失。厂家价格下降造成经销商库存产品贬值;厂家市场控制不力,冲货、砸价泛滥,造成价格倒挂,库存产品贬值。

④不及时兑现折扣。返利、运补及经销商垫付的促销费用厂家不能及时兑现,大量占压经销商资金,等经销商没钱进货了,厂家就一脚把经销商踹开。

⑤产品质量问题。三鹿奶粉事件、大头娃娃假奶粉事件等让多少经销商倾家荡产。

⑥厂家怂恿经销商大量赊销铺货,造成货款无法及时结回。

⑦厂家频繁更换经销商等。

因为根本利益相悖,又常常互相"伤害",所以厂商之间的关系没有表面上的那么单纯。如果说厂商之间是"鱼水关系",那么有时候会成为"鱼"和"开水"的关系;如果说厂商之间是"夫妻关系",那么这对夫妻有时候会"同床异梦"。

三、厂家为什么要用经销商来做市场

既然厂商之间有很多矛盾,并且经销商又常常给厂家带来负面问题,厂家为什么还要通过经销商来开拓市场呢?为什么厂家不多招些人,逐渐淘汰经销商,广开办事处、分公司、直营市场呢?原因如下:

1. 人手不够
厂家不可能迅速招到并管理好大量的销售人才,组建出成熟的销售队伍。销售人员有的是,但真正的高手很少,厂家即使招得到高手,也未必管得住。盲目扩张,一旦管理失控,几百个销售高手都来挖厂家的墙脚,后果将不堪设想。

2. 对市场不熟悉
对新市场的基础资料、客户网络、环境等不熟悉,增加了厂家对直营的恐惧感和直营难度。

3. 成本太高
厂家直营会面临市场前期开拓时巨大的预赔成本、税务成本、账款风险。而经销商则是"坐地虎",他们能找到廉价的劳动力资源,在当地有成熟的客户网络,他们开发市场的成本比厂家低得多。

4. 部分市场厂家无法直营
一方面,厂家不可能全面直营商场超市,商场超市的压款是销售额的两到三倍,大多数厂家都不能承受,所以这些厂家对商场超市渠道的供货必须由经销商完成。另一方面,厂家也不可能全面跨过经销商直接给零销店送货。中国地域广阔,公路运输成本高,一个四五百万人口的城市,零销店就可以达到两万多家。退休的老头老太太把自家一楼阳台的窗户打开、挂个招牌，就是一个销售点。靠厂家的力量向这么多销售点铺货，并维持物流，一定会"赔死"。

因此，尽管厂家与经销商的很多根本利益互相矛盾，厂商之间往往会带给彼此不少负面问题，但双方依然会互相借力。厂家虽然想直营，但是成本太高不划算，所以才会借用经销商的力量降低成本。绝大多数厂家不可能完全跨过经销商，无论是过去还是现在，厂家都会在一定层面上依托经销商做市场。

第二节　多维度看厂商关系

厂商关系不是一维的，两者之间也不是单纯的贸易关系——厂家退化为加工车间，单纯依靠经销商做市场，大多做不起来。利益出发点不同，注定了二者不是冤家不聚头——谁离开谁都不好受，在一起时又因为利益不同、眼界不同、动机不同而斗智斗勇，产生冲突也就在所难免。

厂商关系是动态的，在市场的不同时期、品牌的不同阶段、厂家在市场上的不同介入阶段，厂商之间都会存在不同的利益纠葛，厂商关系也就随之改变。对不同层面、不同维度的问题采用不同的原则，才能寻找双方共同利益的契合点。要了解其中答案，我们不妨把视野拓宽一些，先来预览一下厂商最终的合作格局。

一、厂商合作格局分析

1. 厂家和经销商的四种合作模式
（1）大客户代理模式

厂家授权经销商代理较大区域（如地级以上城市甚至省级代理）时，厂家业务员的作用主要是辅助经销商做服务——这种模式目前大多是品牌力较弱、通路管理粗放、厂家广告轰炸、主要依靠经销商卖货的企业在使用。

（2）厂家精耕市场模式

厂家直营一二线城市大终端，细化经销商区域，经销商开发到县级、乡镇级，乃至区域市场里的特定渠道，厂家派驻较多的终端业务员"辅销"（跑终端、拿订单、维护终端形象），经销商负责送货结款，也就是"厂家掌握商流、经销商掌握物流和资金流"——这种模式的代表厂家是可口可乐、顶新国际集团。

（3）通路结盟模式

厂家派销售干部管理经销商的销售团队，评估市场费用的投入效率。经销商的团队按照厂家的意图和管理体系做市场——这种模式的代表厂家是金龙鱼、瑞宝壁纸、川南食品。

（4）联销体模式

厂家和经销商资本合作，厂家出一部分资金，经销商也出一部分资金，成立厂家在某地区的销售公司。经销商派人出任财务总监，厂家派人出任营销总监。公司的资本结构消除了不少矛盾的根源——厂家是股东，所以厂家投入不成问题；经销商也投入了资金，而且专门组建了专销这个品牌的团队，自然也会主推该品牌。更重要的是，这家公司解决了经销商的原生短板——管理体系粗放、销售团队素质差的问题。联销公司的销售团队管理、库存管理、物流储运管理、账款管理、人力资源管理、人员培训全部启用厂家的成熟体系，把"厂家相对先进的管理体系"和"经销商熟悉当地市场及运作成本低"两个优势整合起来，发挥最大效力——这种模式的代表案例是统一企业局部区域、大自然家居局部区域、美涂士局部区域。

我给某国际知名食品企业培训时，建议该厂家在东莞采用联销体模式。后来这个厂家的东莞经销商负责人（也就是东莞联销公司董事长）高兴地对我说："魏老师，我们很欢迎这种模式，经销商最大的弱点就是管理，联销体模式用厂家国际企业的管理培训体系管理经销商的团队，帮助我们立刻'跟国际接轨'，哪怕三年之后和厂家分手我们也不吃亏，因为我得到了一个好队伍！"

这四种模式哪个更好呢？我在培训课堂上提出这个问题时，大家都倾向于"联销体模式"，认为它更具优越性。其实，这四种模式各有利弊。

2. 四种厂商合作模式各有利弊

"大客户代理模式"的好处在于厂家运作成本低，坏处不言而喻——这种模式已经过时了，粗放的市场管理模式越来越没有生存空间。除非你的产品具备不可替代性。

"厂家精耕市场模式"看起来很完美，但市场成本非常高。厂家要组建并管理庞大的销售队伍，还要有成熟的品牌、丰富的产品线、稳定的销量来消化高昂的人员费用成本，或者有底气承担"战略性亏损"。

"通路结盟模式"和"联销体模式"当然很好，但主要是针对老经销商的，尤其是跟厂家已经有过很多合作，同时赚到很多利润的经销商们。他们对厂家的市场前景和管理能力有充分的信心，才会把自己的队伍交给厂家管理，才有可能投资成立联销体。同时厂家必须在经销商的团队管理、物流储运、财务管理等方面沉淀出一套兼容性很强的管理体系（厂家的先进模式照搬给经销商肯定不适用）。更难的是，厂家派到经销商那里的销售干部必须是个多面手，因为他要管理的是经销商"相对低素质的团队"，还要面对复杂的内部人事关系，接受经销商和厂家的双重领导，处理厂家要市场与经销商要利润、厂家要发展与经销商要安全稳定、厂家要先做市场后赚钱与经销商为了赚钱后做市场等矛盾。这样的管理高手，难招聘、难培养，还容易跳槽，几乎是可遇不可求！

所以，这四种模式各有利弊，企业选择哪一种模式，主要看自己的品牌力、销售团队、财务状况、经销商情况等符合哪个条件。

当然，有一个大趋势是固定的，不管未来这四种模式中的哪一种在营销行业成为主流，做终端的人（可能是厂家的团队，也可能是经销商的团队）都会越来越多。因为"市场竞争要求你在离消费者最近的地方为消费者服务""你离消费者越近，就离竞争越远"，不管人员工资是谁发，做终端的人一定会越来越多，市场维护工作一定会越来越细。

二、厂商关系第一重：经销商是厂家细化市场的"入场券"

1. 为什么说经销商只是一张"入场券"

如前文所言，做终端的人一定会越来越多，市场维护工作也一定会越来越细。这就意味着经销商的发展趋势一定是小型化和专业化。

小型化： 经销商的代理区域会越来越小，珠三角、长三角等发达区域的经销商已经开到了乡镇级，只有经销商区域变得足够小，才能真正做到精耕细作地维护市场。

专业化： 厂家会在一个区域内设置几个不同渠道的经销商——专门做餐饮的经销商、专门做超市的经销商、专门做流通的经销商、专门做团购的经销商……

这种发展趋势意味着经销商区域还会进一步缩小，甚至缩小到一个县城，乃至一个乡镇的一个特定渠道。

由此，经销商成了厂家不断做细市场的一张"入场券"！

就像一张电影票，进电影院大门之前有用，进门之后就不再需要了，甚至被人们扔掉。厂商关系也是这个道理，厂家必须依靠经销商的力量才能以低成本启动新市场（相当于用电影票进场），随着产品在当地市场的影响扩大，厂家会逐渐加大在当地的人力投入和市场主控权，可能会密集分销、增设经销商，还可能在部分区域直营。

这对经销商来说太残酷了！甚至有点像过河拆桥。

但是，回顾一下中国几十年的营销历史你就会发现，大多数厂家都是靠这种模式发展起来的，所以这是市场的游戏规则，也是经销商需要面对的必然结局。

以前市场在经销商手中，现在市场逐渐转为以厂家为主导。厂家不再主要依靠经销商做销售，而是借用经销商的配送能力、仓储能力和财务压款能力，来帮助自己做销售。厂家说是让经销商完成分销工作，实际上"销"只是形式，"分"才是实质。

以前经销商是"大爷"，大的经销商甚至敢跑到厂家那里发飙，拍总经理的桌子，还动不动就提条件："你不给我多加几个点，我就不做了。"现在的经销商还是"大爷"，只不过因为不再是独家经销，所以"大爷"比较多，一个县城就有两个"大爷"，甚至满街都是"大爷"。以前的"大爷"很牛，现在的"大爷"则比较被动——你必须听话，听话的才是"大爷"，如果不听话，厂家没准就会冷落你，最后还可能把你"赶出大门"。

厂家为了生计，必须把经销区域划小、把市场做细，这是商业规律。超市为了生计，希望和厂家直接合作，得到更多支持，这也是正常要求。厂商博弈，过河拆桥是必然结局，大家都不得已！难为经销商成了厂家"过河"就拆的"桥"。难怪有经销商抱怨："**品牌是厂家的，市场是终端的，我们经销商只能算是个中间商。**我们其实不怕经销商之间的竞争，最怕的就是厂家变卦，不让我们卖产品，我们就没有利润拿了，成了'采得百花成蜜后，为谁辛苦为谁甜'，最终搞得自己朝不保夕！"

2. 经销商如何面对自己"入场券"的命运

选择一：先知先觉，顺势而为，打造自己在小区域和某个专业渠道精耕细作的核心竞争力。无数事实、案例证明，经销商在小区域里精耕细作所获的利益，绝对比跑马圈地、粗放经营管理大市场多。

选择二：结构决定功能，未来经销商能代理更大区域的唯一原因不是销量大，而是有足够的团队和能力把市场做细致。所以要未雨绸缪做好架构保障，加人加车开设分公司办事处，甚至争取与厂家组建"联销体"，使自己可以精耕细作更大区域、更多渠道，同时对内管理挖潜、对外争取更好的产品组合消化费用成本，最终才能给自己争取到更大的地盘和生存空间。

选择三：开辟新机会，前向发展比如自建终端做卖场，后向发展比如自己 OEM（即 Original Equipment Manufacturer 的缩写，俗称代工）乃至成为生产厂家。要么进入新行业，要么被动接受淘汰。

3. 厂家如何面对经销商这张"入场券"

厂家的通路布局要有战略意图，要"根据未来规划现在，而不是根据现在规划未来"。比如，不要盲目签订大客户独家总经销协议，免得给将来通路细化造成障碍；比如，超市合同乙方如果是经销商的名字，将来一旦换户，那么手续复杂而且成本很高，所以最好早日启动卖场体系的三方协议（甲方超市、乙方厂家、丙方经销商——经销商成了授权服务商，将来换户成本不高）；比如，要在经销商下面开设分销商，并把分销商纳入厂家拜访管理体系之中，为将来分销变经销做好准备；比如，拓宽产品线，通过产品区隔构建新的经销商通路……总之，厂家在和经销商合作之前，就要规划好"未来我的业绩倍增如何在通路细化上得以体现"。

4. 厂家业务员如何对待经销商这张"入场券"

业务员管理经销商，随时准备"撕票"。这里讲的"撕票"是指提前做好在不得已的情况下更换经销商的准备。

具体动作是什么？

第一，新市场开发选择经销商要慎重，要寻找真正可以帮助企业迅速开拓市场的客户（不要动不动就换经销商）。

第二，在后期市场管理过程中，一定要注意深入市场一线，辅导经销商进行终端销售，同时把经销商和当地重点客户的分销网络掌握在手中。

如果经销商敢跟你拍桌子，说"你不让我做，我就让你进不来！"——这说明你对经销商的出货网络一无所知。

如果你可以和经销商说"你别太嚣张，信不信我把你换了，一个月之内就能扶持起来新的经销商，而且比你的销量还大"——这说明经销商的下线网络全在你手里，而且你跟他的大客户有很好的客情。

那么，怎样抓经销商的下线网络呢？从操作层面上通常有如下方法。

（1）执行预售制，掌控终端

说明： 厂家在经销商所在城市派驻业务员成立办事处，帮经销商拜访批零客户超市卖场，拿订单做市场维护，商品流由厂家完成，经销商实际上只是物流和财务流。

优点： 终端完全掌握在厂家手中，经营活动变得非常主动。

缺点： 成本高，管理难度大。

（2）通过促销活动掌握终端网络名单

说明： 常用两种方法。

其一，帮经销商召开当地客户的订货会。

其二，"批发积分奖励"。比如给经销商发100张登记卡，让他在这个季度给每个重要客户建立进货记录，将每个客户的进货情况都登记下来。季末要求经销商把登记卡交回厂家，厂家通过登记卡上的记录，就可以了解每一个客户的销量，然后厂家出资奖励重点客户，帮经销商激励下线客户，以提高他们进货的积极性。

特别提示： 该活动中最后收上来的客户进货登记卡上的数字，绝大多数都是不准确的，经销商大概率会在记录里做手脚，虚报销量、截留赠品。虽然进货数字有水分，但是客户的姓名、地址、电话应该都是真的，哪个客户的体量大、哪个客户的体量小，这些信息还是能反映出来的。

优点：成本低，资料档案能迅速建立起来。

缺点：失真率较高，而且是以经销商为主体进行操作，厂家掌握的仅仅是数据资料，没有客户信任度，也就没有客情。

（3）业务员走访客户，建立网络资料档案和初步客情

说明：业务员在拜访经销商的同时跟车拜访下线客户，对大客户格外"关照"，硬是把档案建立起来。

优点：这种方法不仅能建立数据档案，而且搜集到的绝对是第一手资料。这样跟客户直接见面，一对一沟通，建立了初步客情后，将来切入市场时会相对容易。

缺点：这种方法进度缓慢，要求业务员必须敬业。

（4）建立封闭通路

说明：常用两种方法。

其一，全封闭通路。经销商、批发商都需要跟厂家签约，称为一级经销商、二级经销商和分销商。当所有客户都成为厂家的契约客户时，经销网络当然就抓在厂家手中了。

其二，半封闭通路。建立分销商，当经销商所辖区域出现空白的时候，厂家可以借机设立分销商，从经销商手里以厂家进货（经销商吃返利）形式帮经销商做市场。对于分销商的选择和管理，厂家可以比较多地参与其中，必要的时候则可用分销商取代经销商，此时分销商就是经销商的"掘墓人"。

优点：一旦建立封闭通路，整个上游网络就处在厂家掌控之下，砸价、窜货的现象就会减少。

缺点：全封闭通路意味着批发商数量减少，经销商销售机会减少，如果产品本身销不快、利润不高，全封闭通路就没有任何凝聚力。

在半封闭通路中设立分销商是种不错的方法，但是在分销商建立期间，一般会遇到两层阻力：其一，经销商会因感觉到"死期将近"而不愿配合；其二，分销商会觉得自己不像"原配"，而不愿屈就。

（5）帮经销商建立内部管理软件系统

说明：经销商的客户资料没有分类建档，仓库数字不能实时掌控。个别

有实力的大厂家会帮经销商建立电脑管理系统与厂家联网，从而在帮助经销商提升管理水平的同时，将经销商的一切财务资料、储运资料、客户资料、销售动态等抓在手中。

优点： 经销商几乎完全被厂家"收编"了，稍有风吹草动，厂家立刻能采取行动。

缺点： 这种方法需要的资金投入和教育成本都很高，可口可乐推行的就是这种做法，其SDS（Software Defined Storage，软件定义存储）推了四五年才初见成效。系统的投入很大，一般的中小企业不适用。

三、厂商关系第二重：经销商是厂家在当地的销售经理

1. 为什么经销商成了销售经理

厂家会帮经销商做促销吗？

会！当然会！

帮经销商做促销的目的是什么？仅仅是为了提升销量？

错了！

可口可乐在全中国有几万名员工，其销量主要还是依靠经销商、批发商完成，你们公司才几个人？

销量当然要靠经销商的人、车、物、钱、网络、客情等完成。

经销商的网络和客情是厂家根本比不了的。厂家业务员也许更专业，但他们和终端接触的范围有限。就算一周拜访一次终端，也只是拿个订单，不送货、不赊销，搞个促销陈列活动，奖品还是经销商送过去的。经销商和终端的客情是十几年天天送货产生的，是逢年过节一起聚会沟通培养的，是多年调换破损、解决问题建立的，甚至是赊销卖货、资金支持得来的。

没有经销商的资金承担账款压力，厂家无法广泛覆盖商超、餐饮等月结货款的大终端。没有经销商的低配送成本和产品线分摊配送费用，厂家无法广泛辐射中小终端和四五级市场。更重要的是，如果没有经销商的网络和客情，厂家的铺市和销售会立刻大大减速。

那么，厂家帮经销商做促销的目的是什么？说白了是为了让经销商"更高兴"。厂家帮经销商做促销，有时候就是为了做给经销商看——经销商对新产品没信心，厂家做促销，经销商一看，新产品一做促销就能卖，而且利润还这么高！经销商就会大张旗鼓地发动自己的队伍去销售新产品。厂家帮经销商做促销，经销商会产生厂家对自己很重视的感觉，一高兴，就卖得更起劲了。

厂家寻找经销商，主要是为了利用后者成熟的网络把产品迅速铺出去。把经销商的网络纳入厂家的销售网络之中，当地的销售工作是借由经销商的人、车、物、钱、网络等资源实现的，经销商才是当地真正的销售经理，厂家的区域经理实际上是"经理助理"。

2. 经销商如何当好"当地区域经理"
（1）提高自己的配送核心竞争力

注意，配送核心竞争力不是买几辆车那么简单，而是要为人之所不能。

别人送不到的（比如村级网络、距离远的小店）我都能送：这需要经销商的车辆硬件配置好，更需要经销商拥有坚定的信念——为了打造自己的配送网络，必须承受前期亏损。经销商开拓网络时，不要斤斤计较送一趟货能否赚钱，拜访新区域、新网点，前期可能销量不佳会赔钱，但经过一个阶段的重复拜访，销量稳定之后就能真正扩大网络，开始赚钱。

换个角度想一下，如果送这一单货一定能赚钱，何必一定要你来做？

别人送不了的（比如压款周期长、手续复杂的大卖场）我能送：这需要你具备超市压款的资金能力、超市兑账结款的服务能力、酒店的应收账款管理能力、学校送货的供货商准入资格等。前期同样也要交学费。

别人送不起的（距离远、要货量小、运费成本高的网点）我能送：这需要经销商内部挖潜，减少仓库内丢失、破损、断货等仓储成本；减少司机磨洋工、卖老品不卖新品等人员管理成本；减少仓库位置不合理、配送线路不合理、司机费用高等运输成本；还要科学搭配产品线，摊薄自己的整个配送储运成本。

（2）提高自销能力

仅仅做配送商很容易成为"傀儡"，太危险。经销商坚决不要退化为一个"厂家拿单我送货"的配送司机，必须走出门，主动拜访终端网点，积极补充品项，及时维护终端表现，最好实现人车分离（司机和业务两支队伍分开）。只有自销比例越来越高，你这个区域经理才有价值。

3. 厂家如何用好经销商

厂家还是会增加人手，市场管理能力也会进一步加强，但不是直接进行市场操作。对大多数企业而言，"厂家精耕市场模式"并不可取，经销商运作当地市场的低成本优势是厂家无法取代的，厂家手伸得太长反而适得其反。厂家要发挥优势，强化管理职能和品牌推广能力（比如新品开拓、新渠道开拓、终端旗舰形象打造、品牌推广活动、价格管理等）。经销商要发挥熟悉网络、运作成本低的优势，完成终端配送周期性服务、产品铺货、终端形象维护、网点开拓，同时协助厂家的品牌进行推广活动。双方优势整合、取长补短，才能避免厂商错位、"主劳臣逸"的陷阱。

对厂家业务员不能只考核销量，只考核销量，厂家业务员的职能就会和经销商的人员重复，结果互相抵消，厂家加 10 个人，经销商撤 10 个人。对厂家业务员必须导入过程考核，比如新开网点奖励、生动化专案奖励、促销执行专案奖励、终端客诉处罚等。

康师傅、可口可乐等企业早年过分强调厂家掌控终端，组建上万人的辅销队伍，结果不但人力成本上升，更可怕的是搞得经销商"主劳臣逸"：一个月经销商卖了 1000 箱货，800 箱都是厂家业务员卖的，经销商已经退化成送货工。后来这些企业进行了调整，厂家业务员和经销商团队进行分工，启动经销商的自销能力。

4. 厂家业务员如何做好"区域经理助理"

厂家业务员拜访经销商，要不要身先士卒做实事？当然要。但是注意，你的目的是做给经销商看，用实际行动鼓励经销商、引导经销商、发动经销商，而不是替代他的工作。怎么做呢？

（1）擒贼先擒王

经销商能不能发动起来，有个人很关键——老板。怎么发动老板呢？看下面的利润故事。

我刚开始做厂家业务员时，遇到的最大障碍是不能喝酒。我的酒量属于先天不足且后天失调，上学期间滴酒不沾，做业务时为了练酒量，曾经每天晚上关起门用酒把自己放倒，但是最多也就八两的酒量——而且是啤酒！刚开始做业务时，这点见不得人的酒量让我举步维艰，在那些大碗喝酒的糖酒公司经理和其他厂家久经考验的老业务员面前，我屡屡成为笑柄。经过几次类似的场景后，我甚至动了转行不再做业务的心思。后来实在被逼急了，我就想："喝不了酒，我帮你干活行不？"

于是，有一天经销商要去外面陪人喝酒，我主动请缨："张老板，今天我没事，借你的三轮车用用，我帮你去卖卖新品高价面。你的人说高价面卖不动，让我去试一试吧。"经销商假意推辞了一下，就让我去了。

我作为厂家业务员，出去卖货的流程和经销商肯定是不一样的。经销商大多数是车销拜访终端，司机、业务二合一，这些人根本不是去卖货，而是去送货的。而且他们只跑老店，不跑新店；只卖老品，不卖新品——反正他们拿提成，开新店、卖新品肯定要比跑老店、卖老品难的多，而且他们车上带着很多产品，未必主推你的新品。我来自厂家，出去一门心思就是要卖我的新产品，而且我是大学毕业，受过厂家专业训练，手里还有促销资源。结果自然卖得动！晚上回来，我立刻向经销商汇报："张老板，我今天卖了50多箱新品，一箱您赚3元，利润总共是162元。"说完，我放下钱就走了，只给他留个背影。

第二天我再去卖货，晚上回来汇报："张老板，我今天运气好，卖了90多箱新品，一箱您赚3元，利润总共是282元。"我放下钱又走了，再给他留个背影。

第三天晚上我回来汇报："张老板，我今天卖了10多箱新品，因为碰上了点意外情况……"

第四天再汇报……

一周以后，我对这周新品的销售情况做了总结："张老板，这一周我总共帮您卖了545箱新品，您总共赚了1635元。"

注意！到此为止我就不能再帮他卖货了，而是要争取发动他的人来卖货，我对他说："张老板，我下周想坐您的送货车，跟您的业务员老王一起去卖货，我想看看他们为什么卖不动这批货。"有了上周的业绩做基础，经销商已经对我客气了很多，对他的业务员卖不动新品也很恼火，我这个提议他当然求之不得。

上了老王的车，我当然要嘴甜手快，中午吃饭我主动埋单，老王拿烟我立刻点火。其实老王绝不是卖不了新品，他只是对这个产品不重视罢了，我坐着他的车，借他的客情和面子，新品销量肯定比我自己孤军奋战要多得多。晚上回来功劳给谁？当然是给老王。"张老板，老王今天出去和上发条了一样，新品卖得特别快，我自叹不如……"不用担心，张老板心里肯定清楚是怎么回事。

拼命帮经销商卖一种高价产品，天天给他算利润，这样有用吗？绝对有用。经销商只要看到你能帮他赚钱，能让他拿来当标杆教育其他员工，绝对会对你刮目相看，你喝不喝酒就变得一点都不重要了。

这里需要特别注意的是，卖完产品，你一定要跟经销商讲利润的事儿，明确你帮他赚了多少钱。这很关键！做业务不但要带一双腿，还要带上一张嘴，千万不能"做好事不留名"。我们管理经销商要"擒贼先擒王"，就是要让经销商老板知道你帮他赚了钱，之后天天给他"念经"。第一天和他说"我帮你赚了……钱"，第二天接着和他说"我帮你赚了……钱"，第三天再和他说"我帮你赚了……钱"，这样每天都告诉他今天赚到钱的金额，他慢慢就记住了——"你帮他赚到钱了"，这样我们的目的就达到了。

先帮经销商卖一个高价格高利润的新产品，天天给经销商老板讲解利润故事，赢得他的好感，最后推动经销商以你的案例和数据为题材，发动他的人努力卖新品。厂家业务员的作用不是一味亲力亲为地帮经销商卖货，而是通过说服、沟通、培训来引导他，做给他看、讲给他听，最后让他建立信心。等你走了，他就"疯"了！他会拼命利用各种资源（人、车、物、钱、网络等）去销售你的产品。记住，货是靠经销商的团队卖的，经销商才是销售经理。

（2）射人先射马

卖货的人是谁？不是经销商老板！经销商老板大多数不用亲自卖货，而是在办公室里，当个操盘手，听业务员的汇报。所以，真正卖货的是经销商的业务员。你在获得老板的支持之后，还得发动他手下的业务员来卖你的产品。

怎么发动他的业务员呢？细节很复杂，大致方向有四个：

① 小恩小惠。有的大厂家的业务员到经销商那里后，喜欢以领导自居，不爱搭理经销商的业务员。你要对经销商的业务员殷勤一点，时不时给他们送个小礼物，多和他们聊聊天，或者陪他们一起送趟货，等等。

② 狐假虎威。新品铺货期间，经销商找我要费用，我会回答"可以，但是……"，"但是"后面跟着的就是我想要得到的来自经销商的支持，比如经销商加人加车铺新品、经销商拟定新品进货流程、经销商对业务员进行新品专项考核……除此之外，还有一个条件你可以提，也很有效："我要求咱们签条协议，你书面承诺新品上市后，作为老板，你亲自上车跟我一起去下线铺3天货。"这个条件出乎大多数经销商的预料，但他们也很容易接受。

为什么要这么做呢？如上文所言，老板们已经很久都不去下线卖货了。这次铺新品，厂家业务员拉着经销商老板一起铺货，好处有三：其一，"借船出海"，经销商老板出面，很多终端都要给老板面子，铺货会更容易。其二，示范效应，当着经销商老板的面，厂家业务员要使出浑身本事铺货，经销商老板看到这批货虽然是新上市的，但是只要认真卖还是有市场，回去就会给他的业务员提要求、下指标。其三，"狐假虎威"，经销商老板手下的业务员看到这种情况会大吃一惊："老板这么多年了都是在办公室待着，从来不去下线，这回上新品竟然亲自上阵铺货了。"他们看到老板对这个产品如此重视，自然也会更重视。

③培训。经销商的业务员接受的培训很少，他们面对陌生店铺时不知道怎么破冰，上了新品也不懂怎么推销。他们中的大多数人更是缺乏产品认知、标准拜访步骤、商务谈判等专业知识。厂家业务员主动给他们培训，绝对有好处。老师最容易赢得他人的尊重，如果你讲课的效果好，让他们下次见了你能半开玩笑地叫你："哎哟！王老师来了。"你的影响力自然就会加大。

④介入经销商的人员考核。很多经销商老板卖货挺厉害，但管人不行。厂家业务员要看准机会，主动帮经销商老板做人员考核、人员管理方面的改善，让他尝到甜头。直到他说："兄弟，我看这方面你挺擅长的，干脆这事情你来替我办吧。"当你能全面介入经销商人员考核的时候，你才算是真正掌控了经销商。经销商的员工们看到你这个厂家业务员来了后，跟老板商量了几次，就能把他们的考核制度修改了，他们就开始怕你三分！

四、厂商关系第三重：经销商是"重要地方力量"

1. 为什么说经销商是"重要地方力量"

同一个经销商，为什么把另一个品牌做得很好，把你的产品做得很差？他能把另一个品牌做得很好，说明他的资金、网络没有问题。把你的产品做得很差，主要是因为经销商提供的是一个舞台，另一个品牌在这个舞台上演的是主角，而你演的是配角。金丝猴糖果、康师傅方便面、金龙鱼食用油、飘柔洗发水都是你的竞品吗？也许它们不是你的直接竞品，但是它们都在跟你抢经销商的资金、运力、仓库、人员等资源。

电影《智取威虎山》里面杨子荣的任务最初是什么？"收编土匪武装，让他们投身革命"，收编不成，再干掉土匪！而厂家业务员和经销商之间就是类似这样的关系。

厂家业务员去经销商那里工作，就是要通过自己的智慧、专业沟通技巧等，对经销商产生影响，使经销商坚决地跟着厂家的路线走，让经销商的人、车、物、钱、网络等资源都朝着厂家的市场策略去努力。

2. 经销商如何成为"重要地方力量"

往上游看：经销商要想发展，必须选准几个有实力、有前途的厂家进行深度、长期的合作，共同成长。几十年来我们看到不少厂家从几千万元、几亿元发展到几十亿元、上百亿元的规模，随着厂家的业绩倍增、市占率加大，一直陪厂家走过来的经销商肯定也同步上升。只看眼前利益，做高毛利杂牌货的经销商是做不大的。

同理，往下游看：经销商还要选定几个重点终端渠道紧密合作，随着紧密合作的重点终端（比如连锁卖场）的门店数增加、市占率提升，经销商的业绩和覆盖能力也在同步提升。

经销商选定战略伙伴靠的是眼光，跟下去靠的是胆识和决心，收获好结局靠的是自己的努力和坚持，当然还要靠这些厂家合作伙伴的带动而"水涨船高"。

3. 厂家怎么用好"重要地方力量"

第一，厂家要尽可能增加自己在渠道资源（经销商）中的垄断（专销）

和排他性（同品专销）地位。一个区域市场的优质经销商很有限，你能垄断这个资源，就是给竞品设下障碍，否则你辛苦培养的经销商平台就可能给竞品创造机会。有人说，"市场上的强势品牌大多要求经销商专销或者同类产品专销"。其实这话的因果关系颠倒了——绝大多数品牌都是在要求经销商专销或者同类产品专销之后，才开始逐步强势的。具体办法有很多，可以硬性要求，也可以通过返利、奖罚、厂家支持来引导，总之，随着品牌的日渐成熟，往这个方向努力就不会错。

第二，厂家要注意扩大"重要地方力量"的影响力。通过细分通路增设更多的经销商，或者辅助经销商加人加车，同时调整产品结构、终端渠道结构，最终产生利润，消化人和车的成本。总之，在成本可承受前提下，市场上卖厂家货的人和车越多越好。

第三，厂家要给当区业务员创造跟经销商博弈的筹码，业务员手里要有给经销商的奖罚资源。比如康师傅常用的方法：业务员对经销商做新品铺货专案奖励（新品每铺一家，奖励经销商多少）；比如立白的方法：业务员对经销商做一定比例的市场表现和专车专销过程考核等。

4. 厂家业务员如何与"重要地方力量"相处

厂家业务员做到什么程度，才可以说自己把经销商管理好了呢？

首先，是经销商的人、车、货、资源都被业务员影响甚至收编。经销商有 10 个人，9 个人在卖业务员推荐的产品——还有 1 个请病假了；有 10 辆车，11 辆车在送业务员推荐的产品——还有 1 辆是租的车；有 100 万元的资金，80 万元在进业务员推荐的产品——还有 20 万元在外面压着……

其次，业务员要特别关注自己的产品在经销商那里的库存占比、资金占比和资源占比。

比如讲利润故事，说服经销商抛掉仓库里占资金的滞销货，改成自己的产品。比如在经销商抱怨没钱进货的时候说服他："我让你进方便面你说没钱，结果看你库房里全是白酒。你不肯下本钱进货，我在你这里是二级客户，不方便给你出费用做市场。"

业务员要勤于给经销商"挖坑"，以此扩大他的队伍，开拓新网点、新渠道，把市场做大，然后引导经销商，说："车不够、人不够，再这样下去，我不得不加分销商了。"最终逼经销商加人加车。

最后，厂家业务员要介入经销商的人员考核，"收编他的团队"。

五、厂商关系第四重：经销商是厂家的商业合作伙伴

1. 商业合作伙伴意味着什么

经销商和厂家要战略合作，要双赢，前提是成为商业合作伙伴。商业合作的前提就是交换，你给我我想要的，我给你你想要的，大家各取所需，然后双赢。厂家过河拆桥是逼不得已，经销商也别以道德模范自居，骂厂家背信弃义。假设有一天厂家发展不好了，经销商也是第一个转身走的。虽然厂商之间有临危救难的感人故事，但那是个案，不是共性。在商言商，商业合作的前提是满足双方利益，商业活动不应该寄希望于"报恩情结"，不要让友谊承担责任。厂家换掉经销商的时候，常说："大哥，不用你我没有今天，再用你我就没有明天了。"

2. 经销商如何做一个有价值的商业合作伙伴

经销商要明白厂家想跟你交换什么。厂家要的是经销商的资金（承担压款能力）、配送网络（承担配送成本）和自销能力（承担销售服务功能）。

常见的经销商给厂家哭穷的话术是："我没钱进货了，你们能不能给点资金支持？"这话太蠢了。厂家找你就是看中了你的资金能力，你没钱，他就想换一个有钱的经销商。经销商资金紧张时，首先要考虑开源：主推高利润产品、细化终端渠道、丰富产品结构和渠道结构，从而产生利润，给自己的资金"造血"。然后要考虑节流：清掉占资金的滞销货，盘活仓储资金；减掉自己能力所不及的赊销客户和区域，盘活市场资金；考核员工账款回收情况，盘活应收账款……经销商的资金其实没有"多与不多"，只有"够与不够"，能做到开源节流，资金自然就够了。

经销商被厂家淘汰的时候，要问问自己：我是否满足不了厂家的需求？我这张旧船票，还有机会登上厂家这艘船吗？

3.厂家如何做一个有价值的商业合作伙伴

经销商找厂家要什么？品牌、良好的产品质量让经销商不赔钱；稳定价格秩序和不断推出的新品带来新的利润源；强有力的市场支持和管理协助，让经销商收获利润之外的价值。

厂家要想吸引经销商，就要反思自己能否提供给经销商以下四个层面的利益，产品有没有推陈出新，变得更具竞争力。

（1）对服务层面进行优化

经销商的订单、发货、费用报销、退换破损等基本服务是否便利、及时、有信誉？经销商对厂家在销售、产品或后勤支持等方面有意见的时候，能不能找到公开的信息反馈、投诉渠道？信息反馈之后是否有及时的回应？

（2）让经销商觉得更安全、不会赔钱

产品质量是否稳定？厂家在行业中是否有不可替代的优势（比如成本优势、性价比优势、产品差异化卖点、广告、品牌或者厂家的人员支持和费用支持）？厂家在稳定价格秩序、品牌推广、促销支持、滞销即期货物退换上有什么新的突破？有没有让经销商感觉跟这个厂家走，产品质量好、品牌有优势、价格稳定、厂家讲信誉且支持力度大，至少不会让他赔钱？

（3）经销商的利润能否持续增长

厂家在降低成本方面有没有新的突破，是否能提供有更高性价比的产品？在产品线更新、终端渠道结构更新，以及与之配套的市场支持上有什么新的规划？能不能让经销商有新的利润源和兴奋点？有没有树立起新的利润标杆让经销商看到希望？

（4）对经销商的管理水平、经营能力有没有帮助

厂家在协助经销商开拓终端网络、培训团队及管理协助方面有没有新的突破，有没有提供利润之外的价值？有没有对经销商进行"商业模式植入"，提升经销商整体经营竞争力？

4.厂家业务员如何对待自己的商业合作伙伴

（1）厂家业务员要理性看待自己的角色

① 不是领导：经销商叫你一声"领导"是给你面子，你必须在专业上征服他，让他尊重你；在做人上感动他，让他接受你；在赚钱上帮到他，让

他感激你。叫你一声"领导",你就真的当自己是领导了,是极不成熟的表现。

② 不是"孙子":经销商不是"大爷",是和你一起为"上帝"(消费者)服务的人,他是天使还是魔鬼,就要看他的做法是不是有利于市场。所谓"先做人后做事",不是让你一切都听经销商的,而是要有自己的想法。打着做客情的幌子出卖市场利益,不但不成熟,而且是职业道德有问题。

③ 更不是杀手:有个学员听完我的课,总结了几句话,"经销商是一支蜡烛,我是一把火,用我的火点燃经销商的蜡烛,通过燃烧他来照亮我自己。"我评价他听课听"疯"了。一切以厂家利益为出发点,不惜牺牲经销商利益,抓住经销商揍个儿放血,这个厂家肯定做不下去。经销商都不傻,他们是区域经理,他们是"重要地方力量",他们是商业合作伙伴。厂家损害他们的利益,最后肯定会搞死自己。

④ 回归平常心:厂家业务员就是一个代表厂家跟经销商共同做市场的业务代表,厂家业务员管理好经销商的终极目的,就是通过专业技巧,协调厂商这两个存在冲突的个体之间的利益,引导经销商的人、车、货、钱更多地投入到厂家的市场上来,在保证厂家根本利益(如经销商守约付款、不冲货乱价、不截留市场费用、全品项推广等)的前提下,帮经销商创造最大效益,实现相对意义上的厂商双赢。

(2)厂家业务员要建立公众形象

在厂商利益一致时(经销商配合厂家策略开发市场),厂家业务员要对经销商热情服务、大力扶持,尽可能减少厂家违规操作给经销商带来的负面影响(如送货不及时、爆仓、断货等),帮经销商创造效益;在厂商利益发生冲突(经销商的各种恶意操作)时,则要坚持原则,维护厂家的利益(如追收货款、制止经销商砸价、"逼"经销商给超市供货、调换不合格经销商等)。

厂家业务员怎样才能既坚持原则,又不至于轻易激化矛盾呢?那就是建立公众形象。《三国演义》中,为什么诸葛亮对阵司马懿时搞了一出空城计,还能大获全胜?因为在小说中诸葛亮的形象就是"谨小慎微"的,"诸葛用兵,从不弄险",所以司马懿就被诸葛亮给唬住了。换个人唱空城计,可能效果就没那么好了,大概率会被司马懿揍死。

所以，厂家业务员要建立下面这样的形象，让经销商对你的印象是"这小子翻脸比翻书还快"。你平时挺和气，开得起玩笑，是热心肠，小事情也不计较。但是，如果经销商说错了话，比如半开玩笑说了句"完不成任务我就冲货"，当时你就要翻脸，和他说："大哥，咱俩的交情是有前提的，你能和厂家诚意合作，咱们就是朋友；你要是反戈一击，我也会翻脸无情，到时候谁面子上都不好看！"

这个形象一旦建立起来，经销商在你面前就不会有太多的非分之想。有人曾开玩笑地说，经销商和厂家业务员的关系不能太好，因为彼此太熟，就不好意思下手了。

六、世事洞明皆学问，人情练达即文章

厂商关系是多维的，从一维角度非此即彼地定义厂商关系，难免存在局限，在错误的理论指导之下，行为就会越错越离谱。必须动态地、多维度地分析双方复杂立体的关系，客观认识自己的角色，认清自己能提供的价值和获取的利益，才能寻找出双方和谐相处的方式。

经销商不要老是抱怨，更不要抱有不切实际的幻想。你只是厂家的商业合作伙伴，合作的前提是你能和厂家交换利益，能弥补厂家的短板。而从容的资金运作和压款能力、为人所不能为的配送竞争力及低成本的自销能力，就是经销商和厂家交换的筹码。经销商是区域经理，所以要"跟对老大"，慎重选择可以长期合作、互相扶持的厂家。随着厂家不同战略时期和市场阶段对经销商提出的不同要求，经销商要调整自己的利益目标，尽量多做贡献和配合，让自己这个区域经理的价值更具不可替代性。与此同时，还要争取厂家的最大支持，壮大自身力量。经销商还要知道，"入场券"迟早会过期，天下没有不散的筵席，商业合作伙伴大概率还是会分手。和厂家的合作再紧密，最终也逃不出重用、利用、弃用、被"扁平化"的命运，所以经销商要提前做好战略布局，迎接变化的到来。

厂家管理经销商时不要总以老大自居。厂家多的是，经销商凭什么给你抬轿子？就凭你作为商业合作伙伴能跟经销商交换利益。所以厂家要不断思考自己给经销商提供的利益分配方案是否有吸引力，是否还能有突破。厂

家懂得经营自己的魅力，厂商之间的关系才能持续保鲜。厂家的业务队伍要为经销商提供服务，但是职能上必须和经销商队伍有所区分，要明确经销商才是区域经理。厂家要发动经销商的力量，扩大经销商的影响力，更要驾驭这股"重要地方力量"——品牌逐渐成熟的时候，厂家就要在经销商队伍中推行专销、同品类专销的政策，创造垄断性平台，给竞争对手设下壁垒。因此，厂家要给业务员筹码和权力去和经销商博弈。厂家的通路布局要有前瞻眼光，在和经销商精诚合作的同时，还要寻找突破，逐步推进通路扁平化，把市场做得更细致。

厂家业务员心态要成熟。厂家业务员作为经销商商业合作伙伴的代表，要时刻反思自己在四个层面的利益上能够给经销商创造多少价值。作为"经理助理"，厂家业务员要用利润故事、专业实力赢得经销商老板的尊重。作为"收编地方势力的特派员"，厂家业务员要尽量介入经销商人员考核，用培训和沟通来增加自己在经销商业务团队中的影响力。要"擒贼先擒王""射人先射马""不但带一双腿，还要带一张嘴"，发动经销商的力量做市场。要促使经销商加人加车、增加分销商，壮大实力。要尽可能增加自己的库存占比、资金占比，乃至接管经销商的人员考核，驾驭其团队。最后，厂家业务员要慎选可以长期合作的经销商，更要明白客情和交情的区别，建立"翻脸比翻书还快"的形象，建设分销商队伍，掌握经销商网络，为不得已的"撕票"提前埋下伏笔，做好准备。

"世事洞明皆学问，人情练达即文章。"洞明世事就是要"做对的事"，参透厂商之间四个维度的关系才能摆正自己的位置，没有不切实际的期望，就不会有捶胸顿足的失落和不平，一帆风顺时能居安思危、遇到障碍时能从容自处、受了挫折也不会一蹶不振。经销商知道自己提供什么才能更有利用价值，知道自己的未来出路，早做战略选择。厂家也能知道自己什么时候要该出手时就出手，什么时候要先下手为强，而且不能激化矛盾，以免留下后遗症伤害市场。其中最关键的是要把握好度，主要看每个人修炼的功力如何。成熟的商人悟透了，就可以驾驭多维度关系，接受既定的游戏规则和规律，少些浮躁、多些务实，少些冲突、多些和谐，力争去把握未来。

要想管好经销商，先管理好自己的观念。思路不同，出路就不同！

作者评述

有些话可能不太好听，却是实话——做营销培训需要讲实话。

厂家跟经销商之间一直是相互对付又相互应付、互相重用又互相利用的关系。其实大家心里都明白，只不过嘴上不方便讲出来，结果对一些业务员造成了误导。

有一次我在创维集团做培训，培训经理对我那节课的内容有点意见，下了课找我谈话，说："魏老师，您说的都很对，但是能不能讲得委婉一点，您这样讲课弄不好会让我的员工感觉经销商都是坏人，下次见经销商都是带着仇恨去的，那就麻烦了！"

所以我在这里再做个补充。

经销商是"好人"还是"坏人"？

好像没有答案。

如果说经销商是"好人"，却又做了很多"坏事"。

如果说经销商是"坏人"，好像也不公平！因为他的行为无非是商业利益使然，你做经销商，可能比他还"坏"。

那么经销商到底是"好人"还是"坏人"？

其实很难说清楚，因为厂家和经销商的合作关系一直在变动之中，没有永远的朋友，也没有永远的敌人，只有永远的利益。

经销商认认真真按照游戏规则做市场的时候，就是"好人"，这时候厂家要对他大力扶持；经销商投机取巧、不当牟利的时候，就是"坏人"，是厂家前进的阻力，这时厂家要尽可能地通过说服教育他化解阻力，化解不了就要及时止损，取消合作。这就是游戏规则。

希望厂家的经销商里面"好人"多，"坏人"少。

第二章

新经销商的选择

本章预告

解决一个问题的最好方法是从根本上防止问题的发生,因此要想日后在经销商管理问题上少遇到麻烦,就必须选择一个好的经销商。这一章主要阐述以下几个问题:经销商选择的思路、经销商选择的标准、经销商选择残局破解和经销商选择动作流程。

第一节　经销商选择的思路

一、选择经销商就像选员工，要严进宽出

在第一章，我们讲到厂家选择经销商是因为在当地没有销售网络，而直营市场成本又太高，需要利用经销商的网络、人、车、物等资源低成本进入市场、管理市场，从而把经销商的网络纳入厂家整体营销网络之中——从这个角度讲，经销商其实就是厂家的员工。

企业招聘员工有一个"严进宽出"的原则——在招聘阶段要严格把关，做详细的调查研究，一旦聘用则尽力培养辅导，用各种激励手段促使员工发挥最大效能，尽量避免招聘时轻率行事，进门后发觉"不合格"，又频频解聘的做法（被解聘者的前期培养费用全部浪费，岗位工作被延误搁置，而且过高的解聘率也会造成员工队伍的动荡）。

厂家选择经销商也是同样的道理，选择新经销商时要慎重行事，全面调查，一旦选定经销商，就要尽可能地通过销售政策、促销支持、双方人员的具体工作等方式去激励经销商更好地合作。

知名企业的业务员在经销商面前往往"霸气十足"，认为"我们的产品好销，我们的市场做得细，终端网络都在厂家手里""经销商只不过是一个开车送货的司机，不听话我随时可以换他"。有企业荣誉感是好事情，但销售是不能这么做的，这种业务员恐怕这辈子只能在知名企业工作，离开大企业这一背景，这个做法肯定是行不通的。

即便是大企业，如果在前期经销商筛选和后期经销商更换问题上草率行事，也会对自身造成很大的危害。

其一，企业对经销商过于强势，在产品好卖时，经销商为了个人利益

忍气吞声，敢怒不敢言；一旦企业在市场上遇到阻碍，就难逃墙倒众人推的命运。

其二，如果轻率地选择经销商，合作一段时间后发现他"不合格"就只能更换，但这时市场已经被他做乱，冲货、砸价已经泛滥，超市已经开始将产品清场，通路上已经有较多的即期、破损产品。此时更换经销商，重新启动市场，需要面对很多遗留问题，企业会发现，拯救一个做乱的市场比启动三个新市场还要难。

二、选择经销商时考评要全面

选经销商如同选销售经理。招聘销售经理时，要考察他的学历情况、工作经验、敬业程度、以往业绩、离职原因等各项因素，选经销商同样要进行全面考察，主要分为以下几方面。

1. 实力

经销商的人力、运力、资金、知名度如何？（如同招销售经理考察其学历情况。）

2. 行销意识

经销商对做终端市场的意识是否强烈，是否属于坐在家里等生意上门的老式经销商？（如同招销售经理考察其敬业程度。）

3. 市场能力

经销商是否有足够的网络，他现在代理的品牌做得怎么样？（如同招销售经理考察其在上家公司的业绩表现。）

4. 管理能力

经销商自身经营管理状态如何？（如同招销售经理考察其管理下属的能力。）

5. 口碑

同业（其他企业）、同行（其他批发商）对经销商的评价，是否有带头冲货、砸价、截留费用、截留货款等行为？（如同招销售经理考察其在上家公司中是否有劣迹。）

6. 合作意愿

经销商是否对企业的产品、品牌有强烈的认同感，是否对市场前景有信心——没有合作意愿的经销商肯定不会对这个产品积极投入。（如同招销售经理时，考察上家公司提供的环境是否可以留得住他，是否可以满足他的基本需求，进而激发他的积极性。）

三、选择经销商要与企业市场发展策略相匹配

营销是谋定而后动的行为。企业在开发一块新市场、选择经销商之前，首先应该思考的是：我目前在这块市场上卖什么产品，在哪些渠道销售，我两年内会跟进哪些新产品，下一步是否会延伸扩大该经销商销售区域。这些问题在经销商筛选过程中要考虑好，给自己下一步的市场策略做好铺垫。否则今天选择的合格经销商，明天就可能会成为企业发展的障碍。

比如，经销商之前卖小包装饮料业绩很好，但对大包装新产品却无能为力。原因是大包装饮料多走超市、酒店渠道，而擅长卖小包装的经销商则多走零销店、批发渠道（在商场、超市、酒店无成熟网络），尤其做超市，要求经销商有充足的资金实力（超市压款一般是销售额的三倍）、充足的运力（超市要货的特点是小批量、高频次）。所以，专做零销店、批发的经销商很难迅速实现渠道转型，也就很难担负起开拓大包装饮料市场的任务。

四、权衡大小，合适的才是最好的

经销商不是越大越好——经销商越大，往往越难控制，而且砸价、冲货的概率也越大；另外，大经销商代理的品牌也多，很难对一个品牌专注投入。

当然，经销商也不能太小。前面提到的专门给零销店供货的经销商很难

转型去做超市渠道，主要就是因为实力问题无法驾驭。

选择经销商就像找对象，财大气粗的不一定好，但没有面包的爱情也不现实。所以，选择经销商时，适合的才是最好的。

企业在开发新市场前，首先应明确自身的区域目标、渠道目标，明确自己要让经销商在多大的区域内，在哪些渠道做销售。然后，根据目标市场的规模、目标渠道的特殊要求（如网络、资金、运力等）考虑经销商必须具备的实力——经销商至少要能够及时给这些目标区域和渠道供货并提供服务。在此前提之下，经销商甚至越小越好，因为经销商越大越"不听话"。

接下来，就让我们看看经销商选择的标准及其具体动作分解——对经销商选择思路的讲解，只能使业务员对概念的理解更加清晰，要想让业务员迅速把培训的知识运用于实战，还要进一步把思路变成具体的标准和动作。

对于经销商选择的标准，很多人会这么回答：经销商的实力、经销商的网络、经销商的合作意愿、经销商的理念，等等。但是，如果你深究一下，问题就出现了。

这些标准怎样才能落实到动作？用什么动作去看一个经销商的网络实力？用什么动作判断一个经销商的经营理念是否先进？很多人这时就会顾左右而言他。

为什么很多人都会说不会做，理念落实不到动作？因为他们已经习惯喊口号，一讲到具体动作就会抓瞎。理论丰富，激情有余，但是实践却严重不足。比如，"微笑服务"这个口号是我们生活中常见的，可人们对挂着这些口号的店铺满意吗？大多数人其实是不满意的。

为什么？

因为只有理念没有动作，所以执行效果不佳。

如果一个商场运营主管，在检查工作时，问售货员为什么面对顾客时不微笑。售货员说她笑了，商场运营主管说她没笑，售货员说她就是笑了。这时应该怎么办？

可以用"八颗牙标准"来判断：当顾客走到售货员身边一米左右时，售货员立刻要笑得能让顾客看到她的八颗牙。

这样就可以把口号量化了："刚才顾客来买东西时你为什么不笑？"

"我笑了。"

"还敢狡辩，我看见了，只有四颗牙，没有八颗牙！"

接下来我们就用"八颗牙标准"的模式，把经销商选择的思路变成具体的标准和动作。

第二节　经销商选择的标准

一、经销商选择标准一：行销意识

什么叫行销意识？简单说来就是一个人做生意的利益取向和价值观念。

经销商行销意识是指经销商做市场的思路是否符合厂家终端销售方针。行销意识是否先进，往往决定着经销商的发展是否有前途。

我在消费品营销行业工作过十二年，亲眼看到很多经销商手里有人、有车、有钱，实力强，但生意却越做越差，而另一部分新兴的经销商虽然实力不是很强，但经营手段灵活，生意便越做越红火。

前者（以下称"老式经销商"）优势占尽却日渐衰落，后者（以下称"新型经销商"）初出茅庐，资源严重不足却日渐成长，两者的主要差别就在于行销意识。

1. 新老对比

（1）老式经销商当年为什么能迅速崛起

① 当年，厂家都是大代理商制，一个代理商可以垄断几个省的经销权。

② 当年，老式经销商与同行小户相比，有车、有钱（入行早，迅速完成原始资本积累），可以用大笔现金提货，又有网络（在各县、市有一些固定的下线大户）。

③ 当年的生意好做，一个有车有钱又有网络的经销商给厂家大笔打款，向厂家大车要货，然后给下线大户打几个电话，下线就会上门提货。那个时候厂家需要这种经销商。

④ 老式经销商可以迅速将产品分销出去，厂家纷纷找他们代理产品，给

他们特惠政策，于是在诸多厂家扶持之下，老式经销商迅速做大。

（2）现在这些老式经销商为什么会江河日下，渐渐衰退

① 厂家现在多实行密集分销制，经销商已经铺到县、乡级，原来老式经销商的下线大户都已经被厂家抢走了，再想靠几个固定下线大户做"腿子"、大车倒货已经不可能。

② 厂家现在都要求终端销售，但大多老式经销商仍然不能认清形势、及时调整经营思路，还在固守以前的"成功经验"（找好销的产品做代理、降价、等下线客户上门提货），他们不愿给卖场供货（怕卖场压款，手续也麻烦），不愿给小店供货（嫌零销店单次要货量太小，送货成本太高）。

③ 市场变化导致厂家需求变化，老式经销商不能及时跟上这种变化，于是被越来越多的厂家放弃。中国的经销商史说白了就是一部"傍大款"的历史，这个"大款"就是厂家，失去厂家政策支持的老式经销商一定会越做越小。

（3）为什么新型经销商发展迅速

新型经销商起步较晚，没有坐在家里收钱的成功经验，而且由于年龄、文化层次方面的优势，接受新事物较快。他们非常了解厂家的要求和想法。他们愿意承担各种风险给卖场供货，因为他们知道，今天不把卖场抓在手里，明天卖场就会把自己挤垮。他们不会因为小店单次要货量小就不送货，他们知道多一个客户就多一个网络，网络建起来可以销售很多种产品，由此产生利润，也可以作为跟厂家讨价还价的重要筹码——新型经销商的经营风格符合市场变化，符合厂家要求，成为厂家新宠，自然越做越大。

行销意识的概念到此应该已经很清晰了，接下来我们就要把经销商行销意识的标准落实到具体可操作的动作上。

2. 具体动作：三句问话，两小时观察

究竟用哪些动作来判定一个经销商有没有行销意识呢？通过对经销商的三句问话，加两小时现场观察就能获得结论。

（1）第一句：问经销商现在代理的各品项的销售情况

话术：张老板代理的品牌不少呀，您现在代理的 A 产品一个月卖多少？B 产品一个月卖多少？A 产品在超市渠道一个月能卖多少？C 产品在超市渠道卖多少？等等。

有时候你把这些问题问两遍，他的两次答案可能都不一样。这些人就属于"神志不清"型的经销商。

更多的经销商则会回答："我这里一天大约能卖3万元，一年大约有1000万元的销售额。去年能净赚六七十万元，今年情况没去年好，可能赚不了这么多。至于具体哪个产品每个月在哪个渠道卖多少，谁有工夫去算那个细账呢？"

当然不可能让经销商把他的财务数据全都告诉你，但是精明的经销商对自己产品销量、利润和各个产品的具体情况都会做到心中有数。

比如，他会告诉你：我一个月大概会有多少销量，我手里有不同的产品，冬天适销的和夏天适销的产品搭配着卖，让我的销售全年没有淡季。A产品利润薄、销量大，纯粹是拿来带货的；B产品销量不大，但价格透明度低，是赚利润的；C产品包装新颖，而且价格不透明，是专门为今年过年做团购准备的（团购产品要新颖，同时价格不能太透明）；D产品价格低廉，是专门走乡镇渠道的；E产品是正准备淘汰的……

典型的老式经销商，虽然店铺大，但他连自己的各种产品卖多少量都记不清，这种经销商就会被市场淘汰。

新型经销商有产品线整合和运作市场的思路，他接受一个新产品虽然不太容易，但是一旦接受了，销售起来往往比较有力。

（2）第二句：问经销商当地市场的基本情况

话术：（求教者的口气）张老板，您好！我是外地人，刚来这里，对这个市场不了解，我想请教您，这块市场有什么特点？

老式经销商会告诉你："有什么特点？这里穷，就只能卖便宜货，你多打点广告，再降点价，我就能帮你卖。"

新型经销商则会直接告诉你当地市场的特点，比如他可能会讲："我们这个地方总共3000万人口，其中省会城市有600多万人，地级市中有两个地方的购买力最强，因为这两个地方有几家大企业，这些企业员工人数多，而且都很有钱，做团购产品一定要拿下它们。另外还有两个地方的交通不太方便，市场相对保守，批发仍然占主流。更独特的是，这两个地方虽然经济一般，但是名烟名酒卖得快，因为它们每年都能收到专门的拨款，会议消费很大。还有一个地方是这个省最穷的地区之一，四面环山，几乎没什么超市，全靠批发。那里有个县城，总共只有两条街，但这地方处于三省交界处，是个冲货的最佳地点，想要迅速起销量，就可以奔那里去……"

当然，我们并非只关注一个经销商对当地市场所做的分析，还要自己亲自到地方去做一些调研。但一个精明的商人对当地市场基础情况的了解，对我们迅速了解当地情况还是很有帮助的。

（3）第三句：问经销商需要哪些支持

话术：张老板，假如咱们签协议，我们厂找您做代理，您希望我们给您哪些支持？

老式经销商往往会要求：多打广告，多做特价，搭赠，降低价格，提高返利，等等。这些要求说明该经销商只会靠低价格卖产品，丝毫没有终端销售意识，而且可能还是一个冲货、砸价的"好手"。

新型经销商则会要求，你们厂出几个人几辆车，帮我铺货做市场，再给我几个导购，帮我进超市做专柜。这种经销商要的是终端促销资源，因为他们懂得真正的销售是在终端市场实现的。

（4）**两小时观察：在经销商早上开门或晚上关门时现场观察两个小时**

在经销商开门、关门时现场观察两个小时，是为了了解经销商的业务员分工状况，以及经销商对下线客户的主动服务程度。

有些经销商的业务员根本不出门，坐在店里等人上门提货，他们帮忙搬货，这是最传统的坐商。

有些经销商是等人打电话下订单，然后派业务员送货，这是被动服务的经销商。

更多的经销商则是不定期地把业务员赶到市场上去卖货拿提成。这种做法稍微好一点，但也肯定会造成业务员骗销、压货、销售品项不均衡、产品即期等诸多隐患。

新型经销商会对每一个业务员有清晰的责任分工，每人负责一块区域，每人每天跑固定的路线，固定进行周期性回访——周期性主动拜访终端客户，上门订/送货、做陈列、处理客诉等。

通过三句问话、两个小时的现场观察这四个动作，我们就可以迅速而且相对准确地判断经销商的行销意识是否到位。

二、经销商选择标准二：实力认证

选择经销商如同选员工，了解经销商的行销意识，就像了解新员工的工作态度与敬业精神；而了解经销商实力，就如同考察新员工的学历。

表面上看，了解一个经销商的实力很容易，但实际上也有不少误区。有的经销商会有意向厂家展示自己的优势：人多、房子大，甚至吃饭的时候搞一帮当地"有头有脸"的人物作陪，以示自己"有路子"。但如果一个经销商刻意把这些东西做给厂家看，背后也许有阴谋。

那么怎样才能全面了解一个经销商的实力呢？不要受他的误导，不要去看他刻意让我们看的东西，而要从仓储、运输、网络、资金等方面做出理性判断。

1. 看门店

了解经销商的生意是否"太差"：观察经销商的门店规模。

具体动作：到经销商门店观察一下，看看门店的产品陈列，办公室现场管理做得怎么样，业务电话是否频繁拨打，上门提货的客户多不多，来提货的是周边分销的批发户还是市内的批发商……

2. 看库存

了解经销商的库房规模和库存资金：推断经销商的生意规模和流动资金。

具体动作：到经销商库房转一圈，目测一下他的库房面积——库房大小影响最高和最低吞吐量。假如一个经销商实力不够强，生意不够好，他绝不会花钱租大库房。

在目测库房面积时，不露声色地清点一下经销商库存的货量，大体了解一下哪几个厂家给经销商是赊销，哪几个是现款，然后测算经销商库存产品的价值，由此可以大致推断出经销商的流动资金——流动资金一般是其库存资金的 2~4 倍。

比如：经销商库存中瓶可乐 5000 箱，一箱单价 50 元，共计 25 万元；库存方便面 1000 箱，一箱单价 38.5 元，共计大约 4 万元。这两个厂家对该经销商都是现款销售，那么该经销商的库存资金在 30 万元左右，流动资金应该在 60 万元以上。

3. 看运力和网络

了解经销商的运力和网络知名度：衡量经销商的实力中有多少可以对厂家的市场开拓起到真正作用。

特别提示： 如果经销商说"我有 20 辆 8 吨车，而且北方八省同行大户中没有不认识我的"，这样的客户能算是运力充足、知名度高吗？

不能。恰恰相反，这样的客户不能要！（北方八省都认识他，他一定是窜货大户，是"导弹发射"基地。）

对厂家而言，经销商的车多并不一定意味着他的运力大；经销商在"江湖上赫赫有名"，也不一定能就此断定他有很高的网络知名度——我们要考察的是经销商"对厂家市场开拓有用的知名度和运输力"。比如：经销商有 20 辆 8 吨车，但我们要他代理的是大包装果汁（主要走超市渠道），则该经销商的运力真正能用得上的就是——零！原因如下：

其一，全是 8 吨车的经销商一定做不好本地终端和超市，因为 8 吨车在很多城市都受到限制，可能会送货不及时。

其二，超市要货高频次、小批量，而且收货手续复杂，压车时间较长。8 吨车给超市送货会造成极大的运力浪费。超市送货一般要求的是小型厢式车，经销商的"20 辆 8 吨车"在超市渠道基本无用武之地。

经销商在业内名气很大，但我们考察发现，该经销商是专做外埠农村市场的，他的车、人、网络主要分布在邻近的县、市市场，而厂家若是想要通过他做市内终端市场，则该经销商虽然在各县、市大户中赫赫有名，但在厂家的目标市场上的知名度却基本为零。

那么，如何正确衡量经销商对厂家有用的运力和网络知名度呢？

具体动作：

① 开发新市场之前，先明确自己的渠道目标和区域目标。如，计划在市区的学校、卖场、酒店、批发渠道销售产品。

② 到目标市场各渠道销售点，实地拜访与询问店主或采购人员：某某批发公司您知道吗？他以前经常给您供货吗？您的货都是谁在送？把店主提及率比较高的经销商名字记下来。

按以上做法，对厂家的目标终端市场展开实地调查，才能了解经销商真正对厂家市场开拓有用的运力（分布在厂家目标终端市场的车辆数）和知名度（在厂家目标终端售点中的知名度）。

4. 看资金

了解经销商的资金状况：初步判断经销商的还款能力。

厂家对经销商的资金要进行重点关注，因为这能反映他的吃货能力、还款能力和做超市卖场压款的能力。时刻掌握他的资金状况，还可以防止他经营竞品，一旦发现他有"闲钱"，马上想法让他进货，免得他的钱"无事生非"——毕竟厂家业务员管好经销商的一个标志，就是能尽量抢占他的资金和注意力，促成对本品的主推。

钱，是一个敏感的话题，尤其是新经销商，他不可能实话实说地告诉你他有多少资金，你能做的只有旁敲侧击，根据蛛丝马迹去了解和推算。以下列出的是几个常见招数，供大家选用。

具体动作：

① 了解他现在代理的品牌组合，如果都是杂牌，那么他的资金能力值得怀疑。

② 了解他现在为几个超市供货，到超市里问问导购，他主要代理的产品在超市里的大致销量，基本就可以推算出他在超市里压了多少款（超市压款一般是月销售额的三倍）。压款多少也能从侧面反映出他的资金实力。

③ 与经销商"闲聊"，挑起"现在超市压款太多"的话题，看经销商是否正在为账款问题发愁。如果根据你的了解，他才压了 20 万元货款，却在你面前叫苦连天，那么这个人不是想哭穷要赊销，就是根本没钱。

④ 和经销商的员工打听一下，他们的工资发放是否及时、充足。

⑤ 同行了解，问一下别的厂家业务员，该经销商有无恶性欠款历史。

⑥ 同业了解，问一下该市和邻近县、市的其他批发商，该经销商有无恶性欠款历史。

⑦ 注册资金一般都是虚的，但也多少能够反映出一些问题——注册资金 1000 万元的经销商不一定真的有钱，但注册资金 10 万元的经销商一定没有多少钱。

三、经销商选择标准三：市场能力

考证经销商行销意识就像看一个新员工的敬业精神，考证经销商的实力就像看新员工的学历，而考证经销商的市场能力，如同考证新员工的实际工作能力及其在前公司里的业绩表现。

1. 了解经销商下线网络和批发阶次

可以通过查看经销商的客户名单，跟踪经销商的送货车，询问经销商员工，以及向批市/终端客户询问等方法了解。

经销商将货分销到终端售点，中间要经过几次分销中转，这就是批发阶次（如果经销商有直营终端零销店的能力，说明该经销商的批发阶次短，反之则说明经销商批发阶次长）。

批发阶次到底是长些好，还是短些好？

大多数人都认为短些好，但我要说不长不短最好。批发阶次长短各有利弊：批发阶次短（经销商可直营零销店），则推新产品时的铺货率比较容易增长——短网络适合做市场；批发阶次长（经销商在二、三批市场里有固定的下线客户网络），则要通过对成熟产品二、三批通路搞促销达到迅速起销量的目的——长网络适合起销量。经销商如果只有短网络，则代理的区域市场越大越容易丢失销量（经销商直营能力无法覆盖整个市场）；相反，经销商如果只有长网络，则只能做成熟产品，无法推新品，而且容易出现二、三批砸价现象（经销商终端直销的"武工队"对二批是"核威慑"——你再敢砸价我就断你货、抢你客户，否则经销商在批发商面前是直不起腰来的）。

因此选择较大区域（地级以上城市）的经销商，最好是批发阶次长短结合，其既能直营零销店，迅速提升铺货率推新品；又能在二、三批市场有较高的威信，可以做通路搞促销，使成熟产品尽快上量。

2. 了解经销商现在经销的品牌业绩和市场表现

具体动作：

第一，了解经销商目前正在代理的主要品牌，选定样本品牌。

第二，走访终端，调查该品牌产品的终端铺货率和生动化情况——验证经销商的终端掌控能力。

第三，走访各级批发商，调查该品牌的各阶价格是否稳定（是否出现恶性乱价、砸价现象）——验证经销商对下线客户的价格掌控能力。

冲货乱价是营销"顽症"。到目前为止，尚无一个营销专家能根治这个问题。对此我的看法是："冲货可耻，被冲无能。"经销商是区域市场的管理者，如果他跟进及时，对下线客户管理手段到位，砸价自然会少得多。换言之，如果市场价格极为混乱，就说明该区域经销商能力不足。

第四，了解该品牌厂家近期推出的新产品是什么，用同样方法观察经销商有没有把这个新产品做起来。

看一个经销商对某品牌的市场运作效果，一定不要忘了看看他有没有把这个品牌的新产品铺货率做起来，价格有没有掌控好。比如，可口可乐的中瓶铺货率高，大多不是经销商的功劳，而且因为成熟产品拉力强，所以它的铺货率不可能低，要看就看其支线产品的表现。

特别提示： 如果你想要把某地区可口可乐的经理挖过来，最好先看看他有没有把该地区可口可乐的市场做好，因为跨国公司的经理不一定全都业务能力强。同样，大品牌的经销商也有能力很差，但依然能靠产品知名度跑量的，所以你不要被经销商的大品牌背景吓到。测试一个经销商的市场能力，看他到底能不能卖货，一定要冷静地看看他把现有品牌做成什么样，也许他手里这个品牌的今天，就是你的品牌的明天。

3. 查验经销商与当地 KA 店的客情

走访 KA 店（即 Key Account 店铺，指那些在营业面积、客流量等方面有巨大优势的大型零售终端），了解经销商现营产品是否进行了 KA 销售及在 KA 店中的销量和终端表现情况。跟经销商"闲聊"，查探他手里其他产品的进场费，以及店庆费、赞助费交纳情况，看他有没有被超市优待。

特别提示：

KA 店内部对供应商有等级评定，我们把超市分为 KA 店、B 类店。超市同样把供应商分为 KA 供应商、B 类供应商，对重点 KA 供应商在促销、陈列、新品入场等方面都有绿色通道政策。

大卖场的门槛很高。如果厂家新选的经销商和大卖场一直有密切的生意往来，甚至本身就是 KA 店供应商，则厂家可以"借壳上市"，减少成本（快速进超市，少交甚至不交进店费，同时利用经销商客情取得陈列、促销方面的优惠条件）。否则合作之后就会变成经销商"借壳上市"（厂家多掏费用帮经销商建立 KA 店网络客情），虽然这样做也行，但是时间成本、费用、机会成本都会很高，因此要三思而后行。

四、经销商选择标准四：管理能力

本书第一章讲过，经销商实际上是企业在当地的销售经理（当地市场的促销管理、渠道管理、价格管理、销量实现等都是靠经销商来完成的），因此调查经销商的管理能力就如同调查新聘销售经理的"管理工作经验"。

有不少经销商虽然"身家千万"，但其管理能力仍停留在"练摊"的水平，其主要表现如下。

表现一： 物流管理没有库存统计，没有分类码放，没有先进先出。某一天把库房门打开一看："哎呀！仓库空了一半！"于是赶紧开车去省城进货，至于进什么货、进多少货，也是凭感觉（因为库房里到底有什么货、有多少件货并没有报表统计）。进货回来往库房堆放，也不做先进先出，然后突然一声惨叫："哎呀！怎么仓库最里边还有 300 箱前年的果汁——都已经过期了！糟了，方便面也断货好久了，怎么这次又忘了进货?!"

表现二： 资金管理没有基本账目，没有收支两线，只管卖货收钱、扔进抽屉，日常用度、进货资金都从中开支，甚至老婆孩子用钱也去抽屉里拿，当然算不出来自己是否盈利。

表现三： 人员管理没有基本制度，两个业务员一个是侄子一个是外甥，迟到、早退、顶嘴、磨洋工、跟客户吵架是家常便饭，侄子、外甥偷货换烟抽，更是"家常便饭"。

表现四：客户资料或者没有，或者写在墙上一张旧年画上，好一点的可能有个小本子记着客户明细。至于下线客户的实力、经营面积、进货量等详细资料，全都记在老板脑子里。应收账款更是一大堆白条，一团乱账。根本没有建立欠款明细，更不用说进行账龄分析了。

经销商姚老太太非常敬业，去厂里进货时把膝盖骨摔裂，自己竟然不知道，还摸上爬下跑着办手续——直到装车的时候才发现自己的膝盖肿得像个小皮球。就是在这么个铁打的老太太店里，曾发生过一段趣闻：老太太经销健力宝，年底盘库时发现"奇案"，库房最里面放了100箱健力宝，箱子好好的，里面的健力宝易拉罐盖也没打开，但是——里面的水没了！什么原因？

假货？不对，不可能假得连水都没有，只有空罐。

挥发了？也不太可能，健力宝的包装质量没那么差。

原来看库房的是她侄子，这家伙每天晚上住在库房里，把一箱健力宝底朝天转过来，拿个钉子瞅准位置"砰"打个眼儿，插根吸管喝一罐，过两天一高兴，找一群哥儿们"砰、砰、砰"打十几个眼，一人喝一罐。日积月累，一年下来100箱健力宝就这样被喝完了。

这件事暴露出什么问题？——姚老太太至少一年没倒库房存货了，要是她能每周清点一下，先进先出倒一下位置，怎么可能到年底才发现呢？

分析：经销商大多数是个体经营，搞得太正规反而会背上成本包袱。但有些基本的管理跟不上，也会直接造成比较大的损失和危害（有些经销商每年因为库存管理不当而导致货物丢失、破损、过期、断货，造成几万元损失，可能他们根本感觉不到）。经销商如果连自己的"鸡毛小店"都管得一塌糊涂，也就不可能担负起开发和管理市场的重任。

如果你是中小企业，刚起步，可以不用十分"挑剔"。如果你是大企业，而且产品主要通路又在超市，经销商将来主要是跟超市和国际连锁卖场打交道的话，那么你的经销商就要上点"档次"了。

具体动作：检查经销商的人员、物流、资金流、信息流等管理现状，要求至少拥有以下基本管理能力。

1. 人员管理

人员有明确分工（划分固定的线路、片区和客户，周期性拜访服务），业务员职责和业绩考核方法确定；有相对正规完整的客户明细资料。

2. 物流管理

仓储、送货、内部财务结算流程完整，应收账款有明细登记，对每个超市的收货单、促销费用支出凭证、对账单保存完整。

物流管理中，最常见的是司机送货回来，对账环节出现漏洞。

仓库领货的时候手续不全，每一笔货是哪个司机领走的记录不清，丢了货查不出责任人。司机送完货之后，在超市领了收货单往兜里一装，没有及时上交收货单，又开车送第二车货。

第二车货收的是现金，结果司机回来光记得交现金而忘了交收货单，公司也没人追究。收货单丢失会造成与超市结账困难，因为超市结款是收货金额减去应缴纳费用，但是费用缴纳凭据在业务员、财务人员手里传来传去，甚至不知去向，货款自然结不回来。

3. 订单管理

经销商有没有专门的传真机接收超市订单？有没有专人负责？很多大卖场发的订单都要用到传真或者电子邮件，订单发过来，无人照管就有可能丢失，造成无法按订单要求送货，引发一连串"后遗症"。

4. 库房管理

从经销商的仓库物流管理水平最容易看出其管理层次，下面我们就来深入学习如何判别一个经销商的仓库管理水平——或者说先进的经销商仓储管理有什么特征和标志。

（1）库房分区、分品项码放（基本要求，必须做到）

经销商的库房门口放快销货，非快销货放里面，为什么呢？因为快销货搬运次数多，放到门口节省时间和人力。

许多经销商库房的货摆得很乱，洗衣粉上摞面包、面包上摞牙刷……没有分品项码放会直接导致一个结果：点不清数。哪一堆货的进货时间长，哪一堆货的进货时间短，老板自己都不知道，必然会造成断货和过期（给批发商送货断货没关系，给超市送货断货，超市就会罚款）。

（2）最好有卖场专项库存区

经销商往往同时代理几个厂家、几百个条码的产品，又要给几千个零销店、几百个批发商、几十个卖场同时供货，以他的经营规模和管理素质，要做到对每一个品种都保证完全不断货，肯定不现实。

怎么办呢？比较成熟的方法，就是经销商在库房里设立一个专项库存区，行话叫"逻辑分仓"。

有一个500平方米的库房，经销商在库房里用白灰画出一块地方，这块地方叫"卖场专项库存区"，专门存放给卖场供的货，别的地方则都是给批发零售等其他通路供货的库存（暂且叫"通路仓"）。

从各个厂家进货后，先给卖场专项库存区补足货，再给通路仓补货，以保证卖场专项库存区的全品项安全库存。卖场专项库存区必须每天盘点，发现某个品项断货，立即从厂家调货。调货来不及怎么办？从通路仓借货。

（3）动态盘点（比较好的经销商才能做到）

仓储管理水平高的经销商，库房里有3万件货，他进去之后两分钟就能点清。为什么？因为库房里放着栈板（没有栈板也没关系，可以人为划成不同的货位）。从厂家进了一车货，放到某个栈板或者货位上，这个货堆上就会有一个看板（可能就是一个小白板），上面写着进货日期、货物的数量规格和生产日期（比如：2010年12月22日到货汇源果汁200毫升软包装100%苹果汁500箱，生产日期是2010年12月1日），平时出货在看板上立刻更新记录（比如2010年12月27日，出货100箱，现结存400箱）。

每一个货堆上面都有一个看板，做到每一堆货的进、销、存都很清楚。经销商进仓库点货，只需要把看板看一遍，随时都能掌握库存数字，知道哪个品种断货了、哪个品种有几箱即期产品需要消化。

（4）先进先出

虽然"先进先出"一直挂在嘴边，但并没有几个经销商真正做得到：难道要每次进货都把库房里外倒一遍，把里面的老产品搬到门口来吗？不需要。

只有在动态盘点的前提下，才有可能实现先进先出。每一堆货上面都有看板，写着这堆货的数量、日期，每个货位都是有编号的（比如1排1号可口可乐中瓶50箱，生产日期2010年12月12日），把这些信息全部输入电脑。现在销售部说"出100箱汇源果汁"，仓管在电脑里面一查询——有10个货位放着汇源果汁，他把这10个货位的产品按生产日期排序，立刻就能查出来3排5号的汇源果汁是日期最早的，然后他就可以告诉搬运工："去3排5号拿货。"

（5）同时管理几十个卖场的大经销商要注重配送流程的建立

给卖场送货的司机要相对固定，因为各个超市的送货程序不一样。超市送货是很麻烦的，压车时间非常长，送50箱货可能1个小时手续都办不完。超市送货要求不定时、不定量、不定品种，而且动不动就拒收。经销商刚开始做超市时可能不懂这个道理，他有4个司机、4辆车，大家混在一起送货——今天你送批发他送超市，明天他送批发你送超市，结果没有一个司机对超市流程熟，以至于弄得晕头转向、丢三落四。所以，给超市送货的司机最好是固定的，而且最好给每一个司机的每一辆车贴上对应超市的送货流程（送货的路怎么走、单行道的方向、收货时间、收货手续流程、拒收货条件），这样就能提高超市送货效率，减少被拒收的可能。

五、经销商选择标准五：口碑

招聘新员工时要了解他在原公司的表现，因何从原公司离职；同样地，选择经销商也要了解该经销商在同行（其他批发商）、同业（其他合作厂家）中的口碑，从而了解经销商的商业道德水平。

具体动作：

1. 了解同行口碑

去该城市（及附近市、县）的其他批发商处询问：你们以前跟张老板合作过吗？他的信誉怎么样？

也许你会听到这样的评论："这家伙不能共事，这边给我们35元/箱放货，转过身他自己34元/箱砸价，甚至带头经销假冒产品……"

2. 了解同业口碑

尤其是当你了解到这个经销商曾经跟某知名厂家合作又分手，一定要下功夫弄清楚他们分手的原因：是因为厂家市场"精耕"将他正常更换？还是厂家发现他砸价、窜货、市场业绩不佳将之淘汰？抑或是因为他截留促销资源、拖欠贷款，导致厂商交恶直至决裂……

不仅要了解经销商本人的口碑，还要了解他的合伙人的口碑（所谓经销商合伙人，就是指对他的店内产品经营、促销、货款结算等问题产生重大影响的人，而这个人往往不是老板娘，就是老板的亲戚）。很多时候你跟经销商接触，觉得各方面都不错，一旦合作你才会发现，经销商多数时间都在外拓展业务，厂家进货、送货、收款、促销、市场服务都是和这个合伙人打交道；如果这个合伙人在市场上"恶名远播"，是出了名的"难缠货"，那么要不要跟该经销商合作，也得仔细掂量掂量。

六、经销商选择标准六：合作意愿

经销商只有对企业提供的代理权感兴趣，才会真心实意地配合厂家的市场工作。合作意愿不佳的经销商，实力再雄厚、网络再广也不能为厂家所用。

具体动作：

1. 看经销商对厂家业务员是否热情接待

主要看经销商是否对产品上心。如果跟经销商磋商几次后都准备签协议发货了，经销商依然对厂家业务员冷冰冰的，虚情假意。这说明他根本不把这个代理权放在心上，当然也不会对这个产品的铺货、市场开发投入太多关注。这样的经销商一定不要选。

2. 看经销商在经销合同细节问题上是否讨价还价

我曾经给一个房地产企业做培训，售楼小姐告诉我一条她们总结的经验：凡是说楼房好的顾客一概不要理，他会说这房子不错，采光好、户型方正、坐北朝南、配套完善，涂料也环保，只是他暂时不买而已。真正想买楼的大概率会说房子不好，采光不好、景观不好、交通不便利等。为什么？为了还价。

挑剔的才是真买主，真正有合作意愿的经销商，一方面会对厂家业务员热情接待，另一方面则会在价格、折扣、返利等问题上跟厂家业务员反复讨价还价。如果经销商一味豪爽，对厂家业务员开出的条件毫不犹豫，满口答应，则可能会有以下几种情况出现：

第一，厂家是赊销制，经销商根本无合作诚意，只想骗一笔货而不还货款。

第二，产品是旺销大路货，经销商想拿这个产品低价甩货，迅速套现，再去做别的生意。

第三，他会满脸微笑地接你一车货，你一走他就把货放进库房，你来了他就哭"生意难做"，然后请吃请喝把你打发走，只要你不"干掉"他就行，能拖一天是一天。为什么？因为他正在代理你的竞品（而且竞品利润较高），他无条件地拿你的代理权，是怕你找别人代理这个产品，将来跟他抢市场，霸占着你的经销权他就能更加专注地卖竞品，你的产品便成了陪绑对象。

● 作者评述

知识只有在实践中才能变成技能。从第二章起，我们开始了实战培训。前两节我们讲了选择经销商的四大思路、六大标准、二十四个动作。这中间所有内容我都尽量具体到学完立刻可以用的招数（比如，讲了用三句问话、两小时观察来判定一个经销商是否有行销意识）。

所谓"培训内容要落实到动作分解，让学员上午听完，下午就能用"就是这个意思。

销售人员为什么要参加培训，培训对自己有什么好处？是学习新知？是启发思路？还是解决问题？

其实都不是。

入行的头两年，我培训了近万名销售人员，这让我对培训有了新的认识。除非讲师对企业情况深入了解，设计有针对性的课程，而且能按梯次进行循序渐进的系列培训，也许会对员工的行为质量、企业的业绩产生直接影响。否则，一年一度销售大会上临时应景式的"专家培训"没有一点实际意义。

唯一的作用就是让你"以为自己会了"！听完课以为自己会了，心里感到方向更清晰，更有信心，你出门的时候劲头都不一样，有的人是攥着拳头咬着牙出去的（我这下可有招了）。

结果满怀信心冲出去，头破血流滚回来！回来的时候脸上一个脚印，瘸着腿，胳膊缠着绷带，哭着说"魏老师说的不对"。

因为市场总是"千姿百态、千奇百怪"的。你想用"请不请客吃饭"来衡量经销商的诚意，结果对方是一个管理严格的公司，跟厂家合作一直是公事公办，没有招待费；你想用三句问话、两小时观察去测评经销商的行销意识，刚一问经销商这个产品卖多少、那个品种卖多少，结果经销商说："八字还没一撇就敢查我的底牌？一边去！"

这些情况都有可能发生。说到底，培训提供给大家的是一个工具箱，工具箱里有斧子、锤子、凿子、钻子。要劈开一块木头用什么？可以用斧子，也可以用锤子，只不过用锤子费力而已。

销售培训更像是教大家游泳。讲理论的老师讲游泳是合理利用水的浮力、阻力、作用力、反作用力……你越听越晕。讲实战动作培训的老师会告诉大家：自由泳要反手切水（用大拇指、食指这一边的手刃切水），而不要用手掌拍水，手肘要夹耳朵，头始终跟胳膊成180度，出水的时候要吸气，手动的时候脚不要动……

怎么样，分解得够细吧？你以为自己会了，迫不及待地下泳池试试，结果你喝了好几口水，但是不喝几口水，怎么能学会游泳呢？

所以，你一定要对工具进行演练和体会。再说一遍，知识在实践中才会变成技能。我在所有课程里都尽量使自己的培训贴近实际工作，涵盖对工作中各种变数的应对方法，销售理念全部落实到动作，让大家有可能马上就去实际应用。

但是市场总有太多变化，不同行业做法不同。同一个行业，不同规模的企业做法也不同。就是同一企业，也会在不同片区有不同做法。甚至同一片区，面对不同实力的经销商，做法也不尽相同。

实战动作式的培训更贴近工作、更容易吸收、更容易学以致用，但要注意，千万不可固化，因为销售没有固定的答案，正所谓"兵无常势，水无常形"。那么作为听课的销售人员，如何处理课堂与实践的差距，才能把握变数，使自己能融会贯通，学以致用呢？建议大家注意以下三点：

第一，要有筛选意识。老师讲的这十个动作中，如果有三个不适合你所在的行业、不适合你所在的企业、不适合你所在的片区，那么你就要果断地删掉它。

第二，要有举一反三的能力。比如，我们考察经销商实力的其中一个方法是看他的库存面积和库存量大小，但对家电、建材行业的经销商而言，经销商店面展厅的布置、装修、陈列量、专柜设计等更能反映他的实力和经营意识。对于烟草行业来说，经销商根本无法选择，因为全部是烟草公司专卖体制，不过，烟草行业的朋友仍可以从这两节中有所收获，就是通过这些测试动作，找到经营思路和管理方式上的薄弱点（比如，仓库没有执行分区管理、访销人员不能固定线路周期性拜访客户等），作为以后工作中帮助经销商改善管理状态、提升自己专业形象的切入点。

第三，听课一定要分清"道"和"术"。"道"是做事的方法，即遇到这个问题怎么思考，从哪些方面下手解决，要注意哪些问题。"术"是行为步骤，做什么动作，问什么话。

从大的方面来讲，选择经销商考虑六大标准就是"道"，二十四个动作则是"术"。从小的方面来讲，判断一个经销商的合作意愿，"道"是看他是否谨慎考虑你的合作条件，是否表现出足够的热情；"术"是看他是否积极沟通，是否在合同条款上跟你较真。判断一个经销商管理能力怎么样，"道"是看他的人员管理有没有分工明确，有没有基本的仓库管理信息等；"术"是看他仓库里有没有做到分品分类码放、看板管理、逻辑分仓、电算化、动线方针……

"道"是原则和规律，具有一定的普遍性，我们要依循。"术"是细节技巧，会因不同行业、不同企业、不同背景而变，我们要懂得借鉴和变通。修道、习术，遵循营销市场规律，在招数上进行"融会"的同时也要进行"变通"（而非贯通），方可练好这套销售武功。

作者：魏庆老师

营销界二十余年常青树

著有畅销书《终端销售葵花宝典》《经销商管理动作分解培训》

读者福利：免费学习
11 期魏庆老师亲自主讲的视频课

魏庆老师本人主讲的
182期、共计152个小时的营销视频课
上线热播中

微信扫一扫
关注魏庆老师

微信公众号：weiqingpeixun（魏庆培训）

第三节　经销商选择残局破解

我们在实际工作中总是会遇到一些新变化，有时候选不到好的经销商，有时候经销商的这个条件很好、那个条件又很差，有时候经销商本身不错却不看好你的产品，等等。这一节就来讲一讲"选择经销商时遇到困境如何应对"的问题。

一、经销商选择的六大标准哪个更重要

如果一定要对六大标准进行优先排序的话，建议遵循以下思路。

第一，合作意愿最重要。不论经销商的实力、行销意识等条件多么优秀，如果他对这个品牌没有信心，也不感兴趣，那么他就不会对这个品牌的推广投入太多精力和资源，这样经销商的一切优势都不能为厂家所用。

第二，对有合作意愿的经销商候选人，要注意调查其口碑，行业内有砸价、冲货、截留货款恶名者不能选用。与其找一个"劣迹斑斑"的经销商合作，然后再对他严加监控，与他斗智斗勇，不如趁早不用他。不要幻想这样的经销商在和你合作之后，经营理念和品质会自动改善。

第三，在合作意愿和口碑都符合标准的前提下，经销商的行销意识、管理能力、市场能力越强越好。

第四，实力并非越强越好——在经销商的实力能够覆盖厂家给他规划的渠道、网络和区域市场目标的前提下，经销商实力越弱越好（尤其对中小企业而言）。超出厂家目标市场的实力并不能为厂家所用，相反，太大的经销商市场反控力强，砸价、冲货潜力大，客大欺厂的可能性也大。

二、时间紧迫，没时间慎重选择经销商怎么办

股市有句行话叫"股市有风险，入市需谨慎"！

老人家常告诫儿孙辈"婚姻大事，不可儿戏"！

股票选不好你会"伤筋动骨",伴侣选不好你会"枉度半生"。很多"战争"还没有打响就已胜负判定,因此,选择很重要。

厂家选择经销商也是如此,对大多数厂家来讲,有什么样的经销商就有什么样的市场。在经销商选择问题上草率妥协,厂家就会有无休止的烦恼,并因此付出惨重的代价。

如果在某个区域市场,经过筛选发现找不到合适的经销商(大多数情况是有合作意愿的经销商不能满足要求,而能满足要求的经销商又没有合作意愿),厂家千万不可退而求其次,"先找一个经销商临时应急,凑合着用,不行再换"。厂家抱着这种心态,等想要更换经销商时,就会发现市场已经被做乱。

作为厂家要有耐心,可以容忍自己的业务员在陌生市场上找经销商速度慢,可能十天半个月都出不来什么业绩;作为业务员,也要有这个耐心,愿意在经销商选择上投入时间和精力。

三、与新经销商合作后感觉不好怎么办

前文讲到,对待新经销商要像对待新员工,严进宽出——选择时要慎重,一旦选进门就要努力激励扶持,不要轻易"开除"。这个思路也有例外——员工入职一般都有三个月试用期,试用不合格不再签正式合同;对经销商也一样,在与新经销商刚开始合作,对市场影响不是很深入时,一旦发现其在合作意愿、基本实力(资金、网络等)、行销意识等要素上的确不能胜任,就要当机立断,考虑马上更换。拖沓、延误,寄希望于经销商的自我完善,大多会导致悲剧的发生。比如下面这几种情况:

第一种,经销商在其资金实力不够时,大多会说"请给我时间,几个月内我可以融资",但其兑现可能性极小。

第二种,经销商的行销意识和厂家的市场要求格格不入,既不愿意主动送货,也不愿意做超市。厂家想教育经销商转变观念,最后才发现,教育一个经销商从根本上转变、改善其经营习惯所付出的成本,比开发新经销商大得多。

第三种,经销商目前欠厂家大笔货款,厂家暂时"不敢换",几个月后发现欠款越来越多……

四、经销商的产品线是长了好还是短了好

产品线长短是指经销商代理的产品品种多寡。产品线长的经销商必有较强的网络实力和资金实力，但其注意力分散，很难对单一品牌投入太多关注。相反，产品线短（甚至专销一个产品）的经销商关注度足够，却又难免实力较弱，网络不全面。

是找代理几个品牌的经销商好，还是找专销一个产品的经销商好？这要根据厂家的品牌力和其在市场开发时的人力物力投入情况而定。我的原则是，在资金、运力能满足市场开拓基本条件的前提下，尽量找产品线短的经销商，否则厂家将来的对手就不仅仅是同类竞争品牌，还有经销商代理的其他产品——它们会跟厂家的产品抢资金、抢运力、抢主推力度。市场上守着个大经销商还把产品做死的例子太多了，倒是有不少小经销商主推一个产品并后来居上，原因很简单——态度决定一切。

这里给大家提供一个思路：选择产品线与本品"相容而不相悖"的经销商。"相容"是指经销商目前代理的产品与本品销售渠道吻合，网络可以直接借用。"不相悖"是指经销商现在代理的产品中最好不要出现本品的竞品（品牌及通路利润较本品有优势）。

比如乳品企业可以去找做碳酸饮料的经销商：一方面，他们的零销店、超市、餐饮各渠道网络全面；另一方面，他们大多已经看清了碳酸饮料市场必然下滑，茶、水、乳品市场必然上升的趋势，意图在此一展拳脚，一般会对新代理的乳品品牌投入更多关注。

五、国营经销商实力强但是意识差，怎么合作

先前的多次市场实践让我对国营经销商积累了一些"经验"——今天全国各地很多糖酒公司都折戟沉沙就是例证。

1. 国营企业的弊病

国营机制下的经销商大多实力较强，账款信誉较好，但部分经销商存在以下弊病：

（1）人浮于事，事亦难行

遇到有利可图时（比如促销投入），各部门（销售、财务、储运）都伸手；遇到难题时（如给下线客户放赊销）又相互推脱，事事有人干涉，又事事无人管。

（2）由于人员分配奖惩机制滞后造成的员工惰性

经销商本来是下午5：30下班，厂家5：00拿订单给经销商，经销商的员工就不去送货了。问其原因，经销商的员工振振有词："虽然现在还没有下班，但我送货回来的路上就到下班时间了，后面的时间谁付我加班费？"

春节做促销，厂家派业务员在超市加班做现场促销（出的是经销商的货），需要补货的时候，打电话过去对方竟然找不到库管、找不到司机——全放假了。

（3）财务制度非常正规，不能应变市场

厂家常常需要为经销商临时垫支促销费、推广费用，经销商的财务却无法垫支。更可怕的是，有的厂家派人派车带经销商的货帮他去做铺市，经销商竟然说公司规定不见现金不出货，要厂家付钱，把货买出来再去铺市，然后连本带利还给经销商，真是不可思议！

2. 如何与国营经销商合作

第一，对国营经销商，一定要慎重选择。

第二，很多国营经销商知道厂家不愿意和他们合作，因此他们会告诉厂家自己已经改制，实际上真正改成功的却不多。看一个国营经销商是否彻底改变，要看他的利润是否真的独立核算，负责厂家产品的操盘手是真的能从市场业绩里面拿提成和奖金，还是旱涝保收，只是象征性地拿到一点。另外，还要看人事制度，问问经销商一年内有没有真的开除过"业绩不好、工作不努力的中高层经理"。

第三，如果真要跟国营经销商合作，一定要想办法参与他们的人员奖金分配——只要产品销售得好，上至经理、下至员工，都可以享受厂家的奖励。

第四，注意和每一位员工搞好人际关系，但千万别掉进派系关系的旋涡。

第五，提前签订好协议，比如经销商直辖的卖场要给厂家陈列位置，临时垫支促销费手续如何操办。只有丑话说在先，后面才好操作。

第六，详细调查经销商的渠道网络、客户分布情况，对他做不了的渠道另找经销商和分销商。如果经销商说："你不让我独家代理整个区域，我就不做。"那么厂家坚决不能妥协，除非你对这个市场期望值不高，放任自流，能做一点是一点。

六、选不到合适的经销商，或者好的经销商没有合作意愿怎么办

选不到好的经销商通常有两种原因：一种是当地经销商没有厂家要求的覆盖力；另一种是"你爱他，他不爱你"。该怎么办呢？有以下方法供大家参考。

1. 撤退

道不同不相为谋。的确找不到符合厂家要求的经销商，说明时机不成熟，不妨将这块市场暂时搁置。全国有那么多城市，干吗非要啃这一块硬骨头？宁可晚一步开发，也不要降低标准选择不合适的经销商，以防埋下祸根。

2. 提高经销商合作意愿

前面说到找经销商要先考虑合作意愿，但是合作意愿也可以是管理出来的，不是一看人家没有合作意愿就作罢。厂家认定某个经销商不错，但是该经销商不怎么搭理厂家，这时厂家只要能让经销商对"厂家的产品能赚钱"产生信心，结果就会是另一番风景（怎样提高经销商的合作意愿是下一章要讲的内容，这里只提出一个概念）。

3. 中小品牌不要在"不毛之地"上"种庄稼"

对完全陌生的市场，可以考虑先有意往那里冲一批货，让产品在当地销售一段时间，有一定知名度了，再去找经销商，告诉他："我们还没来呢，就已经有人从外地接冲货卖我们的产品了，现在光冲货每月就有300多件的销量，你要是接了经销权，这个销量就是你的了。"

4. 倒着做渠道

选择经销商时，如果厂家已经物色了两个经销商，但他们都对厂家很冷淡，甚至不愿搭理厂家，该怎么办？经销商合作意愿低，无非是怀疑厂家的产品能否畅销和是否有钱赚。厂家如果真的有决心，一定要开发这块市场，不妨先派厂车、业务员在该市场直接做终端，选择重点区域进行零销店铺货、超市促销、家属区宣传活动（当然，做这些动作的目的绝不是要做直营，而是造势），同时放出风去——厂家要在当地找经销商。这些经销商看到厂家有这么强的市场运作能力，产品稍做促销，销量就可上升，很快就会主动找上门来了。

可能读者会有疑虑，先造势是没错，但造势要花钱、花时间呀！这个成本怎么算？

我建议大家换个思路想问题。

没错，造势是要花钱、花时间，但造势可以使厂家在跟经销商的谈判中占据主动，可以帮厂家找到更好的经销商，可以让厂家争取到更大的合作力度，使市场开拓得更顺利。相反，不经过造势和铺货就直接进入市场，厂家可能只能降格以求，找一个不太满意的经销商，而且合同谈判时要做更多让步，经销商的支持力度也不够，厂家政策执行不到位，最终市场拓展很可能失败。

做生意就是这样，要么你主动，要么你被动；要么前期你为了使自己主动付出代价，然后获得利润弥补，要么你不付出，使自己被动，在以后的日子付出更大代价。

话又说回来，即使你直接去找经销商，也一样要花时间和金钱帮他们做促销启动市场，现在不过是把次序颠倒了一下，先做推广，后找经销商。

5. 跳出思维定式

常见的思维是：在一个城市只找一家经销商，而且必须是当地人。实际上，一个城市并非只能找一家经销商。如果当地暂时没有好的经销商可以合作，不妨先同时找几个小分销商各自做一个小区域或者渠道，等产品有一定销量之后，再考虑筛选独家经销商。

比如对乡镇市场的覆盖，一个县里很难找到对所有乡镇都有覆盖能力的经销商，所以同时找几个经销商分别覆盖几个乡镇是常见的做法。只是这种做法的前提是厂家在当地有人员投入，能控制价格。

经销商不一定是当地的，尤其是在一些三线城市，当地经销商的素质差、实力弱，个别大户又自以为是。这时候尝试找邻近区域合作比较好的老经销商，说服他们在当地开办事处、分公司间接覆盖，也是个好办法——厂家配合他们扩张地盘，打开新市场，对有发展欲望的经销商来讲是很有诱惑力的。

比如，常规思路是乡镇由县城覆盖，但实际上乡镇若能让地级市经销商覆盖，效果会更好。原因有三点：第一，地级市经销商的思路、实力等方面都比县城的经销商优秀；第二，地级市经销商听到厂家把别人的地盘划给他会很高兴，也会很主动；第三，现在的交通状况使乡镇到地级市更加方便。

小结一下，如果你找不到合适的经销商，或者经销商没有合作意愿怎么办？要么撤（换个区域做），要么想办法提高经销商合作意愿，要么利用冲货把市场"炒热"再下手，要么干脆倒着做渠道，要么跳出思维定式找相邻区域的经销商"隔山打牛"，要么先找几个小分销商把市场做起来再筛选独家经销商。

如果以上方法都不奏效怎么办？万一真被逼得没办法，那就得"无中生有"了。

七、笑拳怪招

1. 挖别人的二批

不少厂家的入市策略是挖大品牌的经销商，但我劝厂家还是少费这个劲，除非厂家的产品有很大优势，否则就算挖来了，经销商也是跟厂家逢场作戏，绝对不会主推厂家的产品。不过挖他们的批发商倒是可以考虑，因为大品牌的批发商实力也不弱，而且早已不甘心"寄人篱下"——永远做一级经销商的下线客户，早就憋足了劲要当总经销商，这时厂家让他当"正宫娘娘"，给他"名分"，对他来说还是有诱惑力的。

2. 收编"破烂王"

批发商中有些专门卖杂牌产品的客户，他们最擅长做批发通路和外围市场。这些人没少赚钱，但在"江湖上"没什么地位，因为他们无门无派（没有代理厂家产品），行业里把这种客户叫作"破烂王"。他们并不甘心就此下去，也希望通过代理品牌产品正规运作来提升经营层次。

3. 找"名门之后"

一些职业经理人在企业里做销售人员，打了十几年工，辞职后干起经销商。他们有丰富的销售经验，有较强的管理能力和相对先进的营销理念。同时，他们做生意的本钱是十几年打工的积蓄，来之不易，因此做起生意来往往更有头脑，也更努力。

4. 外派"自家人"

这是没办法的办法。产品刚上市时影响力小，在当地找不到合适的经销商，厂家被逼得没办法，就游说自己的熟人、朋友、当地村民、送货司机、员工家属在外地"开荒"——去外地当经销商（当然，厂家要给予一些赊销铺底的支持）。这些人起步不是批发商，在厂家支持之下入市，虽然没有经验，但是"无知者无畏"，敢打敢拼而且绝对主推产品。这种经销商队伍一旦发展起来，最大的优势就是对厂家忠诚，只要厂家的产品和政策跟得上，有时会有意想不到的收获。

在中国市场上异军突起、势如破竹的华龙面，以及全球最大的豆浆机生产厂家九阳公司，当年就是这样发展起来的。尤其是华龙面，在它的经销商队伍中，有一部分人成了独家经销又经销独家的铁杆经销商（只做华龙面，别的什么都不做）。

需要提醒大家注意的是，这种做法的前提是厂家的产品具有竞争力，要么有产品卖点（比如九阳豆浆机），要么有性价比优势（比如最初的华龙面），否则这些经销商倒下时还会卷走厂家一大笔货款。

5. 考虑诱导资金量充足的其他行业的经销商进入新行业

某地有一个很大的乳品经销商张老板，原来是某名牌汽车的代理商，被我下面一个姓段的业务员挖过来卖牛奶，没想到卖得还挺好。后来这个业务员给我讲了他说服张老板的过程。

小段：张哥，你不能再卖汽车了，再卖汽车没出息。

张老板：（吓了一跳）怎么没出息了？

小段：卖汽车是贸易，卖牛奶才是生意。为什么卖汽车是贸易？你看这位小姐，今天上午找你买了一辆汽车，会不会下午再买一辆？大概率不会！所以卖汽车的人，基本是卖一个客户就少一个客户，你永远都在开发新客户，累死你！但是卖牛奶是生意，比如，你掌握3000个零售店、1000个超市，这4000个销售点可以源源不断地找你进货，源源不断地给你创造利润。而且现在中国人的健康观念越来越强，整个牛奶行业的销量也越来越大，所以你还是"弃暗投明"，跟着我卖牛奶吧！

张老板：（有点心动）那你说卖牛奶要投资多少钱？

小段：卖牛奶投资很大的，要6万元。

张老板：多少钱？6万元？费半天劲就6万元，我现在就给你！

小段后来总结道：卖汽车的人给厂里打款，一次肯定是几百万元，哪里会把几万元往眼里放？另外他对牛奶懂不懂？不懂！不懂的人进入新行业往往有一个特点，冲劲大，特别配合。刚开始我们跟张老板合作的时候，我就觉得这个经销商真配合啊，你说"做事业要投入，要招人"——他说"招，马上招"；你说"要租房子"，他立刻就租；你说要买送货车，他说"买，立刻买"。要钱也特别痛快。做超市，你找别的经销商要钱，进店费5000元，他们就磨你"能不能厂家出2500元，我出2500元"，给张老板说进店费5000元，他说"5000元小意思，一晚上应酬钱，给"。过两天又要交堆头费500元，他一愣"还有堆头费？多少钱？500元，嗨，小意思，一杯茶钱，给"。过两天超市又要交店庆费……为什么他这么慷慨？他老拿这种几千元的投入当成小钱。但是日子长了他就会发现"小刀子割肉也很疼"，半年之后再想拔腿也拔不出来了，因为130万元都投进去了。

钱多人傻的经销商只要配合大厂家的规划，厂家告诉他怎么做他就怎么做，那么市场完全可以做起来。

解读：这个案例有些极端，但是也有一定道理。我给各行各业的企业做培训，几乎没有一个企业的经销商说自己日子好过，卖彩电的说彩电利润低，卖建材的说建材不好卖——小商人大多数都有行业厌倦心理。他们的另一个特点就是"这山望着那山高"，不少人总以为别人的饭更好吃，这个时候你若能说服他投身新事业，借助他初生牛犊不怕虎的冲劲，也许能创造奇迹。

这个现象现在已经不是个案，我给家电行业做培训时发现，小家电企业挖大家电企业的经销商几乎成了一种风气。其中的道理是一样的，对大家电企业的经销商而言，以往给厂家打款都是几十万元甚至上百万元，利润却越来越薄（尤其是彩电）；现在代理小家电只需投入几万元、十几万元就可能有较高的回报率，何乐而不为？

上面讲到的这几种客户有一个共同的特点：他们一旦看中了某个产品，肯定会竭尽全力，不计较短期得失，在合作意愿上可以评120分。善用这些客户的热忱，有时可以创造比正规经销商更好的业绩。

需要注意的是，这只是在正常途径遇到阻力时不得已而为之的方法，可遇不可求——如果厂家按正常途径找不到合适的经销商，产品又有一定的优势和诱惑力，碰巧又有打笑拳怪招的机会（比如认识一个正在头疼手头生意不好做的陌生行业客户），那么可以尝试一下这些方法。但千万别走火入魔，要注意筛选，也不能什么人都合作。

八、业务员听了培训，还是按老方法做事怎么办

到此为止，我们已经学习了厂商关系与经销商选择的思路、标准和动作，很多业务员了解了这些内容之后，一下市场，还是不由自主地按思维定式找一个大户回来，因为人的思维是有惯性的，"知不等于行"，所以厂家要给业务员提供进一步指导，引导和转移他们的注意力，使他们主动按照厂家教授的方法选择经销商。

我这里推荐的方案是使用经销商评估表（见表2-1），具体步骤如下：

表2-1 经销商评估表

填表人：　　　时间：　　　区域：
审核：　　　　核准：

得分项目	100分	80分	60分	40分	20分	打分
发展意识	急于发展，有学习习惯，已有一定理念，自己投资进行促销、物流扩张、铺货、广告、服务工作	有学习习惯，有一定理念，自己投资进行促销、物流扩张、铺货、服务工作	一般	有初步理念，无动作	满足现状	
服务意识	主动周期性拜访下线客户，及时送货处理客诉	不定期主动服务	被动服务	被动服务，只送大户	无服务意识	
对自身经营状况及市场环境的熟悉程度	熟悉自身经营品项业绩、回报率，熟悉自身网络、产品结构优劣势，熟悉当地市场人口、渠道等基础资料	熟悉自身经营品项业绩、自身网络、产品结构优劣势，对当地市场人口、渠道等基础资料有概念性了解	一般	较差	不熟悉	
物流、资金管理	有明确的分品项储运制度，有基本的现金账，收支两线制度基本没有物、款流失	有明确的分品项储运制度，有基本的现金账，收支两线制度有物、款流失	较好	一般	较差	
人员管理	业务员素质高，有明确的分工和管理制度、薪资考评制度，执行到位。业务员纪律性强，效率高	有比较明确的分工和管理制度、薪资考评制度，执行到位。业务员纪律性比较强，效率比较高	一般	较差	原始管理，业务员不服从管理，效率低	
法人代表合作意愿	合作意愿强，愿为前期市场开拓做出努力	较好	一般	较低	不愿合作	
合伙人合作意愿	合作意愿强，愿为前期市场开拓做出努力	较好	一般	较低	不愿合作	
同业口碑	非常好，算是当地的金字招牌	较好，无负面评价	一般	较差	经常跨区砸价，拖欠货款	
零销店知名度	区内零销店80%以上与该客户熟悉，常有业务来往	60%	40%	20%	20%以下	

（续表）

得分项目	100分	80分	60分	40分	20分	打分
批市知名度	区内批发户80%以上与该客户熟悉，常有业务来往	60%	40%	20%	20%以下	
客情	下线客户80%以上对该客户表示满意	60%	40%	20%	20%以下	
运力	网络覆盖达设定区80%以上	60%	40%	20%	20%以下	
经营品牌	产品线相容而且不相悖	代理产品4个或2个，未做到产品线相容而不相悖	超过4个或少于2个	超过6个或少于1个	超过10个或少于1个	
本品品类占比（本品同类产品销售额占其总销量的比例）	50%以上	40%	30%	20%	10%	
实力（包括资金、运力、人力、网络）	当地前三名	一级批发商	二级批发商	零售兼批发	非专业批发	
下设阶次	一级批发+直销+特供	二级批发+部分零销店	一级批发+直销	有散零销店但属小批发户	非专业批发又无散货能力	
现经营品牌	销量大，通路利润稳定。销售点气氛好，零销店铺货率70%以上，全品项推广，大店进店率高、表现好	销量大，终端铺货率60%以上，KA店占优势，批发市场铺货率高	终端铺货率40%以上，批发市场铺货率高，批发利润0.5元以上	终端铺货率30%以上，KA店进店率50%以上，批发市场铺货率50%以上	终端铺货率20%以上，批发市场铺货率50%以上	

注意：

1.此表不能由企业统一制定，因为不仅企业之间会有差别，同一企业不同产品、同一企业同一产品不同地区的经销商选择评分标准细则内容也应当不同（如，同一企业同一产品在开发市场和成熟市场上对经销商的实力要求就不同）。

2.要告诫业务员在经销商筛选的过程中不做任何许诺，以免将来引起落选者的愤根，谈及"如果合作成功，货款如何结算"时要明确表示——现款现货。

3.此表只能作为培训手段，不能作为管理手段。表中有些栏目的资讯采集有一定难度（如经销商资金实力、经销商本品品类所占比率等），不要强求业务员必须——填报（否则只会造成假报表），用意只为指明思维方向，告诉业务员用此表可帮助他们更快捷准确地评估经销商。此表的填报仅为培训和业务辅助手段，不作硬性要求。

销售经理根据企业产品特点、市场投入力度、该区域的市场特点，设计经销商评估表。在表格左栏写明该区域合适的经销商应该具备的条件，然后针对每个条件进行最佳状态描述、次佳状态描述、最差状态描述等（不同状态对应不同分值）。业务员在经销商选择过程中要针对以上内容，如实填写并评分。业务员只要把上面这个表格认真填一遍，就会被引导着按照培训的内容去做事，避免惯性思维。

第四节　经销商选择动作流程

我们已经学习了厂商关系、经销商选择思路，进而又把思路细化为具体标准、动作、注意事项，乃至经销商选择的评估工具，但是业务员在掌握了这些知识技能后，到了陌生市场，一看"那么多人，那么多车，批发市场的门朝南朝北都摸不清"，一下子又会感到茫然，不知从何处下手。因此要想真正让业务员学会选择经销商，还要给他们一个动作流程，告诉他们到陌生市场，先干什么，后干什么，具体流程是什么，只有这样才能把前面所学的思路、标准、动作运用于实践。

一、业务员在陌生市场选择经销商动作流程中的常见误区

1. 误区一：预设立场

表现1：业务员甲在去目标城市之前，已经找同行询问了当地几个大户的名字，打算在这几个大户中间筛选一个。

预设立场：经销商一定要在几个名气大的批发大户中筛选。

表现2：业务员乙直奔批发市场，看哪个批发户门店气派、店内售卖的产品种类多，哪个就是候选经销商。

预设立场：锁定经销商一定是在批发市场。

在实际工作中，在一个城市开发经销商前，首先应该考虑的是产品要在

这块市场的哪些区域、哪些渠道进行销售，然后再去寻找在目标终端渠道有供货网络的客户。至于实力——能满足我们设定的区域要求就够了，选择大户未必是好事。所以江湖上"威名赫赫"的明星经销商未必是首选，业务员甲的做法失之偏颇。

业务员乙则犯了经验主义错误。一个城市里的优秀经销商未必在批发市场，越来越多精明的经销商急流勇退，关闭了批发市场的门店，转做贸易公司，小一点的在家属区选址，大一点的去了写字楼。相反，执着于批发市场门店店头生意的经销商往往是些观念相对陈旧、有跨区冲货动机的老批发商（尤其是在各地长途货运汽车站附近批发市场的批发商），这种经销商的终端服务意识和客户网络都不是很强。

2. 误区二：贸然拜访

"行家一伸手，就知有没有。"业务员到一个陌生城市，由于寻找经销商心切，往往不对当地市场进行细致的调查分析，就直接去登门拜访心目中的"经销商候选户"。经销商很多都是"老狐狸"，他们和这样的业务员一搭话，就能感觉到对方对当地市场非常不熟悉，是个"生瓜蛋子"。

经销商是通过看业务员来看厂家的，业务员很专业，他对厂家印象也就不错；如果业务员是个"糊涂蛋"，他就会觉得厂家也不怎么样。业务员给经销商留下良好第一印象的机会只有一次，如果第一次见面就被人家轻视，会给你造成以下两个负面影响。

负面影响1：由于业务员对当地市场陌生，经销商就会有意夸大市场开发难度和竞品的市场投入，漫天要价。

"小王，你可不知道，咱们这个市场穷，而且当地有个小厂的价格特别低，所以你的产品价格必须得降，否则根本就卖不动。在这个城市赊销是风气，我们经销商没有一个不给客户赊销铺底的，所以各个厂家来这个城市找经销商也都得给点账款政策……"

负面影响2：业务员的种种外行表现，使经销商产生对业务员（乃至厂家）的轻视，直接导致合作障碍。

"不好意思，我暂时没兴趣做新产品，所以你也不用和我浪费时间了。"

3. 误区三：不重视新经销商谈判及其合作意愿的调动工作

选择经销商，最难的工作是促成经销商的合作意愿，解决"你爱他，他不爱你"的问题。在这一环节上，很多业务员都缺乏足够的重视和充分的准备，他们往往是在锁定经销商候选人目标之后，只简单地把企业的产品、政策向对方介绍一遍，便坐等对方表达合作意愿。

尤其在新市场开发阶段，经销商的配合力度、对该产品的关注和投入力度决定着市场的成败。促成经销商全力投入的动力来自三个方面：

第一，经销商认为该产品能卖起来；

第二，经销商认为经销该产品能赚钱；

第三，能带给经销商利润之外的收益（如培训、网络扩张等）。

业务员要根据自己企业的实际情况，针对这三个驱动经销商的动力做好充分的素材、话术准备和演练，然后跟经销商谈判，并进行调动。相对那种简单直白地把企业政策讲一遍的做法，这样做一定会收到意想不到的效果。

不要为自己没有好的口才担忧，商务谈判不是节目主持，不是为了让对方娱乐。关键是你是否有充分的准备，把自己能提供给对方的好处和利益展示出来，有几分准备就有几分效果。

二、经销商选择工作流程示例

1. 做到"知己、知彼、知环境"

业务员大多数都知道会见经销商之前要进行市场摸底，可是摸什么底，怎么摸底，很少有人能真正搞清楚。现在我们把市场摸底这个理念，落实到动作上。

（1）知己

动作： 到了陌生城市，先逛一圈，看看本公司的产品市场上有没有自然销售（是指厂家在某地还没有设经销商，而当地已经有批发商从外地自提该厂家的产品在当地销售），表现怎么样。具体关注以下几个指标。

① 通路：谁在从外地自提本公司产品进行销售？

这个客户主动经营我公司产品，说明对我公司产品有兴趣，而且已经从中赚到利润。他也许就是未来的经销商候选人。你去找他，告诉他你是这个产品的厂家业务员，问问他这个产品卖得怎么样，哪个渠道的客户对这个产品比较感兴趣，这一段时间销售遇到了什么阻力，跟竞品相比优劣势在哪里……

他有没有话讲？有，一定有。首先，他看到正在做的产品厂家来人了，一定会热情接待，与你好好谈一谈；其次，他对这个产品在本地市场的优劣势、价格应该怎么改、包装有什么问题、功能有什么问题等，一定有一肚子话要讲。

他的话有没有价值？有，毕竟他已经卖了一段时间了。他讲的是实际体验，跟他一番话谈完，下一步公司主打哪个品种、做什么促销、定什么价格等思路也就出来了。

② 产品：本品的哪些品项在当地自然销售？哪个品项卖得最好？哪个最差？

自然流通进入该市场的品项，说明该市场对这个品项有需求，其中最好销的品项也许是下一步攻占该市场的先头部队。至于最难销的品项，就要考量一下要不要淘汰。

③ 价格：自然销售阶段，我公司产品在通路各阶售价和利润是多少？

一般而言，自然销售阶段，从外地自提产品的一级批发商利润较高，二级批发、零销店利润较低，想在开设经销商之后销量有所提升，必然要重新调整渠道利润，至少讨好一个渠道（一般是针对二级批发商），让该渠道利润有明显改善，主推我们的产品，带动销量。

（2）知彼

动作： 在市场走访过程中锁定本公司的主竞品（包装、价格、使用功效与本品相近），同样是了解产品、价格、通路三件事。

① 产品：竞品在哪个渠道销售？卖得最好和最差的产品品项是什么？

竞品已经在当地销售了一段时间，它的市场表现可作为我们的"指路明灯"。研究它的什么品项卖得好、什么品项卖得差，它在哪个渠道表现好、哪个渠道尚有空白等。这些都对下一步制定我们的产品/渠道策略极有参考意义。

例：竞品 500 毫升 PET 橙汁、355 毫升纸包装苹果汁卖得极好，而其各种包装的葡萄汁则几乎都卖不动；目前竞品主要在便利店进行销售，在学校渠道几乎没有铺货。

竞品 500 毫升 PET 橙汁和 355 毫升纸包装苹果汁能卖火，说明当地市场能接纳类似的产品。竞品葡萄汁一点也卖不动，似乎在暗示葡萄汁在当地接受度不高。对比竞品，我公司 500 毫升 PET 橙汁在包装、价格等多方面均无优势，但我公司 355 毫升纸包装苹果汁是照相版包装，外观光泽超过竞品，而且价格比竞品低，有一定优势。

结论：以我公司 355 毫升纸包装苹果汁为新市场开发的首选品项迅速铺货，抢竞品的网络。500 毫升 PET 橙汁做后续跟进的第二品项。渠道选择上注意抢占被竞品忽略的学校渠道。针对大学生的消费特点推出促销活动：5 个空包装换 1 张电影票，争取在最短的时间内建立区域市场壁垒。

② **价格**：竞品各阶通路的价格和利润。

我公司产品要想在当地后来者居上，必须借助通路力量，针对竞品的各阶通路利润设计价格体系，至少讨好一个通路（如，二级批发商利润高于竞品），在该通路形成排斥竞品主推本品的格局。

③ **通路**：竞品在当地"手伸了多长"？

竞品在当地有没有经销商？派了多少人驻守在这里？有没有设办事处、分公司？他们已经拜访到哪一层通路了？

了解竞品在当地的人力投入，知道竞品已经控制到哪一层渠道，对我公司在当地的"兵力"部署可以起到比照作用。比如，发现对方在人员配置上比我们投入大，市场掌控能力比我们强，那么我们要想取胜就只有三个机会。

第一，产品品种上打对方的空当（新口味、新包装、礼品盒等差异点）；

第二，价格低，通路利润比对方优势大，"策反"通路；

第三，走对方的渠道空当，如专打它没有留心的学校渠道、团购市场。

（3）知环境

动作：通过向酒店大堂经理、出租车司机、零销店/批发店老板询问，向同行其他业务员询问，以及上网查阅相关资料等方法，对当地市场基本情况建立概念，再通过实地走访观察建立初步的感性认识，掌握以下资讯：

① 当地人口数，行政区划，收入水平，支柱产业。

② 有多少个批发市场，分布在哪里，各个批发市场的货物流向（有的批

发市场专走外埠，有的批发市场则专覆盖市区）。

③ 大约有多少零销店、超市和酒店，进店费等渠道费用的大致情况。

④ 当地其他市场特点（如有几个购买力极强的大家属区、大单位等）。

（4）业务员熟悉环境的好处

① 使自己不再显得是一个初来乍到的外行，在经销商候选人面前建立自己的专业形象，从而间接促进经销商合作意愿。

② 通过对本品与竞品在产品、价格、通路三方面的了解和对比，为自己确定主打产品品种、目标渠道，为制定各级价格策略找到初步依据。

一次培训的时候，有个学员问我，如果他通过知己、知彼、知环境的调查，发现他的产品和竞品相比没优势，通路利润比人家低，市场上对方的人力投入又很大——他们根本就投不起。怎么办？

要我说就一个字：撤。

我们为什么要提前做市场调查？就是为了看自己的胜算有多少，扬长避短，发挥优势做市场。做市场其实跟打仗一样，有很多兵法策略可以借鉴。《孙子兵法》讲："夫未战而庙算胜者，得算多也；未战而庙算不胜者，得算少也。多算胜，少算不胜，而况于无算乎？"

意思是，聪明的将军是算好了能赢才去打仗，只有匹夫之勇的将领才会"管它赢不赢，先打了再说"。打仗要对比敌我兵力、辎重，考虑地利、水土各项要素，看我们的优势多不多，如果我们有胜利的机会就去打，没有胜利的机会就撤。

我觉得这个道理很适合市场开拓，产品力、通路推力（价格）、市场掌控力（人员投入）都已经输给对手了，还玩什么呢？赶紧换地方吧。硬打，最好的结果也只不过是画一小块自留地，偷偷摸摸地苟延残喘。

2. 终端调查，寻找目标候选客户

动作：首先通过上一环节的工作，确定本公司产品将在这块市场哪些渠道进行销售，然后去这些渠道的终端售点调查。寻找在几个渠道都有终端供货配送能力的明星客户，由此得出经销商候选人名单，然后进一步深度访谈，运用前面讲到的经销商评估方法做筛选，最终得出准经销商名单。

例：确定本公司果汁要在县城零销店、批发市场及外埠 15 个乡镇批发零销店进行销售。

第一，走访市区零销店，询问"您店里的饮料是谁给送的货""这个城市里哪几个批发商在给零销店配送饮料和其他小商品"——得出在县城零销店渠道供货的明星经销商名单。

第二，同理，得出县城批发渠道和乡镇零售点供货的明星经销商名单。

第三，锁定三份名单中重叠的部分。

第四，重叠的经销商就是在各目标渠道都有终端供货能力的经销商，也就是我们的经销商候选人。

第五，对经销商候选人进行深度访谈，以此确定经销商，这样做好不好？不好。你想想，你找了四个人访谈，最后只确定一个经销商，另外三个会不会对你有意见？所以你要进一步缩小候选范围，降低失望率。可以向其他厂家业务员、批发商等打听这几个"经销商候选人"的口碑——是否有过与其他厂家的账款纠纷，是否存在冲货、砸价、截留促销品的恶名，排除其中有问题的经销商，就能锁定真正的经销商候选人了。

第六，运用经销商评估表和经销商选择的六大标准、二十四个动作，对经销商候选人采取逐个预约、上门访谈、店头观察、仓库盘存等系列动作进行深度评估，最终确定下来准经销商人选。

3. 做好充分的谈判准备

通过前三个步骤的走访和摸底，你已经初步得出市场开发方案，接下来要做好与准经销商进行谈判的充分准备。

首先，业务员锁定准经销商后，对准经销商的人员、车辆、运力、网络做详细调查和记录，这样谈判时就会心中有数。

其次，对"知己、知彼、知环境"和"确定准经销商候选人"过程中收集的资料进行整理分析，初步制订出本公司产品在当地的推广计划，包括以下几个关键点：

第一，本公司产品哪一个品项作为先头部队攻打市场，选择的原因是什么，这个品项相对竞品有什么优势。

第二，在哪个渠道销售，各阶通路价格是多少，为什么这样设计，有什么好处。

第三，上市头两个月做过几次大型促销，具体的人员、地点、方式、投入等安排，最好能预计出这一阶段将会完成的销量和经销商这一阶段实现的利润。

第四，需要经销商提供什么配合。

第五，公司解决经销商后顾之忧的服务和保障政策（如经销权，退换货承诺等）。

第六，如果有条件，要准备公司在邻近区域成功上市的案例，当地具体客户的人名、店名、联系方式等。

第七，准备好向经销商展示公司促销/政策支持的实物例证（如经销商合同、海报、促销政策、赠品样品等）。

第八，把设计好的新市场开发计划与上级沟通，取得上级支持。

业务员要想在经销商面前树立威信，千万不要轻易做"超出自己职权范围的许诺"。如果公司不批准业务员许诺的事，就会让经销商反感。而且，新市场开发计划涉及公司的投入，业务员要经过上级批准，心中有数之后，再与准经销商进行谈判。

现在经销商候选人已经选出来了，接下来就是"把生米煮成熟饭"，这一步虽然不好走，但很关键。

第三章
经销商谈判：激励合作意愿

本章预告

新市场选择新经销商，在市场开发初期，经销商是否有积极性，是否大力配合，是否会投入更多人员、车辆、精力，和厂家一起铺货、促销，这都直接决定着新市场开拓的成败。

老经销商管理的"弹性"很大，经销商实际上提供给厂家的是一个舞台（包括人、车、钱、网络、资源），在这个舞台上，往往同时有几个产品在争抢"风头"，谁能占用经销商更多的资源，谁就能"舞"得更漂亮。同一个经销商既能把一个产品做得"风生水起"，又能把另一个产品做得"一烂到底"，说到底就是经销商是否主推。

所以，经销商的合作意愿非常重要！

本章分五节，我们会从激发经销商合作意愿的基本技巧、推荐"动作套路"、回答经销商常问问题的"标准话术方法"三个方面来学习。

第一节　经销商谈判的内功心法

经销商见你来找他做新产品，会不会说"去你的，我就是不做"？不会。

会不会说"可算盼到亲人了，赶紧给钱发货"？也不会。

大多数准经销商在遇到陌生厂家来找他谈经销权问题时，都会有点"深沉"，不会立即表态，总说这个问题要"研究研究、讨论讨论、商量商量"。特别是对不知名的产品，有不少人会以"没时间""没精力""资金不够""现在顾不上，过完年再说"等借口进行推托。

按照本书讲的经销商选择动作分解、评估工具、动作流程，你千辛万苦找了一个经销商，结果"你爱他，他不爱你"。怎么办？还是以案例说明。

先提几个问题，读者可以在心中默默回答。

你想不想赚钱？

你知不知道老板比打工的赚钱多？

你真想赚钱，回家砸锅卖铁，找朋友借，找家里人赞助，能不能凑出5万元？

你相不相信在中国做生意，很多行业只要5万元就可以起步当老板了？

如果我没猜错，你的答案应该是——

我很想赚钱！

我知道老板比打工的赚钱多！

我能凑到5万元！

我也相信5万元已经可以当老板了！

那我问你，你为什么还待在企业里"受摧残、受折磨"？

《穷爸爸富爸爸》中说打工的人都是一条追着自己尾巴咬的狗，工资增加的同时消费水平也提高，钱总是不够花，永远不能实现财富自由。多可怕！

既然想赚钱，又有当老板的钱，也知道打工永远不能过上像老板那样的生活，为什么还不去当老板？

原因很简单，怕风险——我打了这么多年工，牙缝里攒了一点散碎金银，一把赔进去，我又得从头打工。"辛辛苦苦几十年，一夜回到解放前"，心何以甘？情何以堪？

假如你正在为眼下的事业低潮闹心，这个时候突然来了一个人，跟你讲："兄弟，别再打工苦熬了，跟我走，去广东卖建材发大财。"你会不会去？我想你会立刻拨打110。

假如你的一个远房亲戚来找你，说："兄弟，别打工了，跟我走，肯定让你发大财。"你想不想去？想去！敢不敢去？不一定，有时候坑亲戚比坑一般人还狠。

假如我是你表哥，咱们从小一起长大。家里人都知道我跑到南方卖灯具去了，而且做得还不错，买了豪宅名车，开了很大的灯具贸易公司。如果我来找你，动员你："兄弟，别再打工苦挨了，跟我走。你拿10万元，我拿20万元，咱们在家乡开一个灯具装饰公司。"这时候你想不想去？

想去！但是有顾虑（你能在灯具行业里赚钱，我能不能）。其实我很清楚你心中的顾虑，我跟你讲："兄弟你别担心，做生意捅透了就是一层纸，没那么神秘。灯具主要分羊皮灯、吊脚灯、宫灯、水晶灯，其中羊皮灯中的a、b型号和水晶灯中的c、d型号比较适合内地城市销售，你在济南二环路租一个门店，进货去广州最大的灯具批发市场，五排四号新信灯具批发商王老板是我多年的供货商。我的货基本从他那里拿，你进货的时候就多进羊皮灯的a、b型号和水晶灯的c、d型号——好卖的多进将来走量，别的品种少进将来'看样'，我给你写个进货标准，教你每一种灯进什么牌子的、怎么辨认真货假货、价格

第三章　经销商谈判：激励合作意愿

是多少（你拿我的名片去找老王，他不敢蒙你），进完货之后我教你怎么办托运手续，怎么给你的集装箱填充防震泡沫加厚。把货发回济南，我派我的老业务经理教你怎么装修店面、培训业务员，前期市场拓展有熟手业务员帮你开荒和带新人。我预计你第一个月卖多少，第二个月卖多少，第一个月亏多少，第二个月亏多少，第几个月可以打平，一年下来你会赚多少。

"这个店投资30万元，我出20万元，你出10万元就行，我会把钱先打到咱们的公共账号上，公司的股份咱们俩一人一半，年底对半分红，为什么我让你占这个便宜？因为第一你要入人股（这个店要你来打理，我没多少时间亲自过问）；第二我知道你这些年在企业里面做营销，在销售开拓和员工管理上有一套，而且你的为人我也信得过；第三更重要，你哥哥是建筑设计院工程师，做灯具一个主要业务是工程单，要跑工地，这方面设计院的人际关系太重要了……"

要是这一幕发生在你身上，你会不会动心？你可能早跑去卖灯具了。

我讲这个案例，就是为了体现经销商谈判的内功心法，你看看这个案例里面人的想法像不像经销商的心态——刚开始他是想做又不敢做（经销商面对新产品时嘴上说不想做，实际上是想做怕赔钱）。他对你没有信任度的时候，让他"跟你走""发大财"，他会以为你骗他（就好像面对一个不知名的厂家，其业务员夸下海口，做他的产品一定赚钱，经销商不但不信，还很反感）。

一旦你详细地给他讲了做灯具的学问和门道，让他明白"灯具生意原来是这么做的"，他就会以为自己会了，然后就跃跃欲试。

所以，经销商谈判的内功心法只有一个，就是"带着上市计划去找他"——充分向他展示我们的产品如何适合当地市场并且比竞品有优势；渠道选择上如何打到市场空白点，价格制定怎样确保各层通路有钱赚，促进通路推广意愿；公司何时投入多少人、车、资源帮经销商做促销推广工作；第一波做什么促销、完成多少销量，第二波做什么促销、完成多少销量……

你的新市场开发计划要让准经销商听完之后，觉得是一个有道理且可行的行动方案："这么做，这个产品就能做起来。"

你的上市计划做得成功，等你说完了，准经销商看你跟看见钱一样，这样他肯定立即有合作意愿，而且会以百倍热情投入市场开发工作，也会由准经销商变成铁杆经销商。

到底怎么做，让我们先学习几个内功心法。

一、心中有数

1. 苦苦哀求没有用

中小品牌面对新经销商时大多是"你爱他，他不爱你"，有时厂家为了让经销商卖自己的产品苦苦哀求，百般让步（赊销供货、送货上门、投入广告促销、给更高返利）。这样被动达成协议，实际上是饮鸩止渴。经销商进货是拿来卖的，他关心的不是产品有多便宜，而是产品能卖多少量和什么价格，将来能赚多少钱。苦苦哀求往往适得其反——经销商大多不会对这种可怜的品牌全力投入。推广市场，更多的是接一批货，截留各种市场支持变成自己的利润，然后靠低价往外抛货，货款是否能还给厂家都是个问题。

2. 只要你能让经销商看到"钱途"，他就会来"求"你

让我们分析一下经销商的心理。经销商在厂家来找他做经销时，一定有两种矛盾的心态：一是兴奋（有厂家来找我，看来我"混"得不错，万一做成了，又多一个赚钱的产品）；二是忧虑（这个产品能做吗？万一做砸了怎么办？）。没有经销商不想代理新产品（他们就是靠这个赚钱的），让他们犹豫的只是"这个产品能卖得动吗""能赚钱吗"。

如果他对你的产品没信心，他甚至会说"我不想做，你即使先赊给我10万元的产品不要钱，我也未必有兴趣"。但假如你送他10万元现金，他会不会要？他可能当时就乐晕了。

同样的道理，你要做的就是在他的两种矛盾心态中搞平衡，让他兴奋，打消他的顾虑。具体做法是让他看到一个理论上可行的上市模式，让他相信按这套上市方法市场一定能做起来，让他看到这10万元的货有1万元的利润。这样他就会来"求"你要经销权。

二、营造环境

应该在什么地方跟经销商洽谈新市场开发计划？在经销商店里可以吗？当然不行！原因有二。

第一，受打扰：一会儿有人来买货，一会儿竞品业务员来拜访，你就没法讲下去了。没有安静的环境，沟通不畅，效果自然大打折扣。

第二，客场作战：在经销商的门店跟他谈判——你是客场作战，他是主场作战。场地的转换对一个人的心态有很强的暗示作用。不管多大的经销商，一旦你组织他们去厂里参观、开会，他们大多都老老实实的。但是这些经销商一回到自己的地盘，哪怕只是个鸡毛小店，他们往那儿一坐就有气势，在自己的地盘上就会比较"横"，而厂家业务员一坐到他们的办公室里，往往也好像矮了半截。

最好的解决办法是把经销商约到一个环境优美、安静的地方，比如，一起去喝咖啡，一起用餐，或者干脆到茶舍里一人一杯茶，安安静静地聊。

我比较喜欢约经销商去足浴。原因有三：第一，价格不贵，有些小地方会更便宜；第二，足浴店的环境比较安静，沙发也很舒服，半躺半靠地谈一个小时也不累；第三是最重要的，这一个小时他的脚在水盆里，也走不了。

请经销商吃饭喝酒，可能碰到熟人，可能环境太吵，经销商可能会喝醉，也可能突然接个电话，然后说："不好意思，我有事先走了，咱们下次谈……"足浴的话，可以找个小包间，两个人促膝长谈，比较容易谈成事情。

三、厚而不憨

外行人总以为做销售需要一定天分，做销售的人必定是"八面玲珑、冰雪聪明"的，实际上要做好销售必须要踏实、敬业、有耐心——要一针一线，像绣花一样做市场、抓管理。

谈判更是如此，外行人以为谈判高手必须口才好，旁征博引、侃侃而谈，其实我的经验正好相反。如果你给别人留下的印象是伶牙俐齿、精明过人，"眼珠一转一个鬼主意"，那么你的谈判很难成功，别人一看到你就会

"把口袋捂紧"。

成功的谈判者要做到"厚而不憨"——"长一张牛马脸，生一颗玲珑心"，给人的外在印象是很厚道、老实，甚至有点木讷，但心里要有数。那么，厂家业务员面对经销商怎样体现厚而不憨呢？

最重要的是不做没有根据的承诺。我认识一个东北的经销商，有一次去广东进货，我请他吃饭，他得知我现在做销售培训了，在饭桌上特意告诫我："教教你的学员，千万别跟我们这些老江湖讲'江湖口'，我们最讨厌这个！"

很多业务员激励经销商时爱用"江湖口"，比如：

你放心，做我们的产品肯定赚钱，很多批发商做我们的代理一年就翻身了。

你放心，万一卖不动，到时候我们厂家给你打广告，帮你做促销！

你放心，产品卖不完包退！

你放心，咱们兄弟感情，我还能骗你吗！

…………

这个经销商说得很有意思，他说："我们听这种话听得太多了，厂家来的业务员个个都是这一套，现在我一听业务员说'你放心'，我就立刻不放心！我一听业务员讲'咱俩的感情我还能骗你'，我就立刻知道对方又要骗我了！"

专业严谨的表达方式是：面对经销商，谈起促销支持时，一定要细化到人、地、政策、时间、目标客户、厂家和经销商各自承担的责任等，你越是讲得细，就越可信，越有煽动性。

张老板，您5月1日进货500件，我计划先帮您做一次批发商奖励，买3箱送1把雨伞，雨伞样品我也带来了，给您看一下。5月1日到4日我会配合您把活动告知传单发出去，传单我都印好了，您看这是样品。然后5月4日我们公司会派2辆依维柯车、4个业务代表。对了，我这里有我们公司车的照片（车身上有大幅彩色广告，很漂亮）。到时候您再出 2 辆车、4 个人，咱们 4 辆车、8 个人一起针对两大批发市场和 6 条主街道的 300 多个批发商、大零销店车销铺货，估计第一轮车销要两天时间，出货应该在 300 多件，也就是说，您 5 月 1 日进货，到 5 月 6 日。您的库存就只剩下 100 多件了……

这种落实到人、时间，针对什么客户、做什么促销、预估完成多少销量等充满细节的描述，才会让经销商觉得可信，觉得"这个小伙子挺实在，是个干事的人，不讲大话"。反之，你跟他讲"你放心，铁定赚钱，包在我身上"，他的感觉就是"这家伙不老实、不可靠，满嘴跑火车"。

四、双向沟通

与经销商沟通新市场开发工作计划时，业务员一定不要只做单向灌输。原因有两个，其一，你的上市计划未必完全正确，经销商对这块市场比你更熟悉，听听他的意见一定有好处。其二，你的上市计划准备得再详细，15 分钟也会"背诵"完的。经销商刚开始还会认真听，后面就会漫不经心了——反正他记住一点"你策划了上市方案，你要给他搞促销"。到时候真的需要经销商出人、出车来协助，他可能还不情愿，因为他觉得"这些都应该是厂家的工作"。万一促销效果不好，他会把责任都推到厂家身上，认为是厂家的产品不行，或上市计划不好造成的。

真正的谈判高手在谈判过程中能做到"移行换位"，把对方想说的话从自己嘴里说出来，把自己想说的话从对方嘴里讲出来。

1. 把对方想说的话从自己嘴里说出来——顾虑抢先法

如果你知道经销商在这件事上会有某些顾虑，那么千万不要回避它（让经销商自己把顾虑说出来，你就被动了），要主动把这个顾虑讲出来，而且要用一种大事化小的语气，让经销商觉得"这种困难是正常现象，是小事，完全可以化解"。其实，我们在生活中常常会遇到顾虑抢先法。

我在大学里勤工俭学时，曾在一个快餐店打工，周末到公园门口做外卖。当时我的摊位旁边有一个姓邢的小伙子在卖条绒裤子（现在这个人已经是某地一个很有名的超市的副总），有的地方把这个叫灯芯绒。他的裤子布料是次品，很薄，而且染的颜色还不均匀。但他很善于用顾虑抢先法，看到一个老太太在买裤子的时候，用两个手指一直捏着裤子来回搓，嘴里还"嘿哟"（肯定是嫌裤子布料太薄），他就先说话了："大娘，这是今年最流行的超薄条绒。"老太太一听立刻不说话了，估计老太太心里想："多亏了我没说薄，要是说了还显得我不懂呢。"这就是顾虑抢先法，如果让老太太抢先把顾虑说出来"这裤子怎么那么薄呢"，你再去辩解"不薄，不薄"，有用吗？

和经销商谈判也是同样的道理，当然不是让你把假货卖给经销商，而是要你学会打消他们的顾虑。让经销商经销新产品，经销商必然存在的顾虑是："这个产品在当地没什么知名度，能卖得动吗？"（如果让经销商自己把这句话说出来，然后你再去解释，事情就难办了。）你要做的是抢先把经销商的顾虑说出来。

"张老板，这个产品特别好卖，你赶紧进货！"这话肯定是错的，这是自我吹嘘，不但没用，而且会适得其反。你应该认真地去还原经销商怕不好卖的顾虑。

业务员：张老板，这个新产品不一定好卖。

张老板：（吓了一跳）这个业务员可真不一样，敢说实话。

业务员：销售这东西说不准，虽然这个产品在东北已经卖得很火，但在咱们这里还不敢打包票。所以我建议您先别急着进太多，我们公司有规定，新经销商进新品种要保证经销商的资金安全，第一次进货最多只给300件，超过300件，您给钱我们也不给货（其实你想想，你直接让他进货1000件，他也不会同意。就算他同意了，到时候卖不完还不是让你来处理）。

我建议您第一次进200件试一下，然后我这边马上跟进，帮您一起铺货（具体铺货促销计划）。做生意就是要多样化，如果您试后发现产品能卖，那是您花1万元就"试"出了一个好销的产品；要是不能卖，凭您的店面位置、网络实力,再加上我们的促销协助,这点儿货您也肯定压不住。

张老板:有道理,有道理。这个小伙子说话很实在!

2. 让自己想说的话从对方(即经销商)嘴里讲出来

在讨论上市计划具体内容的过程中,厂家业务员要注意多发问,引导经销商讲话,如果你引导得当,完全可以做到"让厂家的想法从经销商嘴里说出来"。

背景:某市场主流产品是500毫升PET果汁,另外350毫升纸包装果汁也有一定销量。该市场超市较发达,批发零售已经日渐萎缩。厂家有A、B、C三个产品,其中A、B是500毫升PET果汁,C是330毫升纸包装果汁,A、B相对竞品无任何优势,C虽然不是主流产品,但相对竞品在价格和包装上都有明显优势。

产品品项策略:以品项C为切入点(用有优势的产品迅速打开市场和通路,与卖场建立关系,增强经销商信心,然后再跟进其他产品)。

渠道策略:因为产品有优势,所以从主流渠道超市入手。

谈判演示:

业务员:张老板,您觉得如果咱们合作,第一步应该先用哪个产品做市场呢?

经销商:我觉得应该从A、B做起,咱这地方的人主要还是喝500毫升PET果汁,这个品种销量大。

业务员分析:坏了!客户想的和我想的不一样,而且很明显,他的想法有点经验主义,不够聪明,这时怎么办?直接反驳经销商吗?往往适得其反,甚至有时会引起情绪对立,吵起来!怎么办?这时候就要用到比4P营销理论还要厉害的MP原则。

MP/PMP/MPMP

这是什么意思呢?MP就是马屁,PMP就是拍马屁,MPMP就是猛拍马屁。

业务员:张老板,您说得对,还是您对这块市场了解得透彻,这里的确以500毫升PET果汁为主流,将来咱们肯定也是以A、B为主打。但是有一点我有些犹豫,不知对不对,讲出来您给参谋一下。虽然500毫升PET是主流产品,但您把咱们的A、B品项和竞品对比一下就知道,A、B产品没什么优势,而C产品虽然不是主流,但在价格、包装上都有比较大的优势,我想咱们刚开始是不是不要让自己那么累,先做有优势的C产品,迅速打开市场,让下面的客户赚到钱,也建立点信心,同时给卖场留下好印象,然后再跟进A、B品项,您觉得可以吗?

经销商发现业务员想的虽然跟他不一样,但也有道理,这时他们一般会回答:"嗯,有点道理,其实我原来也是这么想的。"

业务员:那太好了,咱们想到一块儿了!

业务员提第二个问题:张老板,那么咱们首先进哪个渠道?是先给批发让利还是先给超市让利?

经销商:当然是先进超市了,咱这里批发早就不行了!

业务员分析:好,这次客户跟我想的一样。

业务员:张老板,这次咱们又想到一块儿了。我是外地人,对这块市场了解不多,也想着要以超市为主攻渠道,但一直拿不定主意,您这么一说我就更放心了。

业务员提第三个问题:张老板,您看咱们第一波做什么促销?

这样一问一答,经销商的回答和业务员的原计划是不一样的,先听经销商的"道理"——如果有理,业务员就修整自己的计划。如果经销商的想法有些片面,业务员就对经销商采取MP(还是您对当地市场了解),再引导(但是,我有个其他想法跟您商量一下……),如果经销商的想法跟业务员一样,就PMP(大加赞扬),甚至MPMP,然后转入下一个问题。

这样,厂家的上市计划其实就从经销商嘴里说出来了,一个经销商执行自己"做出"的上市计划,肯定会多七分主动,少三分推托。

第二节　新经销商谈判"套路"一——树立专业形象

上一节讲了经销商谈判的内功心法，谈判有没有可以借鉴的套路？很多人都以为没有，但其实是有的。下面我就给大家演示一下这个套路。

本节先学习这个套路的第一步——开场白，让经销商迅速感受到业务员的专业素养。

《孙子兵法》说："兵无常势，水无常形，能因敌变化而取胜者，谓之神。"很多人曲解了这句话的字面意思，只看到了变量——"兵无常势，水无常形"，而忽略了其中的定数——"能因敌变化而取胜者，谓之神"。

实际上兵法就是对变量之中规律的捕捉和掌握，熟练运用兵法规律，就能预知敌人将会出什么招，从而以静制动。听起来好像有点玄，先举一个例子。

小时候大家应该都玩过"石头、剪刀、布"，也都划过拳"老虎、棒子、鸡、虫"，"哥俩好"应该也玩过。其实，玩这些东西是有绝招的。

我曾是我们学校篮球队的"主力"之一，不过我身高只有一米七三，当不了主力，我是争场地的"主力"。每次校际联赛我都第一个上场，跟对方争场地——"石头、剪刀、布"，把对方干掉，然后我下场，球员上场。

我现在就教大家这个方法，3 秒钟就能学会，以后上场（上桌子）可以多赢少输。以"石头、剪刀、布"为例，玩这种游戏，第一拳是赌命，如果一上来你第一拳就把我打死了，那我认栽，这叫命不好。但是大多数情况下第一拳是不可能决出输赢的，第一拳往往是和局。从第二拳开始就是谈判——猜测对方的心理和招数，决定自己出什么招。

假如我们两个人划拳，第一拳是石头对石头打成平局。我第二拳会出什么？会不会再出石头？个别人会这样，他划拳是石头、石头、石头、石头。没办法，这是个偏人。这种人少，而且你一旦发现他的规律，下一局就可以布、布、布、布，一直赢。大多数人第一拳出完之后第二拳都会变，我第一拳出石头，第二拳只能出布或者剪刀。这种情况之下你应该出什么？你出剪刀怎么样，最多咱们打平局，这就是规律。剪刀对剪刀平局，我下一局出什么？不用说，是布，因为对方只有可能出石头或者布。"老虎、棒子、鸡、虫"也是一样的道理。好了，大家现在先合上书，闭眼想象一下其中的"奥妙"，看看自己能不能很快回答：老虎对老虎平局，下一局出什么？

大家找到规律了吗？秘诀就在于，你第二局出的拳总是第一拳可以打死的东西（第一拳石头，第二拳就剪刀；第一拳老虎，第二拳就鸡），按这个规律出拳，你就会平局平局平局，赢了；再平局平局，又赢了。遵循这个方法不敢说一定百战百胜，但是至少你赢的多输的少，这就叫"概率推演技巧"。

商务谈判的套路，说白了就是这个"概率推演技巧"，你要猜透对方的心理，他可能问什么话，他正在顾虑什么，他爱听什么、不爱听什么。你之所以能够在谈判桌上一招制胜，是因为你知道对方将要出什么招。

上一节中所讲的经销商谈判四条基本技巧只是内功心法，属于基本功，而非具体动作。现在来学习一下经销商谈判套路——也是我集多年一线销售经验，根据常见的疑惑心理与经销商常问的问题，总结出的一套有针对性的破解方法，类似中国武术里面的"沾衣擒拿手""一招制敌防身术"。熟练掌握可起到"见招拆招""借力打力""四两拨千斤"的效果。

我们先看某乳品厂家业务员拜访经销商的场景：

背景：某乳品厂家业务员小李，要去拜访的经销商王老板是当地三大经销商之一。小李试图说服王老板在当地代理他们的产品，双方已经谈了多次，小李跟王老板谈过上市计划，王老板也很感兴趣，就是还没下决心，仍在犹豫。

业务员：（整理了一下服装，来到经销商门前）哎呀，王老板，好久不见，咱们上次约好我这个月6号来看您，您看我如约而至了。

经销商：坐坐坐，怎么样，刚下车辛苦吧。

业务员：哪里是刚下车，我已经来3天了，把市内和周围户县等几个地方的市场都转遍了。我给您讲，您的新品推荐能力确实不错，我发现您把我们的新产品铺得到处都是，陈列也做得不错。

经销商：（非常得意）哪里，哪里，小生意，还得多请领导关照才行。

业务员：王老板，您可不能叫我领导，我可当不起。我今天来拜访您的意思您也明白,就是合作经销的事。不过您别误会,我今天来不是找您签合同的,经销我们这个产品对您可能是件小事情,对我可是件大事情。我有任务压力,但我希望我的经销商都是想好了再做,这样以后合作会更顺利。我今天来有两个意思:一个是前面我已经把公司的产品政策都跟您讲过了,您看看还有什么疑问要我解答的,主意您要自己拿,咱们不要因为沟通不清楚浪费时间。另一个就是向您请教,说实话我是外地人,对当地市场没您了解得透彻,您在当地是前辈,行业里面赫赫有名,不管您做不做这个产品,我都想跟您请教一下,假如我做这里的市场,要注意哪些问题,您就当是提携后辈了。

经销商:(更得意了)哪里哪里,我可不敢当。

业务员:敢当,敢当,绝对敢当。王老板,我叫您前辈是有根据的,您在当地做了11年,现在公司39个人,26个业务员,5个司机,8个财务、内勤、后勤人员;拥有6辆车,2辆8吨车,2辆3吨车,还有2辆厢式的半吨小车,其中1辆3吨车坏了正在修。城里二环以内的售点您都能覆盖,而且还建立了详细的资料库。现在您正在着力细化网络,还在"开疆辟土"向周边县下面的乡镇进军,在这个地区有这么大实力的也就只有您和其他两位了。

经销商:(吓了一跳,而且有点恼火)我的天,小李,你可够厉害的呀,我的底你全知道!对了,你不是说还有其他两个经销商也挺厉害的吗?这两个人我都认识,那你说说我们三个谁最强。

业务员:各有优势。

经销商:你说点儿实际的,我们的优势都在哪里?

业务员:您非让我说的话,那我就说了,别人的长短我不方便讲,我当着您的面讲您吧。您在这个地区的市场上实力、资金还不是最强的,对吧?

经销商:你说的不错,但是现在哪个地区的市场也不敢有人说他是最强的,因为哪里都有几个旗鼓相当的大户,几乎没有一家独大的市场。

业务员:您说的太对了,您知道我为什么总跟您谈吗?说实话那两家我也曾经谈过,但我还是比较想和您合作,不仅是因为您的实力,更是因为您做生意的思路比较超前，意识很到位。

经销商：怎么讲？

业务员：您看，您的销售部有一个专门给零销店做拜访的零售组，从这一点就能看出来您对终端的重视程度。我们就是要找您这种既有实力，又懂得精耕细作的经销商。我为什么专门去看新产品的状况？因为我感觉一个经销商意识好不好，能不能跟厂家配合，全看他的新产品推广程度高不高。把我们的畅销产品卖得好那不是本事，大多数人也能做到，但您在这么短时间内能把新产品卖起来，别人就不一定有这个本事了。

经销商：（脸色由阴转晴，心情好多了）你这个小伙子做事情挺用心。

业务员：真的，我挺诚心跟您合作的，要不然我不会花时间把您的情况摸这么透。我们厂选经销商就是要选意识好、配合好的，上次咱们已经商谈了促销计划，这次我把上次咱们谈好的促销步骤都细化成行动计划给您拿来了，而且我也跟领导打了申请、批了资源做这些活动，只要大家能想到一起去，把终端做起来，价格稳住，促销执行到位，物流跟上，最终这些内容能落实，拿下这块市场应该是水到渠成的事了。

经销商：其实我对你们公司的产品挺有兴趣的，只是有两个问题心里没底。

业务员：您讲讲，看我能不能帮您解决。

开始进行客户疑问解答……

分析：你从上面的对话中看到了什么？把前面这个场景再细看一遍，你觉得这个业务员哪里做得好，哪里做得不好？

案例中的业务员做得不好的地方是话太多，会让对方觉得不愉快。除去这一点，这个业务员展示的是一个迅速建立专业形象的套路，每一句话和动作背后都隐藏着心思和技巧。

我们再分析一下技巧在哪里。

业务员：（整理了一下服装，来到经销商门前）哎呀，王老板，好久不见，咱们上次约好我这个月6号来看您，您看我如约而至了。

隐藏的技巧套路第1招：业务员保持良好的个人专业形象，守时守诺。

分析：在经销商眼里，业务员的素质就代表厂家的素质，很多业务员在言行举止上的小失误（如不守时、头发蓬乱、衬衣褶皱、西装袖子商标未拆等）都会让经销商感到这个厂家没实力，跟这个厂家合作不安全。所以业务员要从守时、个人风度、言谈举止各方面保持稳重得体的专业形象。

> 经销商：怎么样，刚下车辛苦吧。
> 业务员：哪里是刚下车，我已经来3天了，把市内和周围户县等几个地方的市场都转遍了。

隐藏的技巧套路第2招：提前看市场，让经销商知道你不是外行。让经销商感受到业务员的专业素质。

分析：在经销商选择动作流程中我们讲过，业务员要先经过"知己、知彼、知环境"，然后再去拜访经销商。否则"行家一伸手，就知有没有"，经销商感觉厂家业务员对当地市场完全是外行，也会产生不信任感。

> 业务员：您的新品推荐能力确实不错，我发现您把我们的新产品铺得到处都是，陈列也做得不错。

隐藏的技巧套路第3招：从经销商关心的问题谈起。

分析：业务员见新经销商，刚开始就谈合同，会显得太直接，寒暄天气又显得太虚伪，不如从经销商关心的话题谈起，帮经销商出主意，提高利润点。经销商关心的是下线客户对经销商送货、陈列等服务水平的褒贬（注意，一定要有褒才能有贬，否则经销商会觉得你一来就告诉我下面的客户骂我送货不到位，这是找碴儿来了）。比如，王老板，您门口这块地方空着太浪费了，我给您出个主意，在这里放辆"量贩车"，上面挂张海报，写上"热销产品推荐"，然后把您想主推的、利润高的新品种摆上，让每一个来您店里进货的客户一进门就能看到。

经销商现在所经营产品的市场表现也是他最关心的。因而我强烈建议，你谈他现在做的产品的表现，同时也在告诉他"你对市场很了解"——只要业务员在看市场的过程中稍加留意，从这个话题开始谈就比较容易，而且一定能吸引经销商的注意力，同时让他感受到业务员很踏实，对市场很熟悉。

经销商：（非常得意）哪里，哪里，小生意，还得多请领导关照才行。

业务员：王老板，您可不能叫我领导，我可当不起。我今天来拜访您的意思您也明白，就是合作经销的事。不过您别误会，我今天来不是找您签合同的，经销我们这个产品对您可能是件小事情，对我可是件大事情。我有任务压力，但我希望我的经销商都是想好了再做，这样以后合作会更顺利。我今天来有两个意思：一个是前面我已经把公司的产品政策都跟您讲过了，看看您还有什么疑问要我解答的，主意您要自己拿，咱们不要因为沟通不清楚浪费时间。

隐藏的技巧套路第 4 招：施加压力，让经销商签约打款进货，自己又不显得太着急。

分析：假如你一进门就喊，"王老板，代理产品的事情您考虑得怎么样了？旺季就快到了，可不能再拖了"。经销商就会觉得你是来求他的。如果你装出一副满不在乎的样子，"不急不急，慢慢考虑，时间还多"，经销商要么觉得你这个人不实在，要么觉得你工作态度不认真。所以你最好直接告诉经销商你来的目的就可以了。

业务员：另一个就是向您请教，说实话我是外地人，对当地市场没您了解得透彻，您在当地是前辈，行业里面赫赫有名，不管您做不做这个产品，我都想跟您请教一下，假如我做这里的市场，要注意哪些问题，您就当是提携后辈了。

经销商：（更得意了）哪里哪里，我可不敢当。

业务员：敢当，敢当，绝对敢当。王老板，我叫您前辈是有根据的，您在当地做了 11 年，现在公司 39 个人，26 个业务员，5 个司机，8 个财务、内勤、后勤人员；拥有 6 辆车，2 辆 8 吨车，2 辆 3 吨车，还有 2 辆厢式的半吨小车，其中 1 辆 3 吨车坏了正在修。城里二环以内的售点您都能覆盖，而且还建立了详细的资料库。现在您正在着力细化网络，还在"开疆辟土"向周边县下面的乡镇进军，在这个地区有这么大实力的也就只有您和其他两位了。

隐藏的技巧套路第5招：虚心求教，对经销商极力赞扬，诱导他说出"哪里哪里，不敢当"之类的话。然后充分展示你对他的细致了解，同时给经销商一定的压力（我还有两个备选客户）。

分析：业务员说您在当地是前辈，后辈向您讨教，经销商会回答什么？不用问，一定是"不敢当"。就等这句话呢——业务员要立刻抓住机会向经销商展示，我已经对你做过充分的了解，你的人、车、货、资金、网络实力我都了如指掌（说明我很专业、很踏实，而且很有合作诚意，否则不会把你了解得这么透彻）。业务员在称赞经销商的同时，不妨用很平和的口气顺带提一下，"在这个地区有这么大实力的也就只有您和其他两位了"。给经销商传递一个信息，虽然你很优秀，我们跟你合作也很有诚意。但是我们也不是非你不"嫁"，这个市场上你还有两个竞争对手。

经销商：（吓了一跳，而且有点恼火）我的天，小李，你可够厉害的呀，我的底你全知道！对了，你不是说还有其他两个经销商也挺厉害的吗？这两个人我都认识，那你说说我们三个谁最强？

业务员：各有优势。

经销商：你说点儿实际的，我们的优势都在哪里？

业务员：您非让我说的话，那我就说了，别人的长短我不方便讲，我当着您的面讲您吧。您在这个地区的市场上实力、资金还不是最强的，对吧？

经销商：你说的不错，但是现在哪个地区的市场也不敢有人说他是最强的，因为哪里都有几个旗鼓相当的大户，几乎没有一家独大的市场。

业务员：您说的太对了，您知道我为什么总跟您谈吗？说实话那两家我也曾经谈过，但我还是比较想和您合作，不仅是因为您的实力，更是因为您做生意的思路比较超前，意识很到位。

经销商：怎么讲？

业务员：您看，您的销售部有一个专门给零销店做拜访的零售组，从这一点就能看出来您对终端的重视程度。我们就是要找您这种既有实力，又懂得精耕细作的经销商。我为什么专门去看新产品的状况？因为我感觉一个经销商意识好不好，能不能跟厂家配合，全看他的新产品推广程度高不高。把我们的畅销产品卖得好那不是本事，大多数人也能做到，但您在这么短时间内能把新产品卖起来，别人就不一定有这个本事了。

经销商：（脸色由阴转晴，心情好多了）你这个小伙子做事情挺用心。

隐藏的技巧套路第6招：告诉经销商，我们之所以想跟你合作，是因为你终端意识好，跟厂家配合力度大。

分析：跟经销商提及有另外两个竞争对手时语气要平和，不要让经销商觉得你有意在用那两个客户压他。即使这样，经销商也可能问你"我们三个哪个最好"，这个时候回答问题要婉转，坚决不要在经销商面前抨击别的客户，他们之间一定很熟悉，而且你在经销商面前贬低别的客户，只会让经销商轻视你的人品。所以，"别人的长短我不方便讲，我当着您的面讲您吧"。

在讲经销商优劣势的时候，要注意这是个新客户，你还没"降服"他，不要轻易直接对他的劣势指指点点，你评价他实力不是当地最强的最安全。因为确实如经销商所言，现在哪个地区的市场也不敢有人说他的实力是最强的，哪里都有几个旗鼓相当的大户。

讲经销商的优势一定要突出"关键是我感觉您做生意的思路比较超前，意识很到位，跟厂家配合推新品推得很好"，这句话用意在从一开始就明确我们公司看中经销商终端销售能力、市场开拓能力和合作态度，潜台词是："你的优势不是实力，而是终端意识和配合力度，换句话说，如果你不配合厂家，或者不好好做终端，在厂家眼里你就没有优势了。"

业务员：真的，我跟您合作挺诚心的，要不然我不会花时间把您的情况摸这么透。我们厂选经销商就是要选意识好、配合好的，上次咱们已经商谈了促销计划，这次我把上次咱们谈好的促销步骤都细化成行动计划给您拿来了，而且我也跟领导打了申请、批了资源做这些活动，只要大家能想到一起去，把终端做起来，价格稳住，促销执行到位，物流跟上，最终这些内容能落实，拿下这块市场应该是水到渠成的事了。

经销商：其实我对你们公司的产品挺有兴趣的，只是有两个问题心里没底。

业务员：您讲讲，看我能不能帮您解决。

根据以上分析，现在经销商对业务员是什么感觉呢？

第一，业务员形象很专业，举止得体。

第二，业务员没来见我之前就详细看了市场，我现在做的一个新产品哪里做得好、哪里做得不好，他都有数，跟别的业务员不大一样，很踏实。

第三，业务员办事挺老到，到底跟不跟我签合同？我看人家还不是很着急，还劝我慎重考虑。

第四，业务员挺虚心，但是绝对不是"菜狗"。我的底让人家摸得清清楚楚，同时也说明这个厂家选择经销商很慎重，跟我合作也比较有诚意。

第五，好像人家没有"吊死"在我这一棵树上，还跟其他人有接触。

第六，这个厂家最看得上的是我的思路超前（得意）。看来这个厂家做市场很实际，不是那种拼命压量不管实际运转情况的"土包子"，以后合作在这一点上我要好好表现。

现在经销商感觉到你大方、得体、踏实、老到、虚心、厉害、有诚意、务实，而且"好像人家没有'吊死'在我这一棵树上"，恭喜你，你的专业形象已经树立，经销商无论如何不会小看你，而且在心理战上你至少不落下风。

作者评述

日本渔民要到内陆卖鱼，希望卖的是活鱼（价格高），但是活鱼运输到内陆要两三天时间，运过去几万条鱼压在运鱼舱里都憋死了。后来渔民就想了个办法，在鱼舱里放两条鲇鱼，鲇鱼是一种凶猛的食肉鱼。别的鱼为了躲避被捕食的噩运，只能拼命挣扎，鱼群翻腾不止，这一动，氧气就进来了，鱼就不会死，就会卖个好价钱。

这个故事常常用在管理学上，意思是团队要经常树立标兵、奖优罚劣、业绩排名，在团队中形成竞争，让大家有危机感，这样团队才有活力。

我有一次在国内著名的一家蛋糕辅料企业讲课，有学员听完这个故事后就提问："魏老师，你讲得很好，也从理念到动作给出了营造团队竞争气氛的十种方法，确实很实用。我今天是来旁听的，我是我们公司最小的办事处主任，我有个问题，我总共只有一个兵，怎么用鲇鱼效应？"

他总共只有两条"鱼"，还非要整一条"鲇鱼"出来，谁吃谁呀？这就叫教条。

想象一下，你按照套路中讲的告诉经销商："我是来向前辈讨教的。"你等着"前辈"说"不敢当"，可经销商就是不说。你自己本来就是个小品牌，没什么竞争力，经销商对你不感兴趣，你又按照套路里讲的，暗示经销商还有两个备选客户，碰巧经销商今天刚刚跟老婆吵架，心情郁闷，一听这句话暴跳如雷："少跟我来这一套，你去找你那两个备选客户去！"这也有可能。

永远记住：市场总有更多变化，对老师讲的招数套路，一定要熟练运用而不是熟练照搬，其实熟练运用和熟练照搬的区别就在于前者更加熟练，因而可以"收发由心，人剑合一"，后者是一知半解，只会生搬硬套。学武术有套路拳法，但上阵搏击，你不可能告诉对手："等一下，让我按照套路扎个马步再跟你打。"

学习要先僵化（课堂学习记笔记），再固化（课后复习深刻体会熟练记忆），最后是优化（随时可以因地制宜地使用套路中的任何一招，甚至自创章法，无招胜有招）。

第三节　新经销商谈判"套路"二——让经销商感到安全

经销商现在已经对你的专业素质有所认识，你已经获得初步成功，接下来要谈生意，要让经销商认为"经营你的产品很安全，一定不会赔钱"，具体该怎么做呢？

一、让经销商感到安全的十个理由

大多数商人做生意，心里首先想的不是赚钱，而是想怎样才能不赔钱。所以在与经销商沟通市场开发计划的过程中，要注意谈判重点的先后次序，首先是让经销商感到做厂家的产品不会赔钱，有安全感，然后才是能赚多少钱的问题。

经销商怎样才会觉得安全呢？

第一，业务员很专业；

第二，厂家跟我合作很有诚意；

第三，厂家很有信誉；

第四，产品与竞品相比有明显优势；

第五，销量有保障，"看得见摸得着"；

第六，首批进货压力小；

第七，前期促销力度大，首批进货很快可以消化；

第八，价格秩序稳定；

第九，厂家重视当地市场；

第十，独家经销权有保障。

接下来，我们把这十个理由逐条变成具体的动作。

二、把每一个理由落实到动作分解

1. 理由一：业务员很专业

动作：前面已经讲过"迅速展示自己专业素质"的方法。除此之外，业务员还需要在新市场开发计划的准备和沟通过程中下足功夫，在日常拜访过程中，要展示自己在产品知识、库存掌控、生动化、市场机会预测、价格管理等各方面的专业素质和技能，真正建立起自己的专业形象——只有这样，才能对经销商产生影响。这些内容如何落实到具体的动作，我们会在下文中详细阐述。

2. 理由二：厂家跟我合作很有诚意

动作一：前文讲过的业务员有意让经销商知道"我对你的人、车、货、资金、运力一切资源了如指掌"就会起到这样的作用，因为"要不是真的有诚意跟你合作，才不会下这么大功夫把你了解得这么透彻"。

动作二：找经销商的前期不要碰"敏感话题"，比如查经销商下线客户名单、开设分销商弥补经销商网络不足。合作初期，经销商还没有被"降服"，这些事情不宜操之过急。

3. 理由三：厂家很有信誉

经销商跟厂家合作，吃够了厂家"说了不算，算的又不说"的苦（经销商垫支的促销费迟迟不能报销返还，经销商的破损品拉回厂家退换却杳无音信），他们对厂家的要求其实不高，只要说到做到，不坑自己就行，而聪明的厂家会抓住这一点大做文章。

动作一：合同完整。厂家在合同里把有关经销商利益的条款（比如破损、兑现返利、广告支持等）细化、量化，明确支付标准、期限、数字，甚至包括厂家的延迟支付滞纳金条款等（当然是在厂家心里有底、可以兑现的前提下）。

动作二：手续严密，账目清楚。刚开始打交道，厂家应把手续处理严密一些，比如业务员跟经销商商讨完新市场开发计划，要把这一行动中厂家提供的支持细节落实成协议；残次不良品拉回厂家退换时，业务员要清点数目且办好签收手续。

动作三：态度诚恳。业务员的口头禅和摆出的态度是，"亲兄弟明算账，咱们凡事丑话说在前"，落实成文字，到时候有凭有据，不会出麻烦。

动作四：多做少说。业务员一定不要"为了让经销商进货"而漫天许愿，经销商要求支持时（如要促销品、要费用等），坚决不做超出职权的承诺。最明智的态度是对经销商不合理的条件当场回绝，并讲明道理。对合理但超出你权限的要求先不要答应，回公司申请，等公司批准后你再"表情淡定，若无其事"地告诉经销商："张老板，上次咱们谈的那件事我给您办好了。当时我不表态，是因为我不知道公司是否同意。我这人有个习惯，办不到的事情不爱说。"

动作五：留有余地。有关售后服务的内容，业务员说话要给自己留余地，不要让经销商感到"反正厂家答应，一旦有即期、破损就会给调换、补偿，甚至退货，多压点货没关系"。到时出了事不能兑现，会显得你不诚信。

在宣传公司售后政策、解决经销商后顾之忧的同时，业务员还要告诉经销商"做生意就要承担必要的风险""经销商、批发商进货量不是销量，终端市场实际消化量才是销量""不要光想着卖不完退货，要考虑如何把货卖完"。

平时业务员要依据公司产品的历史销量、淡旺季变化，客观理性地给经销商下订单。多走访终端客户批发市场，避免隐性库存（经销商没库存，但下线客户有大量库存，淡季一到问题马上暴露）导致过期、不良品大量出现。每次拜访经销商时，一定要清点库存数字，对货龄异常、有积压可能的库存提前警示经销商，想办法做促销消化，力争在小毛病真正成为大问题之前就把它解决掉。

动作六：坚持诚信经商原则。烤鸡翅惊现"苏丹红"，肯德基快速反应，向公众道歉，并停售该产品。这种做法比遮遮掩掩、欲盖弥彰好得多。

同样道理，产品、包装等出现质量问题，厂家应立刻道歉，并视情节严重程度以及是否干扰销售做出补偿和退换。与经销商约定好的支持投放、返利支付、不良品兑换，到期也应尽可能兑现，如有问题，要让业务员告知经销商原因和预计延期时间。

偶尔也可以做一场"诚信秀"——某次厂家破损支付延期，真的给经销商发一笔"滞纳金"（可能数目很小，也可能本来就是打算给经销商的费用），经销商会惊喜得"眼珠掉出来"（没有厂家这么干过），一定会奔走相告。如果厂家再配合行业媒体报道这一事件，行销效果更佳。

动作七：拔掉钉子户。周期性跟经销商对账（账款账、返利账），防止到时候双方账目不一致而产生纠纷，同时这个行为也传递出该厂家很正规、很讲诚信的信息。统一企业要求每个销售主管每周至少跟一个经销商对账，也是为了防止业务员私自找经销商借货借款造成乱账，无法收拾，影响公司形象。

口碑对经销商同样重要。对个别牢骚满腹、怨气冲天的经销商，厂家应尽可能安抚，努力解决遗留问题（比如上任总监任期内造成经销商的货有500箱过期，返利没兑现，现任总监往往无法出费用补偿，因为公司没这个预算），以下四个方法可供参考：

① 威逼：这事已经办不成了，你拿不出字据证明，我们就无法办理（其

实是给他个下马威，降低他的期望值）。

②利诱：明年我们会上新品种、新促销、新广告，形势一片大好。

③有希望：前账不究，后面我们一切交易行为走文字手续，保证兑现。

④有补偿：给他适当划大区域，提供旺销产品和促销支持。总监在饭桌上跟他开诚布公地谈："你受了损失我知道，手续不齐我无法帮助你，但我不会'不作为'，我会给你些方便（政策），让你把这份损失加倍从市场上赚回来。咱们皆大欢喜。"

动作八：诚信宣言。如果你觉得有必要（同时公司条件许可），可以做一份诚信宣言，在经销商大会和公司内刊上发布，诚信宣言包括以下内容：

①公司奉行"先做人后做事"，宗旨是诚信经商，一诺千金。

②诚信的基本原则是"先小人后君子"，公司注重契约行为（附上合同样本、即期品退换前表单、促销支持投放协议等）。

③一切非公司书面要求的实物支持（经销商借货垫费用），经销商一律不必接受。

④公司愿意为保护诚信付出努力，公布滞纳金条款和业务员不诚信行为的投诉电话。

4. 理由四：产品与竞品相比有明显优势

讲产品优势要言之有物。建议从两个方面下手，先讲产品适合市场（意思是当地市场接受这个产品，符合当地的消费特点，潜台词是未来一定会有销量空间），后讲产品比竞品在某方面有优势（包装更漂亮、口味更好、价格更便宜等）。经销商不是消费者，他最关心的是产品优势。你如果上来就讲产品的科技含量、内在品质，即使确有其事，经销商也未必会感兴趣。相反，要通过你生动的解说，让他确信产品未来有广阔的市场空间，而且某些方面的确比竞品好，他的眼前就会出现——"销量、回款、毛利、钞票"。

（1）左勾拳：论证产品适合市场

分析：每个产品都有或多或少适合市场的理由，同样也都有不适合市场的理由——正所谓成功的人找机会，失败的人找借口。作为业务员，你不要找借口骗自己。你要做的是找到相对适合的主打品种，然后分析市场和产品的对接点，让经销商相信这个产品适合市场。

从竞品销量分析

例：当地产品 W 旺销，月销量可达 7000 余件。我们公司产品 B 口味和包装与之相似，价位还有优势，足见市场能接纳本品，有销量空间。

从整体消费态势分析

例：说服碳酸饮料经销商经营牛奶。健康观念逐渐盛行，消费趋势是碳酸饮料会下降，果汁、牛奶、茶等健康饮品市场会增长，现在这个趋势在大城市已经相当明显了，不信你可以想办法问问北京、上海的同行，我们公司可以给您提供几个经销商电话供您咨询。

从特殊消费群体分析

例：杏仁露在南方遇到阻力，因为不适合南方人的口味。他们觉得杏仁露的口味有"汽油味"，造成经销商的合作意愿障碍。这时候杏仁露的业务员告诉经销商"深圳是'移民'城市，北方人较多，而且大多数在异乡工作的人还很怀念家乡的饮食，杏仁露是北方人钟爱的饮料，咱们可以先从外地人口聚集较多的城中村做起，通过示范效应逐渐把销量带起来"。

从市场特性分析

例：陶瓷行业——这个城市正在加紧进行城市广场建设，需要大量的广场瓷砖，市场有较大的需求，而我们公司的产品正好在广场瓷砖方面是强项。

空调企业——现在新楼盘的户型都是小面积多房单元（比如，88平方米的三室一厅），这就需要大量的小一匹空调，我们公司正打算主推多种功能型号的小一匹，同时拿出两个大众型号降价以抢占市场。

新概念嫁接老产品

例：某个地方牛奶销量很大，说明当地消费者健康观念较成熟，牛奶是动物蛋白，有营养，但含脂肪、胆固醇较高。我们的花生露、杏仁露是植物蛋白，营养价值不逊于牛奶，而且不含脂肪。只要咱们能在当地把"植物蛋白比动物蛋白更健康"这个概念推起来，你想想这是多大的市场。

（2）右勾拳：论证产品比竞品有优势

　　有一次我去一家生产蚊香的企业讲课，他们告诉我他们的产品与竞品相比有五大优势：第一大优势是蚊香（不是包装盒）外观美观大方。你觉得这算优势吗？不算。蚊香不就是一圈一圈的吗？有什么美观可言？仔细一看，蚊香上面有花纹——这东西是拿来烧的呀！谁关心花纹？第二个优势是灭蚊力强，能算优势吗？也不算，至少不能算攻占新市场的主打优势。你怎么给消费者证明（灭蚊力强）？难道现场抓10只蚊子熏一次，别的蚊香熏死3只，你的蚊香熏死7只？不可能。第三个优势是香型好。这算不算优势？算，因为一闻就知道了。第四个优势是蚊香"易脱穿、抗折离"（这是专业术语，蚊香常见包装是两盘扣在一起，一般的蚊香用的时候不容易打开，在把两片紧扣的蚊香打开时，经常发生断裂，而他们的蚊香打开很轻松，不会断）。这算不算优势？当然算，也可以现场试验。第五个优势是环保，对人体无伤害，这是消费者关心的问题，但是你要把它当优势，就要拿出实证来——搞个权威机构的鉴定也许有用。

　　产品比竞品好，一定要可以证明给大家看才能成立，没有实证不要主张。至于具体如何体现产品好，怎样证明自己的产品比竞品有优势，可从以下几点切入：

　　第一点，可量化的指标。如价格低，通路利润高，同样的价格下克重更大，性价比高，广告投入力度大（附广告牌期），厂家业务员投入力度大（附人员投入计划）等。

　　第二点，可以直接感受的指标。包装的外观更漂亮，包装独特，放到货架上可"跳出"，口味也好。

　　第三点，产品内涵优势可以证明。讲产品的品质优势一定要有例证才有说服力，除非产品品质的优势显而易见，否则就成了自卖自夸。

但有时候产品的内涵优势无法用物理方法证明，怎么办？我们可以考虑"曲线救国"。不说产品，只讲先进的生产线（进口的、国内独有的），厉害的生产研发力量（强调学术权威性），会起"以迂为直"之效。

5. 理由五：销量有保障，"看得见摸得着"

千万不要说"江湖口"——"张老板您放心，我们的产品将来肯定畅销"，这种话对经销商没有任何说服力。你不如告诉他："张老板，我们的产品在这里的销量现在还不能给您定论，因为还没发生，我说了您也不相信，但我可以给您几个数据和事实，您可以自己推算一下我们的产品有没有潜力。"

（1）用预先冲货销量数字来证明本品的销售潜力

> **例**：张老板，实话跟您讲。您也看到了，现在我们没在当地选经销商，但环南二路批发市场的红星批发已经从外地接冲货开始卖了。我去统计过，他一个月从外地接货大概500箱，这500箱对您来说意味着什么，相信您也知道，如果您做经销商，我们把那边冲货货源卡住，您再对红星批发促销，让他从您这里接货，这500箱销量就是您的。

（2）用当地小店销量数字证明

统计当地一两个小店的本品销量，然后跟经销商分析："您看，现在您对门那个新星商店，那么小的商店一个月能卖一箱货（不信您自己去问），一旦您成为当地总经销，这个城市像这样的店不下5000个，5000个店一个月的走量是多少，您算算就知道了。"

（3）邻近城市销量数字证明

> **例**：您所在的城市300万人口，某某城市只有200万人口，人均收入比您这里还少，但那里的经销商张三（手机号是138××××××××），去年一年销量2万箱，您这个城市能销多少箱，对比一下您心里应该就清楚了。

（4）用终端进货意愿事实来证明

例：提前带上产品样品，以厂家名义跟当地批发商、超市接洽，取得较好的合作意愿，然后跟经销商谈："您的几个主要下线客户张三、李四、王五，还有当地最大的超市某某商厦采购经理赵六我已经拜访过了，他们都对这个产品感兴趣。"

（5）用今年公司的大好形势来证明

您也知道，去年我们公司的产品价格倒挂比较严重（讲出具体市场上去年价格倒挂具体数字和实证），今年公司采取新的返利政策，现在您在别的市场上也能看到价格倒挂情况有明显好转，销路更畅通了。另外，我们公司今年又开发了几个新产品（展示新产品样品），目前增加了广告宣传（讲出什么电视台什么时段播出），您现在加入我们公司算是赶上好时候了。

6. 理由六：首批进货压力小

首批进货压力小，门槛就低，可打消经销商的担忧、畏难顾虑。

话术：我们公司规定所有新经销商第一次进货不能超过5万箱，目的就是保护经销商的利益，不让经销商有太大风险。

分析：尤其是对陌生品牌，经销商首次进货必然心里不踏实。首次订单就给经销商大量压货，难度很大，即使能说服经销商，也会让经销商产生该产品"占资金和库存、周转慢、产品不好销"的负面印象。专业的业务员应该根据市场情况给经销商下合理的订单量，明白市场实际销量不是经销商进货量而是终端消化量。面对新开户的经销商，更应该注意小批量发货，迅速帮经销商实现实际销售以激励其合作意愿。所谓"首批限量进货"，未必是企业政策，但业务员心里应该有这本账。

7. 理由七：前期促销力度大，首批进货很快可以消化

经销商需要安全感，实际上就是坚决不愿承担赔钱的风险，而最大的风险往往来自第一车货能否顺利销出去。所以不但要让经销商知道他一次进货量不大，还要让他相信第一批货厂家会配合他很快销出去。这才算是给经销

商吃了定心丸。

话术：张老板您第一车货 9 月 20 日进来，一共 1000 箱，9 月 22 日我们公司派两个人一辆车，您也派两个人一辆车，咱们一起去批发市场铺市，铺市政策是卖 10 箱送 1 把雨伞，我们公司负责提供礼品和印制传单。咱们的目标是 5 天之内对市区 200 个批发商做地毯式铺货，最保守估计，也有三分之二客户成交，销量就是 700 箱，所以您 9 月 20 日的第一批货在国庆节前批发促销就能消化 700 箱以上。

8. 理由八：价格秩序稳定

话术：假如咱们合作，别的事都可以商量（促销、进货量、厂家支持等），但有一个原则不能动——就是不许冲货、砸价。我们公司在治理冲货、砸价上的原则是先处罚当区的销售主管，再处罚经销商，一旦抓住经销商冲货、砸价的证据就"杀无赦，斩立决"。

分析：业务员在经销合同确定之前就要对经销商有这种"恶狠狠的威胁"，经销商不但不会生气，反而会感到很安全："这个厂家治理冲货、砸价很严格，将来我的市场不会被冲货。"

9. 理由九：厂家重视当地市场

话术：明年你这块市场就是我们公司的样板市场/试点/明星市场。

注意：业务员说这句话时要懂得"表达精确"（避免经销商期望过高导致失望）。重点市场不一定是厂家的一类市场，也可以是三类市场中的重点市场。

10. 理由十：独家经销权有保障

强调独家经销权的合同保障会让经销商感到安全。但是对有影响力的品牌，我不太赞同开发新经销商时不经过一段时间的市场验证就签长期的独家经销合同——一旦该经销商不能胜任，就会使厂家在经销商增设/更换问题上陷于被动，建议按照如下公式应对。

第一，不要签"独家代理商"合同，只签"特约授权经销"合同。

第二，**话术**：我不想开发第二户经销商，经销商开发得越多，厂家的运输成本就越高，砸价、冲货就越严重，管理成本也会越高。我的期望是用最少的经销商做好市场。厂家为什么要多开发经销商？因为经销商区域越小，市场做得越细。厂家可以在合同里跟经销商明确："只要您能把市场做细，满足厂家要求，厂家一定保留您的独家经销权。"

第三，经销商可能会追问："什么叫把市场做细？你能不能给我个标准？在合同里也明确一下？"这里可以给经销商在合同里规定"软指标"。什么叫软指标？销量回款是硬指标，但如果合同规定完成销量就能保住独家代理权，否则就取消，那经销商到时候为了保住代理权，一定有办法把销量冲上去（冲货、砸价、压货）。软指标就是指铺货率、生动化、大卖场进店率、大卖场陈列合格率等这些过程指标，在合同里体现这些指标有以下好处：

首先，引导经销商，给他明确了努力方向和游戏规则；

其次，过程做得好，结果自然好。如果经销商真的把这些指标做到位了，厂家是不会换他的。

最后，软指标的"软"就在于厂家一旦想在铺货率、生动化这些问题上找碴儿，随时可以找出来，到时就可以作为是否保留其独家经销权的依据。

回顾：

现在，经销商已经看到一个严谨的业务员来找他洽谈代理事宜。

厂家很有诚意跟他合作，对他非常重视，对他的各种情况也已经了解清楚了。

厂家很有诚信，合同很严密，账目又清楚，而且竟然还有厂家兑现延迟返利滞纳金的规定，真让人钦佩。

只要自己努力完成过程指标，经销权和奖励就会有保障。

这个厂家市场管理严格，治理冲货和砸价有力、得法。

所在城市是厂家比较关注的市场。

首批进货量压力又很小。

产品适合当地市场需求，而且相对竞品有优势。

确实有"看得见摸得着"的良好销售前景……这样的产品简直就是稳赚不赔。只有真正帮经销商放下"怕赔钱"的包袱，他才会义无反顾地投入到市场开发工作中去。

作者评述

这节课学完，学员会有两种反应。有人说太棒了，讲的太实用了，拿来就能用。也有人会说没什么了不起的！讲了半天，好多内容我们也知道，有的招数我们已经在做了，只是没那么详细、系统、明确而已。

两种说法都对，但是心态不同。前者的心态是：我听到的内容跟工作紧密相连，而且系统、详细，可以用来完善自己的工作；后者的想法是：我想听点以前都没想过的新思路，怎么没有？遗憾的是我在前言中已经讲过，本书都在讲凡人凡事，闻所未闻、想所未想的新思路可能没有。

如果你以为自己都会了，那么请反思一下，看自己让经销商感到安全的理念和动作能写几个。培训经验告诉我，大多数学员分组讨论集体写的答案，达不到这堂课内容的1/5。这就是问题。我们都以为自己会了，但是不全面、不系统、不深刻，没有从理念落实到动作，实际工作中一定会挂一漏万，错误百出。

优秀的销售人员不是超人，只是把大家都一知半解的事情搞得更清楚，把大家都知道但懒得做的工作完全做到位而已。

本章写的十个理由和四十个动作，应该成为一个思维/行为模型。什么叫思维/行为模型？比如你的经理让你写一个市场分析报告，你可以用4P营销理论（即产品Product、价格Price、推广Promotion、渠道Place）做大标准，然后又以SWOT分析（优势Strengths、劣势Weaknesses、机会Opportunities、威胁Threats）做好竞品对比环境分析，立即就可以写得有模有样。

比如你老怕自己出差忘带该带的东西，就写个备忘录贴在箱子上：手机电源线、电脑电源线、身份证、牙具、袜子、内衣等，每次出门前对照一下。思维/行为模型的作用就是给大家一个格式，让人在工作不熟练的时候对照这个模型检查自己，提醒自己，启发自己，迅速变得"专业"起来。

当然也需要创新，但那是以后的事，而且创新的东西最好也能归入模型中才最稳定，这样才有助于你最终成为高手。

第四节　新经销商谈判"套路"三——一定会赚钱

通过前面的学习我们已经知道，让经销商感到一定会赚钱的方法就是"带着上市促销、维护计划去找他"，让他看到"一个理论上可行的上市模式""这个市场就这样做起来了"。接下来的问题就是如何体现促销推广计划的魅力。

一、纠正错误观念：寻找促销秘笈

我到很多民营企业做培训时，负责人总是带着向往甚至神秘的语气问："魏老师，您以前在可口可乐和康师傅做了那么久，这两家企业的促销方法能不能给我们讲讲？"

大家总以为知名企业有"促销宝典"，其实这个想法没有任何根据。"没吃过猪肉，也该见过猪跑吧"，可口可乐在做什么促销，你到超市里一看就清楚了。说到促销方法，各家企业其实都差不多。促销的绩效差异并不体现在方式的创意上，而是体现在机制、制度、思维模式上。

1. 促销设计思路的差异

跨国公司的促销方法比较多样，比如有销量奖励和促销、陈列奖励、模范店计划、消费者初次品尝促销（试吃），以及消费频率增加促销（积分换奖、多买多送）等，但更重要的是他们比较理性，注重市场表现与促销设计之间的因果关系，比如当市场调研发现新产品铺货率很低，零销店不接受时，他们就推出零销店铺货奖励——买三包送一包活动，或者买老产品送新产品——把新产品用赠品形式铺起来；当新产品上市一个阶段后，消费者尝试购买率提高，而且也有回头客时，就推出大包装促销、空袋换奖、积分换奖，促销鼓励大家大量购买。他们的每一个促销活动设计都有自己的理由和目的，在不同阶段以不同方法用促销把市场一步步做起来。

国内企业的促销方式则往往相对单调，其实外企的促销方法国内企业不是不会用，而是"不屑"用——起量太慢。国内企业做促销的目的很单纯，就是跑量，所以最常用的手法就是订货会政策、批发进货搭赠政策（而且往往促销的总是那一两个最旺销的品种），当产品本身有优势（尤其是价格优势）时，这个方法很见效，尤其在三四类市场，你可以用这种方法把货压给通路，因为你的货很便宜，通路自己就会想办法把货卖出去。但这个方法有两个弊端：其一是单品销售现象严重，厂家有几十个、上百个品种，结果卖来卖去总是那一两个旺销的老品种，最终一定会导致老品种价格倒挂、利润透支、品牌老化乃至失去生命力；其二就是不能主动去管理、引导、培育市场。

2. 执行力的差异

同样是买赠促销，两家企业的执行效果会完全不同，问题就出在执行力上。也就是说，谁能真正把促销执行到位：促销销量高低取决于告知做得是否充分、卖场布置是否有吸引力、赠品选择是否有针对性；而促销过程中是否贯彻体现监控、复命制度，决定了促销品会不会被层层截留，促销搭赠会不会折进价格里等。

二、所谓跨国公司的神秘促销方法

我在外企有七八年的从业经历，跨国企业新市场启动促销方法其实一点也不神秘。

1. 批发渠道压货

（1）批发商订货会

在经销商门店堆放产品、礼品，布置广告宣传品，提前发传单。邀请批发商参加现场订货会。（注意：此方法容易造成批发商恶性囤货、砸价。所以要控制开订货会的频率，太多的订货会只会把产品做死。订货会的举行要"兵贵神速"——传单散发要快，订货会在三天之内就要召开，否则竞品收到消息会抢先一步开订货会进行拦截。另外，每场订货会要关注批发订单的质量，防止有人恶意囤货。）

（2）批发商进货奖励

批发商单次进货达到一定坎级有奖。（注意：此方法容易造成批发商恶性囤货、砸价，经销商截留赠品，执行时要对批发商广泛告知，活动结束要复查抽检赠品落实情况。）特定时间段批发商累计进货达到一定数量有奖。（注意：此方法容易造成经销商谎报虚假订单、截留促销品，最好由厂家业务员亲自监控执行，但此方法的好处是可以借此迅速摸清经销商的下线客户名单。）

2. 零销店铺货

（1）零销店铺货奖励

进货奖励。（注意：提防业务员"大单划小单"——把零销店铺货资源挪用到批发市场冲销量，零销店铺货率不能有效提升，所以制定政策时要规定提货量的上限，活动结束后要进行复查抽检。）

（2）零销店拆箱铺货

降低零销店进新品的坎级，降低新品铺市难度，必要时厂家会专门生产用于新品铺货的小箱容产品，或多品项、多口味混合箱。（注意：要提前和经销商商谈拆箱送货事宜，必要时予以一定的配送补助，业务员要配合经销商进行混合箱的组装配货工作。）

（3）零销店箱皮回收

零销店卖完新品后，把空箱退给经销商，可以换取现金，增加零销店利润。（注意：小心业务员和经销商在箱皮回收过程中虚报数量或者以其他产品的箱皮充数，套取现金，活动结束前要通知零销店尽快找经销商兑付，以免过期。）

（4）随箱刮刮卡

箱内附赠刮刮卡，零销店可以刮卡中奖。（注意：利用箱皮和海报对零售点进行广泛宣传，以免经销商截留刮刮卡，小奖可交给经销商兑付，大奖必须厂家亲自操作以防冒领，事后核对。）

（5）箱箱有礼

箱内附赠小礼品。（注意：礼品要有吸引力，礼品的保质期要比箱内产品保质期长，箱外要做告知，防止经销商截留。）

（6）零销店提前赠送限时进货折价券

厂家印制折价券，发给零销店，零销店持券进货可享受折扣或者返一定数量的礼金。(注意:此方法仅在厂家人力不够时适用,其促销效果比直接开订货会、车销、有奖铺货要差。)

3. 维持零销店及批发的铺货率和能见度,创造流行,维持流行

(1)零销店陈列奖励

零销店在货架最佳位置陈列一定数量产品(如6包),厂家业务员不定期巡检,陈列合格者获得奖励。(注意:必须由厂家业务员亲自执行。总部要有专人复查抽检。奖品兑现频率要高,如陈列1个月每周奖1包,业务员每周巡视,每周兑现。)

(2)批发堆箱陈列奖励

批发商在门头堆放一定数量产品(如堆20箱),厂家业务员不定期巡检。陈列合格者获得奖励。(注意:必须由厂家业务员亲自执行。总部要有专人复查抽检,一般是堆放空箱便于操作,对于未按要求堆放的批发商,要加大抽检频率,促其陈列,奖品尽量100%发放。不要因为搞了次活动,反倒在批发市场结下几个因为"菜价"活动又没拿到奖励而怀恨在心的"死对头"。)

(3)零销模范店

对位置和形象较好的零销店进行产品陈列、海报张贴、条幅悬挂等一系列布置。让它成为本品的形象概念店,并要求店方保留一定时间。合格者给予较大额度的奖励。(注意:陈列广告宣传标准要考虑当地城市的城管局规定,奖品要有一定吸引力,最好能有宣传效果。另外,活动结束后要尽快兑付奖品,对黄金位置的售点尤其要注意进行客情维护。)

(4)零销店送展架

赠送零销店本品的展示货架甚至冰柜,要求专架专用,保证本品陈列效果。(注意:如果在当区没有厂家办事处,厂家业务员不能对售点有效巡检,就不要做这个活动,否则将来执行不力,会造成自己的货架摆的全是别人的产品。)

4. 超市渠道促销

包括超市异型堆、超市试吃、买赠特价等。消费者促销分两个阶段,第一阶段应该以争取初次品尝者为主,第二阶段鼓励消费者大量购买或重复

购买。

(1) 争取初次品尝者

样品派发、折价券、随包装赠品、免费试用试吃、新产品主题路秀活动。

(2) 鼓励消费者大量购买或重复购买

集空袋换奖、礼品盒、三连包、五连包、整箱促销、箱箱有礼（针对消费者的礼品）。

三、化腐朽为神奇，老套的促销也能打动人

既然在促销方法上玩不出什么花样来，那么如何跟经销商沟通上市计划，让他看到希望，感觉一定会赚钱呢？

上市计划描述要细致入微，环环相扣，具体注意以下要素。

1. 细节描述

精确到什么人、在什么时间、什么地点、对什么客户、做什么促销、预计完成多少销量。

2. 丑话在前

厂家和经销商各投入多少资源，经销商需要提供哪些支持，要提前说清楚。

3. 实物展示

展示做这个促销时要用到的各种实物样品。

4. 体现专业

展示具体做这个促销的时候要用到哪些技巧，强化专业形象。

5. 说明缘由

在讲述每一个促销计划的时候，要突出分析促销的设计思路和目的——为什么要做这个促销？做这个促销能给经销商带来什么好处？

6. 突出主线
各个促销环节之间一定要有递进关系，互为因果，一浪高过一浪。

某成熟品牌小包装碳酸饮料（适合零销店销售）在县级市场新市场的开发计划如下。

张老板，4月1日您进货500件，接下来我们公司会配合您做一系列上市推动促销。

咱们这次推的是500毫升PET汽水。主流销售渠道在零销店，这个牌子在当地已经有一定知名度。从批发入手阻力不会太大，而且这里是一个县城，批发还很强势。从这里入手起量也比较快，能迅速把您的首批进货销到批发商库房，为后续整体起量打基础。

先分析促销的设计思路——为什么做这个促销？

第一波厂家会支持您做批发市场促销，在两大市内批发市场做批发铺货。我会提前下去给每个二级批发商发喜函，喜函大致内容是："恭喜各位店主，您的某某饮料来了，即日起某某饮料与当地客户张老板'喜结连理'——张老板成为本厂的经销商，为庆祝此次合作成功，举办促销活动，4月5日到4月15日，进货5箱者，送1把太阳伞。"落款会写张老板的大名、地址、电话，还有业务员的手机号码作为咨询电话。

促销计划描述精确到细节（什么人，什么时间，在什么地点，对什么客户，用什么道具，做什么促销），同时注意监控——所谓咨询电话其实是个投诉电话。

4月5日厂里派1辆带主身广告的依维柯厂车和3名业务员来，到时候您再出3个业务代表和1辆车。

经销商要出的支持资源，丑话在前。

4月5、6日，也就是活动的头两天，2辆车6个人一起进行铺货，我们公司有标准的批发商推销话术，我也带来了，给您看一下。中间11天您自己铺，最后两天（14、15日）厂车会再来支援您一起进行批发铺货，赠品由公司出。每一个批发户我们还会布置1个条幅、3张海报、1个吊旗，这些东西样品我都带来了，还有我们在另一个市场做过的铺货布置批发户门店照片。

促销计划描述精确到细节，展示实物样品——喜函、话术、条幅、海报、赠品照片。

目标是在10天之内，把我们公司的产品在批发市场的铺货率做到80%，出货量达到450件，基本上将您的第一批进货量消化掉。而且喜函上写您的名字、地址，我们也是为了让当地每一个批发商都知道您的大名，知道您在和我们公司合作——这样也可以帮您建立网络，促进您以后的出货，增加订单。

强调给经销商带来的利益，强调首批进货可以很快消化。

第一波促销把批发商的铺货做起来，接下来就要尽快帮批发商出货，按照我们公司的经验，下一步就要做零销店铺货了。

每一波促销要和前一波促销有承上启下的递进关系。

所以刚才我讲的4月7日到4月13日的批发铺货您自己铺，我们派来的车要帮您铺零销店，您再分两个人出来跟我们一起干。

再次强调经销商要出的支持资源，丑话在前。

政策是买2瓶送1瓶，进货不得超过6瓶。您可能不明白为什么这么规定，我们公司把这个上市促销方法叫"隔山打牛"。我们刚刚给批发商买5箱送1把伞塞了货，如果马上又给零销店整箱塞货，就断了批发商的后路，而我们的限购6瓶政策恰恰是通过给零销店铺货，反过头来加快批发商的下货速度。您想想，零销店一般是这样的心理：让他进货1箱，3天卖掉3瓶，他会说"这个产品卖得好慢"；而只给他进3瓶，3天卖掉了，他会觉得"这个产品卖得好快"，转过头他去批发进货，看到批市上到处都是我们的产品，就会进货，促进批发商的下货速度。这样咱们就会帮助批发商销动销，把他们买5箱送1把太阳伞进的货"导入"零销店里，提高他们的二次进货积极性。

强调专业性，具体做这个促销的技巧、分析促销的设计思路及为什么做这个促销。

这个零销店铺货的具体操作细节是这样的……

通过第一波、第二波促销，产品已经进到零销店和批发商手里，接下来，就该第三步创造流行，维持流行，避免货物在终端滞销。

结果：经销商看到一个环环相扣、一浪高过一浪的上市步骤，计划周密科学，细节行动步骤已经做出，看到了各种实物样品，而且这些促销过程中他要投入多少资源做支持也比较具体。厂家业务员对如何执行这个计划非常专业，自己在和厂家的合作过程中不但会有销量，还能学到很多有用的经验。

相反，假如没有按上述步骤做——

张老板，您 4 月 1 日进货，我们会帮您做促销，到时候会有超市的买赠、家属区的赠饮、批发商的铺货、零销店铺货、消费者派送样品等一系列活动支持您，您就放心吧。

结果：经销商对厂家是否能信守诺言，落实这些促销会将信将疑，即使能落实，这个上市步骤看起来也是东一榔头西一棒槌，能不能成功打开市场还是个问号。

特别要强调的是，促销计划要突出各个环节之间的联系，同样的投入，同样的促销步骤，沟通方式不同，效果就会大不一样。一个上市计划，不但要厚而不憨，突出细节，还要注意分析各个促销环节之间的内在联系，使整个上市步骤有一浪高过一浪的感觉。

第五节　新经销商谈判"套路"四——残局破解

通过前面的学习，我们已经掌握了在面对新经销商时如何"迅速树立自己的专业形象"，如何"让经销商感到做这个产品一定不会赔钱"，如何"让经销商感到一定会赚钱"。在实际沟通过程中不可能这么简单，经销商不可能完全跟着你的思路走，他会打断你的话，会提各种各样的问题，本节将展示与经销商谈判过程中遇到的一些残局和疑虑，并告诉大家如何突破。

一、经销商不断发问，你没有机会讲话怎么办

你常常会碰到这种情况，想跟经销商沟通上市促销方案，可是对方根本不给你讲话的机会，还不停地发问：你的产品有什么好处？旺季会不会断货？产品卖不动怎么办？广告跟不上怎么办？竞品降价怎么办？超市进店费太高怎么办……

这时候，谈判主动权掌握在他手里，你的想法没机会完整表达——这种沟通没必要进行下去。我推荐你使用以下方法扭转局面。

1. 尝试"换发球"

张老板，我觉得咱们沟通有问题，我刚一说话就被您打断，这样吧，咱们约定：我说话您不打断，您说话我不打断，您先说，我不说了，您说完我再说。

2. 识别假问题

经销商对产品、政策、价格等因素好像全部有异议，怎么办？

有些经销商看到你有些"不高兴"、要求"一方说话，另一方不要打断"就会适时止口，让你把想说的话说完。

但是有的经销商不是这样，你让他先讲，他就真的先说："你的产品不好，口味不适合当地，包装不好看，价格偏高，广告支持不够，不给我赊销，促销支持有点小……"总之，他把能想起来的问题全部抱怨一通。

这是一个经常会遇到的沟通残局。我们先来分析这个残局。这种全盘否定的经销商一般有两种心态。

第一种，就是想刁难你，给你一个下马威，然后慢慢要条件（这种情况要么是因为你的产品竞争力太差，他根本没兴趣；要么是你专业形象展示不够，他轻视你）。被动态势下多说无益，干脆客客气气离开，晾他一段时间，同时一边注意造势（倒着做渠道等），一边积极和其他备选客户接触，也许他会再来找你。

第二种，这个经销商想做，态度也诚恳，心里其实没有那么多疑问，他只是在一两个问题上放不下心（比如价格高、对销量前景心里没底），所以

为了给自己犹豫不肯签协议找借口，就乱讲一气，甚至自己也不知道自己在说什么。

千万不要被这种经销商吓退，把他的所有疑虑回答一遍，他的问题80%是假问题，你回答他20个问题，他马上又蹦出40个问题，最后就演变成了一场无意义的争论。对此，我的做法是扒掉他的"假面具"，把他心里真正的问题逼出来。

业务员：张老板，我建议您不要考虑这么多问题，您一口气把我的产品从头到尾批了一顿，我只问您一句——您对这个产品到底有没有兴趣？

经销商：兴趣是有，只是我做生意很慎重。提前问清楚，心里有底，真正做的时候我们才好合作。

业务员：只要您有兴趣就好，我想跟您讲，不要那么多顾虑。做生意没有不冒风险的。我给您一个名牌产品，您说名牌产品好卖但是利润低；给您一个不知名产品，您说利润高但是不好卖；给您一个高档产品，您说价格高；给您一个简易包装产品，您说太难看……产品不可能没缺点，做生意要想十全十美是不可能的。

这样吧，您告诉我20个问题中到底哪几个对您来说是最重要的，我把您最关心的问题给您解决掉，别的问题您自己克服吧。

经销商：我就是觉得价格太高。

业务员：（价高还是借口）我们的产品哪里价格高？比我们价格高的产品多的是。

经销商：但你们在当地是新面孔。

业务员：您的意思是……

经销商：我怕将来卖不动。

业务员：（这句才是要害）哎！这就对了，说白了，您担心的就是卖不动，这个问题我给您解决……

问题回答方法可参看前文"让经销商感到安全的理由"。

二、常见异议回答

不管什么公司，在你的产品、价格、政策确定的同时，经销商的疑虑也随之产生。问一个销售人员："你知不知道经销商会问你什么问题？"他肯定知道。那么为什么我们不提前把经销商常问的问题摘出来？思考、总结、写出具体回答的方法——谈判不是靠口才，而是靠准备。

下面举几个例子。

问：你们（某名牌热水器）价格太高。

回答1：价格高得有道理。

业务员：价格高就对了。

经销商：（差点晕过去）你说什么？价格高就对了？

业务员：我们价格高是正常现象，您买的不仅仅是产品，除了产品外，还有我们的品牌，我们的广告投入，我们的促销支持，我们的返利奖励政策，我们的及时送货、及时调换破损和不良品等售后服务……您买的是这一大堆东西的综合体，价格高，高得有道理。

经销商：话是这么说，但是你们的价格就是比别人的高呀！你说的这一大堆好处和附加值，我明白，但消费者不一定认啊！他们嫌贵怎么办？

回答2：价格高，但是并不贵。

业务员：您担心消费者嫌贵我理解，其实我们的价格偏高，但是并不贵。

经销商：价格高但并不贵？什么意思？

业务员：您听我说，我们的产品是比一些杂牌机的价格高，您要是比便宜，永远都有更便宜的杂牌机，几十元一台的都有，这样的机子您敢接吗？我们的600元一台，市场上还有比我们贵的产品，如国外的A品牌、B品牌，国内的C品牌、D品牌。

经销商：有四个牌子比你的贵不假，可至少30个厂家的产品比你们的便宜，还不算那些"野鸡"牌子。

业务员：这就是问题所在，您要在同一个档次上比价格。其实整个热水器行业就分成中高端和低端两块。600元以上是中高端市场，600元以下是低端机市场。600元以上的市场区隔里，大家拼的是市场推广、品牌和服务，而且这个市场里只有几个牌子在竞争。600元以下有上百个小品牌头破血流地打价格战（见图3-1）。这几年您一定也看到了，有不少小品牌就是因为低端市场竞争太残酷，没利润，所以也生产精品机，想挤入高端市场，但都不怎么成功。低端企业品牌形象已经形成，再想实现升级不容易。虽然我们的产品价格高，但并不贵——我们切入的是竞争相对不那么激烈、无序的高端市场（高端市场就那么几个牌子在打，竞争远没有低端市场那么混乱）。而且我们是这个市场里最有价格优势的，刚开始会难一点，一旦打开市场，大家日子都会比较好过。其实您应该明白，任何行业都一样——高端市场难进入，但容易赚钱；低端市场好进入，但将来一定利润微薄。

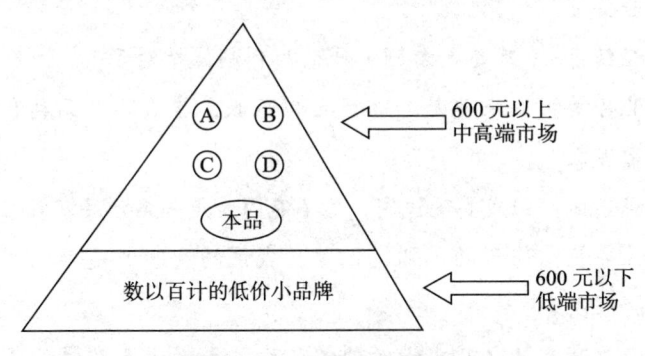

图 3-1　热水器行业市场分级

经销商：你说的有道理。但是说实话，这些道理我也明白，我愿意合作，也愿意进货，肯定会好好推广，但愿能像你说的，"刚开始会难一点，一旦打开市场，大家日子都会比较好过"。但我就是没底，毕竟你的产品价格比现在市面上大多数品牌贵，我只是讲出来跟你探讨一下。

业务员：您根本不用管我们的价格贵不贵，这跟您关系不大。

经销商：什么？贵不贵跟我关系不大？

业务员：对了，您听我解释。

回答3：客户买的不是价格，而是利润。

业务员：贵不贵真的不关您的事——您买的不是价格，您买的是钱！您要关心的不是这个东西有多贵，咱们应该探讨的是这个东西到底能不能卖出去，有没有利润，对不对？

经销商：你说的没错。我就是担心这个。

业务员：好，现在咱们就来谈谈如何把这个产品卖出去。（注意：现在，业务员已经成功地打消了经销商觉得产品太贵的疑虑，把他的疑虑转化为"产品能否卖得动"；接下来业务员就要运用本章第三节"让经销商感到安全的理由"中的技巧，让经销商觉得经营这个产品一定不会赔钱；然后运用本章第四节的技巧跟经销商共商市场开发计划，让他燃起希望之火，觉得这个产品一定能打开市场，一定能赚钱。）

问：你们是名牌（世界知名饮料），但是利润太低。

回答1：知名产品一定利润低。

业务员：利润低就对了。

经销商：（又差点晕倒）什么？利润低就对了？

业务员：从来就是名牌产品利润低，非名牌产品利润高嘛，利润低是正常现象。

经销商：但我要赚钱啊，你不能因为是知名产品就让经销商赔钱呀！

业务员：您说的不错，但是，我说的利润低是单位利润，其实我们的利润很高。

经销商：什么？我没听错吧。卖一箱只赚5毛钱你还说利润高？我卖某某牌一箱还赚两块钱呢！

回答2：我们产品的销量大，总利润不低。

业务员：虽然我们产品的单位利润比别人的低，但我们的销量大，某某品牌一箱赚两块钱，但一个月最多销售500箱。我们的产品虽然一箱只赚5毛钱，但一个月至少是1500箱的销量。算算看，我们的利润不比它的低多少？另外，您卖我们的产品资金回转率高。您进别的产品500箱货可能要卖一个月，可我们的500箱一个月回转4次。所以我们的产品不但总利润不低，而且资金回报率远远高于其他品牌。还有，其实您做我们的产品，得到的远不只是直接利润，还有很多间接利润。

经销商：什么间接利润？

回答3：知名产品能给经销商的不仅仅是直接利润。

业务员：经销名牌产品，您的资信度会提高，别的厂家听说您是我们的经销商，也会来找您做经销，我们成了您提升形象的"梧桐树"，能帮您引来"彩凤凰"。

另外，经营我们的产品绝对没风险，质量有保障就不用说了，我们也不会给您大量压货，而是会做促销帮您打开市场，还会及时关注您的库存，帮您消化不良品、即期品，绝对不会让您将来压一仓库的货卖不出去，最后赔钱。

还有，我们的产品销路好，会给您带来客源；我们厂办事处会有两个业务员长期帮您引订单，帮您开发网络。其实经销商做到最后靠什么赚钱？就是靠网络。客源多了，网络大了，您可以再经销很多利润高的产品赚钱。

最后，我们会给您很多管理上的支持和培训。您也知道，在这个市场上您不是实力最强的，为什么我们跟您合作呢？因为您的思路好，做生意的理念比较先进，咱们能想到一起（潜台词：如果你跟我们想不到一起，就不一定选你了）。我们厂选经销商最注重的就是经营意识，我们每年都有两次经销商培训。另外，我们厂的一项重点工作也是培训经销商和他们的销售队伍，帮经销商建立新的管理流程和销售模式，跟经销商一起提升人员素质和业绩。作为世界知名的公司，我们办事处的培训教材和管理制度对经销商全部公开，欢迎经销商来学习交流（其实到底公开多少，尺度始终把握在厂家业务员手里）。

总结一下：我们是知名产品，单位利润低我承认，但我们销量大总利润高，回转率高，资金回报率高，能给你带来资信度，能帮你开发网络和客源，帮你提升管理水平，让你学到一流的管理方法，而且经营我们的产品绝对不会赔钱，绝对有安全感。这样一个产品值不值得投入精力，完全看你自己了。

经销商的问题还有很多，此处仅举此二例，不知道各位读者有何感想？

"答得好！答得妙！把答案背下来拿回去用。"

错了。

这两个问题的所谓标准回答方法，绝不适合你的企业。我想讲的是方法而不是答案。经销商常提出哪些难题呢？无非就是那些老生常谈的内容。比如：

价格太高怎么办？
利润太低怎么办？
不好卖怎么办？
再给我批点特价款吧。
将来有人冲货怎么办？
先发货，货到给钱行不行？
我现在有很多老产品库存，暂时不想进新品。
一县两个经销商我没法做。
你们要经常派车来帮我做终端铺市。
这个行业都赊销，你们厂也得给我赊销支持。
家电行业现在已经不赚钱。
你的产品正好跟我现有的产品有矛盾，如果做你的产品，我原有的产品就要降销量、降利润。
以前就曾经有一个产品卖得不好积压了，现在不敢再冒险了。
产品我可以做，但是价格我掌握，你们不能介入。促销品给我，我来做促销，你们不用管了，等着拿销量就行了。
行啊，你先放点货，我帮你试试看。
…………

问问自己——作为销售经理，回去召集所有的销售人员坐下来，集思广益，共同商讨：这些问题应该怎样巧妙回答。得到的答案一定会在某些方面比本书讲的所谓标准答案更精彩，更适合企业。

然后把所有销售人员的智慧——经销商常问问题及回答话术——打印成册，销售人员必须背熟。销售人员刚开始的确会生搬硬套，但用不了多久，就会有人对公司发下来的这本话术指指点点，说"这个话术不行，我自己的话术比这好得多"——那么，恭喜你，你的下属已经快速成长了。

这就是秘诀：谈判在于准备，不在于口才。

第四章

经销商日常拜访动作流程

本章预告

业务员与新经销商见面有很多话讲（公司的产品、政策、价格促销等），但如果是去拜访一个老经销商呢？他对公司的种种政策可能比你还清楚。见了老经销商说什么呢？

业务员出差拜访经销商，除去坐长途车，一天有效的工作时间也就三四个小时。如果你追问他：这三四个小时里你具体应该做什么？答案往往错漏百出，业务员甚至一脸茫然，更多的则是把培训教材里的大堆理念滔滔不绝地讲演一番。

道理谁都懂，但理念不能转化为动作就没有用——市场是做出来的，不是说出来的。

第一节　经销商日常拜访动作流程——服务模块

从这一节起，我们开始模拟业务员拜访老经销商的场景，剖析经销商日常管理的动作流程。本节先学习经销商日常管理中的基本服务模块。

如何改变经销商一看到厂家业务员就生出"又来逼我进货了"的心态，与其缔结良好的生意关系。

拜访经销商之前要做哪些动作。

如何回应经销商一见到厂家业务员就抱怨支持不够。

传达厂家政策时需要和经销商书面沟通的几种情况是。

如何应对经销商的常见抱怨：即期品、破损品、客诉品以及投诉厂家送错货等问题。

实际工作中，厂家业务员见了经销商往往只讲"老三句"——

第一句：最近卖得怎么样？

第二句：货款什么时候给？

第三句：这次的销售政策是100箱送5箱，你要几箱？

三句话说完，业务员就开始跟经销商瞎扯——

"唉，听说禽流感又闹起来了。"

"昨天有辆汽车在你们村口轧死一只鸡。"

并不是业务员偷懒，而是他们不知道接下来应该干什么，很多业务员都在日复一日"神志不清"地拜访经销商，觉得三句话说完，他们的工作已经结束了，剩下的就是和经销商说闲话、套客情，关系好销量就好、酒量大销量就大。

那么，拜访老经销商的动作流程是什么？

一、原则：定期拜访，计划行程，定绩效目标

天底下最难的事情就是把别人口袋里的钱赚到你自己兜里来。如果你只在销量任务完不成的时候去找经销商，见了面就"老三句"，时间一长，经销商见你就怕——他知道你一来就要让他进货，让他掏钱。下次见面你还没说话呢，他可能就已经先说了："对不起，今天没钱，不进货！"

如果你以做贸易的心态和经销商打交道，换来的一定是经销商跟你离心离德。正确的做法是，你和经销商建立合作做生意的关系。落实到动作就是：

1. 规律联系，定期拜访

你要让经销商明白，不管刮风下雨，你每个月大概在10日或25日会去拜访他一次。你见他不是逼他进货的，而是常规拜访，你每次来关心的问题应该是：

第一，经销商是否需要补货？会不会发生断货、积压？需不需要帮忙调换？

第二，经销商对下线客户的货款有没有收回来？需不需要你帮他建立账款管理制度？

第三，市场上价格是否混乱？如何帮经销商稳定价格？

第四，竞品正在做什么促销？如何反击才能帮经销商扩大销量？

规律联系，定期拜访，这样一个很简单的动作养成习惯后，你和经销商才会从买卖关系变成盟友，成为真正的生意伙伴。

2. 计划行程，绩效导向

我手下曾经有位业务经理开月会时向我抱怨："魏经理，我这个月跑惨了，你看我光开车打表就打了1.2万多公里。"一个月开车1.2万多公里，就算他一个月跑足30天，每天也有400公里，400公里要开几个小时？4小时？那是在高速上！加上进城出城时间，加上堵车时间，加上路边"方便"时间……400公里最少开六七个小时，一个业务经理每天开7个小时车，一个星期下来都快累昏倒了，哪还有力气做业务？

业务员大多有不止一个经销商，每天都出差，来回奔波在拜访经销商的路上，没头脑的业务员会用"反正我没闲着"安慰自己，而有头脑、有思路的业务员会思考自己的精力分配和行程安排怎样才更有绩效，把多少时间花在正起量的潜力客户身上，多少时间花在大客户身上，多少时间浪费到"瘦狗"客户身上。

（1）现实工作中，业务员的行程安排常见三种导向

问题导向：哪个经销商"会哭"，喊叫要处理的遗留问题、市场问题多就在哪里。

——问题多的往往都是小客户，大客户有点什么问题可以自己消化，小客户有几箱破损就"哭喊"不停。这并非让大家不要理小客户，而是告诉大家要懂得计划行程，你以问题为导向拜访市场，市场问题只会越来越多。对小客户的问题最好从方法、流程、制度上一次性解决，把时间投入在真正对市场业绩有推动的区域和客户身上。

市场导向：李老板那里我这个月初马上过去一趟，听说竞品的业务员正在和他紧密接触，我得去探探风，跟他讲讲后面公司的市场投入规划；王老板那里我要出差待一周，这是个新经销商，满腔热情，但是缺少方法，需要鼓励，我得去给他的人培训，而且还要把邻县的几个业务员召集到一起集中铺货，帮他把第一车货卖掉；月底我要去刘老板那里待一周，他那里新开了餐饮分销商，我得帮他们把工作关系理顺；其他三个经销商例行走访一下就行了，没有特殊情况一个地方待两天就够了。

——以市场导向拜访市场，问题会越来越少，市场才会有所推动，越做越好。

个人喜好导向：张老板为人豪爽，每次去谈订货也痛快，酒也喝得爽，我就多去他那里；李老板人太磨叽，要货量不到张老板五分之一，事还不少，去年的一点遗留问题他一直唠叨到今年，我就不爱见他，不去！

——这种方式正在给竞品创造"优势基地"，给自己制造"敌占区"。

（2）业务员拜访经销商的行程计划管理

我目前在做企业咨询，有营销托管工作，对介入深的企业，我要求业务员以市场导向计划自己的本月出差行程，每个月底填写月行程和绩

效规划表：写出自己下月去哪里、时间如何分配、目的是什么，下个月的月底再写出该月总结，反思该月的行程分配和工作计划有没有落实。

军令如山，大家都乖乖上交了作业。接下来我到某省一个地级市出差，抓住一个业务经理说："把你上月写的本月工作时间计划拿过来看看。"你猜他怎么回答？他面无愧色大言不惭地回答："交了。"我晕！这份计划他是为我写的。

管理没那么简单，仅仅一个行程计划表要想落实，要培训、要示范、要定制度，要奖励处罚，要让顶风作案者"死给大家看"；再让通过市场导向行程计划获益者现身说法讲感受，最后才能形成习惯，形成文化，由表及里。

3. 绩效目标

绩效的反面就是例行。例行是每天都在重复做的工作；绩效是指今天做完之后，状态和结果已经有了突破，和之前不一样。举例（见表4-1）：

表4-1　例行事项与绩效目标的区别

例行事项	绩效目标
酒店业务代表每月底拿对账单	追收回10万元逾期账款，和店主沟通，把账期从30天缩短为10天
区域经理给经销商下订单、补老产品的库存	区域经理说服经销商按照安全库存数补货，同时订两个新品种各200箱
大区经理拜访××市场，与经销商沟通	大区经理拜访××市场，协助区域经理说服经销商放弃经营同类竞品，专销本公司产品，同时增加2辆送货车。另外，大区经理核查了上月交办区域经理的乡镇开分销商工作进度，给区域经理制定了下月交办工作事项排期奖罚表

我们需要员工做绩效还是例行？当然是希望他们产生绩效！

没有绩效管理，拜访经销商往往会变成走亲戚，花了差旅费，花了时间，见了经销商，说些无关痛痒的话，走马观花看了市场……例行工作都做了，但就是没有绩效！

以绩效为导向管理员工的经销商拜访行为，让员工出差前在日报中体现绩效计划，出差后在日报中反映绩效总结，主管批阅员工出差日报要做绩效点评、交代下月待办事项。

出发前日报要体现绩效目标

拜访经销商老李，时间：×月×日—×月×日，共4天。绩效目标：说服老李进新品500箱，同时帮他做新品销售员培训。

出差后日报体现绩效汇报。

老李已打款进新品500箱，新品销售员培训已做，还帮老李制定了新品上市铺货的人员考核方案，以及每日新品业绩排名的墙报格式。

直接主管对员工出差日报进行批示。

说服老李新品进货并做新品销售员培训很好，但是老李那边的关键问题是运力不足，你要在下次拜访时检查他的送货情况，争取让他在旺季前增加2辆配送车。另外，你的经销商红叶酒水本月新品未发货，而且销售下滑，为什么下周拜访计划没有体现？请尽快安排红叶酒水的拜访，针对他的问题在日报中写出你的整改方案。

二、拜访经销商专业动作流程

专业拜访流程包括两个关键词：专业和流程。专业是指你的工作内容，流程是指你的工作形式。

你家洗衣机坏了，你找楼下一个修了几十年电器的老个体户来修。老头来了，穿着大裤衩、大汗衫，"咚，咚，咚"，砸你的门，门一开就高声问："是你们家要修洗衣机吗？"然后，"呸"，往门口的花盆里吐了口痰，两只黑脚把地毯踩一溜脚印。"叮当！叮当！"一会儿洗衣机修好了，脏水流了一地，老头很得意，大喊："老板，过来看，修好了，怎么样，没问题吧？给钱，150元。"人走后，留下你面对满屋狼藉，独自冒火……

假如你找名牌厂家的售后人员来修，他们一定会先给你打预约电话："魏先生，下个月5日我们派人来修，可以吗？"到了5日早上又来电话："魏先生，下午2点我们上门维修方便吗？"下午2点，维修人员准时敲门，"砰，砰，砰"三声，门一开，你一定看到一个穿工服、戴工牌、着装整齐的维修人员（不管天多热），先跟你确认："您好，我是某某厂家的维修人员小李，您是魏先生吗？是您要修洗衣机吗？"接着递上一封致歉信，"不管什么原因，对我们的产品给您带来的不便深表歉意"，然后从包里拿出两个鞋套，怕把你的地板踩脏。

进门后，维修人员又从包里拿出一张1.5米×1.5米的红地毯铺在地上，把洗衣机搬上去——防止修洗衣机时弄脏你的地板。修洗衣机时，他轻拿轻放不会制造噪声，而且渴了喝自己带的矿泉水，不用你的杯子，更不会抽烟到处弹烟灰。然后他会征求你的意见："传动轴坏了，您的机子已经过了保修期，所以要收零件费150元，您同意吗？如果不同意，您可以自己买零件我们免费安装，但是功效不敢保证。"在你许可后他才会装上带来的新零件，修好后他会给洗衣机注水，拿条毛巾扔进去启动，然后叫你："魏先生，您看一下，洗衣机一切正常了，您满意吗？"你回答满意。他把水放掉，把洗衣机擦干，盖上罩子，归位，把地毯包着脏东西装进包里，然后拿一张售后服务满意度评估表让你签字。评估表上问什么？就是问厂家的维修人员有没有穿鞋套、有没有把地弄脏、有没有把洗衣机擦干并归位……最后维修人员收钱道谢出门。

厂家售后服务人员和老个体户比，哪个更专业？

答案很明显。

其实，老个体户修一辈子电器了，是高手中的高手。后面这个则可能刚大学毕业。为什么后者让人感觉更专业？因为他看起来有一套很专业的流程。所谓专业，有时候是可以包装出来的。

1. 拜访经销商动作1：初步了解市场，分析数据，做经销商的"黑材料"

（1）情景一：业务员和业务经理下了长途车，立刻去找经销商

业务员：张老板，您好，最近生意怎么样？我和我们领导一起来看您了。

经销商：哎呀！领导来了，坐这里吧。可把领导给盼来了，我一直想到厂里去找你呢！

业务经理：有什么问题？我今天来了。

经销商：（上来就是一顿抱怨）哎呀，生意难做啊！某某竞品现在又在搞促销，你们厂的支持不够啊！还有，你看看人家竞品B，厂里又投了很多广告，利润又高。再说了，你们厂怎么搞的？市场管理这么乱，外地的货又冲过来了，现在市场上已经卖到38元一箱了，我38.5元平进平出都卖不动。我跟你们厂合作时间很长了，已经对这个牌子有感情了，我可以不挣钱，但我不能亏钱呀……（规律：一般这样讲话的经销商都赚得特别多。）

业务员：（心中暗想：这个老张，在领导面前说这些！）老张，您别着急，领导这不是都来了嘛，是来解决问题的。

业务经理：（心中暗想：看来这个经销商不好对付。这个业务员够蠢的，经销商一大堆抱怨，他还把球往我这里踢，说我是来解决问题的，哼，我看你是不想干了。）张老板，您说的问题我都知道了。我回去立刻研究研究……拜拜，我先走了。

情景分析：经销商见到厂家的人（尤其是见到领导），大多数上来就是一顿抱怨，其实这些抱怨多数都不是真心的，目的只是发发牢骚，引起厂家注意，再多给他点支持。经销商往往会在甲厂家业务员面前说"你看人家乙厂怎样"，然后又会在乙厂家业务员面前说"你看人家甲厂怎样"。如果业务员事先没有查看市场，面对经销商的种种抱怨就只有听的份儿了。

（2）情景二：业务员在拜访经销商之前已经走访市场，掌握了经销商的失职之处

经销商：（一大堆抱怨）……

业务员：张老板，不错，我承认市场竞争很激烈，我们厂里对经销商的支持还有很多需要改善的地方。您说的没错，但是我想告诉您，只有咱们厂商携手才能共建市场。来这里之后我先看了看市场，东一路好几家零销店反映，多次打电话向您要货，您嫌人家要量少不愿意送货，这是谁的责任？当初咱们协议上有约定，要保证零销店配送的。

比如这家超市的采购反映，上星期因为您没有及时送货，苹果汁断货，人家给我们减少了3个排面，这件事您怎么解释？另外，好多我们厂掏钱买的端架，您负责送货维护，今天我去现场查看，结果发现端架让竞品占了一半，这事您怎么解释？

您埋怨别的地区来冲货，帮您把冲货打掉我责无旁贷，但您是不是也得想想自己的责任在哪里？北郊小食品批发市场一半客户缺货，市场空白这么大，不被冲货才怪。您作为本地经销商，能不能先把市场空白补上？您能不能信息灵敏一点，抓住别人冲货的证据？您能不能主动一点，查出来是哪几个批发商在带头砸价，完了咱们一块儿"修理"他们？
…………

经销商：（满头大汗，哎哟，他怎么什么都知道？）是，您说的对，我一定改，您别介意。

情景分析：到达经销商所在城市后，你可以先花上几十分钟时间大致走访一下市场，找几个关系比较好的批发商和零售商聊一聊，看看这一段时间竞品在做什么促销，市场上有什么动态，最近有没有人在砸价，找找经销商工作的失误之处——"整点黑材料"（诸如经销商送货不及时、放任批发砸价、截留促销品等）。别忘了你跟经销商的关系，你见经销商不是去看兄弟，而是去拜访商业合作伙伴。每次见经销商都是一种商业往来，都是一次谈判，谈判绝不是光靠口才，还要靠准备。

这样，一旦经销商抱怨，业务员就可以有理有据地回答。几个回合下来，经销商再也不敢在你面前发无谓的牢骚，也不敢在市场服务上太放肆，也许他有点"恨"你，但他绝对会佩服你的专业功力，绝对不敢小看你。

（3）情景三：业务员在拜访经销商之前做了数据分析，掌握了经销商的业绩问题

经销商：（承上，刚抱怨完，被业务员讲了一大堆送货不及时、市场空白等方面的黑材料，搞得很尴尬，满头大汗……）

业务员：张老板，除了刚才我说的您在送货不及时、市场空白等方面的问题，另外我还想帮您把销售数据分析一下，您觉得今年您卖得怎么样？

经销商：今年销量比去年可大多了……

业务员：您今年销量比去年大了，上个月比去年同期增长30%多。但是我整个大区今年的成长率是70%，您比我的大盘成长率低得多，是大区22个经销商里面的成长率倒数第二。倒数第一是何老四，这个月何老四不做了，所以我在这个地区新开发了两个经销商。也就是说，从成长率倒数排名上来说，恭喜您这个月"夺冠"了。从业绩占比上看，您现在作为省会经销商，占到我整个大区业绩的18%，另一个地区的业绩却占到16.8%，您再这么下去，其他地区超过省会，您就成笑话了，我想保您都保不住。

您最大的问题还不是成长率，也不是区域占比，而是您的产品结构和发货周期。到目前为止，您的中低价产品占比达到总业绩的96%，比去年还差，去年您的高价产品还能占到12%，今年才占4%。今年高价产品、新产品您几乎没卖，老产品卖了这么多年，价格透明，通路不赚钱，已经发不了多少力了，新产品上不来，您的客户利润、员工工资、利润、业绩都上不来。所以您现在业绩上升完全是靠压老产品。我算了一下，您的销量上升30%，但是毛利今年跟去年持平，因为价格下来了。您现在每到月底才压货冲任务，这个月总共从公司发了15车货，其中6车货集中在月底最后3天。看起来您的业绩成长了，但货都在库房里，根本没铺上市场，您这是库存转移，是"便秘"！下个月您要冲任务，肯定又是月底压货、月底促销，这么下去价格还得下滑，您的利润更会下滑。您知道为什么您的新品卖不动吗？您的人员考核多少年都没改了，这个问题解决不了，您的新品卖不起来，老靠月底压货，迟早有一天会崩掉……

情景分析：很多经销商对自己的数据不清晰，他们大多只是模模糊糊地感觉，今年比去年卖得好还是卖得差。数据上的详细分析正好是经销商的一个短板。业务员见经销商之前，可以依照下面的指标分析经销商的业绩问题，找到他在业绩方面的"黑材料"。

经销商的当月及累计销量同期成长率、较上月增长率、当月及累计任务达成率，以及这些指标在整个公司和本大区中的排名。告诉经销商"你的数据有问题"，或者"在大区中的排名有问题"。经销商看到业绩数据不行，就会少些抱怨，也没那么嚣张，接下来再谈改善动作才有依据。如果这些指标完成得都挺好，怎么办？——看业绩占比。

把经销商业绩在大区中的区域业绩占比，对比另外一个规模比他小的市场，之后告诉他，"人家快赶上你了，你老大的位子保不住了，小城市业绩占比超过大城市，你就成笑话了"。如果经销商业绩数据、区域占比都很好，怎么办？——看品项结构。

分析经销商新品种、中高价品种、公司主推重点品种的当月及累计销量同期成长率、较上月增长率、当月及累计任务达成率、该品种业绩在大区中的品种业绩占比，以及经销商高档产品占本身业绩的比例。告诉经销商，"你的业绩好，但是卖的都是不赚钱的产品，这样你的利润会越来越低"。如果经销商的新品也卖得很好，怎么办？——看他的费用。

分析上个月和前期给经销商投入的费销比（费用除以销售额），告诉他"你的业绩是我们公司拿钱帮你砸出来的"。如果经销商业绩不错，产品结构也不错，费销比也不高，怎么办？——看他的出货周期。

月初进货量大的经销商往往是上个月月底挂了"倒挡"（怕任务完成太多增加任务，上个月月底停止进货），月底出货太多的经销商往往是"便秘"——月底压货库存转移。

如果经销商的业绩成长率、增长率、达成率、区域业绩占比、产品结构、费销比、发货周期都没问题，怎么办？再看看最近公司主抓的重点事项有没有问题（比如现在做专柜的进度你这里最慢、开乡镇分销商的速度你这里最慢、到现在为止超市进店你还没有完成）……

2. 拜访经销商动作2：信息管理上传下达，尽到供应商的本分

在初步走访市场之后，接下来业务员就该去登门拜访了。

一见面少不了要寒暄几句，拉拉家常："张老板您好，嫂子身体好点没有？侄子考试怎么样……"然后你要做的就是上传下达，在自己的职权之内帮经销商解决问题。

上传：传达公司最新政策。

下达：问问经销商最近有没有什么意见和建议。

所谓在职权之内帮经销商解决问题，就是尽到产品供应商代表的本分，做好售后服务：及时处理客诉，及时对账，按协议清算返利和奖励，调换即期品和破损品。业务员在进行这一步骤时要注意以下五点：

（1）专业风范

注意自己的仪容仪表，不要蓬头垢面地去见经销商。

不要认为这些是形式主义。形式不一定有用，但是当某个形式已经成为一种社会公认的习惯和礼节的时候，你就必须去遵守，否则很难被人接受。写字楼里工作的人很多都打领带，领带本身没什么用。但是有时必须打，否则就是无礼。在家里穿多休闲的衣服都行，一旦上了班就是职场人士，必须体现出职业风范。

（2）谦恭、稳重、成熟的态度

外在的形象很容易塑造，你并不一定要打领带穿西装，只要着装得体就行了。内在却要慢慢塑造，做销售是在和人打交道，你在销售产品之前要先销售自己，让别人接受你，即"先做人后做事"。

要想让经销商接受你，首先你自己在琐事上要有谦恭（绝不是谦卑）稳重的态度，产品供不应求的时候不要趾高气扬，产品销售受挫时也不要垂头丧气，态度始终是平和有礼的，不管内心多么喜气洋洋，情绪永远不会写在脸上。否则业绩好的时候经销商对你敢怒不敢言，一旦产品销售出问题，你立刻就会被宣布为不受欢迎的人。还有，不要贪小便宜，如果你没钱回请经销商吃饭，就不要天天饭点去拜访他。

总之，修炼自己的德行，做个诚实可信有涵养的人，别人就会愿意接受你。

（3）不要做超出自己职权的许诺，事事有回音

业务员有时为了让经销商进货，会漫天许诺（如帮忙换即期品，帮忙退破损品，下次带来多少促销品等），最后许诺不能兑现，经销商就会不再相信你。

如果不在你的职权之内，你就应直言相告，然后报请公司批示。如果公司不批准，很多业务员就会觉得为难，于是今天推明天，明天推后天。其实这种行为经销商最为反感。正确的做法是尽快给经销商一个明确答复，即使公司不批准，也要尽可能给经销商解释清楚。装聋作哑、推三阻四，期望经销商能自己"知难而退"是不现实的。经销商的感觉会是你根本不把他的要求放在心上（如果经销商的要求明显是恶意刁难，同时又欠公司一笔货款，则另当别论)。

(4) 必要的书面沟通

公司要进行经销商销售竞赛:半年内销量第一或者销量超过1万箱的奖励汽车1辆。如果你仅仅是口头许诺,结果就会天下大乱:经销商可能只卖1个品项,可能冲货、砸价,甚至可能前5个月不进货,最后1个月问你:"我还差多少量能拿奖品? 5000箱? 好,我进5000箱放到库房里慢慢卖,你把汽车给我。"

这个时候你再告诉他:"上次我跟您说了,要每个月进货1000箱以上,而且不冲货,销售品项不得低于4个,销量超过1万箱才能得到。"——你试试看,他不跟你急眼才怪!

客户欠款、返利,你一年不跟他书面对账,年底的账肯定对不到一起,当初不对账是因为不想伤感情,一旦账目对不齐,你和他就会打得像两只乌眼鸡,到那时就此一时彼一时了。所以,重要销售政策、财务账目、借货、促销费垫支、破损退换一定要书面沟通,经销商也许会觉得你麻烦,但是时间长了就会觉得你办事严谨,负责任。

(5) 重视经销商的短期利益

业务员帮经销商铺市,烈日炎炎去贴海报……做了大量的市场工作,经销商却不领情。他会觉得你在为厂家做事,并不认为你这样做是帮他扩展市场。但他的一箱破损你尽快换了,他就会非常感激你,因为这是他的眼前利益。

针对经销商这种短视心理,对破损调换、即期品处理、返利兑现等事关经销商眼前利益的问题,业务员要尽职尽责,快马加鞭帮经销商实现。也许只是因为这样一件小事,他就会对你感激不尽。经销商难免会投诉厂家给他送的货品种、数目、规格、时间有差异,哪个厂家也不敢说自己永远不送错一次货的。具体解决方法,请看联合利华一个业务主管的亲身经历(摘自《销售与市场》杂志)。

市场基础状况:无锡

经销商——无锡顺鑫恒太商贸有限公司(以下简称顺鑫恒太)。

该经销商销售队伍力量较强,如果能有效地调动其信心,并动员其积极推广我公司的产品,定能事半功倍。但由于刚开始合作,经销商也在观察我公司的各种状况，甚至持怀疑的态度。其老总李氢，原阿尔卑斯糖业的人事行政总监，中欧国际管理学院的工商管理硕士，思路清晰，做事干练，操作正规，见多识广。能得到其认同和支持并不是件很容易的事情。

人员状况：我于 7 月 20 日正式加入联合利华

问题 1：9 月 25 日，顺鑫恒太订货 100 箱正常装茶叶以销售给批发市场，但到的却是促销装——按公司规定，促销装是不能够发到批发市场的，只能迅速再订正常装。经销商李总认为这影响了生意又压了资金，要讨个说法。

解决：针对这种突发情况，我立即做出反应，一是迅速组织正常装订单并向公司争取了订单加急，二是立即向客服了解发货错误的原因，并强调后面的订单绝对不能有误，甚至直接向我的上级经理求助以快速有效地解决此事。做完一系列工作，下午下班前，我把结果反馈到了李总那里，解决了实际问题，平息了李总的怒火。李总同时提出改进我们双方在订货环节上的问题，保证以后不再发生此类问题。

问题 2：顺鑫恒太 10 月盘点后发现少了 7 箱货，11 月在收货单上终于发现，是验货人记录不清楚造成的，于是迅速反映给我。

解决：我了解后，断定责任在我公司第三方物流。我立即向助理反映并同时传真了有关收货单，物流承认并愿意赔偿，但其赔偿的速度太过缓慢，我不断跟进催促，终于在第 N 次（N 大于 20）电话后，物流公司同意把钱直接打到顺鑫恒太的账上。此事两周内终于有了结果。

点评：经销商是商人，厂家送错货伤害他的利益的确可恼，但实际上他心里也能理解，毕竟这种事情太多了，没有一个厂家能保证绝不发生。销售人员面对客诉，只要能让经销商看到我是尽力帮他上上下下疏通解决问题，就算没有结果，也能赢得经销商的信任——这小伙子是个实在人。

大多数业务员都能做到以上五个动作，但这绝不是全部。到目前为止，这些工作只能说是服务，真正的销售工作还没有开始。

接下来应该做什么呢？让我们先来回顾一下厂家业务员管理好经销商的

最高标准和终极目的：通过业务员的专业技巧，协调厂商这两个根本利益矛盾的个体之间的利益，引导经销商的人、车、货、钱更多地投入到厂家的市场工作上来……

问题是，业务员凭什么能"引导经销商的人、车、货、钱更多地投入到厂家的市场工作上来"？靠利润诱惑？不对，你一个业务员对产品利润没多少发言权。靠管理？不对，你没有权力去管经销商。靠客情？更不对了。

很多业务员往往把交情好和客情好混为一谈。对"厂商之间是鱼水关系"的片面理解，再加上领导有关"做销售首先要做客情""先做人后做事"的教导，让业务员在经销商面前不敢直起腰来说话，于是在经销商店里殷勤备至——帮经销商搬货、开车、点烟倒水、跑前跑后，甚至帮经销商冲货，对经销商截留促销品也是睁一只眼闭一只眼。

业务员的殷勤礼貌会让经销商产生好感，但绝对不会产生尊重，做过火了还会觉得你"贱"。业务员"出卖"厂家的利益，跟经销商双赢（经销商拿实惠、业务员拿业绩），经销商也许会跟你关系不错、请吃请喝、称兄道弟，但骨子里绝对不会尊重你。他会帮你压货，但前提是你要给他更多促销让他获得实惠。小问题上也许他会念及你曾帮过他而迁就你，一旦事关既得利益你又不能给他实惠，你们的交情就会荡然无存，到那时就又"此一时彼一时"了。

交情对生意有帮助，但效果有限，真正有意义的客情是——专业客情。专业客情是建立在尊重的基础上的，你要让经销商感觉到你做事认真负责，踏实敬业，你在做生意上比他强，比他专业，能教他很多做生意的方法，帮他管理市场，帮他创造销量和利润，这个时候才有真正的客情可言，你在经销商面前才有"面子"，才能用自己的威信去影响经销商。

第二节　经销商日常拜访动作流程
——客户管理和专业影响力模块

本节将学习经销商拜访动作流程中的客户管理与专业影响力模块：

经销商库存管理动作流程——如何帮经销商下更合理的订单，保证全品项安全库存，不断货不积压。

库存观念和陈列观念的宣导方法——如何影响经销商，让他真的接受你的订单建议。

市场走访和经销商沟通技巧——市场走访看哪些内容？怎样迅速发现市场问题？如何跟经销商有效地沟通市场问题，并对他产生影响力。

如何迅速建立下线市场客户资料，让经销商对你又敬又怕。

怎样迅速提高自己的表达能力？如何寻找适当机会给经销商"洗脑"，进一步强化自己的影响力。

如何用经销商管理绝招——业绩回顾"拿下"经销商的高层经理。

一、经销商拜访专业流程

1. 拜访经销商动作3：库存管理

在上传下达之后，业务员就应一头钻进库房清点库存，做进销存报表。库存管理是经销商管理的"扫盲"动作，没有清点经销商库房之前，业务员是没有资格向经销商要订单的。库存管理的基本动作包括：

（1）**库存清点**

警示断货品项和即期品数字，做到先进先出（日期陈旧的产品放到库房前面先卖，避免产品即期）。

（2）**库存占比管理**

业务员拜访经销商的库房，一定要关注自己的产品在经销商处的库存占比，库存占比越大，你的话语权就越大。所以要向经销商抱怨："张哥，你说你跟我们公司有合作意愿，还说跟我是好兄弟，结果我的货占你库存资金十分之一都不到，我在你这里是三等公民，你让我掏钱给你做市场，我傻呀！""经销商赚的不是毛利，是毛利周转率。小明牌方便面每箱挣3元，但是3个月才能卖完，平均每个月赚1元/箱。我们的方便面每箱5毛钱利润，但是3天就能卖完，月回转10次/月，毛利是5元/箱。你库房里那么多小明牌方便面占着资金干什么，你没有算毛利周转的账啊？赶紧清掉它吧。"

（3）库存方法管理

"张老板，防潮不是下面垫一张塑料布，是要垫高6厘米以上。PET饮料堆高不能超过15层，你现在摞这么高，最下面的饮料瓶口变形，进去空气就变味了。铁皮房顶的仓库夏天太阳晒得里面有50℃高温，这么下去牛奶都变酸奶了！"

这些库存上的专业问题你平时一旦发现，要及时给经销商预警。其一，显得你更专业；其二，预警可以防止不良品问题发生，给经销商创造价值；其三，就算经销商不能完全听取你的意见，一旦出现问题，你也可以告诉他"我早就跟你说过"。

（4）资金异常动态管理

发现经销商库房里的货物突然空了一半，你想到了什么？要么这个经销商碰到什么问题了（比如婚变或者转行），要么就是这个经销商手里有钱了——赶紧出政策让经销商进货、买车、增加库房。干什么都行，总之经销商手里有闲钱绝对不是好事情。经销商库房里竞品库存加大了，意味着什么？要么你也加大库存抢占库存占比，要么赶快去终端铺货把竞品憋死在库房里……看库存要思考经销商的资金动向和应对方法。

（5）市场物资管理

厂家把促销台、海报、KT板等促销品及广宣品随货发到经销商库房，被扔在角落里落满灰，最后当废品卖掉的事情太多了。厂家的家当如果厂家业务员都不操心，其他人更不会替你操心，你不重视，经销商更不会重视。

（6）1.5倍安全库存管理法则

　　例：上次拜访某经销商时库存是100箱，上周进货是50箱，本周库存是120箱，请问这次经销商应该进多少货？30箱还是45箱？

我们来算一下，优秀业务员的订单不是要出来的，而是算出来的。请问经销商上周的销量是多少？是100 + 50 − 120 = 30（箱），现在还剩120箱，够卖了，所以这次不用进货。这就是1.5倍安全库存管理。

说明：上次拜访时库存量 + 上次经销商进货量 − 本次拜访时库存量 = 经销商在这一个周期的实际销量。

要想让经销商在下一个周期内不断货（业务员是周期性拜访），那么经销商的最小库存量应该不小于上周期的销量，为了安全起见，应该把这个销量放大 1.5 倍，即周期销量的 1.5 倍。这是一个比较安全的库存量，用安全库存数减去现有库存数，经销商此次需要进货多少就可以算出来了。

上次拜访某经销商时库存是 100 箱，上周进货是 50 箱，本周库存是 120 箱，业务员是每周拜访该经销商一次，则：

周期销量 = 上存 + 上进 − 本存 = 100 + 50 − 120 = 30（箱）

安全库存 = 周期销量 × 1.5 = 30 × 1.5 = 45（箱）

本次进货量 = 安全库存 − 本期库存 = 45 − 120 = −75（箱）

所以经销商不用进货。

说明： 所谓的"周期销量 = 上存 + 上进 − 本存"，不是绝对的，要排除上周促销、天气变化、淡旺季变化等因素，周期销量是"正常情况下一个周期可能的销量"，或者说是个"经验值"。所谓"1.5 倍的安全库存系数"也不是绝对的，产品保质期越长系数越大，厂家送货周期越长系数越大。

运用库存管理可以让你对经销商实际销量、即期、断货情况了如指掌，可以帮助经销商减少断货、即期风险，让你的建议订单有理有据。问题是经销商往往不大相信这一套，你给他说"上存、上进、本存、本进"，他根本就不认，这时候你怎么办？

2. 拜访经销商动作 4：订单管理——安全库存和合理订单宣导

经销商的心理是："你一个月赚 2000 元，我一个月赚 5 万元！你一个小业务员才混了几天啊？跑来给我指手画脚！"不管经销商多么不屑，你每次清点完库存，回到经销商店面，就给他"念经"："上存、上进、本存、本进、实销、安全库存……"你每念一次，他的印象就会加深一点。

现实很快就会教育他。现实生活中经销商库存管理不善、断货、即期、破损、客户投诉几乎天天发生。下次再出现这些问题时，你的话就会回响在他的耳边，他就会想到："业务员小魏说的话好像有点道理，他虽然年轻，但做事非常踏实，每次来都到我的库房里给我清点库存数字，统计即期品，做先进先出,现在想想好像他说的'上存、上进、本存、本进、实销、安全库存'也有一定道理。小魏每次按照这一套给我下建议订单,他的货就是不会断货也不会积压。另一个厂的业务员每次来都让我进货,结果搞得我有的品种积压,有的品种断货。这么一看小魏真是不错啊!"

经销商大多不会有这个毅力,真的按照你教他的库存管理方法把所有品项管理到位,但只要你能对他有所触动,就已经达到目的了——经销商承认你的专业水平,你的形象就高大了一些。"念经"不仅可以用语言,还可以言传身教,你亲自动手把新产品打一个堆头,跟他"打赌",做好陈列销量就会上升,事实会让他信服。你让他按你的方式订货,他不吃这一套,你就把按公式算出来的建议订单放在他下的订单旁边,一个月之后和他一起回顾一下,比一比谁的订单更科学——经销商专业水平不够,要同时照顾十几个品牌,专注度也不够,这场比赛八成是你赢。几个回合下来,他就服你了,你的形象又高大了一些,也许从此以后他会告诉你:"订单你帮我下吧,我只管掏钱,别的不管。"

3. 拜访经销商动作5:终端市场走访,市场情况沟通

现在业务员已经完成了初步市场摸底、上传下达、库存管理、订单管理、合理订单宣导,下一步要进行详细的市场调查。

"张老板,我借您的自行车用一下,去看看市场,下午6点左右我回来咱们再详细聊。"在扎扎实实地走访市场之后,业务员回来要和经销商沟通此次走访市场的信息和想法,这里又会产生两个问题:走访市场看什么?回来怎么与经销商沟通?

(1)走访市场看什么

拜访完经销商看市场时你要注意,不同企业、不同时期看的侧重点不一样,大致上是近期促销活动执行情况、经销商送货服务情况、超市已经买位的堆头端架维护情况、终端表现、市场秩序、冲货和砸价动态、竞品动态等。同样的市场,不同的业务员走访完,调查结果有极大可能不同,因为他们的能力不同。业务员要磨炼自己的专业洞察力和市场走访能力,绝不能猪八戒踩西瓜皮——滑到哪里算哪里。

某饮料公司有3个业务员被派去广东市场,回来后各自谈感受。

甲业务员说：难啊，广东市场难做啊——深圳超市又多又火爆，进店费又高；广州超市很多但是个个生意一般，没有特别火的旺场。

乙业务员说：好啊，广东市场机会太大了——广东是中国城乡差别比较小的地区，乡镇里都有四星级宾馆，二类超市销量潜力太大了。而且广东人喜欢喝早茶，那里是新产品推广的好地方，人气又集中，费用还不高。广东的餐饮市场特别火爆，餐馆也可以做促销。这次去广东我已经了解到几个很不错的经销商。

丙业务员说：我去完广东，感觉是——食物好吃，但是虫子太多。

业务员做销售就是要练一双"火眼金睛"，看谁能从纷繁芜杂的市场中一眼发现机会，找到主要矛盾，找到切入点。

① 看公司近期工作重点（比如陈列费用投入）和经销商刚才反馈的市场问题（比如冲货），回来沟通也要先说这些问题，表达自己对此的重视。

② 看当地重点终端的市场表现和存在的问题。

③ 翻经销商的销售台账、电脑出货记录，寻找经销商网点中销量有异常变化的网点，对他们进行重点走访。

④ 看经销商业务员有什么反馈（比如，经销商业务员反馈经销商上个月给员工的新品提成没发放，经销商最近买房手头资金紧张等）。

⑤ 看终端表现。比如食品类业务员走零销店"九看"。

看本产品铺货率；

看本品生产日期、回转速度；

看产品生动化陈列状态；

看产品价格是否合乎公司规定；

看经销商拜访质量（店主反映经销商的送货服务是否正常执行）；

看促销是否截留走样；

看产品库存是否合理；

看竞品有什么动态；

看市场机会（竞品有某个品种卖得很好，而我公司该品项表现不佳，这就意味着品项空白）。

⑥ 看上次走访发现的问题是否已经改善（如上次走访发现终端送货不及时的情况很严重）。

⑦ 寻找下个月的增量机会。

（2）回来怎么与经销商沟通

跟经销商沟通时，你所讲的话题当然是要对工作有所帮助的，而且是经销商非常关心的。都有哪些话题呢？

第一，近期重点工作进度。如："张老板，上周公司执行买4包牛奶送1条毛巾来提高销售铺货率，怎么市场上没反应？""李老板，新产品上市你这个区域铺得不错，但是东区那一片好像比较差。"

第二，市场上其他客户对经销商及其业务员的评价。如："张老板，你要找时间跟你手下送货的小刘谈谈，几个客户反映他为了拿提成拼命给客户塞货，甚至骗销（告诉客户某某畅销产品马上要断货或者涨价了，让客户大量进货，客户产品积压找他调换他又不管）。客户骂的可不是他，而是你张老板。"

第三，竞争品牌的促销动作。如："我发现某某果汁最近正在发传单，要在15日开个批发订货会。旺季马上到了，要是让他们开了订货会，把二级批发商的资金抢走，咱们就麻烦了。我想跟你商量一下，我回公司申请些支持，咱们赶快动手，赶在他前面开订货会怎么样？"

第四，市场机会的分析。这一条我特别强调三件事：

第一件事，渠道机会。如："张老板，我这次走访，发现竞品在超市和批发的促销投入的确很大。但他们把学校渠道忽略了，我们这个月能不能集中打大专院校渠道？你可别小看大学里的销量，那里一个商店销量比普通街道上销量大3倍以上。"

第二件事，品项机会。国内大多数企业都面临一个通病——单品销售，原因是业务员总喜欢卖好卖的成熟品种，实际上对一个相对成熟的市场来说，增量机会最大的就是新品项。

如："张老板，我在某市转了一圈，发现10元的肉丝面卖得很好，但是这个品种时间已经很长了，价格已经倒挂，零销店没利润，所以我觉得10元价格的产品是个市场机会，咱们下一步主打10元的品种增量。"

第三件事，市场风险的预测。如："张老板，下一批货不能进太多了，零销店普遍反映今年天气比较凉，500毫升饮料卖不动，而且马上要立冬了，咱们是不是把铺货重点放在大包装牛奶上？"（注：天气转凉，小包装碳酸饮料淡季将至，牛奶旺季来临。）

第五，市场秩序信息。如："我发现最近西门批发市场上又来了一批冲货，批发商反映可能是丁老板冲过来的，你要派人查一下，找到证据，我去解决；另外，二批商小李带头砸价，马上给他停货。"

业务员若能做到这一点，经销商就会感觉业务员工作踏实，"每次来我这里说不了两句话就去看市场，回来给我分析问题，提出解决方法，人家是真心实意来帮我做市场的。这才是真正专业的业务员"。

4. 拜访经销商动作6：建立客户资料库，帮经销商维护边缘网络

假如你1个月拜访经销商3次，每次走访市场3小时，3个月之后你完全可以建立经销商的下线客户资料库。有一天你突然交给经销商一个笔记本：

"张老板，这是我这几个月市场走访帮您建立的下线客户资料库，包括本地所有卖小食品的大批发商场、超市、大型零售点、学校、大企业的其他小店的资料我正在调查中。

"您看一下，这份资料的第一页是客户的分布图，第二页是每个客户的姓名、地址、电话、联系人，往后是我目前查到的每个客户的详细备注——包括他们的营业面积、代理的品牌、货架面积、主要拿货渠道等，更详细的资料我会逐步补充进去。

"我对这些客户专门做了编号分类。编号为1~170的客户是您的'铁杆客户'，每次都从您这里拿货。171~210号客户是'游离客户'（有时候从您这里拿货，有时候从刘老板那里拿货）。还有40多个客户是'陌生客户'（从来不在您这里拿货）。打'*'号的客户是有从外地接货砸价习惯的'危险客户'。我建议您把'游离客户'和'陌生客户'重点巩固一下，我申请一些促销政策，咱们一起针对这些客户搞一次促销、上门订货、上门发传单、上门送礼品、上门做库存管理，把这些客户拉过来。您看怎么样？"

想象一下，如果一个业务员真的做到了这样，经销商是什么感觉？

首先是害怕："坏了，我的下线客户全被他摸清了"。

其次是敬佩："这小伙子真不简单，我老张在当地卖了几十年的货，当地大一点的客户见了我的面都要点个头打个招呼,可是这么规范的客户资料库我还真没做过。其实客户资料我也有,但不全,抽屉里有个本子,记了几个电话,但这些跟人家这份资料简直没法比。建立这个资料库有用啊,以后换业务员直接拿着资料就能交接了,我这里来了新产品,挨个儿给客户打电话也就行了,而且人家能帮我搞清楚我的网络盲点在哪里……我十几年没做的事,人家小伙子3个月就做到了!"

最后是感激:"人家真的是在帮我做生意啊,我眼皮底下的网络盲点('陌生客户'和'游离客户')自己都没发现,人家不仅替我整理出来了,还能帮我一起做促销拉客户,这对我是真有用……"

  请你问问自己:我真能做到这一步,对工作是否有帮助?经销商是否真的会产生以上情绪?
  是的。
  请你问问自己:建立客户资料库对业务员来讲是不是很难,甚至根本就做不到?
  不是。只要你想做完全做得到。

销售工作其实并不神秘,并不像一些理论家所讲的要怎样周密分析、怎样运用营销原理……有时候想的太多就会把简单的事情复杂化,反倒执行不下去。实际上,销售就是把一些简单的动作真真正正做到位,把简单的事情执行到底就是最大的不简单。

5. 拜访经销商动作7:给经销商"洗脑",力所能及地帮经销商完善管理

平时业务员除了谈工作,难免还会和经销商有一些私人接触,比如一起吃饭、一起喝茶闲聊等。这个时候你也别忘了,你是厂家代表,经销商是你的客户,是生意合作伙伴。因此你还应见缝插针,在适当的时候给经销商"洗脑",实际上就是给经销商灌输一些先进的经营管理理念和方法,促进经销商成长。

可能有的业务员要说了:"不行,我这人能干不能说,让我做业务可以,

让我给别人洗脑我洗不了。"实际上这是典型的自我开脱。管理经销商，你要做的不是自己去卖货，而是发动经销商的力量。做业务主要是做人的工作，做人的工作就一定要影响别人的思想。怎样才能影响别人呢？用语言。不会讲话，做不了好业务员。

如果你天性所致，真的不会讲怎么办？别忘了我们前面反复强调的理念：谈判不是靠口才，而是靠准备。其实我们要跟经销商沟通的相关话题不多，无非就是如下这些：

> 我的库存占比不够，需要清掉其他"不重要的产品"增加我的库存；
> 经销商的人员考核需要修改，要重视终端客诉的登记处理流程；
> 经销商人不够、车不够，要加人、加车；
> 市场上存在空的网络需要，开分销商或加人手去覆盖；
> 经销商要重视新产品、新渠道的拓展，通过改变渠道结构、产品结构来增加利润；
> 库存管理对经营的改善；
> 建立下线客户资料库的好处；
> 经销商业务员的管理制度升级；
> 账款管理的制度和技巧。

既然知道就这几个话题，为什么不能针对这几个问题，召集同事一起集思广益，探讨相应有说服力的回答话术，然后熟记于心，勤加演练呢？

不要觉得这样做好像有点虚伪和造作。口才不是天生的，台上一分钟，台下十年功。靠业务经验和生活潜移默化的积累也能逐渐提高口才，但是很慢。有意识地去博闻强记，进行有针对性的练习，能让表达能力迅速提高。

需要注意的一点就是，这种理念宣导要找到适时的机会，要等到经销商正在被某个问题困扰的时候，你再以"我也发现这个问题了，正想跟你谈谈这件事"的姿态出现。"送上门的不值钱"，如果你总是主动站在经销商店里指手画脚，"你的这个管理不行，我给你讲应该怎么办；你的那个理念不行，听我给你说"，搞烦了，经销商会把你赶出去。

6. 拜访经销商动作 8："作秀"，让经销商说"多亏有了你"

"作秀"在这里不是贬义词。"作秀"是一种主动展示，一种有意的张扬。作秀跟"忽悠"不同，"忽悠"是无中生有、颠倒黑白，"作秀"是把自己的特点、主张和做过的事情不夸大地摆出来给大家看。需要提醒大家的是，"作秀"要有度，否则人家就会说你张狂，不谦虚。

现代社会很多人在"作秀"，广告是"作秀"，路演是"作秀"，产品代言人是"作秀"，产品外包装设计也是"作秀"，经销商大会上优秀经销商上台领奖是现场秀。所以，我们拜访经销商也要"作秀"：

神机妙算大师秀——我对你（经销商）的人、车、货、钱各种资源了如指掌，虽然我是外地人，但对这个市场我也很熟悉，下个月销量肯定会上升。

风尘仆仆辛苦秀——烈日炎炎看市场，"来得最早，走得最晚"，满头大汗点库存，一丝不苟、自觉自愿。

点石成金恩人秀——这个秀最重要。

遇到大经销商，平时你总是跟他们的员工联络，老总、经理的面都见不上，解决方法是一个季度约他的主管经理或者销售总监做一次"业绩回顾"。如："张总您好，我是某某公司业务员小黄，您如果方便，能不能给我半小时的时间，我想把我们的产品这两个月的进展、销量、利润情况，以及下个月一些新的推广计划向您汇报一下，我计划下个月把您销售我们这个产品的总毛利提高 20%（最后一句话打动了对方，你就为自己赢得了作秀的机会）。"

注意：经销商业绩回顾是一场体现厂家业务员专业水准的路演活动。在业绩回顾之前最好提前做出正式资料，如果是打印出来的，注意一定要装订整齐，封皮一定要用彩色印刷并覆膜。内容要有 Excel 表格，数据必须要清晰，实例要多。我的领导曾经开玩笑地告诉我，业绩回顾文稿装饰要"炫"，主要是要震慑经销商。

那么，业绩回顾模型具体是什么？

（1）经销商的业绩数据分析模型

绝对不能让经销商感觉到他形势一片大好，要从数据上分析出他需要改进的地方。从经销商的业绩成长率、增长率、达成率、区域业绩占比、产品结构、费销比、发货周期、公司近期主抓工作重点的进度八个方向分析经销商的业绩存在哪些问题。

（2）厂家业务员的绩效汇报模型

我们在第一章讲过："做业务，不但要带一双腿，还要带上一张嘴。要不断给经销商讲利润故事，让他了解我们给他创造的价值。"所以，厂家业务员要在平时工作中积累素材，不要埋没自己的"功劳"，每个月要对自己创造的绩效进行回顾总结和强调。最好让经销商听完之后，激动地抓着你的手喊："恩人啊，多亏有了你！"

厂家可能给经销商创造的绩效如下：

① 服务绩效：如帮经销商建立规范的客户资料库、消化不良品、兑付费用等。

② 内部管理协助绩效：如给经销商及其团队做培训、帮经销商规范内部员工考核和其他管理流程等。

③ 市场管理绩效：如打击冲货、处理价格冲突、界定同城经销商之间的区域客户，统计和处理终端客诉等。

④ 市场支持绩效：如促销费投入，厂家业务员所张贴的海报数字，投入的形象宣传物料数字，做的模范店、堆箱、陈列店、协议店数字等。

⑤ 销量绩效：注意，厂家业务员的职责要和经销商有所区分，经销商才是区域经理，厂家业务员只是区域经理助理。厂家业务员在销量绩效方面要强调——我要帮经销商开发新区域销量，带领经销商人员铺新品的销量以及产生的利润。

⑥ 网络绩效：厂家业务员是"帮经销商做市场，不是帮经销商做销量"，要强调厂家业务员帮经销商开发的新开终端客户数，新签协议店数，新渠道、新片区、新分销商协助开发实例和数字。

⑦ 品种绩效：通过厂家的市场支持促销推广、经销商人员考核的更新、经销商内部培训及管理提升等工作，最终推动经销商品项结构的改变，促进主推品种的销售增长，以及随之带来的平均价和毛利的提升。

（3）市场问题分析模型

明确本月双方在市场配合、市场推进、业绩达成方面存在的问题，这就是下个月经销商管理的重点工作，回顾经销商业绩数据问题。

① 付款问题：本月经销商付款是否及时。

② 市场拜访和储运问题：经销商运力、人力是否能满足目前的配送要求。

③ 客诉问题：本周发现的终端其他客诉登记清单，经销商目前对内部人员的终端拜访、客诉记录、客诉处理流程是否落实。

④ 网络问题：市场上是否存在经销商暂时没有覆盖或者无力覆盖的区域或渠道，如何改善。

⑤ 库存问题：本品在经销商处的库存占比是否太小，经销商的库存方法是否存在问题，市场物资是否存在浪费现象，经销商是否需要清理占压资金的滞销货，增加本品库存。

⑥ 人员考核：经销商目前的人员考核存在哪些问题，导致什么结果，建议如何改善。

⑦ 行销效率：订单比例是否存在经销商自销能力太差，厂家销售比例过大、主劳臣逸的现象，如何改善。

⑧ 促销配合：促销活动期间，经销商的人、车、物支持，陈列奖励礼品兑现是否到位。

⑨ 其他问题：比如经销商员工上下班时间导致目前没办法做夜市和早市渠道等细节管理问题。

（4）形成管理目标和改善排期，下个周期进行回顾

第三步分析出来的具体问题，挑出能解决的、需要立刻解决的，定出下个月的改善计划。别被经销商打马虎眼蒙混过去，解决方案全部精确到时间、地点、人员、资源配置、完成标准、验收人、验收时间、奖罚标准。下个月业绩回顾第一项就是"回顾上月双方达成的改善排期完成进度，按照约定做奖罚"。然后再分析本月的问题，做下个月的改善排期，逐月形成"问题分析—改善排期—进度追踪"的管理循环，才能真正推动问题的解决。

二、回顾和分析

回顾一下经销商拜访的动作流程，看看按照这一套流程做下来效果怎么样。

原则：规律联系、定期拜访、计划行程、绩效目标——让经销商不再觉得你来就是逼他进货，而是来帮他做市场的，你们成了合伙做生意的关系。厂家业务员的经销商拜访时间和精力分配以市场推进为导向的话，会产生更大绩效。

第一步：准备工作。初步走访市场、分析数据——经销商捏造事实，乱发牢骚，能够被你识破。运用专业模型对经销商的业绩数据进行事前分析，让你的沟通更具针对性。经销商能感受到你的敬业、专业和功力，再也不敢自作聪明、信口乱讲，更不敢小看你。

第二步：信息管理。上传下达，不做超出职权的许诺，必要时进行书面沟通，确保事事有回音，重视经销商短期利益——让经销商觉得你稳重、讲信誉、实在，而且处处为他着想，他就会欣赏和信任你。

第三步：库存管理。清点库存、警示即期品、先进先出、安全库存管理、库存占比管理、库存方法管理、资金异常动态管理、市场物资管理——你对经销商实际销量/即期/断货情况了如指掌，可以帮经销商减少断货/即期风险，让你的建议订单有理有据。你更能准确把握经销商的资金动态，增加自己的库存占比，及时地帮经销商发现库存问题，帮经销商减少损失……经销商会感受到你的敬业和认真。

第四步：订单管理。安全库存和合理订单观念反复宣导——事实很快会教育经销商，他会明白你所讲的话有道理，你的专业形象又一次提升，说服力进一步加强。

第五步：市场走访。有目的地走访市场，回来跟经销商沟通市场信息和下一步计划——让经销商更敬佩你做事认真踏实，对市场有思路，感谢你真心实意地帮他做市场。

第六步：帮经销商建立客户资料库，维护边缘网络——让经销商对你又敬又畏（下线客户被你抄走了），又佩服（你做的事他十几年都没做到）又感谢（你帮他建立了很有用的客户资料库，还帮他维护了边缘网络）。

第七步：把握时机给经销商"洗脑"，帮他做培训，建立管理流程——让经销商觉得你是专家，你真的在帮助他，以后他会经常向你请教。

第八步：定期做业绩回顾，回顾辉煌历史，展望美好未来，经销商对你的贡献和帮助"感激涕零",对你的专业水平和工作态度"膜拜",对之后的工作改善有了具体排期。

真的能做到这八步,并且经常回顾分析,你就快成经销商的"偶像"了。经销商也许会真心实意地对你讲:

"厂里一个月给你多少钱?我出双倍的工资,你来给我帮忙吧。"

"你帮我培训培训下面这批人吧。"

"最近有个新厂家来找我,跟你们的产品没有冲突,我想让你帮我看看能不能做,给我拿拿主意。"

这时候你再给经销商讲:"张哥,咱们再推一个新品种吧!""张哥,我跟您商量商量怎么打冲货……"这个时候他会不会听话?也许他还是不能对你言听计从,但是他至少会认真听听你讲的话,认真想想你讲的有没有道理。

这就是专业客情,只有建立这种以尊重、佩服为基础的客情,你才能发挥对经销商的影响力,最终达到"协调厂商这两个根本利益矛盾的个体之间的关系,引导经销商的人、车、物、钱尽可能多地投入到厂家的市场工作上"的目的。

第五章

经销商政策制定"迷踪拳"

✦ 本章预告

从端正厂商关系到经销商选择、经销商谈判、经销商日常拜访动作流程,执行层所要学习的经销商管理内容基本讲完了。

本章要学习一些管理层和政策方面的内容。主要跟大家介绍一下这些年我用过的,以及看到其他企业用过的一些比较独特有效的经销商政策案例,并且试图揭示这些案例背后的规律和可复制的模型:

1. 经销商普遍对厂家的诚信问题有恐惧和猜疑,厂家如何通过具体的销售政策和内部管理流程,在经销商面前打造自己诚信服务的金字招牌。

2. 厂家怎样让经销商建立经营安全感——和这个厂家合作放心经营,不会赔钱。

3. 厂家如何不断让经销商看到新的利润机会,如何通过样板市场操作让经销商对新的利润机会产生信心。

4. 经销商年度合同常用条款案例分析。

5. 经销商促销政策制定的常用方法、模型和常见误区分析。

第一节　为经销商提供多维度商业价值

在经销商眼里，厂家如何签订经销商合同，如何兑现服务承诺，如何实施市场管理动作，还有厂家的产品、销售政策、服务政策等，就是厂家作为"商业合作伙伴"的合作价值。

我曾经作为当事人制定执行了不少成功和失败的经销商政策，做培训顾问以后，我又以旁观者身份看到更多厂家的经销商政策的成功和失败个案，总觉得个案虽然有趣，但是借鉴意义有限。如果能以案说法，把术上升为道，找到有理、有力、有效的经销商政策的共同点和规律，大家就更容易触类旁通。

成功的经销商政策是有一定规律的，这个规律在很大程度上已经脱离了营销技巧的层面，上升到心理学、社会学的范畴。说到底，政策也罢，合同也好，交易双方要各得其所，心理满足达到平衡，也就是达到所谓的双赢。这本来就是一种心理战。

首先我们来看一个心理学的案例。

甲方案： *受测者一定能拿到3万元收益。*
乙方案： *80%受测者能拿到4万元收益，20%受测者可能没有收益。*
结果： *大多数人会选择甲方案，实际上选择乙方案的平均收益是3.2万元/人。但是人们怕万一拿不到，会失去3万元收益，还是选择安全第一，不要冒险，追求安全的代价是少拿2000元。*

甲方案： *受测者一定会失去3万元。*
乙方案： *80%受测者可能失去4万元，20%受测者可能毫无损失。*

结果：大多数人会选择乙方案，实际上乙方案的结果是平均失去3.2万元/人。跟上次正好相反，这次人们倾向于冒险——冒险是想博一个"不失去"，结果付出的代价是可能多失去2000元。

结论：人们的普遍心理是更加患失而不是患得。"得"的时候胆小，尤其是当得到这份新利益同时要抛弃手中已有的旧利益时，人们往往变得保守，不愿意冒险。有很多类似的俗语表达了人们这方面的特点："好死不如赖活着""不要太贪心""见好就收""聪明反被聪明误""隔手金子不如到手铜""安全第一""小心偷鸡不成蚀把米"……

人们在面对"失"的时候因为无法避免，所以胆大，甚至拼死抵抗。也有很多类似的俗语反映了人们这种心态，比如："反正横竖都是死，我就豁出去""置之死地而后生"……

这个理论用到厂家管理经销商身上，无往而不利。

一、用"患失"来管理经销商

为什么现在有那么多厂家说，"经销商不思进取、小富即安、跟不上厂家步伐"是最大的瓶颈？经销商创业时一无所有，说好听点叫"穷则思变"，说难听点叫"贱命一条"，正所谓"千里走单骑，无知者无畏"。但是现在不同了，经销商好不容易打拼出来点家业，每年的盈利稳定，魄力就大大不如以前了。这时候你给他讲大趋势、大未来、二次创业，往往是没用的。因为人们在"得"的时候"胆小而且保守"——在经销商看来，虽然对美好的前景也很向往，但钱是赚不完的，关键是要稳住现有的局面，把摊子铺得过大未必就是好事，更多的投入意味着更大的风险，弄不好"辛辛苦苦十几年，一夜回到解放前"。

要想推动一个人改变，要么是给正面的动力，要么是给负面的压力。"以利诱之"没用时就要"以害迫之"，打破经销商的安全感。告诉他，不进则退，一旦我淘汰你，你会失去什么东西，往往能再次激发经销商的创业激情。同样道理，厂家希望经销商忠诚，仅仅让经销商得到利益没有用，要给经销商创造深层次的合作价值，让他离不开你，让他"患失"，让他欲罢不能，让他明白，一旦你不和他合作，他失去的东西会让他"伤不起"。

二、经销商最不愿意失去的是什么

最简单的办法是让经销商跟厂家分手的时候失去一大笔利润、失去厂家的赊销支持、失去独家总经销权保障……但是这都跟厂家的根本利益相违背，一般只有小厂家才会这么做，而且在这些层面总有更小更新的厂家能开出更高的价码。有个奇怪的现象：商人逐利，但是大厂家给经销商的利润空间并不大，为什么经销商打破头抢着和大厂家合作？因为知名品牌们提供给经销商的是"复合利润"，是多维度的商业核心价值。

只要厂家服务体系完善，经销商的问题能及时解决，产品质量稳定，在业内具有某方面不可替代的优势，市场管理严格，价格稳定，每年还会推出新产品、新渠道推广计划并配套相应的支持；厂家能给经销商提供企业管理系统支持，甚至点对点扶持派驻职业经理帮经销商落实执行……当这一个又一个好消息叠加起来时，厂家就在经销商面前有了无可替代的魅力。当别的厂家向经销商伸出橄榄枝的时候，经销商也会心动，但是，综合考虑后他会念起"原配"的"千般好"，从而抵御诱惑，从一而终。

第二节　经销商的第一层需求：厂家诚信服务

销售的精髓是满足客户的需求。经销商有一个很重要的需求被厂家忽略了——为什么经销商说"我们不怕经销商之间的竞争，最怕厂家办事不靠谱"？

经销商怕厂家让经销商垫支费用不报销；怕让经销商垫支货物做促销，厂家不还货；怕厂家送货数字与返利数字有差异，对不上账；怕厂家的送货单上面没有注明价格，付款时有理说不清；怕当区经理不顾经销商死活给他压货，他不听话，厂家就卡市场费用；怕送货司机吃拿卡要，"不识相的"，就故意给他延迟送货时间；怕去厂里拉货，光办手续要一两个小时、来回跑

4个窗口；怕厂里财务、储运、开票、门卫各个后勤部门的门难进脸难看；怕厂家屡次送错货，他还得"配合工作"把货收下；怕厂家财务部要求报销堆头费必须用正式堆头费发票，但实际上不可能操作；怕厂家10月给的产品是去年8月的货龄；怕同城经销商区域划分不清，互相砸价抢客户，而厂家经理乱扯皮；怕厂家直营超市砸价，经销商没办法卖货；怕厂家制定促销政策的人闭门造车，突然停了卖场促销活动（但是竞品趁机在大搞特价，现在导购员在超市站一天一瓶饮料也卖不掉，很多导购员都想辞职）；怕厂家业务员张口找他借钱（不想借，又不敢不借）；怕厂家业务员拍胸脯答应的事情又是一场空……

太多了，简直是血泪斑斑！为什么每次开经销商大会，经销商围着厂家老总，鸡毛蒜皮的事情说个不停——鸡毛蒜皮太多了也要人命，经销商实在已经疼怕了。经销商跟厂家合作，吃够了厂家"说了不算，算了又不说"的苦，吃够了厂家业务员"违规操作"的苦，吃够了厂家后勤部门和市场脱节做法的苦……有的时候经销商对厂家的要求其实并不高，只要厂家说到做到，不坑经销商就算不错了！

怎么办？厂家千千万万个业务员不可能都是君子，总有人不想负责任，总有人想浑水摸鱼。最好的方法是用"重视、宣贯、透明、公开、负责"的原则，把水搞"清"，让浑水摸鱼的人伸手必被捉。

一、高层重视

某汽车经销商的广告：假如现在是凌晨1点，你到家后发现车胎瘪了，钥匙断在孔里，别着急，我们马上就会开车过来帮你解决问题，不收费。朋友才会半夜三更不嫌麻烦来解决你的问题，朋友之间不谈钱。

有人问这个汽车经销商："你这样服务不会提高成本吗？为什么你要这么做？"经销商回答："开车去送钥匙，花费的成本远低于电视广告的成本。我为客户带来这样的服务，他可能就跟定我了；我要是花大价钱做广告，也不一定能获得多少忠实客户。"

众所周知，海尔电器、戴尔电脑等耐用消费品企业，对数量庞大的消费者建立了一整套复杂的售后服务体系。相比之下，制造商更容易也更有必要对自己的经销商建立售后服务体系。但是这个工作往往被厂家忽视了。其实只要厂家高层真正重视这件事，明白经销商对厂家的诚信问题普遍存在困惑和不满，抓住这一点大做文章，打造自己的诚信形象，就能比别的厂家有差异化优势。

诚信形象不仅仅是喊喊口号那么简单，要变成一个系统、一种体制，要准备投入人力、精力和资金。只要你不把它看成是一种口号或者可有可无的东西，而是看成一种打造通路忠诚度的方法，看成一种对通路的促销政策，看成一种塑造差异化竞争优势的宣传手段，你会发现这份投入一定有回报。

二、诚信宣言

如果你觉得有必要（同时厂家条件许可），可以做一份"诚信宣言"，在经销商大会和企业内刊上发布。

某企业的经销商管理"三先三后"宣言

"先做人后做事"：本企业宗旨是"诚信经商，一诺千金"。

（说明：这句话很多企业都在喊，但也只是喊一喊而已，别人已经在做的事情我们再做就要更有力度。我们不但在经销商大会上喊，而且在企业的内刊、经销商大会的条幅、企业给经销商发的奖品，甚至企业大会议室的屏风上都体现这句话，效果就会不一样——都在喊，我们喊得更大声。）

"先签字后借支"：要求经销商垫支促销费、促销品，必须见到企业正式公函才能生效。没有企业正式公函，对一切实物支取（让经销商借货垫费用等），经销商一律不必接受。

"先小人后君子"：我们企业非常注重契约，对破损兑换标准和时间、返利、账款、对账流程和时间，新产品推广的促销广告支持，垫支费用的报销等事关经销商切身利益的事项，我们都会给经销商清晰的标准和时间限制。我们给企业定出滞纳金罚款，愿意为诚信付出代价。比如：返利发放明确时限，次年3月份结算去年年度返利，超过这个时间，企业按照银行利率的两倍向经销商交纳滞纳金。

注意：这里并不是要求厂家完全站在经销商的角度签订合约，后面几节会讲到怎样在合同里设置弹性条款保护厂家利益。这个案例里讲的是厂家可以（也应该）尽到责任的条款：比如厂家和经销商约定的支持投放、返利支付、不良品兑换等，到期应尽可能兑现。如有问题，要让业务员告知经销商原因和预计延期期限。产品、包装等有瑕疵，厂家应立刻道歉，视情节严重情况做出补偿退换。偶尔可以做一场"诚信秀"——某次厂家费用支付延期，真的给经销商发一笔"滞纳金"（可能数目很小，也可能本来就是打算给经销商的费用），经销商会受宠若惊——从来没有一个厂家这么干过，他一定会奔走相告，甚至将此事传为美谈。如果厂家再配合行业媒体报道炒作，事件行销效果更佳！这样的条款别的厂家合同里面没有，你制定了，这就是你的差异化优势。

"三先三后"只是个口号，最终落实还要靠业务员，所以要有相应的监督落实的动作。

三、透明——公开投诉电话

公开总经理助理甚至总经理的手机、座机号码（要保证打得通），或者在经销商合同里注明厂家投诉电话，明确表示欢迎经销商投诉、反映问题。学习家电行业消费者投诉 24 小时回复制度，做到事事有回音。

注意：公布的最好是专用号码，尽量不公布自己的手机号码，以免经销商有事没事打电话，甚至是为了私事打电话……

四、透明——对账程序

每月要求业务员和经销商对账，总部稽核部抽查复核（见表 5-1）。

表 5-1　经销商费用、返利、货品对账明细表

日期	上期节余	本期发生	本期备注	本期节余	业务员签字	经销商签字	总部核对	其他说明

五、公开——公布处理结果

定期把经销商投诉的所有问题的回复时间、回复结果、落实结果汇总，以企业内刊、专刊的形式在全国销售人员和经销商网络内下发传阅，以此彰显企业重视经销商意见的传统和企业文化，给心怀侥幸的销售人员敲响警钟。

六、公开——建立网络沟通平台

厂家建立网络反馈机制，让心怀叵测者有所忌惮，不敢轻易伸手。厂家网站上建立经销商入口，经销商和厂家员工都可以凭唯一密码进入，随时实名或者匿名留言。规定营销部门各级领导在线值班时间，经销商有问题、有异议随时可以直接向任何一个领导反映。网站设立公共留言区，所有持密码进入网站的人都能看到，再设立定向留言区（可以把留言定向发给某位指定的总经理或总监，只有接收者一个人能看到）。为了鼓励大家参与，厂家可以规定所有员工定期登录一次厂家网站留言区，经销商通过网络下订单，对发帖数量多、发帖质量高的员工予以奖励。

说明： 这个方法和位阶管理并不矛盾，管理次序是要逐级授权，但信息反馈若严格按"逐级上访"就是自废耳目，必须鼓励下情直接上传。这样做不仅能加快一线信息反馈速度，同时还能营造管理气氛。

七、负责——经理走动式管理

厂家规定每个营销经理每周必须拜访两个经销商，要跟经销商对账，检查业务员有没有虚假承诺、费用手续不清、私下借支等违规行为，及时发现，及时纠正。

营销总经理掌握全国经销商电话，每天随机给一个经销商打15分钟电话，不一定有什么目的，闲聊就行。经销商突然接到厂家营销总经理的电话，他们高不高兴？他们有没有话说？经销商总有一肚子话要讲，只不过没人听罢了。经销商的话有没有意义？绝对有——经销商接电话会哭穷发牢骚，但是也有市场信息。厂家的业务员可能不知道竞品信息，但经销商知道。经销商身处一线，市场需要什么、厂家产品好不好卖、要怎么改良，业务员不一定清楚，经销商却有话讲。每天坚持打 15 分钟电话，耽误不了总监、总经理们多少时间和工作，既能获得宝贵的一手信息，又能培养客情，最关键的还是例行和坚持。

八、负责——经销商满意度调查及回馈

每半年由厂家出面组织一次经销商满意度调查，把经销商对厂家服务流程上的所有问题罗列出来，用擦黑板的方式逐一解决，再公开满意度调查结果，同时把所有的解决结果公布于众，以示诚意，同时也教育厂家后勤服务等相关部门同人。

打造厂家诚信服务的形象是一个系统工程，嘴里要喊，墙上标语要贴，合同签订要在该细致的地方细致，执行过程中要注意履行对账借支文字手续，要有督察投诉渠道，一旦出了问题，厂家要承担该承担的责任，甚至做一场"诚信秀"……厂家为此花了一些钱和精力，更多的是付出诚信理念和管理成本，但这些工作会帮你在经销商面前铸造一个金字招牌，通路对你有信心、对你忠诚，效果也许比你打广告、搞特价来得有用。

第三节　经销商的第二层需求：
安全经营，不会赔钱

一、经销商的安全感从哪里来

经销商为什么觉得和某个厂家合作不会赔钱？

1. 产品质量好

乳品行业几次风波让多少经销商倾家荡产，让多少同行心惊胆战。经销

商希望合作的厂家有足够的规模、相对长的历史，厂家产品质量必须稳定。厂家要思考，凭什么在这一点上让经销商放心：企业的经营理念和对外宣传的口径？国家各项质量认证和奖章？企业成为行业标准制定者？超出国家行业标准的内部品控流程？产品出口到品质要求高的国家？企业能否真正让消费者、通路、渠道相信自己重视质量的诚信理念，决定企业的生死。反之，以牺牲质量为代价来控制成本的经营，最终会把自己送上断头台。

2. 战略层面有优势

厂家有某个领先行业的"长板"，竞品无法模仿。比如今麦郎、五得利面粉等企业规模效益带来的性价比优势，王老吉曾经拥有的产品差异化优势，可口可乐和康师傅的广告品牌优势……厂家要思考自己的长板战略——无数案例告诉我们，短板理论只适用于成熟行业里的成熟企业。中国有太多企业靠长板优势横空出世——有一项别人无法模仿的优势，其他的要素即使存在瑕疵，企业一样可以在相当长时间内活得很好（所谓一白遮三丑）。只有当企业规模足够大，经营时间足够长，长板又逐渐被同行模仿而失去独有优势的时候，短板效应才会"显灵"。

制造商战略优势反思模型节选

"战略"这个词听起来很复杂，因为它决定着企业的生死。但是和实际执行比起来，战略其实也很简单——确定战略方向，打造战略优势，要搞清楚的不外乎几个问题。

1. 反思战略方向是否需要校正

（1）定义目标行业，定义目标消费群，定义卖点。

① 这个行业的竞争核心和未来趋势是什么（比如，食品行业的趋势是健康，培训行业的竞争核心是课程实效质量而非营销包装手段，服务行业的竞争本质是消费体验而非价格）——这意味着你未来的努力方向。

② 消费者对现有同类产品哪些地方不满意——这意味着你未来的产品差异化机会。

③ 你打算卖给哪个分众消费群（或者用不同产品打动不同的分众）？你的产品面对分众的卖点是什么？你提供的产品和服务能满足他

们什么需求？

比如：确定要进入食用油行业的玉米油细分市场，针对中年消费群，主打卖点是关注心脑血管健康。

（2）行业竞争现状分析，扬长避短，铸就企业"长板"。

从品牌诉求点，产品质量，产品线组合，终端价格及促销，业务团队（包括人数、素质、管理系统），核心技术（包括管理技术、研发技术和高管人才），目前的销售和生产规模以及通路结构、产品结构、区域结构、渠道结构（规模分摊成本，结构产生效益），资金状况和融资能力，采购成本和上下产业链整合能力几个关键指标分析本企业和竞争企业的优势和劣势，并进行对比。确定策略：怎样扬长避短，把自己的优势最大化，同时不断确认这一策略在始终如一地执行，企业的优势（长板）有没有被不断强化，形成竞争对手不可复制的优势。

比如：增设四大生产基地，降低物流覆盖成本；发挥本企业的采购成本优势和销售团队优势，渠道下沉，精耕三、四级市场，扩大销量底盘；丰富产品线、升级产品结构实现利润；KA渠道暂时由经销商操作，减少资金账款压力。

（3）行业未来预测，根据未来规划现在（而非根据现在规划未来），确定目标。

① 行业格局预测：在国际成熟市场，这个行业是怎样的格局（可据此预测本行业国内未来格局）。

② 行业现状分析：在国内市场，这个行业处在什么阶段——寡占是否已经形成，行业平均增速是多少，未来这个行业会持续上升还是衰退，目前行业平均利润多少，行业是否面临洗牌，价格竞争是否更加激烈，行业什么时间会开始洗牌，"小国寡民"高利润的好日子还能过多久。

③ 行业动向分析：行业一年来有没有出现新的动向，竞品有什么大动作，业内有没有出现能够影响行业的新产品、新技术和新的进入者。

④ 定位本企业角色和短、中、长期目标：本企业目前的增速能不能超过行业增速以增加占有率，或者是否需要考虑行业转型；本企业的利润状况能不能持续造血以增加竞争力；要保持怎样的销售数量增速和利润结构成长，才能在行业洗牌、品牌结晶之前赛跑成功，在行业里

找到自己的位置。

比如：目前行业中小型企业居多，正在高速成长，几家知名企业开始进入（大鱼入港后疯狂撕咬，蓝海很快变红海）。市场暂时没有结晶出来第一、第二品牌，消费者对这个行业还处于认知阶段，必须在三年之内加大投入，扩大传播力度和销售份额，抢占第一品牌，实现具体销售目标……

以上三个步骤，首先定义行业、目标消费人群、卖点，然后确定扬长避短的竞争策略并且不断强化铸就"长板"，接下来预测行业未来变化，明确自己的定位和实现这个定位要逐年达成的目标。这就是根据未来规划现在的战略方向。把企业比作一艘轮船的话，企业战略方向就像方向盘，决定你进入红海还是蓝海，或是先红海后蓝海，或是最后进入死海。

2. 反思品牌和产品卖点的选择以及传播效率

你的产品名称、品牌支撑点打造（比如奥运会指定产品、国家权威机构认证、有影响力的形象工程等）、广告研发、包装设计、终端形象展示、物料支持、地面活动的配合等，能不能准确表达而且持续传播这个卖点，同时达到预期的传播力度和传播效果？

品牌和产品卖点的选择以及传播，就像是巨轮上的发动机，决定你的驱动马力。品牌优势（加速器）不能明确发力，轮船就跑不快！

3. 反思一线人员在市场上有没有竞争优势

（1）面对渠道的优势反思，创造一线人员面对渠道的竞争优势，让业务员直起腰来做市场：业务员面对经销商、超市、批发、零销店老板的时候有没有优势（包括产品质量和包装、价格、通路利润、产品促销政策、破损退换政策、市场支持政策等）？哪个环节需要改善（比如通过分渠道投放不同产品，老产品升级换代提高通路利润，甚至通过通路陈列奖励，经销商、分销商培训等方式"无中生有"地创造企业面对渠道商的优势）？

（2）面对消费者的产品终端动销优势反思，扬长避短，提高动销速度：终端动销速度怎么样？相对于竞争对手，你的产品在面对消费者终端动销时的优势和劣势在哪里？有没有好的方法可以复制？有没有障碍需要排除？（比如产品的包装质量需要改善，同时需要修改产品商标，明确差异化卖点，另外，要进行开盖中奖活动拉动销售。）

业务员在渠道面前是否有优势，能否直起腰来讲话？产品在终端时，是否有优势产生自然动销？这就像巨轮上的螺旋桨传动系统，直接影响轮船前进速度。

4. 反思战略目标推进进度，调整近期工作目标

一艘巨轮（企业）起锚离港，首先有了适合自己的方向和目标（战略选择），装备了马力十足的发动机（品牌传播和产品差异化），配备了精准的雷达探测瞭望哨（数据分析系统），运行了完整的故障检测维修系统（下情上传问题解决系统），组建了一支训练有素的水手队伍（队伍管理、关键人员调整），启动了有优势的螺旋桨传动设备（建立企业面对通路的竞争优势和面对消费者的动销优势）。接下来就剩下一件事——船长（营销总经理）带领大家航行，控制航程航速（战略目标的推进进度），确保准时准确到达目的地。

3. 市场价格稳定，有利润

打击冲货没有更好的方法，一般都是首先做好物流编码标示，方便抓住冲货黑手，然后重罚，"杀无赦"。厂家打击冲货必须手段严厉，即使损失局部利益和局部市场也在所不惜，"杀"的是典型，得到的是民心……

某企业的冲货管理条款

1. 不得超出授权范围销售

乙方不得超出甲方明确授权的区域渠道进行甲方产品销售行为，否则视为窜货。

2. 以下行为在我企业视同窜货

（1）冲货未遂与冲货同过：A 经销商超出其区域渠道范围到 B 经销商区域（B 经销商经甲方授权已经有甲方产品销售区域）内进行车配、人员推销的行为，虽然未进行货品转移，但向 B 经销商区域下级客户传递低于甲方指导的产品价格，视同窜货行为。

（2）批发自提与冲货同过：A 经销商在自然流通状态下（批市）以

低于甲方指导价的价格,向 B 经销商区域内的下级商销售的行为,包括 B 经销商市场客户到 A 经销商门市进货,A 经销商予以销售(A 经销商在门市未低于甲方指导价一次销售低于 20 件的视为正常流通)。

3. 窜货认定流程

(1)经销商、销售经理提供窜货信息。

(2)甲方专职"冲货打击办公室"的督察员(或甲方委托区域销售经理)到窜货现场,记录窜货信息。

(3)取证原则:两名以上督察员签字,并且保留实物样品、照片。督察部报批、备案。

(4)督察员通知窜货销售经理、经销商窜货情况。

(5)下发扣罚通知给相关经理及经销商,窜货罚款金从经销商佣金、当区销售经理当月工资中扣罚。

① 责任区的甲方销售经理处罚金额与经销商相同。

② 对冲货经销商停货一个月,甲方指定其他经销商对该市场发货,视冲货经销商的配合情况决定是否恢复给该经销商供货。

③ 对冲货经销商进行罚款,金额为 10 元/件,补偿给被冲货经销商(关于窜货数量的认定,在实践中因取证困难,以发现窜货产品生产日期当批发货数量为参考依据),甲方先赔偿给被窜货方,再由甲方向窜货方索取。对第二次被认定为窜货的经销商立即取消合作,同时履行上述标准罚款。取消经销商合作资格的,一概不给以任何形式的费用补偿。

(6)"经销商团队市场秩序奖金":为了在冲货问题上引起经销商的重视并互相监督,每季各大区设立"经销商团队市场秩序奖金",如当季该大区无任何冲货乱价行为,该大区每个经销商享受此奖金。如该大区当季出现一例被认定有效的冲货乱价行为,则实行连坐制度,大区每个经销商此奖金全部取消。

(7)公布:冲货行为一旦认定,立刻将对冲货经销商的处罚信息向全国经销商公布。

4. 厂家支持大,货不愁卖

厂家规模大能抵抗行业风浪(比如原材料涨价、危机公关),而且能在政策上保护经销商（比如原材料涨价前通知经销商囤货、大幅降价后给经销商补差价）。厂家在市场推广方面支持费用多，人员充足，产品不愁卖。

产品不愁卖是让经销商有安全感的核心要素，业内目前已经总结出一些成熟的方法可借鉴。如：美容、日化行业对经销商进行首批进货厂家协助销售承诺，首批进货如果出现滞销，厂家负责退换产品；可口可乐等企业目前执行"辅销制"，经销商的出货压力主要由厂家协同承担。

中小企业无力"辅销"，也不敢作"首批退换承诺"，就重点推广样板市场，以建立其他经销商的信心。

厂家重视产品质量、有某个优势领先行业、产品销量稳定不愁卖、价格稳定、有利润……经销商当然会觉得安全，问题是厂家有没有战略眼光去打造这种让"经销商不亏钱"的优势，还有就是经销商凭什么相信厂家具备这些优势。

二、让经销商信赖你：厂家优势信息的持续传播

1. 重视经销商的信息传播工作

厂家的产品质量好、价格秩序稳定、有领先于同行的优势、配套的支持系统强这几方面可以给经销商带来安全感，但是这些信息如何传播？如何让经销商信任你？

厂家管理经销商必须点滴渗透，潜移默化。这种传播不应该靠个别业务员的自觉性和觉悟，最好能够在厂家内部形成机制。

2. 设置部门进行信息传播

有专门的部门来整理公布厂家的好消息。比如厂家扩产解决断货问题了，生产研发技术升级、新品具备差异化卖点了，厂家获得国家技术专利、在行业内占领技术高地了，与某大学签订人才培养协议、厂家下半年可以加速销售团队建设支持经销商了，新产品和样板市场业绩创新高了，厂家今年的销量比去年同期增长60%了，产品包装容易破损的质量问题已经解决等。

3. 形成特定的信息传播机制

将厂家的好消息在厂家内部、经销商内部传播，再在销售经理月会上传播，要求各位经理在员工周会上宣讲，要求员工在与经销商沟通过程中把这些消息不断传达下去，厂家会有相应的抽检考试奖罚动作，确保这些信息的下传。

点滴渗透，潜移默化，让经销商信赖这个厂家，这应该成为厂家管理经销商必备的政策和机制。有高层在思想上重视，有专门的部门来推动，有专门的政策来约束。此方法大小企业都能用，既能锦上添花又可以雪中送炭。注意，不是要自欺欺人，给经销商传递信息的前提是不刻意夸大，厂家对经销商诚信服务。

第四节　经销商的第三层需求：持续的利润增长

一、新的利润从哪里来

经销商第一关心厂家是否诚信可靠；第二关心和厂家合作经营是否安全，会不会赔钱；第三关心能否赚钱，利润能不能年年增长。

新的利润从哪里来——

来源一：原有短板的解决。比如厂家储运能力加强，开设分厂，从机制上解决了旺季断货的问题。

来源二：原有优势的放大。厂家的长板进一步放大，比如厂家在成本控制上有新的突破，能提供更具有性价比的产品；今年厂家市场费用、市场支持投入计划增加多少车、多少人、多少陈列费……

来源三：产生新的利润点。新产品、新渠道、新支持、新合作方式，只要有创新突破，就有可能赚到新利润。

　　新产品的推出、新产品的差异化优势。

　　进军以前没有重点关注的渠道：比如厂家协同经销商进入学校渠道、团购渠道。

新产品和新渠道的推进：新产品、新渠道推广不能仅靠经销商个体的努力，厂家要有配套支持，比如新产品的上市支持，新渠道的宣传物料配发、针对性产品投放、针对性促销活动投放、针对性培训……

在厂商合作模式上有新的规划：比如厂家和重点经销商资本合作，成立联合销售公司，把厂家直营卖场交还给经销商操作，厂家推出子品牌给经销商包销……

来源四：看到、感知到新利润。新的经营项目往往意味着新的风险，经销商面对新利润时，都想抢占先机成为先驱，但是谁都不愿意先"牺牲"。验证过的利润才最有诱惑力——厂家有没有树起样板标杆让其他经销商看到希望。

厂家的优势信息要持续传播，潜移默化，说给经销商听。而厂家产品不愁卖，新产品、新渠道、新模式可以成功，这就不能只靠传播了，要靠样板市场做给经销商看。

二、运用样板模式让经销商对新利润产生信心

样板市场的意义不在于本身的市场效果，而在于能否快速有效地把样板模式复制下去，产生最大效益。在复制过程中，经销商对样板模式是否认同、是否有信心起决定作用。厂家在样板市场的确认、建立、演示推广过程中不能一厢情愿只追求市场轰动效果，而要始终贯彻一条思路：样板模式是否有可执行性，是否可复制，经销商是否容易接受。

1. 样板经销商的选择要考虑其在经销商群体中的示范效应，防止抵触情绪

注意不能选择厂家排名第一、第二的"冠军"经销商。经销商管理的原则是：小户要鼓励（让他建立信心），中户要激励（让他更上一层楼），大户要给压力（让他产生更多销量，同时要遵守规矩）。大经销商一般都比较霸气，如果再把样板市场交给他，会更加滋长其脾气。

选"冠军"经销商做样板，其他经销商很容易觉得：这家伙财力雄厚，

实力强，他能做到的我们做不到。样板经销商最好在经销商队伍中实力、影响力处于中上游水平，既"小有名气"，有一定说服力，又不致让其他经销商觉得自愧不如。

素有砸价、窜货恶名的经销商坚决不能选。大多数经销商对此行为很不齿，选这样的经销商做样板市场势必引起整个经销商群体的抵触情绪。

2. 注意样板市场的样板效应

使样板市场真正有说服力，防止经销商找种种借口说三道四。大多数经销商对样板市场的态度是先否定，他们会先找出种种借口说你的方案"不现实"，所以选择样板市场一定要有说服力，防落人口实，尽量少给经销商们说三道四的机会。具体操作注意以下几点：

第一，城市规模要全面。在省会、地级、县级各类城市都要有样板。

第二，渠道特点要全面。如，对商超渠道占主流的区域市场和批发渠道占主流、商超尚在起步阶段的区域市场各做一个样板。

第三，市场成熟度要全面。已经成熟的市场，其产品知名度和占有率高，但价格较乱，通路利润较低；正在开发的新区域，产品利润高，但知名度和占有率差。这两大类市场要各选一个样板。

3. 选择样板经销商要有长远眼光

样板经销商的身后站着全体经销商，全体经销商都会特别关注样板市场的发展情况。一个样板经销商运作有纰漏，整个样板市场方案的可信度都会大打折扣。

（1）样板经销商一定要有较高的配合度

样板经销商必须对厂家未来在样板市场中的销售模式完全认同，并愿意承担其中的成本。如：厂家的样板销售模式要做商超，则样板经销商要愿意承受超市渠道的资金压力。厂家样板销售模式要做BC类店，则样板经销商要愿意承担BC类店配送的运力成本。厂家样板销售模式要推新品，则样板经销商要愿意承受新品推广的人力、运力、资金投入……

（2）样板经销商有足够的能力

样板经销商的管理能力和资金实力相对于运作当区市场的规模，要充足，而且有余力可挖。样板经销商有合作意愿，那么市场方法、管理方法，厂家都可以提供协助，但唯一不能妥协的就是"钱"。厂家决不能靠赊销扶持经销商的方式运作样板市场，因为很快整个经销商群体都会来找厂家要赊销。

样板经销商资金不足，常常出现在厂家树立样板市场后的一段时间里。刚开始，经销商拼命运作有限的资金，表现还不错，一旦厂家的样板市场工作组撤走，开始全面推广样板模式，他的资金就越来越紧张（如：样板模式是让经销商做商超渠道，样板试点运作期内经销商资金勉强可支撑，但超市渠道运作越成功，销量越大，需要的资金就越多），最后出现样板市场只"火"一阵子，长期销量、市场表现都"样板不起来"，厂家就搬起石头砸了自己的脚。

（3）样板经销商轻易换不得

样板经销商一定要慎重选择，因为不可能在确定某经销商是样板经销商并大肆宣传之后，又发现这个经销商实力不行，配合度不够，再换掉他。那样其他经销商都会笑话这个经销商是"傻瓜、笨蛋"；而认定厂家是"过河拆桥，自打耳光"。一旦出现这种结果，样板市场计划就全泡汤了。

4. 让样板经销商现身说法，为样板市场"正名"

借此打消经销商群体的顾虑和抵触心理，同时营造样板模式是厂家经营战略的大方向，不可动摇，有意违抗者"斩"的态势。经销商对厂家打造样板市场的举动其实十分敏感，因为他们总是在怀疑厂家的样板模式是要跨过经销商做直营。

在样板模式的推广展示会上，一定要有样板经销商现身说法，明确告诉大家"样板模式是帮经销商做市场，绝非要干掉经销商做直营"。同时厂家也要表态"我们绝不是要全面直营，执行样板模式是大势所趋，对那些执意跟厂里对着干，不执行样板模式的经销商，我们迫不得已，可能会换掉他们"。

5. 从经销商的角度展示样板市场标准

样板市场的标准，不能自说自话，不要从厂家角度出发，而要从经销商可以在样板市场模式下得到哪些实惠的角度去展示，这样会大大减少推广阻力。

经销商和厂家的思路完全不同：厂家往往更注重市场效果，信奉"先推市场后赚钱"；而经销商更关心利益，奉行"为了赚钱推市场"。很多厂家在样板市场展示时往往是自说自话，炫耀样板市场的铺货率如何高、超市堆头如何漂亮、表单管理如何到位，这些行为只会引起经销商反感。

哼！这个样板市场是厂家拿钱砸出来的！

铺货率高很容易，拆箱铺货就行了，但这样做经销商亏得多，等经销商好不容易按厂家的样板模式把市场"铺"起来，说不定厂家又把经销商换掉了。

……

换位思考，样板市场展示的东西要对经销商的胃口，样板模式总结应从经销商利益改善的角度出发，要点示例如下：

（1）掌控点数变化

样板模式执行前后，经销商业务员能拜访的批发零售点数增加了多少，商超进店增加了多少，经销商的业务员人均控制点数增加了多少。

（2）客户资料

样板模式帮经销商建立了怎样的客户基本资料库，建立这样的资料库可带来哪些好处。

（3）销量

① 总销量成长率、增长率的变化。

② 各渠道（商超、批零）当月的销量变化。

③ 业务员的人均日成交点数增加了多少。

（4）利润分析

根据各渠道的销量变化和平均毛利率，算出本月经销商毛利增加了多少（注意，特别要突出经销商在高毛利渠道销量的增加对整体毛利的贡献）。

如：上个月经销商在商超渠道销售 8 万元，批发渠道销售 122 万元，零售店渠道销售 10 万元，共销售 140 万元。本月商超渠道销售 36 万元，批发渠道销售 130 万元，零售店渠道销售 18 万元。经销商各渠道平均毛利水平为：商超 15%、批发 1.5%、零售店 5%。

本月毛利增长量为：（36×15% + 130×1.5% + 18×5%）-（8×15% + 122×1.5% + 10×5%）= 4.72（万元）。

（5）库存及运输

样板模式帮助经销商在库房及运输管理方面取得了哪些进步。执行前库房如何混乱，执行后建立了哪些简单可行的库存规划管理手段。执行前经销商的车辆一天可以跑多少家、送多少货、耗多少油、空跑率（客户不要货）多少，执行后经销商的车辆日运输量上升多少，耗油量、空跑率下降多少……

说明： 按照以上几个方向去总结样板市场，让经销商知道样板模式可以带来如下好处。

第一，帮经销商提高人员效率，增加人均控制点数，让他们的人员工资更有回报，还能帮他们节省运费，提高运输效率。

第二，帮经销商建立客户资料库，建立简单可行的库房管理方法。

第三，增加销售额，尤其是增加高毛利渠道的销售额，带来实实在在的利润。

经销商知道样板模式能给自己带来诸多好处，才会争先恐后报名，要求成为首批推广对象。

6. 让经销商对推广样板模式更有信心

经销商认可样板模式之后还是会有顾虑："我有没有能力把这个样板模式贯彻下去？能不能做到样板市场那样好？"这时候厂家就要扮演专业顾问的角色。

第一，厂家要对全体经销商进行样板模式运作的培训，不但教会经销商样板模式是什么样的、怎么去操作，还要打预防针——样板模式的启动期可能会遇到哪些问题，各个问题要如何解决（这些问题和解决方法可在建立样板市场的过程中结合实际总结），防止部分经销商在推广过程中遇到困难马上退缩。

第二，样板市场推广不能一次性全面展开，要分批进行，先选择市场难度小、经销商配合度高的区域进行复制。取得每一步成功都要广泛宣传，不断激励员工和经销商士气，营造"样板模式必胜"的舆论环境。

第三，在样板模式策划、选择、建立过程中，厂家要有一个专职的推广小组，小组成员对这套模式充分熟悉，后期样板模式推广复制过程中，由他们担任项目指导的角色，检查各地市场执行情况，纠正各地业务员和经销商对样板模式的执行理解偏差。

第五节　经销商的第四层需求：经营管理能力的提升

一、厂家对经销商"模式植入"的可行性

厂家能给经销商提供的价值：首先是诚信服务的形象；其次是产品质量好、价格稳定、销量稳定，让经销商放心经营，不会赔钱；最后是不断有新的利润增长点。

但是因为市场竞争激烈，难免出现通路扁平化的大趋势，经销商的单位利润总是越来越低，而且总有利润更高、条款更宽松的小厂家在向经销商招手，所以不管大企业还是小企业，纯粹从利润上做文章，大概率留不住经销商。要想真正控制经销商，稳定通路队伍，利润是第一要素，但不是唯一要素，一定要从金钱以外的方向上下手。

经销商作为商人，最关心三件事：会不会亏钱？会不会赚更多钱？可不可以让我借力，带动我的整体发展？

中国多数老经销商的生态描述

对很多老经销商、大经销商来讲，他们不缺钱，短期卖货提高销量也不成问题。他们最头疼的一定是管理问题：新员工招不来、留不住、管不好；员工没有积极性，偷懒、磨洋工；库房里总是丢货；送货总是出差错；盘点总是长短账；应收账款追收总是出纰漏……虽然目前业绩和利润尚可，但是他们总觉得太累、太不踏实。他们每天都看到自己的团队犯低级错误，每天都得救火收拾烂摊子，每天都在骂人生气，疲于

奔命。虽然有钱，但是生活质量太低。虽然现在生意不错，但是他们总觉得这样混下去会出大问题。想让儿女接班，儿女竟然看不上这份家业，再说现在完全交给儿女，他们也不放心。想改革吧，年龄大了，脑力、精力、体力都有点透支。交往圈子有限，职业经理请了几个，结果看得上的留不住，留得住的看不上。听课听了一大堆，专家们说的话听着都有道理，但是似乎每句话都没用，解决不了现在的问题……

作为厂家，市场支持、产品退换等服务肯定是有限的（会提高成本）。厂家能提供的利润更是有限的。而且在同质化竞争的大背景之下，产品、价格、政策都很容易被人模仿。在对经销商进行"商业模式植入""提升经销商整体经营竞争力"方面体现更多价值，是经销商管理过程中最有可能创新、最有可能突破、最有可能实现差异化的项目。

厂家想"控制"经销商，无非是从以下几个方面入手：

第一，控制经销商的资金——让经销商交保证金、出政策吸纳经销商资金、加大经销商库存，让经销商没有闲钱去做别的事情。

第二，控制经销商的利润——对经销商执行统一出货价、利润后返。

第三，控制经销商的网络——掌握经销商客户资料，帮经销商终端协销，帮经销商管理终端大客户。

第四，控制经销商的资源——要求经销商专销，厂家对经销商分区域、分产品授经销权。

第五，放大厂家品牌弱化经销商品牌——经销商的门头店招、送货车辆车身广告、订货会的背景墙、促销活动宣传单，甚至经销商员工工服全部凸显厂家品牌和logo，经销商名片上都印着"泛××合作伙伴"。

以上只是对经销商硬件的控制，一旦经销商在另一个厂家的支持下"反水"，这些工作成果很快都会瓦解。最高境界是控制经销商的大脑：给经销商进行培训，给经销商的团队进行培训，帮经销商建立内部管理软件，帮经销商建立内部管理体系，甚至直接管理收编经销商的团队。硬件好变，软件难变！厂家只有真正成了经销商的老师，成了经销商管理体系的总设计师，才真正具备不可替代性，经销商才真正变成了厂家的"区域经理"。

很多厂家都明白这个道理，但是很少有厂家把这项工作放到战略高度去重视和落实，毕竟辅导、提升经销商的管理能力是个慢功夫，不能立刻提升销量，不如搞一场订货会来得实在。而且因为此事前无古人，没有成熟的经验可依循，做起来似乎有点无从下手。但是，真正执着执行这项工作的厂家，在一段时间的培养、摸索和积累之后，终将得到很好的收益。

二、厂家对经销商"经营模式植入"的方法

1. 培训经销商老板

现在几乎每个厂家都会在经销商年会上给经销商培训，但大多数是应景之作，听完培训大家哈哈一笑，鼓鼓掌明年再见。这样的培训跟请艺人来演小品效果差不多，博人一笑笑了，没有什么实际意义，倘若做过头了，经销商觉得你在给他洗脑，还容易造成他对你的逆反心理。真想提高经销商的战斗力，就要组织系统培训课程。

其一要讲他们缺乏的知识：团队管理知识、管理核心员工操盘手知识、市场管理知识、财务知识、储运管理知识等。其二要帮他们开阔眼界：重点是行业信息的研究，经销商很想了解这个行业将来会有什么变化，国际上的趋势是什么，将来会流行哪种产品、哪种包装，大卖场最终会对零售通路带来什么影响，国外的经销商通路最终向哪个方向发展……其三要提高他们的个人素质：包括心态教育、战略思想培养，甚至国学扫盲、听说读写行的商务礼仪等。现在企业大学很多，能够对经销商进行菜单式系统培训的企业却不多。

> 调料酱菜行业有一家川南食品公司，该公司全国销售人员仅十余名，电视广告投入也非常少，但近几年业绩增幅可观，在业内备受关注。它做了四件事：其一，把全国优秀经销商集中起来，跟北大、清华联办经销商老板培训班，对经销商进行系统培训。其二，外聘咨询顾问编写经销商管理和培训教材。其三，聘培训师全国巡回给经销商的销售人员实地培训，把企业的陈列标准、分销标准、业务话术等重点培训内容改编成歌词，让经销商业务员传唱，并在全国经销商的员工中推行"谁是销售英雄"等竞赛活动。其四，制作经销商常用的管理工具，比如"库存货位卡""进销存台账"等，由区域经理教会经销商如何使用。

以小博大，撬动经销商的力量做市场，川南食品公司的案例值得思考。

2. 培训经销商操盘手，培训经销商员工

能对经销商老板系统培训的企业不多，能对经销商员工进行系统培训的企业更少。为什么？经销商的员工数字庞大、分散、素质参差、流动快，给他们培训成本太高，又不能马上看到回报。但是，就是有企业这么干！

我曾受邀给美的生活电器、恒安集团、川南食品等多家企业全国巡回培训，培训对象就是经销商的操盘手和业务员。另外，建材日化行业的不少企业（安婕妤、圣象等），会研发经销商管理的标准课件，内部认证讲师巡回给经销商驻场培训，有些企业的培训甚至连讲师的差旅费、食宿费都由经销商负担，依然非常受经销商欢迎。

想一下，这些企业疯了吗？没有回报他们会这么干吗？其实经销商的员工才是真正的关键人物，卖货的是他们。别的厂家影响不到这些人，你做到了就是差异化优势。培训这些人，对你的产品市场表现的影响更为直接。绝大多数经销商也非常欢迎厂家帮他们培训员工，在他们看来，给员工进行销售技能培训当然好，而"为结果负责""开心工作"等改变消极心态的心理建设培训更重要，因为——是在替老板说话。

3. 打造经销商的互动学习平台

新产品上市，某个经销商推广很成功，他的经验是什么？某个经销商库房一年丢货十几万元，怎么发现的？这个问题怎么解决……全国那么多经销商，这样的案例天天发生，经验、教训不胜枚举。某家知名企业曾创办刊物《经销商学习园地》，高稿酬吸纳稿件，鼓励区域经理帮经销商总结投稿，然后逐月下发，经销商争相传阅。各区域自发组织月度经销商会议，让经销商互相交流，现身说法。

4. 介入经销商员工的奖励和考核

厂家给经销商输出员工考核模式（和厂家的业务员考核模式对接），厂家对经销商业务员进行专案奖罚。比如：新品铺货按户数进行奖励，终端表现冠军给予奖励，在全国范围内评选经销商业务员终端专柜形象维护排名奖等。

5. 经销商经营模式植入

第一章讲过，厂家派到经销商那里管理经销商团队的干部工作难度很大。实际工作中还真的有不少厂家经历种种阻力和磨合，把这件事做成功了。他们的法宝就是职业经理人带着成熟的管理体系输出。经销商最欢迎厂家输出职业经理人的做法，他们不缺钱，他们缺操盘手，只要有效果，再高的薪水也愿意支付。

我曾给金龙鱼的销售人员和经销商操盘手们培训，发现金龙鱼的经销商终端拜访模式是"车销""预售""电话拜访""卫星库"四种方式组合（大多数经销商采用一种终端拜访模式，能够用四种模式组合拜访终端的非常罕见），而且他们的内部销售、财务、储运管理规范程度也远远超出普通经销商的水平，后来仔细了解发现，金龙鱼的经销商的管理体系都是厂家这些年逐渐植入的。

嘉里粮油管理经销商的做法

1. 专销要求

全国"一夫一妻制"，食用油品类专销，要求经销商只卖金龙鱼食用油。

2. 管理介入

持续推广"厂商一体化"项目，外请咨询公司针对经销商做"管理手册"，持续对经销商以及经销商的操盘手进行培训，在经销商群体中推广，要求经销商按照手册执行，提升精细化管理水平。

3. 持续培训

聘请演员和制作公司，把经销商各岗位的标准化工作内容拍成视频，作为培训素材发放。全国巡回持续对经销商的员工进行系统培训。

输出职业经理，植入经营模式：嘉里粮油是地区总经销制，经销商的规模实力在当地都数一数二。厂家业务员派驻经销商处，作为经销商的"客座总经理"管理经销商的团队（部分区域厂家业务员会挂名任职）。"客座总经理"的工作内容包括：

（1）政策制定。帮经销商制定下月对终端客户的促销政策，制定下个月的经销商业务员考核标准和工作目标，向公司申请下个月的市场政策支持。

（2）培训。不断给经销商的销售团队做培训；一周做一到两次协同拜访，看经销商业务员目前的拜访效果，发现市场问题尽量现场解决，发现工作技能问题现场培训。

（3）巡检。巡查市场，看铺货率、陈列标准的执行情况，现场拍照。给员工讲解自己看到的终端表现问题和照片，要求改善，情节严重的给予处罚。

（4）费用督查。厂家给出了明确的终端建设费用支持、广告发布费用支持，还有双方共同投入的促销费用。"客座总经理"抽查、监控这些费用的使用情况，发现问题马上给出明确整改和奖罚建议，督促奖罚和整改落实。对不能配合整改要求的经销商，启动扣返利或减少市场费用等管理杠杆。

（5）会议。给经销商团队开周会和月会，追踪业绩达成，布置工作任务，听取员工意见和问题（比如促销品断货、产品包装出问题等），给予解释和解决。

（6）团购业务谈判。厂家根据当地市场竞争状况，投入团购专项促销政策和公关资源，帮经销商进行大宗团购谈判。

（7）KA卖场谈判。直接和经销商签合同的卖场由"客座总经理"出面协助谈判，审核合同，审核费用。对能够和嘉里粮油签约的超市，由嘉里粮油各区域KA管理中心负责与各KA系统总部进行统一谈判，签订合作，经销商负责送货及服务，账款由嘉里粮油的KA管理中心代为结算，再以汇款或者折合货款的方式还给经销商，经销商按单送货，赚配送费。

（8）订单管理。帮助经销商维护办公系统，坚持电脑出单，便于每月销售数据分析。

（9）重点批发客户管理。对二级批发商分级制定销售政策，规定任务量和价格，根据二级批发商的达成情况发放返利奖励。

（10）价格秩序管理。经销商全部交保证金，一旦发现冲货会争先恐后告状，"客座总经理"出面检查确认，对冲货方进行处罚，维护价格秩序。

（11）内务管理。帮经销商分析销售数据，分析库存销售状况，了解销售进度和财务数据。分析存在的问题，制定下个月管理目标（比如改善品种结构、库存账目清损、账款追讨要建立信用控制制度）。

> **作者评述**
>
> 对经销商进行"经营模式植入"的意义是什么？经销商的需求如何迫切，大家都明白，不用多讲。对经销商进行"经营模式植入"怎么做？希望这一节能给大家一点信心和实实在在的启发：外联智力资源给经销商做系统培训；全国巡回给经销商的员工做培训；建立经销商内部通用的管理培训手册，让厂家业务员学习掌握之后指导经销商复制落实，同时在执行过程中再对这套体系进行修订升级；帮经销商制作简单实用的管理工具并推广使用；提炼总结经销商经营过程中的案例并变成知识产品，然后召开各区经销商交流会共同分享；帮经销商制定并推广销售人员考核方案；全国举行经销商销售人员某个专项的奖励竞赛；厂家输出职业经理人，让经销商脱离管理"苦海"。
>
> 这些都是实实在在可作为的事情。只是需要一点决心，更需要耐心。这些事情累加起来，对经销商的影响力肯定比你出费用搞促销要大得多。想象一下，当你能给经销商推出金牌经销商培训方案（达到公司要求的优秀经销商），包括经销商老板、经销商操盘手、经销商普通员工的分层级两年制系列培训菜单，经销商会不会怦然心动？当你告诉经销商，厂家可以派职业经理人去经销商驻地服务，推行已经被样板经销商验证过的实用有效的"经销商内部管理手册"，他们会不会争先恐后地学习？
>
> 最重要的是，对经销商进行"经营模式植入"是有技术壁垒的，不但收效显著，而且一旦你做到了，别人想模仿，可没那么轻松，这就是"蓝海"。

第六节 经销商合同签订

一、慎签独家经销协议，善用免责条款

前文提到，经销商是一张"入场券"，对这张"入场券"，厂家的通路布局要有战略意图，要"根据未来规划现在，而不是根据现在规划未来"。比

如，不要盲目签订大客户独家总经销协议，免得给将来通路细化设障碍；超市合同乙方如果是经销商的名字，将来一旦换户，手续复杂而且成本很高，所以最好早日启动卖场体系的三方协议；要在经销商下面开设分销商，并把分销商纳入厂家拜访管理体系，为将来的分销变经销做好准备；拓宽产品线，通过产品区隔构建新的经销商通路……总之，厂家在今天和经销商精诚合作的时候，就要规划好"未来我的业绩倍增如何在通路细化上得以体现"。

既然厂家迟早要对经销商通路进行调整，那么签订独家经销商合同一定要慎重。独家经销商合同的注意事项在前文已经简单讲过，此处在温习旧知识点的基础上再作深入论述。

1. 不要签"独家代理权"合同，只签"特约授权经销"合同

国内的法律目前明确定义了"独家代理权"，对"特约授权经销"尚未严格界定解释。一个地区，签"独家代理权"合同就不可以再开第二户，从长远来看可能会对厂家不利。

2. 免责条款

厂家保留开设第二户经销商或者直营的权利；厂家不开设第二个经销商或者直营的前提是，经销商能够把市场做规范、做细致，能够遵守市场秩序、统一经营目标，否则厂家有权单方面解除合同。常用的免责条款如下：

（1）销售目标

双方确定年度销售目标和重点卖场单店销售目标，以半年为一阶段进行考核：

① 如双方签订合同后××天内经销商没有订单和汇款到厂家账户，本合同自动终止。

② 上半年未完成销售计划、重点卖场单店销售目标的，厂家有权取消经销商经营权，将此卖场转给其他经销商。

③ 若全年未完成销售计划，则厂家同样有权取消经销商经营权，将此卖场转给其他经销商。经销商应做好转场工作和提供手续，厂家不给予任何补偿。

（2）价格秩序

经销商超出厂家书面授权区域渠道进行厂家产品的销售行为，视为窜货，累计被认定窜货两次以上，厂家有权解除经销商合同，无须赔付任何费用。

(3) 卖场价格秩序

经销商应按照厂家提供的指导价格对卖场报价，以保证全国报价统一。经销商在报任何产品进卖场前，应由厂家当区经理书面同意方可报价，对于全国性及区域性KA店，经销商须经得厂家营销总监书面同意后方可报价。如未沟通擅自报价，厂家有权取消对其的各项支持，造成超市卖场因价格问题对其他经销商罚款的，由经销商承担，同时本合同立即终止。

(4) 铺货率和市场表现

对于经销商不操作（在城区县区有店铺，但铺货率达不到最低要求的视为不操作）的县、乡镇、村，或者虽已签订经营区域但在3个月内没有操作的，或者半年没有实现销售计划的，厂家可直接以分销商价格操作或授权其他经销商操作。

(5) 新品

厂家根据经销商该产品的铺市、陈列情况，确定是否继续由经销商操作——若经销商在操作新品时，连续2个月未进货，或者2个月内未将该新品铺市达到目标渠道50%以上的铺货率，厂家可改让其他经销商操作。若经销商对厂家选择新经销商有异议，可书面抗辩，厂家可暂缓2个月操作，2个月后由厂家决定。

(6) 廉政支持

若经销商以任何形式向厂家销售人员、服务人员提供物质（或行为价值）的馈赠累计超过200元，则厂家取消经销商的全年奖励，同时有权终止合同。

(7) 专销约定

经销商违反同品类专销约定的，一经证实，厂家有权取消经销商的全年奖励，同时有权终止合同。

二、合同内酌情体现软指标和过程管理思想

什么叫软指标？销量、回款是硬指标，但如果合同规定完成销量就能保

住独家代理权，经销商为了"保命"，到时候一定有办法把销量给冲上去。软指标就是指铺货率、生动化、大卖场进店率、大卖场陈列合格率等过程指标。

某国际领先饮料企业经销商合同中的返利奖励条款

（注：示例中的数字都已经修改，仅体现思路。）

返利组成：每销售1箱奖励0.3元，准期付款奖0.3元/箱，专销（不经销指定竞品）再奖0.3元/箱；发现砸价、冲货、付款不及时算违约，第一次违反专销约定，扣当年截至违约当日销量的返利0.1元/箱，第二次扣当年截至违约当日销量的返利0.3元/箱，第三次扣当年截至违约当日销量的返利0.5元/箱。

奖励组成：以积分计算奖励，年销量任务完成积5分；指定下辖外埠区域开户率（那一年该企业正在开发县级市场，要求各个地市级经销商半年之内在各个县开设分销商，而且能够正常配送、运转）达80%以上积2分；大卖场供货及陈列80%以上积1分；铺货率抽查合格积2分。

分析：这份合同很清晰地反映了遵守市场秩序指标和完成软指标两个原则。

1. 遵守市场秩序部分

每卖1箱返利0.3元，如果按时付款，返利又增加0.3元/箱，如果专销（不经销指定竞品）又增加0.3元/箱，那么实际上卖1箱产品返0.9元。

发现一次违约，本年度年初到违约发生日销量的返利扣0.1元/箱；发现第二次，本年度年初到第二次违约发生日销量的返利总共扣 0.1 + 0.3 = 0.4（元/箱）；发现第三次，本年度年初到第三次违约发生日销量的返利总共扣 0.1 + 0.3 + 0.5 = 0.9（元/箱）。发现了三次违约，返利就扣光。

2. 完成软指标体现过程管理部分

（1）软指标的作用

年底奖励与经销商是否能完成铺货率、陈列合格率、大卖场进店率挂钩。在合同里体现这些指标有以下好处：

① 引导经销商明确努力方向（要做好铺货、陈列、开户等）。

② 过程做得好，结果自然好。经销商真的把这些指标做到位了，厂家真的不会换他。

③ 软指标的"软"就在于厂家一旦想在铺货率、生动化这些问题上找碴儿，随时可以找出"碴儿"来，到时就可作为是否保留其独家经销权的理论依据。

（2）过程管理的思想

有一个经销商销量完成了，得了 5 分。另外一个经销商销量没完成，但是铺货率、生动化、大卖场陈列合格率和开户率都完成得很好，也是 5 分。

这家企业的经销商政策非常强调过程管理，这种经销商政策旨在通过打造市场秩序、终端表现，完成实际销量。

特别提示：这个方法很多企业不能照搬。其一，没有销量坎级做提成制，销量的激励作用就会变小；其二，这种政策必须配套大量的检核稽查人员才会有效，否则所谓的过程指标、软指标、市场秩序指标条款就都成了摆设。

上述方法要变通，但思想完全可以借鉴，经销商合同里应当加入软指标和过程指标，有的企业在经营管理上往往缺乏长线经营的意识。

三、合同明确投诉渠道和违约责任

本公司秉承诚信经营原则，欢迎各位经销商伙伴对公司的服务流程、对公司销售人员的工作质量提出意见和建议，欢迎经销商通过公司网站的经销商入口公共留言平台和定向留言平台留言，也欢迎经销商直接拨打总经理 24 小时值班投诉电话，号码是：×××××××××。

厂家向经销商所作的任何承诺、计划、批复，须有加盖公章和厂家指定授权人签字的书面文件。任何口头承诺无效。对无厂家有效书面许可的厂家业务员的收现、借款、借物、调货，经销商均不予办理，否则视为经销商私人行为，概与厂家无关。

四、合同内明确报销手续、报销范围、违约责任

1. 费用事前审批

厂家按照约定标准对经销商支持卖场费用，经销商在进店前须详细填写 KA 进店费用明细申请表，加盖公章，法人代表签字后以传真或邮寄等方式送达厂家，厂家书面批复后回传经销商，方可操作。对于未经过厂家书面批复就进店使用费用的，或者先进店后申请的，厂家有权取消支持，并授权第三方操作。

2. 费用使用效率

厂家书面批准进店费用后，若经销商 2 个月都未进店（以商品真实在货架上销售为依据），厂家可授权第三方进店，并不兑现条码费用支持。经销商按照厂家购入成本价从厂家购买异型堆和特殊陈列物料，在超市布置特殊陈列后拍照，回传厂家审核合格后，厂家返还 60% 物料费用作为奖励。

3. 费用稽核和报支

若经销商在申请时虚报费用（虚报是以经销商申请的金额为依据），厂家可改变支持标准。发现经销商虚报费用，厂家可取消已批复的支持并追回已兑现的支持，取消全年的奖励。经销商报销费用必须按照厂家每季度下发的财务制度提供卖场入场费发票或电子发票（如经销商一次性多个厂家入场须注明单品数，自行注明无效，如单独进场则必须注明本品牌）、DM 原件、促销协议、照片、送货单等凭证，连同厂家批复的 KA 进店费用明细申请表进行报销，缺少上述任何一项要求提供的依据，厂家对费用均不予以兑现。

4. 费用兑现

经厂家财务部门认定后的费用支持，厂家以货补的形式按认定后的费用，根据经销商每批汇款订货额（须经厂家核定）的一定比例进行兑现，兑完为止。

5. 条码维护

由于缺货、断货等经销商市场维护原因造成商超清场的，经销商须偿还

厂家所支持经销商的条码费用。

6. 陈列维护

由于缺货、断货等经销商市场维护原因造成商超陈列不能满足陈列标准，以致销售不佳，经厂家书面督促未进行改善的，经销商须退回厂家所支持经销商的陈列费用，厂家有权终止经销商对该卖场的经营权，经销商应无条件配合转场，同时厂家无支付经销商所分摊的进店费用之义务。

五、合同条款要注意撬动经销商的力量

回顾已学过的知识：经销商是厂家的区域经理。厂家该如何用好经销商这个区域经理？经销商运作当地市场的低成本优势是厂家无法取代的，厂家手伸得太长会适得其反。厂家要发挥优势，强化管理职能和品牌推广能力（比如新品开拓、新渠道开拓、终端旗舰形象打造、品牌推广活动、价格管理等）。经销商要发挥网络熟悉、运作成本低的优势，完成终端配送周期性服务、产品铺货、终端形象维护、网点开拓，同时协助厂家的品牌推广活动。双方优势整合，取长补短，才可能避免厂商错位、"主劳臣逸"的陷阱。

厂家怎么用好经销商这个"重要地方力量"？厂家要尽可能增加自己在渠道资源（经销商）中的垄断（专销）和排他性（同品卖专销）地位。一个区域市场上的优质经销商很有限，你垄断这个资源就相当于给竞品设下障碍，否则你辛苦培养的经销商平台就可能给竞品创造机会。市场上绝大多数品牌都是在要求经销商专销或者同类产品专销之后才开始逐步强势的。具体办法有很多，可以硬性要求，也可以通过返利、奖罚、厂家支持来引导，总之随着品牌的日渐成熟，往这个方向努力不会错。

有关这方面的内容，建议关注以下合同条款。

1. 专销条款

产品成熟期的市场趋于饱和了。这时候要注意，返利里面要强调专销。产品市场这时已经做大，你的经销商在当地已经比较厉害了，这时候会有很多人瞅着你的经销商，想挖墙脚。所以要注意专销条款（只准销我这一

个产品或者不准销售竞品），要给竞品设立一个进入市场的门槛。

你如果说"我的经销商不专销就立刻取消其经销资格"，这是不行的。但是如果你的政策是"专销经销商年底返利是非专销经销商的两倍，专销经销商可以一次签两年独家协议，非专销经销商不行"——这样就合理合法了。

对比较大的重点经销商，厂家在合同上列明专销条款的同时，在平时经营过程中也要注重专销促进——把他的闲钱全部"榨干"。业务员要注意跟经销商的财务人员保持良好关系，平时跟经销商打交道也要注意打听——一旦发现经销商手头有闲置资金，厂家一定要及时出政策让他进货，激励他买车……总之别让他有闲置资金，免得"饭饱生余事"。

说明：专销条款其实也是一个软指标，经销商难免有意无意地经销其他品牌的同类产品。厂家发现可以进行取证备案，保留证据，在单方面解除合同的时候翻老账：某年某月某日发现经销商严重违反双方所签署的合同，公然同时经销竞争产品，依据合同的第××条，双方解除合同关系……

2. 经销商人、车、资金、精力投入条款

回顾已学过的知识：或者细分通路增设更多的经销商，或者辅助经销商加人加车，同时调整产品结构、终端渠道结构，产生利润消化人和车的成本。总之，在成本可承受的前提下，市场上卖你货的人和车越多越好。

某酒水一线品牌经销商合同中相关条款

1. 车辆配置要求

经销商必须按照公司渠道规划要求配备销售专用车辆，每×万件销售任务配备车辆不少于1辆。

2. 人员配置要求

经销商配备销售本公司产品的专职人员，必须同公司安排的行销员（含理货员）保持下列人员比例关系：年目标销量在×万件以下的，要求厂商人员比例不低于1∶1；年目标销量在×万件以上的，要求厂商人员比例不低于1∶2。

3. 人员、车辆使用要求

经销商车辆、人员必须无条件配合公司行销员销售，以保证每天目标任务量的完成。经销商司机、随车人员必须接受公司主管的管理、指导和监督。

4. 安全库存要求

经销商的库存量必须保证不低于×天的计划销量（即安全库存）。

5. 保证金要求

经销商必须统一交纳市场保证金，交纳比例为年合同金额的×%，在每年12月31日前足额交纳。市场保证金可以用于下月发货，但要求每月最后1天足额补齐。新经销商（经营本公司产品不满一年）统一交纳不低于×万元的市场保证金。

3. 给业务员授予经销商管理权

回顾已学过的知识：厂家要给当区业务员创造跟经销商博弈的筹码，业务员手里要有经销商的奖罚资源。比如，康师傅常用的方法是，区域经理对经销商做新品铺货专案奖励（新品每铺一家奖励经销商多少）；立白的方法是，区域经理对经销商做一定比例的市场表现和专车专销过程考核等。

应用解析：有一家非常知名的饮料企业，其产品在全球畅销了一百多年。这家企业终端做得很细，每个经销商旁边都有厂家业务员去终端拿订单，经销商负责送货。但经销商不乐意送——你拿了一箱的订单也让我送货，运费太高了。

针对这种现象，该企业在中国做了一个经销商返利政策，很多人看不懂——配送补助："张经销商本月销量1000件，其中自行出货800件，另外200件是厂家业务员拿了订单要他送货（送单200件）。自行出货的800件，配送补助0.1元/件；送单的200件，配送补助1元/件"。

比较有经验的销售总监看到这个政策后会说："不对！"这个政策一旦执行，一定出现假单（比如，经销商总共出货1000箱，其中厂家业务员只拿了100箱订单，但他跟经销商说："老张，我向公司上报我给你拿了800箱，你自己只卖了200箱。"——经销商一定愿意配合他造假业绩，因为这样经销商可以多拿配送补助），结果就是经销商会跟业务员联起手来骗公司！

我请教这个公司的销售总监："难道你看不出来这个隐患吗？"

他说："我知道，我压根就没打算要真单子，公司上上下下也知道这是不公开的秘密。实际上我们本来就预算给他每件货补助0.8元，我故意给他搞成'自行出货补助0.1元/件，送单补助1元/件'，让经销商每个月拿多少配送补助，完全由当区业务主任掌控——帮我的业务主任拿到一些筹码。主任管经销商的时候就强势很多了：'你不听话，下个月我只要一查，把假单一砍掉，你的配送补助立刻下降。你听话，我下个月给你多写两箱。'"

还有一家法国的知名乳品企业，也是业务员拿订单，让经销商去送货，然后每个旺季给一到两个名额的"车补"（每辆车1000元/月）。在这个政策下，经销商拿了这1000元车补，会不会真的腾出一辆车给你用？不会。这也是增加基层主管筹码的方法——车补的多少，还是取决于业务主任一句话，我拿订单你配合我送货，送完我的货你再送别人的货，我睁只眼闭只眼。如果我的货没有送到，我立刻取消你下个月的车补。

特别提示：有的时候返利故意搞得模糊，是给当区业务主任一些执行杠杆，但是这个方法容易滋生内部腐败，因此只能阶段性应用。同时要加大内部稽核力度，做成一把悬在经销商和业务主任头上的达摩克利斯之剑（不查你也就罢了，一查就能"毙"了你）。会议上再敲打敲打个别人："这个政策执行后，公司知道会有假单，也知道有的人会利用手里这点权力跟经销商要吃要喝要回扣，我请各位自觉自重，不要以为公司不知道，都收敛一点。"

某知名酒水企业的经销商考核政策

办事处和市场部每月根据经销商实际销量、市场配合度及市场管理要求，对经销商进行KPI考核打分，经销商每月的月返是根据打分结果得出的。办事处和市场部有权与连续两个月考评低于50分的终止合同，具体考核指标如下（见表5-2）：

表5-2 某知名酒水企业的经销商考核表

项目	指标	定义	权重	数据来源
KPI（关键绩效指标）	进货量目标达到率	进货量实际达到量/目标任务量	30%	销管办事处
	出货量目标达到率	出货量实际达到量/目标任务量	20%	
	新网点开发目标达到率	实际开新网点数/计划开网点数	30%	
	原有网点保持率	原有网点每丢失1个扣0.5分	20%	

(续表)

项目	指标	定义	权重	数据来源
GS（工作目标设定）	专用车辆配备	实际车辆数对比要求车辆数，少1车次扣1分	倒扣项，限扣20分	区域主管/市场主管
	市场人员支持	实际人数对比市场要求人数，少1个人扣1分	倒扣项，限扣20分	
	KA管理	按照协议要求维护、使用专用送货单并及时反馈KA销售数据，少1单扣0.5分	倒扣项，限扣10分	
	库存管理	安全库存低于目标要求的，每天扣1分	倒扣项，限扣20分	
加减分项	市场服务	城市零售终端6小时内送货到位，乡镇零售终端12小时内送货到位，KA终端2小时内送货到位。否则，每出现一次投诉扣1分	倒扣项，无上限	区域主管
	窜货管理	区域内窜货，一经发现扣20分；区域外窜货，除接受公司督察处处罚外，加扣20分	倒扣项，无上限	区域主管/督察处
	产品价格及促销管理	违反公司产品价格体系及促销政策的，每次扣2分	倒扣项，无上限	市场部
	市场配合度	不配合市场策略执行或检查整改不到位的，每出现一次扣2分	倒扣项，限扣20分	办事处经理/主管
	投诉奖励	销管办事处、市场部、督察处不尊重事实或因个人利益没有得到满足而对经销商进行报复的，每投诉一次，经查实后加投诉人5分	附加分项，上限加5分/月	经销商

第七节 经销商考核奖励政策

一、你要什么，就考核奖励什么

我出席过很多家企业的经销商大会（给经销商做培训），发现经销商大会越开越"花哨"了！但它们都有一个相同的环节：让经销商上台领奖。无非是销量奖、增量奖，更"花哨"的有："成长奖""客户开发奖""超市渠道经营管理奖""终端形象奖""新品推广奖""信息反馈奖"……

某知名食品企业经销商年度奖项

1. 金鼎销量奖

根据年度区域内经销商直供而产生的销量进行评选，共××名。

2. 金钻效益奖

根据年度内经销商开单金额减去相应市场费用（不包括运费）后的净收入进行评选，共××名。

3. 飞天速度奖

根据年度内经销商直供的销量与上年同期进行对比，按增长率高低进行评选，共××名。

4. 双赢配合奖

根据公司产品聚焦策略和车销模式执行配合度的考核得分进行评选，共××名。

5. 特别贡献奖

在销售区域内为公司做出特别贡献的经销商，由经理办公室提名产生。

实际上一个行业或一家企业对其经销商用什么奖励，标志着这个行业市场竞争是否成熟，标志着企业怎样看待营销，标志着这个行业市场竞争的焦点在哪里。有因就有果，厂家在经销商促销奖励设置上的不同导向，决定着不同的市场结局。如果你反思自己现在的经销商政策还是仅仅考核销量，说明你对营销的认识很初级，需要马上改进。

管理学中有句名言："员工永远只做你考核的，决不做你希望的。"经销商跟员工一样，你考核什么他给你干什么，因为你的考核奖励政策就是在给他"画重点"，但是注意，他在完成考核指标的时候往往会不择手段：你考核销量，他就冲货、砸价；你考核新品业绩，他可能就完成新品的提货量而不是实际销量；你考核超市渠道表现，他可能临时制造虚假终端表现和虚报销售数字。

厂家关注什么问题，想让经销商做什么事，就在促销政策里给经销商设什么奖项，而且奖项设置要避免经销商钻政策空子，为了利益"不择手段"。

记住：在给经销商设计促销政策的时候，你得知道自己想要什么——你想要他们干什么，就给他们设置什么奖项，更重要的是你得知道自己不想要什么。奖项设置要结果与过程并重，同时加大稽核力度。

如果你不想让经销商月底压货库存虚增完成销量，那就推出两项政策。

其一，不仅考核厂家业务员和经销商的提货量，每月月底还要清点经销商库存量，经销商库存数量计算为厂家业务员的一半销量。

其二，设置进货时段奖励。9月15日、25日、29日为返利计算日，每次返利仅计算该时段销量，不可累加。

9月1日—9月15日（含15日）完成率≥50%，返利为进货额的2%；

9月16日—9月25日（含25日）完成率≥90%，返利为进货额的1%；

9月26日—9月29日（含29日）完成率≥100%，返利为进货额的0.5%。

月度追加奖励：当月20日前月度完成率≥100%，追加月实际销售额的0.5%作为返利。

二、经销商奖励政策的误区防范

1. 坎级设定

"经销商如果进货5000箱，每箱返利1元；进货10000箱，每箱返利2元；进货30000箱，每箱返利4元——销量越大，返利越高。"

这个政策导致的结果是什么——砸价。大经销商看到政策就知道了——我能卖30000箱，我的返利是厂价减4元，厂价34元，我就敢31元往外抛（因为我还挣1元）。于是，他31元往外抛售，会造成小户不敢跟。大户越来越大，小户越来越小。

那么坎级奖励能不能不用？实行一刀切，不管经销商进多少，奖励都是每箱2毛，可不可以？不现实。哪个总监不知道坎级奖励会导致砸价？但是他们就是"昧着良心"要做这个政策。为什么？这样起量快——于公于私，坎级奖励都得做。怎么做？我先给大家一个坎级设定的技巧。

提问：假如去年你的经销商销售额从5万元到150万元都有，你今年返利坎级定多少？

不是 120 万元——坎级太高，大部分经销商没有兴趣，打击一大片。

也不是 5 万元——坎级太低，根本没有激励作用。

在定今年坎级的时候，一定要回顾去年的销售额，抓"主流资料"。什么叫抓"主流资料"？表面上经销商销售额好像很分散，但是把他们的销售额标在坐标轴上，就会发现有几个数值是主轴——小经销商销售额大多数在 10 万元左右，中经销商销售额可能在 60 万元左右，大经销商销售额可能在 140 万元左右。今年的坎级定多少，就会很明确："15 万元一个坎级，75 万元一个坎级，165 万元一个坎级。"——我让去年卖 10 万元的经销商，今年"跳一跳"，争取卖 15 万元；去年卖 60 万元的经销商，今年"跳一跳"，争取卖 75 万元；去年卖 140 万元的经销商，今年"跳一跳"，争取卖 165 万元。

真正有经验的销售总监，把他明年的坎级设定完，对明年的增量就心里有数了。为什么？他对经销商也很熟悉，15 个去年卖 10 万元的小经销商，哪个经销商有潜力可以"够"到 15 万元，哪个经销商"够"不着——他心里清楚。一拨算盘，有 9 个经销商，可以增加到 15 万元，这些小经销商明年的总增量应该在（15 - 10）× 9 = 45（万元）左右……

这个做法好处在哪里？你定的"销售额达到 165 万元"送汽车，对去年卖 10 万元的经销商没有吸引力，你定的"销售额达到 15 万元送自行车"，对去年卖 140 万元的经销商也没有吸引力，他看不上这个奖励。这样即使砸价，也不会砸得太狠。

2. 组合坎级政策

某日化企业的订货会政策

美博会上经销商交款 6 万元，厂家送其一辆价值 2.8 万元的货车。同时经销商要再交 1 万元保证金，保证会后 6 个月持续进货 20 万元，否则不退保证金（相当于经销商用 1 万元买了一辆价值 2.8 万元的货车）。如果会后 6 个月经销商完成 20 万元订货量，则厂家双倍退还其相当于保证金金额的货，如果 20 万元货款里面含 1 万元防晒产品，经销商可再享受等价值的产品奖励。

分析： 首先看看政策力度，假设该经销商完成任务，而且后6个月卖了1万元的防晒霜，拿完奖励经销商打款总共6万+20万=26（万元），获得奖励为2万元（双倍保证金）的货+1万元防晒霜奖励+2.8万元的车，共计58000元，促销力度为58000/260000≈22%。其实在化妆品行业22%的促销力度并不算大，但是仔细看这个条款，"美博会上经销商交款6万元，厂家送一辆价值2.8万元的货车"，会觉得促销力度很大。

这个政策就是典型的连环套："进6万元货，送1辆车"，这是最简单的促销思路，没套；然后"交保证金"——这是第一个套子；"会后6个月持续进货20万元，否则不退保证金"，正常人是不会甘心保证金要不回来的，肯定会在6个月里不卖其他产品，全力完成这个产品的任务量——这是第二个套子；注意经销商交的是现金，厂家退的是货，而且没有指明产品类型，给经销商什么经销商就得拿什么——这是第三个套子；完不成任务就不退保证金——这是第四个套子；"20万元货款里面含1万元防晒产品，可再享受等价值奖励"——这是第五个套子（这几个月是防晒霜淡季，公司需要处理库存）；所谓等价值奖励的不是钱，而是产品，经销商又得卖——这是第六个套子。江湖险恶，这种连环套政策，经销商要么就别沾身，只要沾上就跑不了。

再看两个案例，大家自己体会组合坎级政策里面的"险恶用心"吧。

某国际知名碳酸饮料企业年度奖励政策： 奖励政策目标群体是当年完成销量目标，次年继续和本公司合作，且已续签销售合同的经销商。经销商完成次年第一季度销量要求后，公司于第二季度第一个月以产品形式给予奖励。

某方便面领导品牌销售政策： 实行1、2月份捆绑销售奖励。如果1月份经销商完成当月任务量，公司以白条形式给经销商当月进货额4个点的返利。2月份经销商完成当月任务量，兑现当月及1月份返利。2月份经销商完不成当月任务，当月返利取消，同时1月份的返利白条作废（或酌情从1月份返利里倒扣）。

3. 销售竞赛规则完善，防止漏洞

（1）以销售竞赛为例：华北销量最大的经销商年底奖车奖房

这个促销政策对销量有直接帮助。对这个政策感兴趣的就是那几个最大的经销商，他们一旦动手争这个奖励，销量就起来了。

（2）销量竞赛里"更可恨"的现象是"偷鸡不成蚀把米"

你们有没有见过这样的大户——厂家规定3000万元销售额送一套房，他从1月到10月都不好好进货，到11月开始大批进货，达到3000万元销售额后成功拿到奖励。这种经销商根本就没打算卖货，只想要奖品，把奖品拿到手，然后砸价出货，这个时候厂家就危险了。

（3）规则要全面，销售竞赛也罢，坎级奖励也罢，别给人空子钻

第一，销售竞赛一定要搭配增量奖励——小户虽然没有达到第一名，但增量大也有奖励，保证小户的利益。

第二，跟经销商签销售竞赛协议："经销商达到销售第一名（或者达到销售额3000万元），每月进货量不低于150万元，每月进货品种不低于3个，而且每个品种销售额不低于30万元，每月安全库存最少1000箱，不经销竞品，不跨区砸价……"厂家得把限制条件写清，省得实际销售额没提升还赔上一套房、一辆车。

第三，厂家务必从销售竞赛的第一天就按照竞赛规则严格检查，天天督促经销商："老张，这个月快到月底了，你本月进的品种不到3个呀，要赶快补齐……你可千万别砸价，否则前面30多万元的销售额就不算奖励了。"——切忌在促销活动的时候听之任之，而到年终结算时突然拿出一堆经销商"违规作业"的证据，并拒绝给经销商兑现奖励，那样肯定会产生矛盾。

4. 奖励额度模糊，防止砸价

（1）推荐方案"赛跑法"——把销售竞赛变成赛跑分蛋糕

把当地经销商按销量分组，给每个经销商定一个目标量，每组经销商定一个奖金基数（比如大经销商奖金基数大，小经销商任务量小，奖金基数小）。然后对每组经销商设定一个奖励人数（比如该组共有10个经销商，本次奖励前8名），然后按照完成任务的时间先后决定奖励人

选（比如，奖励首先完成任务的8个人），这8名经销商按照任务完成率权重来分配小组奖励基金（比如某经销商是完成任务时间排序的前8个人之一，享受奖励权利，奖金＝该组经销商的总奖金基数×该经销商任务完成率÷8名经销商合计任务完成率）。

（2）推荐方案"彩票奖励"

年度返利、坎级奖励、销售竞赛，都有可能造成砸价。返利额度越透明，砸价的空间就越明确。采用暗返形式，经销商又不放心，不知道厂家的返利会不会随行就市变动。在此推荐一个既能够把奖励额度模糊化，又能让经销商放心的案例，大家参考后可以自己创新执行形式。

某企业给经销商的返利采用彩票形式。签订季度任务量协议的时候，返利的数字用黑色块遮住（类似彩票的刮奖区）。签约时，经销商和分销商都不知道返利的具体数字，在结算返利时，厂家、经销商、分销商三方共同刮开黑色块揭开谜底。

（3）推荐方案阶段性紧急降价

常常有业务员会突然神秘地告诉经销商："2天之内进货一箱返2元，过期不候。"经销商往往热情高涨，马上会张罗着找资金、准备库房。

其实各厂家的出厂价和经销商返利额度，大多批户都可以探听到，经销商的进货价在批发市场上透明度极高，也就无法涨价以"牟取暴利"。而这种短期的突然降价，由于操作时间短，告知对象仅限于经销商一层，属"暗度陈仓"行为。经销商自然可以把这一部分额外的利润装入腰包，而这往往就是厂家蓄意赠送给经销商的礼金，是一支通路信心调节剂。

当然，有时候这种行为也带有处理即期品的意图。使用类似这种形式的突袭动作，要注意的是高度保密，以确保经销商的利益。需注意的是对每个客户要限量供货，防止经销商借特惠价大量接货，跨区销售。

（4）推荐方案"返利改股票"

我去一个家电公司做培训，他们把上一年的经销商返利合同拿出来，我一看就晕了——经销商返利计算公式用小4号字在A4纸上打印了一行，还要换行（经销商第一季度的高端机销量×30%，减去第二季度特价机的销量×20%，再乘1.5倍，再加……）。我说："我怎么看不懂你这公式啊？"他说："那就对了。"——经销商为什么砸价？就是因为他们太清楚自己的底价了，这个公司把经销商返利的计算模式搞得很复杂，很多经销商不知道年底能拿多少钱，砸价就相对少了。

更绝的是这个公司把年底返利改了个名字，叫"股票"。培训课间休息时一个学员告诉我，他有这个公司600股，我以为是股东来了，连忙说"失敬，失敬"。后来一问，他是个经销商——所谓的股票就是进1车货算1股，进10000车货，算10000股，年底给他股票分红。

年底股票分红——说白了，不就是返利吗？但经销商的感觉不一样啊——都有股票分红了，好像翻身做主人了。

问题是，你手里哪怕有80000股，1股值多少钱呢？这又不是上市公司，财务不透明，就看总经理年终是说"今年我们公司经营不善，1股分红值1角"，还是"今年经营状况很好，1股分红值10元"。

厂家老总往自己办公室一坐，变变股值，调动经销商的积极性很轻松。到了旺季生产部产能跟不上了，运输部运输不过来了，就宣布本月进货股值打8折。立刻没人进货了。到淡季没人进货了，宣布本月进货股值翻倍，立刻有人进货了。想让经销商卖高端机——宣布高端机的股值翻倍，经销商立刻全部卖高端机。老总往那一坐，动动股值，800个经销商就要围着他团团转，这就是部分厂家老板特有的狡猾和智慧。

特别提示：这个方法只适用于产品好销的时期，经销商对厂家和产品有信心。如果产品本来就很难销，还要告诉经销商年底给经销商多少返利不能确定，那么经销商可能就不跟你合作了。

三、用涨价杠杆促销

商人总是买涨不买落。有些厂家的销售总监，到月底一看任务量完不成，就开始涨价，一涨价销量就完成了。

请问：产品价格要从5元涨到6元，你是一次涨到位，还是分成两次？

相反：产品价格要从6元降到5元，你是一次降到位，还是分成两次？

中国有句古话："福无双至，祸不单行。"在价格游戏里要反过来："福必须双至，祸一定要单行。"——涨价可以分两到三次执行，降价要一步到位。

设想一下，厂家希望用涨价来调整经销商进货积极性，当然希望刚给经销商一说涨价，他赶紧跑去进货。但是这样做时间长了，他就"皮了""麻木了"，对你的涨价信息不那么敏感了。那么怎么"折磨"经销商让他恢复敏感度呢？

例：我们打算把产品价格从5元涨到6元，第一次先涨到5.4元。

业务员：老张，产品要涨价了，赶紧进货。

经销商：（很不屑地）不进，少来这一套。

（结果：过了3天，产品价格真的涨到5.4元。）

业务员：老张，我说让你进货，产品马上要涨价，你不相信，后悔了吧？你少进1000箱货，一箱折4毛钱，1000箱折了400元。

经销商：（心里疼，还嘴硬）没关系，我不在乎那点小钱。

业务员：我说老张，你信不信，过两天还得涨一次，再不进你还得吃亏。

经销商：（觉得不可思议）啊？过两天还涨一次，你蒙谁呀？不可能！

（过两天一看，产品价格真的涨到5.8元了。）

业务员：老张，后悔了吧，我给你说点内部消息你还老不相信我，现在已经涨了8毛钱，你要是早听我的话进2000箱，就能白白多挣1600元。

经销商：（很懊恼）哎呀！下次有消息通知我。

业务员：不用下次，这次就有，后天可能还要涨，你信不信？

经销商：（马上拿钱进货了）你们厂是疯子吗？一周涨了3回价呀。

业务员望着经销商的背影会心一笑。

分析：利用涨价增强经销商进货意愿，这是大品牌玩的游戏——小厂家千万别这么搞。另外涨价分步骤，一年半载偶然来一次可以（不要经常这么做），能让业务员在经销商面前"言出如山"，下一次业务员刚一说涨价，经销商肯定马上拿钱进货去了。

相反，降价千万不能分两步。有个相声段子"楼上小伙子扔靴子"，讲的就是这个道理。

一楼住了个老头，二楼住了个小伙子，小伙每天下夜班穿着大皮靴噔噔噔噔跑上楼，把两只靴子往地板上一甩，"咣咣"两声，吵得老头睡不着觉，心脏病都要犯了。老头给小伙子提意见："你回家不能轻点吗？你每天'咣'一只靴子，'咣'又一只靴子，两只靴子一扔，我都睡不着觉了。"小伙子听完记住了，第二天一下班，又忘了——噔噔噔噔跑上楼，"咣！"扔了左脚的靴子，突然想起来了："对了，楼下老爷爷睡觉被我打扰了，行，这只不扔了，脱下来慢慢放地上。"结果，第二天一大早，老头红着眼睛找上门来："兔崽子，你昨天干吗只扔一只靴子？我等你扔第二只靴子，一宿没睡觉。"

跟这个段子的意思一样，降价时业务员要告诉经销商，我们降价从来都是一步到位。否则——

"老张注意要进货了，我们快降价了"，过两天"老张我们还要降"，再过两天"我们还要降第三次"。下次降完价让他进货，他会觉得："还不能进货，因为这个厂家的价格不稳定，过两天可能还要再降。"

四、缩短经销商考核结算周期

大多数企业考核销量是一个月一次，奖金一个月发一回——造成员工每个月月初的时候就会松口气："1号、2号没进货，不怕，还有28天呢！"

我培训过的一个很大的食品企业，他们的员工、经销商多长时间考核一次？3天！企业总监办公室旁边挂了个展示板，写着全国1000多个业务员和经销商的名字，3天做一次排名——如果你今年这3天的销量比去年同期有所下滑，对不起，给你挂一个黄牌，一个月挂3次黄牌——对不起，调岗。

在这个企业工作能不能喘气？你还没喘气呢，3天到了！这个方法是不是可以用到经销商管理上呢？很多厂家的经销商返利是按年度兑现的，前10个月根本没有激励作用，给经销商也搞"3天一个黄牌，一个月 × 个黄牌下岗"，显然有点难操作。但是如果给经销商缩短返利结算周期呢？对经销按月考核，甚至按旬考核发货周期呢？

比如：

　　进货时段奖励：9月15日、25日、29日为返利计算日，每次返利仅计算该时段销量，不可累加。

　　9月1日—9月15日（含15日）完成率≥50%，返利为进货额的2%；

　　9月16日—9月25日（含25日）完成率≥90%，返利为进货额的1%；

　　9月26日—9月29日（含29日）完成率≥100%，返利为进货额的0.5%；

　　月度追加奖励：当月20日前月度完成率≥100%，追加月实际销售额的0.5%作为返利。

特别提示：这个方法值得借鉴，但要注意适用对象是产品在增长期，相对同行有卖点，经销商利润高，经销商网络比较粗放（比如以省、市级代理为主，全国还有一些空白区域），对砸价不是很敏感的企业。

五、收经销商保证金

我曾经给一家德国木地板企业的经销商做培训，那次培训真是终生难忘。销售总监看着很文静，开训前她说："今天魏老师讲课很难得，大家都把手机关掉，谁的手机响一声，下了课自己交1000元罚款。"（我听着心里直乐，觉得这总监真是不知深浅，哪能把经销商管成这样？）

讲完课之后，总监站出来，厉声说："刚才上课手机响的三个人，给我出来！"立刻有两个经销商乖乖站起来。她又提高音量来了一句："还有一个，是不是让我把你揪出来？"话音没落，又怯生生地站起来一个经销商。

总监看着这三个人说："你们不用解释上课为什么手机响，交钱！"三个五大三粗的经销商，竟然真的乖乖现场把钱给交了。

厂家为什么能把经销商管成这样？

第一，他们木地板行业毛利很高，省级总经销一年能赚100多万元。

第二，想做省级代理的经销商，全部要先给企业交几十万元保证金，厂家手里抓住经销商的钱，占据主动。

最后给大家介绍一下收经销商保证金的技巧。

1. 先打麻药

医生给患者拔牙的时候，会先打麻药再拔。厂家收保证金，经销商疼不疼？疼！所以也要先打麻药。怎么打？

厂家收经销商保证金一般是在经销商大会的时候，销售总监往台上一站，回顾今年成绩，展望明年美好未来，宣布明年各个节日投多少新产品免费品尝、广告片、促销品——总之要让经销商听完以后激动得"脸蛋像西红柿，鼻子直冒白烟"，感觉跟这个厂家继续合作，明年就发了，这时厂家宣布："收保证金。"

同时要给经销商一个合理的解释，为什么收保证金：

第一，收保证金不是厂家想要钱，而是为了保证大家能赚到钱——经销商交了保证金不砸价，就有钱赚，所以收保证金是为经销商好。

第二，这笔钱厂家不白拿，到年底按银行利率的两倍给经销商返还利息。

第三，今年虽然经销商交了保证金，但厂家在政策上会大力支持，让经销商赚更多钱。

企业品牌比较知名的，一般给经销商打下去这三针麻药，大多数经销商就被说服了。

2. 远交近攻

先打麻药，再收保证金的前提是，经销商对未来的美好预期和对厂家的信任，中小企业光用这一招可不行——一定会有人不买账，公然对抗。

第二招是外交手段：远交近攻，分而治之。要收保证金了，厂家得提前把经销商分三六九等，对有可能跳出来闹的经销商要提前打点。

比如：东北、内蒙古这两个区域离厂家总部很远，厂家在当地一个业务员都没有，两个大经销商替厂家管理市场，网络全在人家手里，这个市场不能收保证金，这两个经销商是"祖宗"，要强行收保证金，他们肯定要闹事！

先得把"祖宗"摆平，开诚布公谈一谈。

第五章 经销商政策制定"迷踪拳"

厂家:"祖宗",我要收保证金了。

"祖宗"级的经销商:不给。

厂家:我知道你不给,我没打算找你要,但是你别闹。年底我要开大会收保证金,你要么别来,要么来了别说话,只要你不闹,后边我给你额外的促销支持。

山东、河南、河北有几个大批发商,虽然当地有厂家办事处,网络在厂家手中,但是这几个是大客户。大客户一般销量大脾气也大,这几个不是"祖宗",是"爷"。

这几个"爷"也要摆平。

厂家:我要收保证金了。

"爷"级的经销商:不给。

厂家:你再说一遍。

"爷"级的经销商:不给。

厂家:你不给我剁你。

"爷"级的经销商:(不高兴但没办法)我给。(毕竟网络在厂家手里。)

厂家:你们别怕,你们几个是大客户,给了保证金,我给你们额外政策,再通过其他形式的促销支持给你们补偿,你们给我十,我返还不了你们十也得给你们八!你们要是不给,就别怪我——"不换脑就换头"。

好了,现在把几个"祖宗"和"爷"摆平,然后开经销商大会。先大力煽动,说去年的光辉业绩,明年的大好形势——"打麻药",量下足。然后突然变严肃,每人发一份经销商合同:"各位,明年要现款销售,而且要收经销商保证金。大家看一下合同,愿意合作的签字,不愿意合作的,不强求。"

我就这么干过,本以为这么干完,经销商肯定得走三五个,结果发现我宣布完之后,经销商全部大眼瞪小眼互相观望:"咦,那几个'祖宗'怎么没来?这几个'爷'怎么不闹呢?你们不闹,我也不闹。"

结果他们抖着手签了一张"卖身契",签完了之后,心里服不?不服!不服怎么办?拉锯!厂家难免要抓两个典型给大家看,同时在产品、促销支持、广告投放、承诺兑现上让全体经销商看到今年的形势确实比去年好。厂家恩威并施,让经销商勉强成习惯,习惯成自然。经营开始主动,市场良性运转(厂家变赊销政策为现款政策也是用的这个思路)。

顺便讲一个相关的小技巧:如果经销商大会上,签的协议表面上看起来对经销商"不利"——可能引起纠纷,经销商大会开完之后要赶紧嘱咐业务员做一件事——把经销商哪儿来的送回哪儿去,千万别创造机会让他们聚堆,否则他们在一起越说越恼火,那就不好办了。一定要远交近攻,分而治之,不让他们联合。

3. 借钱不还

收保证金的第三个方法很通俗——借钱不还。有很多厂家都在用这种方法,只不过有的厂家是真的不还,有的厂家是晚点还钱。比如返利年底兑现,促销搭赠品让经销商先垫资,刮刮卡的促销费让经销商先垫付。

4. 诱敌深入

广东某炉具企业的经销商返利政策是:

严格执行大区代理制(每省一到两个代理商);

首次进货铺底10%;

第二次进货开始,每次进货收进货款的3%作为保证金;

产品编码标识,冲货重罚。

分析:这家企业严格保证大区代理制,重罚冲货,价格稳定,利润高,对经销商造成诱因。首次铺底10%——意味着第一次进货拿90万元货款,厂家给经销商价值100万元的货物,铺底赊销10%——经销商当然愿意。

第二次进货扣进货款的3%作为保证金——经销商第二次来进货(这说明第一次的货卖掉了,赚到钱了,经销商合作意愿较第一次进货时的"观望""试试看"有很大改善)——经销商打款100万元,厂家给97万元的货,扣3万元保证金。经销商给不给？给，因为前面还欠厂家10万元的货呢，而且一定是第一次卖完感觉能赚钱，才回来二次进货的。

第三次再扣保证金，这样下去可能第六次进货时，就开始厂家欠经销商的钱了。经销商也能接受，首先他重复进货次数越多，说明他越认可这个产品；其次毕竟之前经销商也欠过厂家的钱，他心里不会不平衡——这叫诱敌深入。

作者评述

经销商政策制定技巧讲完了，有两件事情要向大家说明：

第一，这样做是不是不诚信？

尤其是"收保证金""分阶段涨价""独家经销协议软指标"几个招数，可能会招来一些读者（尤其是经销商）的非议——这些方法怎么这么损呢？不诚信！

在商言商，有很多人看起来在"不诚信"地做好事，关键看你最后能不能履行诺言和商业契约，能不能让商业合作伙伴赚到钱，中间的过程细节不必深究。毕竟目的是市场秩序更好，价格更稳定，大家都有钱赚。

如果说这个过程中玩了什么招数，那也是阳谋，不是阴谋，最多算是预谋！

第二，不要用"公司政策"有漏洞给业绩不好找借口。

经销商这个模块的内容，我在内训的时候面对业务员一般不会讲——讲完常常就把企业现在的政策漏洞暴露出来了，有副作用。

很少有企业的销售政策按照这些理性的原则去制定，原因有三个。

其一，企业领导的水平不行，不懂得应该怎么制定政策。

其二，销售总监的打工心态——我这个总监就当两年，要在任期内把量冲上去，有些事情明知道有副作用也要做。

其三，销售总监管的是全国市场，看的是全国一盘棋，不是仅仅看一个区域，要考虑整体销量的增加。有时候明明在养大户，甚至纵容冲货，那也是"牺牲小你，完成大我"——为了完成大局稳定，牺牲个体利益。

我希望大家在看完这部分内容后，不要起副作用。

这里再给大家讲个故事：

一只小鸟飞往南方过冬。为什么要去南方过冬？因为南方的冬天天气暖。刚飞到中途，它便遇到一股寒流，被冻僵了。

小鸟掉到了地上。这时候过来一头牛，拉了一堆牛屎，把鸟盖住了。鸟在牛屎里面，感到很温暖，然后开始唱歌。这时又过来一只猫，听见牛屎里有鸟在唱歌，停下来看个究竟，然后把鸟吃掉了。

这个故事告诉我们一个深刻的道理：

把你踩进屎堆里的，不一定是坏人。

把你从屎堆里刨出来的，不一定是好人。

当环境对你不利的时候，请闭上你的嘴！

如果你觉得总监定的经销商政策伤害了你的区域，造成了大户冲货、砸价，造成了你在经销商面前没有筹码，请记住：牛就是你的总监，牛屎和寒流可能都是企业的政策，而你就是那只鸟——

第一，你觉得公司的销售政策对你不利，其实公司不是针对你，而是针对全国市场。

第二，公司的销售政策完全有利于你，不一定是好事，也许对别的区域很不公平，也许公司的整体销售会受影响。

第三，也是最重要的，当环境对你不利的时候，请闭上你的嘴。

我不希望区域经理学会挑公司的毛病——原来我销量完不成，就是因为总监定的政策不好。记住：公司不是为你一个区域开的，总监要考虑的面更大，有些问题你考虑不到，该提建议提建议，但是首先要把自己该干的事情干好！

第六章

"与狼共舞"：
大客户的治理

●**本章预告**

又是一个令人郁闷的无解命题——对那些特权客户应该怎么办？

什么叫特权客户？就是那种销量大，脾气大，"拿村主任不当干部"的经销商。他们从来不把区域经理放在眼里，动不动就直接给总监打电话，甚至经常威胁企业："你不给我怎样怎样的政策，我就不做了。"

一个企业出现经营被动、价格混乱、利润透支等恶性现象，罪魁祸首往往就是几个大经销商。

厂家如何"与狼共舞"——既能够跟这些大客户合作，利用他们的资源迅速做大销量，又能避免副作用。怎样识别好狼和恶狼（哪些是坚决不能与其继续合作，需要剁掉的恶性大客户）？怎样剁掉恶性大客户又不留后遗症？这就是本章要学习的内容。

第一节　大客户是厂家自己养大的

在我看来，中国经销商的成长史大多是一部"傍大款"的历史。这个大款就是厂家。所有大客户都是厂家自己用优惠政策养出来的。下面，就让我们来看看厂家是怎么养大客户的。

一、货款结算政策养大户

执行赊销制的厂家很容易制造大客户。因为赊销相当于厂家给经销商投入了资金支持。

在赊销制下一定会出现砸价和大客户现象，因为货不是他拿钱买的，"孙子卖爷的田心不疼"。常常出现经销商不用现金进货（没有压力），一看促销政策有利可图就大量压货，终端推广又不积极，造成大量过期退货，也可能到处冲货来提升销量。赊销造成价格秩序混乱，经销商没钱赚，越没钱赚越砸价，恶性循环，越赊销价格越乱。更有甚者，部分经销商还会恶意低价套现——比如用35元一箱的价格向厂家赊货，转手以33元一箱的价格迅速套现，去做利润更高的生意。

厂家是赊销制的最终受害者，在这场游戏中风险几乎全落在厂家身上。呆账和退货泛滥，资金沉淀没钱做市场，货款掌握在经销商手里，厂家没有话语权，市场地位被动，甚至完全被几个大客户反控。

目前国内营销水平相对落后的行业仍是赊销成风，在这些行业如果讲到"赊销的坏处，要争取变赊销为现结"，得到的回应往往是：

你说得轻巧，你不赊别人赊，不赊没法卖；

做生意要有魄力，该赊就得赊，没这点魄力怎么做生意？

这些话听来总有点"欲练神功，必先自宫"的味道。

食品和家电行业在20世纪90年代中期也曾经赊销成风，后来转为现结。这两个行业的转型经验是：不要怀疑现结的可行性，不要以为"这个行业家家都赊，你不赊别人赊，客户就会离你而去"，客户买的不是产品，而是利润。只要你能让他看到产品一定能赚钱，他就有可能接受现款。具体方法如下：

第一，练好内功。销售门槛提高1厘米，销售服务要增加1米。要在行业内赊销成风的大形势下实行现结，厂家必须在自身形象、产品质量、产品包装、产品品种、送货及时、市场价格管控、促销及广告支持等方面投入资金和精力，做出差异化优势，然后才有资格跟经销商谈现款结付。

第二，端正员工心态。纠正员工不赊没法卖货的错误观念，树立业务员中现款销售标兵和典型。

第三，有效沟通。厂家一般会在销售年会上宣布赊销变现结，在宣布现款政策之前，要先向各位经销商介绍明年的新品计划、广告促销投放、诱人的返利政策等一系列"灿烂前景"，让经销商对明年的经营充满信心，然后再讲现款政策。

第四，提前铺垫。开发新市场注重倒着做渠道，先做终端（或者先少量冲货），产品有一定影响力之后再找经销商。

不管做了多少铺垫，现款政策一定会受到经销商的强烈反对。厂家一旦决定要做现款，就要做好一批经销商"倒戈"的心理准备。厂家要有决心迎接阵痛，这个过程其实就是厂家、经销商及旧有的赊销习惯拔河的过程——谁够坚决，拔得够用力，谁就会赢。过程中有阵痛，也有风险，厂家要想让风险最小化，有两种途径：

其一，从赊销一步到位变现结，风险比较大。可考虑先从全部赊销过渡到新开发客户现结，老客户以信用额度形式赊销，最后达到"全现结"。

其二，个别销量比较大的大客户，在此过程中容易跳出来闹事。对这种客户要提前打好招呼，私下商议给予一定的优惠促销支持，安抚他做个好榜样。

赊销转现结在成熟行业是已经验证过的，所用方法无非以上几种。能够及时觉醒，迎接阵痛，坚持不懈地走向现款销售良性循环的厂家，最终会受益无穷。

二、人员管理政策养大客户

厂家对业务员管控不力，也会养大客户。伴随大客户现象而来的就是冲货、砸价、截留促销品、截留市场费用。但是请大家记住，"攘外必先安内"，冲货、砸价、截留费用，往往都是内外勾结的结果。

厂家对业务员管理不力，比如厂家对业务员采用差旅费、市场费用承包制，造成的后果是：第一，业务员不愿意出差（想省钱），于是不做终端不做推广，仅仅靠压货实现销量；第二，业务员没有把市场费用完全用于铺货做陈列做促销，而是把一部分费用装进自己兜里，另一部分用来冲货、砸价，迅速起量。

三、经销商激励政策养大客户

厂家为了促进销量增加常会搞一些促销活动，但是一旦政策用得不好就会直接催生大客户。比如：

现场订货会（在主持人的热情煽动之下，经销商现场订货现场拿奖品，订货量越大奖励越高）上如果不控制经销商的合理订单量，就会造成客户之间互相攀比，或者大客户财大气粗，为了赠品进产品，之后把赠品一拿，砸价抛售产品，砸死一片小客户，他成了更大的大客户。

坎级销售奖励养大客户。这些客户一开始就不在一条起跑线上，大客户销量大返利高，进货底板价低，高额的返利差价诱使大客户砸价抛货，进一步蚕食小客户的市场——提升销量，争取更高返利。

销量竞赛。厂家习惯性每年年底给大客户红包补贴。在这样的政策下，大客户敢睁眼砸价，因为他知道年底你不敢让他赔钱。

当厂家再抱怨说"大客户客大欺厂"时，不妨问问自己，这个大客户是不是你养大的。不管经销商原本实力有多大，他当初跟厂家合作的时候也是小客户，之所以变大，都是因为厂家纵容姑息他的恶意操作或者给特殊政策支持——老虎是厂家自己养大的，种善因得善果，种恶因得恶果，营销是有因有果的行为。

第二节　如何与狼共舞——与大客户和平共处

大客户有那么多坏处，是不是就绝对不要养大客户呢？不是，对中小企业来讲，找大经销商是迅速提升销量，打开市场局面最直接的方法。大客户不是不能养，关键得看怎么养。

厂家找大客户，有的成功，有的失败。要研究厂家和大客户怎么合作，也就是研究如何成功地"傍大款"——怎样才能自取所需，全身而退，甚至和"大款"双赢？

一、成功"傍大款"第一招：尽量不要"傍大款"

假设现在你的产品品牌不太知名，通路利润也不太高，要进入深圳市场，深圳市场的主流渠道是超市。这时深圳有一个大经销商告诉你："如果你自己做，想全部进店，恐怕半年都进不去。你找我做，我跟这些超市有固定网络客情，你只要掏进店费、导购费，我3个月之内就能让你的产品全部进店。"

如果你真的要找这个经销商一次全进店，就等着自己"死"吧。

某牛奶厂家想攻占深圳市场，找当地大经销商同义工贸做代理。前期效果非常好，该经销商网络能力很强，迅速把产品铺进深圳90多个卖场。厂家投入大笔进店费、促销费，光导购就请了100多个，来势汹汹，搞得当地优势品牌如临大敌。

但情况很快起了变化，产品通过大量的人力投入、陈列投入，促销搭赠"火"起来后，断货、断条码却屡屡发生，以至于多次被罚款、降排面。经销商也叫苦连天，称超市压了他 600 多万元货款。

厂家发现自己已经走进了死胡同：

借助经销商进了店，但店内维护、陈列、促销全靠厂家人力投入，经销商在服务上好像热情不高，厂家拿来订单，经销商未必送货。

厂家的导购人海战术成本太高，而且骑虎难下——促销人数一降低销量立刻下滑，经销商对此似乎也无所作为，爱莫能助。

经销商叫嚷超市压款，所以从厂家拿货一直是赊销，占用厂家大量资金。

网络在经销商手里，货款在经销商手里，跟超市签合同的也是经销商，厂家成了不停掏钱投入却不见回款，还得派大量业务员亲自维护终端并哀求经销商赶快送货的"倒霉鬼"。结果自然不用说了。

分析：我们来分析一下该厂家输在哪里。首先，品牌不算太知名，留给经销商的利润也只是略高于同类产品，不足以对经销商产生巨大诱因。其次，如果能够做好促销，牛奶在一个卖场里一个月卖 5 万元很正常，100 个卖场可以卖 500 万元，超市压款额是销售额的 3 倍左右，正常情况下经销商在卖场压款要高达 1500 万元到 2000 万元。

有没有拿得出 2000 万元现金的经销商？有，大有人在。问题是他给不给你压这么多钱，产品就那么几个点的毛利，凭什么让他拿 2000 万元往里压？

一旦销量达到一定程度，经销商就不愿意压款了。他会把产品吊着卖——故意少送一点货，经常发生断货情况。条码少供几个，价格抬高一点，促销截留一点，总之经销商可以操纵厂家的销量，让销量不要太大，既能完成他的预期利润，又能敷衍厂家不把他砍掉，同时还不至于压太多款。

中小企业要想做城市市场，首先，不要贪大求全，战线太长容易造成配送、资金无法支持；其次，要多做社区促销、便利店铺货，给品牌造势；最后，一个经销商代理的 A 类卖场最好不超过 15 个。原因很简单：一个卖场销量达到 5 万元很正常，15 个卖场就达到 75 万元，压款就要压到 200 万元。一个经销商在一个品种上压款 200 万元，一般就不愿意再多压了。

小结：厂家"傍大款"第一招：没几分"姿色"尽量不找"大款"，中小企业一定不要找大经销商独家代理。否则刚开始有"新鲜劲"，是蜜月期（中小品牌前期打市场舍得投钱让利）。很快"大款"（经销商）拿到了预期的费用利润就会让厂家"独守空房"（吊着卖）——除非厂家认为当地是三类市场，经销商做多少量算多少量，将来也不打算做细，或者产品毛利非常高，可以让经销商赚很多钱，那另当别论。

二、成功"傍大款"第二招："更漂亮定律"

一样是"傍大款"，为什么有人成功，有人失败？这里存在一些技术问题。

其中一个技术问题是"更漂亮定律"，其在厂家跟经销商之间是这样体现的。

有牛奶企业的老总跟我讲："魏老师，我找到做牛奶生意的诀窍了。"我说："愿闻高见。"他说："告诉你一个秘密，我把知名品牌的全国经销商名单拿到手了，要贴着它打，专门挖它的经销商，因为它的总经销都是当地做牛奶生意做得比较好的，我通过它的网络建立自己的网络，我的产品就能够迅速做起来……"

他的想法管用吗？不管用。

拿到知名品牌全国经销商的名单很容易，关键问题是"更漂亮定律"——想去挖大品牌的总经销，得先看看他跟经销商的合作有没有裂痕。假如人家卖大品牌一个月稳赚4万元，卖你的产品一个月只能挣3000元，凭什么让他做你的产品？即使他愿意合作，也不过是"有你不多，没你不少"——绝对不会主推你的产品。

厂家跟经销商之间的"更漂亮定律"落实到动作就是：在寻找新经销商的时候，你要考虑让自己在哪些方面比他原来的主推品牌更有诱惑力。

有两个方法——

第一个方法，寻找产品线相容而不相悖的经销商。这个知识点前面讲过，不赘述。

第二个方法，如果产品线冲突，那么你的产品必须有压倒性优势。比如你的经销商代理的名牌产品通路利润要比你的产品低得多，或者口味比你的产品差得多，包装比你的产品差得多等。

三、成功"傍大款"第三招：不要"死心眼"

厂家应先反省一下：如果你的销售渠道里已经出现寡占性的客户——某三个大经销商的销量占到了整体销量的40%，某一个大客户的销量占到整体销量的20%，你就很危险了。这不是耸人听闻，不要寄希望于你跟经销商之间曾经有多好的客情就能怎样，最后你们一定会不欢而散。

一个聪明的厂家，绝对不会养一个大客户并让这个大客户有机会反客为主（注意：我没有说不要找大客户，我是说别给他反控的机会）。现实很残酷，小厂家刚刚进入市场没钱打广告，没有那么多人做终端，这时借助一个比较大的经销商迅速把市场做起来无可厚非。但是从选择大客户的第一天开始就要记住："有一天你会跟这个大客户分手，因为你一定会把市场做细，当你把市场做细的时候，这样的大客户就是最大的敌人。"

所以，如果已经选择了大经销商，在你的市场逐渐成熟、品牌逐渐成熟的时候，要逐渐把他控制住，怎么做？

第一，逐渐削减"军饷"。就是把原来你给经销商的特殊政策逐渐缩小，返利逐渐减少。

第二，适当时机分兵消权。一开始经销商是独家代理；厂家逐渐开第二户，跟原来的经销商分庭抗礼；开第三户，三足鼎立；开第四户，瓜分市场……

四、成功"傍大款"第四招："产权署名"

前文我举了一个例子，说如果厂家刚到深圳去，不要找一个独家代理100个超市的总经销，否则到最后会"死"得很惨。也有人说，不怕，这个大经销商先独家代理100个超市，将来厂家要想把市场做细的时候，大不了把他换了。

其实很难换。因为超市的合同主体乙方写的是经销商的名字，在这种情况下换经销商需要付出很大的代价——如果第二个客户跟超市本来就有合作，你还是要重交过户费。如果本来没有合作，你就要交进店费。

厂家在通过经销商进入超市的时候应记住一件事，跟超市签合同尽量以厂家的名义签（这样万一有一天你要换掉经销商，原先垫付的费用才不至于白交，但厂家要承担资金压力）。

如果合同是以经销商的名义签的，厂家给经销商的支持就要有策略，并不是不给支持，而是要经销商知道什么费用是该给他的，什么费用是不该给他的。比如，进店费给不给？不给（或者少给）。堆头费给不给？给——所有能直接产生销量的费用厂家都可以给，这也是对经销商的支持，这种支持可以转化为销量。但是比如进店费、条码费、国际店庆费、国内店庆费，这些费用就尽量让经销商自己消化（或者消化一部分）。这样费用才不会空投，换经销商的时候损失也不大。

五、成功"傍大款"第五招：抓财权

厂家抓经销商的财权，就是尽量不给经销商赊销，要求现款现货，最好是经销商给厂家交保证金。另外厂家还要注意抓比财权更重要的东西——网络。

用什么方法能抓住经销商的网络，请参见前文——抓经销商网络的五个方法。

六、成功"傍大款"第六招：做事业伙伴

厂家和经销商要变成真正的事业伙伴。现在不仅仅是小企业找大经销商，大企业也找大经销商，有不少企业开始运作一种新模式叫"联销体"。

厂家掏一部分钱，经销商掏一部分钱，双方合资在当地成立独立销售公司，销售公司的总经理由厂家委派，财务经理由经销商委派。投资100万元，厂家出20万元，经销商出80万元。厂家出小部分钱，出职业经理人，出管理经验和管理制度；经销商出大部分钱，出当地的客情、网络、车和一些社会关系。

厂商联手成立一个联销公司，厂家是股东，经销商也是股东，这种联销体与原来那种厂商模式有所不同。在这种条件下：

厂家高兴——联销体肯定比厂家直接开分公司直营的成本要低得多，同

时联销体总经理是厂家委派的，厂家也不用担心经销商不主推他的产品。

经销商也高兴——因为他觉得公司里有厂家的股份，不用担心厂家不支持他；财务权他可以掌握，更重要的是经销商能够通过联销体实现"二次投胎"，把自己原来传统的经营模式跟厂家成熟的管理经验对接起来，促使自己公司迅速成长。

不过这种模式也一定会出现弊病（博弈依然存在，每一方都想要公司的话语权）。这种模式目前看来，是厂商关系新的尝试。毕竟所谓的双赢关系，只有在双方利益完全一致的情况下才有可能实现。

第三节　屠狼有术——怎样让恶性大客户"安乐死"

厂家与大客户（独家代理）之间的矛盾不可避免——厂家把市场做细的前提就是把垄断经销的大客户"干掉"。问题是大客户一定会反抗和报复，怎么办？

一、坚决反对傍"假大款"

这里要端正一个观念——坚决反对只"傍大款"，更要坚决反对傍"假大款"。销售过程中的"假大款"长什么样？

"假大款"第一个特点，"大"。有个经销商规模"大"，有8辆8吨车；第二个特点，在自己所在的城市肯定做得不好，终端没有铺货陈列；第三个特点，外埠市场做得好。

特别提示：做销售要先分清几个名词："销量""进货量""库存转移""实际销量"。

表面上看某客户月销售额50万元，实际上该客户并未完成"实际销量"。什么叫"实际销量"？在终端零销店和卖场被消费者拿回家的销量。"假大款"一般擅长走流通不走终端。他往往并不能完成实际销量，他的销量主要是两部分：一部分压在通路里做库存转移，另一部分砸价、窜货，抢别人的销量。

对"假大款"要"剁",但很多人对此感到害怕,因为这个大客户支撑了那么多的销量。可是你想想,往往是一个"假大款"站起来,周围十几个客户倒下去——这个大客户的销量不是自己的,是从别人的市场上抢回来的。在他销量增加 800 万元的同时,你的整体销量减少了 1600 万元。"假大款"的销量大部分是库存转移和辗转腾挪抢别人的销量,这种销量对你只有负面作用。

很多学员说:"魏老师,这个道理我不是不懂,问题是总是懂的人多,做的人少。您站着说话不腰疼,我当然知道这个客户是'假大款',终端没做好,就算他抢别人销量,也已经抢到手了。而且他在当地是地头蛇,如果我把他'剁'了,新的问题就会出现。第一,无论销量能不能补回来,既成事实无法改变;第二,他拿库存的货来砸我的价,那我怎么办?"

正是在这种普遍存在的心理背景之下,"假大款"才横行无忌,愈演愈烈。对此我的观点是:"假大款"都是纸老虎。我做销售十几年,多次剁大户,第一次剁也是胆战心惊,第二次剁脸红心跳,后来就闲庭信步,胸有成竹了。

我曾在一家牛奶企业做销售总监。当时有一个姓胡的大客户,我刚上任,他就打电话过来了:"魏总啊,您是新来的总监,不了解情况,我们这边砸价很严重(其实都是他自己砸的),您要不给我几个点支持一下,我就做不下去了。"其实在他打电话之前,我就已经收到很多"群众来信"投诉他砸价,而且经查确凿无误。接完他的电话后,我的决策就是一个字——"剁"!立刻停货。剁完之后我就做好准备要跟他"掰手腕"了,没想到不到半个月他来找我:"魏总,咱们前面是一场误会,以后继续好好合作。"后来因为各种原因,这个经销商还是被我剁掉了。被剁掉之后,胡老板扬言:"魏某、李某、赵某(我的同事),你们 3 个人,6 条腿,肯定少 1 条。"可是到今天,这 6 条腿依然健在。

我并不是想通过个案来给大家导出规律,个案不一定能复制。但建议大家好好想想,剁"假大款"真的是有规律可循的。

"假大款"在被剁之前,一般会说三句话——第一句"你敢不给我 3 个点，我就不做了"（撂挑子）；第二句"你敢剁我，我就找人打你"；第三句"你敢把我剁了，我专门砸你的价"。

现在，我们来分析一下，这三句话到底有多可怕。

1. 第一句"你敢不给我 3 个点，我就不做了"

经销商撂挑子怎么办？我管理经销商有"三励（力）"——小客户激励，中客户鼓励，大客户给压力。小客户刚进来，对厂家的产品能不能赚钱心里没底，所以要激励；中客户正在增量，厂家要鼓励；大客户不能给好脸，要给压力。

第一，大客户一旦做大，就容易嚣张，一给好脸容易"上天"；第二，他既然成为你的大客户，肯定已经从你这里挣到钱了，他看在钱的分上也不会太过分。经销商很多时候跟业务员是一样的。你去问业务员"工资够不够"，他肯定说"不够，太低了"，再问"差旅费够不够""奖金够不够"，肯定都是"太低了"。员工总是怨气大，但你试着给他发一封裁员信，让他签字走人，他可能也不太愿意走。大经销商也一样，除非你的产品毛利正在下降，而且竞品也在向他招手，否则他太过分，你给他断货，一定是他来找你缓和关系。

2. 第二句"你敢剁我，我就找人打你"

如果厂家连这话都要怕的话，就不用在"江湖上走了"——就不用做销售了。自古以来邪不压正，扬言要打业务员的经销商太多了，但没有几个真打的。经销商是商人，商人求财不求气，如果他真的动手，还有法律，所以不用怕。

3. 第三句"你敢把我剁了，我专门砸你的价"

这可能会是真的，让人比较头疼，怎么办？我给大家一个建议——"分清狼羊"。做生意，面对经销商，真的要分清狼和羊。记住，厂家做生意是为了赚钱。

你剁经销商的时候，他用"专门砸你的价"来威胁你，我建议你考虑三件事。

第一件事，你跟他合作还有没有钱赚？在他的威胁之下，你不停地给他返利、促销，给别的经销商的价格是 3.5 元，给他的价格可能变成 3.1 元了，你的毛利还有几个点？

第二件事，算算因为他导致周围多少个经销商销量下滑，把他的损失和他创造的利润比较一下，看是"顺差"还是"逆差"。

第三件事，也是最重要的一件事，看看他是否在你掌控之中。现在发现他是"假大款"了，发现他砸价了，发现他截留费用了，厂家发传真书面通知他，若不马上停止这些扰乱市场的行为，就断货断促销品，这么做能不能把他控制住。还是他已经无法控制，根本不把厂家放在眼里了。

如果你思考了以上三件事，结论是：第一，你在他身上，毛利已经不高了；第二，他砸价窜货损失的利润比他创造的利润大得多，纯粹是"逆差"；第三，你跟他合作，已经控制不住他了，事情只会越来越坏。

对这种经销商，只有剁、快剁、赶快剁。做事一定要理性冷静，千万不要被蝇头小利蒙住眼睛，很多厂家不敢剁"假大款"的理由很可笑——他还欠我 30 万元呢，把他一剁，30 万元我就要不回来了。可你不剁他，过半年就不是欠 30 万元，而是欠 60 万元了。

"剁客户"的方法很多，最重要就是"分清狼羊"这一条。谁该剁、谁不该剁？该剁的就一定剁，当断不断，必受其乱。如果你能够下得了这个决心，那么"剁客户"就会从"这个客户要不要剁、该不该剁"的痛苦抉择，变成"怎么剁"。

二、屠狼有术——让恶性大客户"安乐死"

战略上我们要把敌人看成"纸老虎"，不要被它吓倒；战术上要把它看成真的、能咬人的老虎。下面，我就来讲讲用什么样的战术剁掉大客户。

请大家以后不要动不动就说"这个经销商不行，我要把他砍掉、剁掉"。嘴上说"剁"说习惯了没关系，心里要换个提法。比如想这个经销商不行，我准备让他"软着陆"。

换客户是难免的事，不用怕，但是也不要盲目逞匹夫之勇，说剁就剁，不计后果，要想办法让他"安乐死"——剁掉他还不会有后遗症。

1. 事前做充足的准备

一般有以下五个步骤。

（1）抓网络

有五个方法：

① 执行预售制，掌控终端。

② 通过促销活动掌握终端网络名单。

③ 业务员遍访客户，建立网络资料和初步客情。

④ 建立封闭通路。

⑤ 帮经销商健全管理系统。

（2）严加管教

严加管教的意思是，厂家一旦发现哪个客户有成为大客户的苗头（如进货次数突然增加、进货量突然增加，但是终端做得不好，开始出现窜货、砸价，或者单品销售），就应尽快在"老虎"真正"吃人"之前把他降伏或者干掉——卡他的市场费用或旺销产品。

（3）清库存

在剎掉一个大客户的时候，如果这个大客户库房里有厂家5000箱货，厂家可能不敢剎，因为他会拿这5000箱货砸价，故意扰乱市场，让厂家投鼠忌器，所以在剎掉大户之前，一定要想办法把他的库存清掉。

清库存最常规的方法是做"二批促销"，帮他分销。还有一个方法，告诉他"产品马上降价了，我帮你赶快把库存清掉"，或者告诉他"产品过期了，给你换货""包装出问题了，给你换新包装"等。总之厂家在剎掉一个大客户之前，一定要想尽各种办法，让他把库房里的货清掉，这样他想打你，手里就没"子弹"了。

（4）套资金

就是收经销商保证金，方法在前文已经讲过。

（5）交接清算

在和新经销商签订合同时，明确原经销商的良性库存由新经销商接手，以避免扰乱市场。对原经销商的即期品及返利支付等遗留问题的处理，要以各种理由延迟或采取分阶段兑现政策（延迟并不是不兑现，一定要考虑原经销商的利益），保证新老区域经销商能顺利交接。

想象一下，你要剁掉这个大客户：

① 他库房里没货。

② 他的钱在你手中。

③ 他的网络在你手中。

④ 你的各种政策限制他。

⑤ 市场交接很清楚，而且他还有遗留问题要等你解决，这时候你就已经占据了主动。

2. 事中搞平衡

厂家占据主动以后，要做这几件事。

（1）事中平衡第一步——设定游戏规则

切记，做销售是跟人打交道，难免经常出现矛盾。我们并不怕矛盾，我们也不怕冲突，但是不要激化矛盾。剁大客户要先设定游戏规则。剁掉他之前给他出一个合情合理的难题，先给他3个月时间完成，他做不到；再给他1个月时间，又做不到；再给他1个月时间，还做不到。连着"让"他3次，你再剁他，让他觉得你对他已经仁至义尽了，他内心也会相对平衡些。

日用品企业的有些经销商擅长做批发，不擅长做商场超市。假如你要求一个经销商替你做商场超市，而他不愿意做，你想剁掉他，怎么预先设定游戏规则？

你去找他，跟他说："公司老总说你要是不做商场超市，就让我剁你（先吓唬）。"然后告诉他："你放心，其实我也不愿意剁你。我回去跟老总求情，担保你一定能把商场超市做好。这是我回去提着我的饭碗跟老总担保才把你保下来的，要不然这一次经销商淘汰就有你。你看各地的经销商都在被淘汰，就是因为不做商场超市。你要想做的话，我在老总那儿替你争取了3个月时间，这3个月里，你必须完成以下几件事：第一，要买小的厢式送货车；第二，要留出50万元商场超市专项运营资金；第三，把做商场超市必须完成的几个硬件配制，在3个月之内配齐。要是配不齐，3个月之后，老总剁你，我就保不了你了。"

上面这段话的意思是"你能办到，就给你3个月时间，不行就要现在剁你。"这时候他肯定说："能，一定能！" 3个月之后你来找他，他可能办了两件，还没全办好。"嗨，我帮不了你了，我剁了啊"（继续吓他），"别剁，我再试试"，"好，我再给你1个月时间"。再过1个月你去，还有很多没办齐，这个时候你剁他，那就不是你对不起他，而是他对不起你了——因为预先设定了游戏规则，你已经多次跟公司为他争取条件、争取时间，最后他还是不能满足公司的要求，被公司砍掉了，这会让他理亏。

一般来讲，剁客户，设定游戏规则这一招是必须用的，这样剁掉他之后，双方才不会沦为义气之争。否则被剁掉的经销商一定会咬着牙根子恨你，非要砸你的价。

（2）事中平衡第二步——领导出面，杯酒释兵权

虽然前面已经设计游戏规则让他感到理亏，但你剁掉他的时候，一定要让他有面子。如果经销商比较重要，公司的领导也不妨百忙之中拨冗相见——亲自出面请他吃顿饭，饭桌上叙叙旧："老张啊，最近我听底下员工说，你那边的车一直没配到，有什么需要帮助的地方尽管说。我们厂家也不容易，你也要努把力呀！"实际上领导是在告诉他，"厂家剁你也是迫不得已。因为如果厂家今天不做超市，明天就会越来越差，就要倒闭，行业要求必须做超市，如果经销商不能跟上，那么厂家剁掉他也是迫不得已"。

（3）事中平衡第三步——花钱买市场

如果经销商够狠，厂家的杯酒释兵权、晓之以情无效，还是会带着仇恨情绪要报复厂家。这时厂家还可以"动之以利"——花钱买市场。常规方法有两个：

第一个方法叫"吃鱼骨"。比如这个人原来是山东总经销，因为各种原因市场做得不细，被剁了，变成济南市经销商，他心里肯定有恨。那么怎么让他心理平衡一点？告诉他，2011年把你变成济南市经销商，但是按淄博、青岛等地级城市新开经销商和分销商的销量算你的返利，2012年你只要把济南的市场做好，别的城市不用你管，厂家白给你一笔返利。这就叫花钱买市场。当然厂家把返利给了这个经销商，对青岛新开的经销商也要给返利。这是双重成本，这个成本必须由厂家来承担。便宜不会让经销商一直白占，

2013年给他一半返利，2014年就不给了。

另一个更巧妙的方法叫"留遗产"。有一个企业告诉我这么一个方法：该企业要刹掉一个大客户，明知道把他刹掉，企业很可能"打"不过他。怎么办？给客户留个"遗产"。他们跟这个客户结款方式是"上打下"，就是进第二车货付第一车货的钱，刹掉客户之前，送货车的型号就越来越小，刚开始是用8吨车送货，然后是用6吨车送，用4吨车送，用3吨车送，总之找各种借口让送货的车越来越小，最后客户手里只欠厂家3吨货的钱的时候（大概40000元），厂家突然翻脸——刹。刹完以后业务员还跑过去，装模作样，"嗨，张老板，那40000元你还没给我"，这时客户肯定不给："无缘无故把我换了还来要钱，滚！"业务员立刻装模作样不敢要了。实际上企业的总经理告诉我，他压根没打算要那40000元，那40000元就是留给客户的遗产。

你想想，这个客户拿了厂家3吨货没给钱，他嘴虽然硬，但心里也怕厂家追究。厂家刹掉大客户之后，心里也怕大客户报复。这叫麻竿打狼——两头害怕，最后谁也别惹谁，这就叫留遗产。

3. 事后迎头痛击

有时候即使你事前占据主动、事中找平衡全部做到，把客户刹了，他还是要报复你。怎么办？

（1）找人做后盾

如果老经销商完全不讲道理，后面找的客户就要更有实力。这样做不是要挑起纷争，而是为了进行威慑——一般情况下，前面的经销商看到后面的经销商实力雄厚，不好惹，就会知难而退了。

（2）以牙还牙，迎头痛击

我们能做的都做了，这个老经销商还是要"动手"，怎么办？

兵来将挡，水来土掩。要是你敢来暴力的，我就动用法律武器。要是你来捣乱，我就向税务、工商投诉。要是你敢砸价，那么你打1个品牌的价格，我就把你手里代理的10个品牌的价格全部打一遍。

事前想办法腾清库存，拿到资金，抓住网络占据主动；事中想办法杯酒释兵权，花钱买市场，搞好心理平衡；事后迎头痛击，手段强硬，告诉他：

"厂家已经仁至义尽,你还这么过分,'厂家很生气,后果很严重'。"

三管齐下,一般经销商都能"搞定"。但是如果你真的很倒霉,最后"迎头痛击的时候"发现大客户在当地真的是个"地头蛇",你斗不过他怎么办?——一个字,"撤";两个字,"认栽"。

做销售不可能没有风险,做生意也不可能没有风险。最后一种可能性发生的概率并不大,如果你因为这么一点点可能性就不敢换客户,那才是懦弱无能,因噎废食,"助长恶劣风气"。记住,做生意是为了赚钱,必要的时候就要付出成本。

第七章

冲货、砸价治理

本章预告

冲货、砸价是营销顽症，严重危害市场秩序。迄今为止还没有营销专家或厂家能从根本上解决冲货问题。其实，冲货并非没有解决办法。制定合理的经销商政策只是其中一个方面，但要根治冲货，还是要靠各个区域经理、业务员、经销商身体力行，甚至要用到一些"江湖招数"。本章我们将着重学习站在执行层面根治冲货、砸价的招数和动作。

第一节 预防冲货，全面了解冲货类型

一、打击冲货没有方法，只有手段，关键是："狠"

从来没有听说哪个厂家敢保证，我们的货一箱也不冲（除非这个厂家的货卖不动）；也没有听哪个营销专家说，我有一套方法可以根治冲货。

在打击冲货、砸价过程中有个奇怪的现象，就是厂家办不了的事，业务员、经销商却可以办到——打冲货，打砸价，没有方法，只有手段。厂家用的是方法和政策，不能完全解决问题；底下的经销商、业务员用自己的手段把这事给"摆平"了。

那么到底该如何治理冲货和砸价？送给大家24字口诀：信息灵敏，闻风而动，迎头痛击，手段强硬，屡禁屡冲，屡冲屡禁。治理冲货绝招就两个字：够狠。你够狠就没人敢冲你的货。狠到经销商害怕你，因为他每次一冲货，都会被当地业务员和经销商"手段强硬地迎头痛击"。

经销商刚一冲货，"哐，眼镜碎了"（货被当地经销商扣了）。又一冲货，"头发被拔掉一撮"（被当地经销商抓住证据告到公司了）。第三次冲，"门牙被打掉一颗"（被当地经销商以更低的价格反冲过来）……

时间一长，他会发现这个区域的经销商不好惹，但不会说："哦，我明白了，冲货是危害社会经济秩序的不良行为。从此我洗心革面，重新做人，永不冲货。"他会说："这个区域的经销商太可怕了，不好惹，我还是去冲别的区域吧。"

你够狠，能让冲货方觉得你不好惹，往你负责的区域冲货风险太大，他

自然就会有所收敛，你的问题就解决了。

二、预防冲货的发生

解决问题最好的方法是事前管理。那么，如何预防冲货呢？

1. 注重过程管理

这是公理，也是营销常识。请问决定一个城市市场销量的是什么？是不是经销商进货量？不是。决定一个城市市场销量的是终端售点的启动，有多少个售点在售卖、陈列好不好、价格是否正常。终端售点才是实现实际销量的地方，经销商、批发商实现的只是库存转移。

想不透这一点，就经常搬起石头砸自己的脚。给经销商的压货量太大，他一定会冲货。选的经销商全是有8吨车的，他也一定会冲货。给业务员定的销量目标太高，而且是高提成制，结果更是冲货泛滥。

营销是有因有果的行为——种善因得善果，种恶因一定得恶果。一个城市的终端售点启动程度决定了只能有1000箱销量，你给经销商压了2000箱货，多的那1000箱只能被退回，甚至有时只能退回500箱。另外500箱在通路上积压，冲货、砸价了。

2. 从内部治理做起，"攘外必先安内"

大宗冲货背后一定有内部黑手——不是业务员帮经销商联系冲货，就是业务员对经销商的冲货视而不见。

打冲货关键先要斩断内部的黑手。某食品企业被冲货冲得一塌糊涂，之后推出一个内部处罚制度：只要厂家在甲地发现了乙地的货超过50件，先罚乙地区域经理。该制度铁腕执行下去，冲货情况立刻大大改观。政策宣布后，销售经理人心惶惶，个个都说"这一招太狠了""经销商自己冲货我也没办法""处罚我纯粹是冤假错案"，但是该制度实施后，业务员个个瞪大眼睛下去查冲货，见了经销商就说："别冲货啊，你冲货我就剁你，因为我不剁你，公司就剁我。"半年过后，这个企业市场上几乎没有冲货现象了。

特别提示：在执行这一政策时要注意把握合适的度（如：界定发现50

箱以上才算冲货），否则打击面太大，有副作用。

3. 使用物流识别码

这是常规招数，就是给山西的货箱上打上山西的码，给山东的货箱上打上山东的码。通过编码来锁定是谁在冲货，然后进行处罚。

编码印刷有两种方式，一种是先生产产品，经销商拉货的时候在外包装箱上用滚轴打码器加标识，或者干脆在箱子上注明地名和经销商名。这个方法比较好操作，但是因为编码印刷在箱子外面，往往会被经销商钻空子。批发商骂"冲货的人不要脸"，因为货冲过来，箱子上的编码（脸）早就被撕掉了。

另一种方式是在成品入库前打经销商编码（事先确定经销商编码和订货量，在生产的时候把编码打印在单只包装上的生产日期后面，如2005.1.25—3—002，就是指2005年1月25日，第3个工作班生产的产品，002是区域代表码，比如东莞），这就相当于给每个经销商定制产品，必须做好预订货工作。根据对经销商历史同期销售数据的分析，做好预订货数量的预测。预先生产不影响发货速度，如果无法预测经销商的进货量和进货时间，则只能在经销商下单后由生产部组织生产。所以，需要生产方面密切配合。

编码的印刷要考虑经销商可能恶意破坏，所以有的白酒厂为了防冲货，会在商标上做水印，有的空调厂在空调机不同的位置打十几个钢印。厂家机关算尽，想打编码防冲货，结果真有空调经销商用钢锉把十几个钢印都锉掉再冲货的。只要是人想的招，就有人能破，厂家的编码只是给冲货经销商制造了障碍，增加了"犯罪成本"而已。

4. 建立市场隔离带

一个企业如果刚刚开始做市场，产品利润空间大，砸价的可能性就大，市场还处于大片空白，那就不妨隔区域设经销商。比如陕西一个经销商，河北一个经销商，中间空着一个山西市场。这是刚刚起步的企业不得已而采用的方法。

另外，在给批发市场放货的时候，对一些特殊的批发市场和区域要小心。比如广东的佛山大力，西安的西门糖酒，河北的南三条、廊坊，浙江的义乌。这些批发市场和区域有个特点——市场里面的车都是 8 吨车,它们都是"远程导弹发射基地",专门往外埠做长途生意,如果是新产品做市场,需要射程远,需要迅速扩大覆盖面,这种 8 吨车的批发市场是厂家的首选。但如果是成熟市场要做终端,就要对这种批发市场限量供货,建立市场隔离带。

三、分清冲货的成因和类型

了解了常规技巧,接下来看具体用什么动作打击冲货。打击冲货要掌握的第一技巧是"溯源"。就像你找一个医生看腰疼,可能是肾虚,可能是椎间盘突出,还有可能是扭了筋所致,不能一概贴膏药,更不能一概补肾,要辨证施治。

同样道理,你看到市场上有冲货,先不要盲目采取措施罚款、断货。先要溯源,看看冲货分哪几类,你的冲货属于哪一类,对不同类型的冲货,打击方法不一样。

1. 良性冲货

在相邻相近的城市,或两市交界线上有批发市场,造成货物流动,数目不太大,价格也不太乱,这种叫良性冲货。

2. 仇家冲货

经销商之间冲货,根本不是为了挣钱,而是为了报复——你曾经得罪过我,所以我要报复你。

3. 经销商库存量太大自己冲货

经销商进货量太大、库存量大、出货慢、占资金,老板急着用钱进新货,就会动甩货、冲货变现的想法。

4. 空白片区冲货

经销商向厂家"哭诉",说他的市场被别人冲得一塌糊涂,你一看,却发现是他把自己的市场做得到处是漏洞，铺货率不够，到处断货，别的经销商才把货冲过来的。

5. 带货冲货

经销商冲货的时候，会拿两三个品种做套装，把知名品种的价格降低（不为赚钱，只为把通路"打开"），然后在知名低价品种打开的通路里卖杂牌货赚钱，挂羊头卖狗肉（各个行业的大品牌在批发商眼里都属于羊头，把羊头产品降价，然后把杂牌货通过这个渠道卖出去）。

6. 批发接冲货

前面 5 种冲货都好打击，因为这 5 种都属于经销商冲货，厂家手里有经销商的返利和合同，就有办法整治。最可怕的不是经销商冲货，而是批发接冲货，即二批主动去外地拿货。

7. 倒鸡毛冲货

有的个体户连仓库和执照都没有，专门流窜于各个二三线城市。看到知名产品在打特价做促销，就骑个三轮车去接一车货，然后倒卖给没做促销的地区的终端售点，行里把这种人叫作"黄牛党"。

8. 死冲货

"死"字什么意思？就是已经来不及救了。厂价 38 元/箱的产品，市场上已经通过冲货把价格压到 36 元/箱，价格倒挂，终端价比厂价还要低。

第二节 对症下药，千方百计打击冲货

对不同类型的冲货，我们要辨证施治。

一、良性冲货施治

在两个城市交界的地方有批发市场造成货物流动,量不太大,价砸得也不太低,你作为当区经理,怎么办?

有人说:"把这个经销商剁了。"有人说:"睁只眼闭只眼。"

我的看法是:两眼一起闭。

管理经销商打击冲货靠什么?靠杀气。

什么叫作杀气?就是平时让他对你心存忌惮。管理经销商,主要靠造杀气,你要告诉经销商,公司打击冲货有两条原则,第一条原则,"攘外必先安内";第二条原则,一旦被人抓住冲货,"杀无赦,斩立决"。平时把杀气造出来,就会在一定程度上震慑住经销商。

那么我为什么又要让大家面对良性冲货时"两眼一起闭",这不是互相矛盾了吗?不是,这是一种艺术。因为你想想,良性冲货你能不能根治?你能不能让两个城市之间一箱货都不流动?不可能。良性冲货无法根治,不可能看见一次良性冲货就真的把经销商换掉。所以遇到很小范围的良性冲货,就只能当没看见。

如果你介入了,最后又不能履行"杀无赦,斩立决"的原则,会让经销商感觉:"你看见我冲货了,也不管。"那么良性冲货就会变成恶性冲货。

表面上虚张声势,要维护你的杀气,号称抓住冲货经销商立刻扣返利,而且"杀无赦,斩立决",但是该看不见的地方,你一定要看不见,这并不矛盾。

二、仇家冲货施治

两个经销商有矛盾,冲货只是为了出一口气(尤其在二类以下市场,仇家冲货还挺普遍的)。厂家夹在中间左右为难,两个都是自己的经销商,他们两个意气之争,砸价、冲货,砸得鸡飞狗跳,冲得价格倒挂,严重危害市场秩序,怎么办?

干掉一个?不对,做销售没有那么简单。断官司?分清黑白?千万不要。记住一个原则,千万别蹚这浑水,不要把自己卷进仇家冲货的恩恩怨怨。为什么？本来这俩经销商可能只是小恩小怨，一旦你作为厂家介入，"明判是非，伸张正义"，他们的恩怨不但不会化解，反倒会升级。

厂家不要追究他们以前的恩怨。如果厂家够强势，就各打五十大板；如果厂家不够强势，就只管和稀泥做老好人，为什么？他们冲货、砸价不是为钱，为的是气。几年打下来他们俩累不累？累。说不定他们早想有人调解了。

先告诉张老板"你不要跟他一般计较"，转过身跟李老板说"你不要跟他一般见识，他这些年跟你打，都是死要面子，实际上已经后悔了。你们都是我的经销商，都是我的朋友，冤家宜解不宜结，咱们做生意求财不求气，就当给我面子，我给你一点促销补偿一下，咱们一起赚钱，不要再计较以前的小事了。"经过你的调解，这两个经销商很有可能会化敌为友。

对仇家冲货要注意，要点不在钱上，也不在理上，关键要让当事人的气顺。

三、库存冲货施治

经销商库存量太大造成冲货怎么办？这种情况比较好处理，平时多关注经销商的库存数字，运用1.5倍库存法则下订单，警示即期品，一旦发现有问题，尽快做促销，帮经销商把库存分销掉。

四、空白片区冲货施治

经销商市场做得粗，有几个断货的地方被冲货了怎么办？要不要告诉经销商，"人家冲你的货，我帮你一起打击他"？不要。我在做销售总监的时候，经销商也跟我诉苦："魏总，我们郑州市场没法干了，到处冲我的货。你看陕西冲我的货，山西、河北都冲我的货。"我告诉他："冲货可耻，被冲无能，到处都冲你的货，看来老张你一个人做不了郑州市场，我给郑州再开一户，帮你一起做。"他一听，立刻大喊："不用不用，我能搞定。"

如果有一个市场，经销商做得很差，空白片区被人冲货，怎么办？鼓励冲货——没错，就是鼓励冲货，用冲货刺激当地不争气的经销商。带经销商去看市场、看冲货，告诉他："老张，你看你管的市场，你以为你太原市场管得很好，就在你眼皮底下，好几个批发市场照样断货，被人家冲货。我已经统计过了，每个月人家冲的货有700多箱，这个数字对你意味着什么？如果你把自己的市场做好了，这700箱的销量是你的。现在是你的市场你没做细，让人家来白白抢走700箱的销量。"

特别提示：空白片区被冲货，厂家说"鼓励"只是气话，目的是用冲货来刺激当地不争气的经销商。一旦当地经销商表示悔悟，愿意把市场做细弥补漏洞，厂家还是要遵守市场秩序，跟进当地经销商的精耕市场行动计划，帮他把冲货挤出去。

五、带货冲货施治

由于带货冲货危害比较大，因此治理这种冲货的方法也比较复杂，要从预防、取证、治理几个环节入手。

1. 预防带货冲货
大体上可从以下三个方面预防带货冲货。
（1）建立预警系统，及时掌握冲货信息

我给汇源果汁做培训时，跟他们内部的经理做访谈（了解企业内部的问题），其中一个经理自我介绍时告诉我，他是"打窜（冲）办"的，我当时没听懂这是什么部门，后来才知道汇源果汁为了打击窜货专门成立一个"打击窜（冲）货办公室"，由此可见汇源果汁对打击冲货的重视程度。厂家对冲货有没有给予足够的重视，从机构设置上就可以看出来。

我在给一家日用品企业做培训时，发现企业内部有一套很独特的管理方法。总部有一个叫监察部的部门，员工有40人，清一色的新人，在公司里没有任何人际关系背景。他们的工作任务只有一个：罚款。每个月开完月会，这40个人就作鸟兽散——有的留总部，有的下市场，一旦发现员工上班没穿工作服，罚；经销商冲货被抓住了，罚；业务员带老婆一起出差，罚；业务主任住低价宾馆，报销用高价酒店的发票，罚……

甚至新品种上市期间，因为全国各地有比较大的促销费用投入，监察部罚款竟然有任务量，罚不够从他们工资里扣。他们瞪大眼睛到处找："怎么还不出事呢？赶紧出事，我没罚够2万元呢。"

更可笑的是，这个监察部最后成为"创收部门"——每个月罚的款，比他们工资高得多。

不知道大家觉得这个监察部有没有必要设立，我的看法是，做法可供其他企业学习借鉴。很多企业最缺的就是稽核、督办、复命意识，这个监察部的做法虽然残酷了点，但绝对有用。

想防止冲货，先看厂家从组织机构上有没有对这件事情给予足够重视。

（2）注重网络的均匀性和有效性

如果你的经销商网络不足以覆盖管辖的市场，就叫网络不均匀；如果你有50个经销商，月底一看销量，三大经销商销量占了一半，也叫网络不均匀。销量过分集中在大客户身上，往往是冲货、砸价造成的。

怎样监控网络均匀性？如果是区域经理，你管的经销商只要超过5个，最好每个月都做客户月度销量排名，随时监控销量的异常变化，防止个别经销商通过冲货做大而不好"收拾"。

某区域经理管了20个经销商，每个月把20个经销商按销量从大到小排名。如果发现经销商张三上个月在20个经销商里销量排在第18名，这个月却突然上升到第2名，说明其中必有缘由，很可能是窜货造成的，那么立刻查公司上个月是否给张三做促销（促销会使销量增长，这是正常现象），如果没做促销，但销量增长，就要追查原因了。"老张，怎么上个月销量这么好？"他回答"因为上个月我新开了两个县城客户""因为上个月我做了一个新品种的铺货""因为上个月我新进了两家超市"……只要他能给你一个比较合理的理由就好。如果他没有合理解释，说明他可能就是冲货、砸价的经销商，接下来就要明察暗访。

如果你只看区域总任务量有没有完成，不去监控每个经销商每月的销量，等你发现问题的时候，往往为时已晚（一个大客户冲货时，虽然别的经销商的销量下降，但他的销量上升，所以整体销量暂时不会明显下降），最后就会出现网络不均匀。一旦销量寡占现象形成，你再想动他，就动不了了，他所占的比例太大了。在小老虎变成大老虎之前把他干掉，这就是网络均匀性监控的目的，是一种预警机制。

网络有效性又是什么意思呢？即我们要监控客户的月进货次数（每个月不但做销量排名，还记录每个客户进了几次货，防止出现"死客户"现象——号称100个经销商，一到淡季88个客户不进货，只有12个客户进货）。在监控客户的进货次数时，如果发现某个客户上个月进货2次，这个月进货9次，同时，他周围客户的进货次数在减少——那么这个客户一定是冲货的"嫌疑人"。确定后"摧残他，琢磨他，蹂躏他"，断他的货，断他的促销品，断他的人员支持，减少对他的广告支持、旺销品，少给他发货等，直到他收敛行为为止。

（3）注重经销商选择和管理的质量

① 注重经销商选择的质量。我们知道，经销商选择不能以对方的实力大小为标准，要选择适合自己的。

选择经销商质量很重要，我常看到一些经销商在大厂家面前赌咒发誓（因为他想做大品牌，他也知道大厂家不要他是因为他的车全是8吨车）："我以前主要靠做外埠市场，我跟你合作后就改。"你能不能信他能改？绝对不能相信，一个经销商不会因为跟一个厂家的合作而改变生存模式。

② 提前"洗脑"，前文讲过这个知识。

③ 收押金，签协议，团队制裁。做销售一定要会"庸人自扰"，要学会自己给自己找事做，凡事要往前多走一步。

我在可口可乐一个县级市办事处做业务员的时候，可口可乐经常做促销——买几箱可乐，送1把广告伞。该促销并非面向所有商店，而是只针对十字路口位置好的商店，目的是把可口可乐的广告伞插起来（在一些大城市里，插广告伞还得倒给商店钱）。

我向公司申请不这样执行（要想增加销量，有的是方法，不必用广告伞做赠品），我要达到目的——把广告伞插起来。于是这个政策变成了让客户先交100元押金，我免费送1把伞，然后客户要跟我签协议——保证整个夏天每天把我的伞插在商店门口，厂家会不停派人来

第七章 冲货、砸价治理

检查，如果发现有一次没插伞，扣 5 元，发现 20 次没插伞，押金就不退了。

这其实是给自己找罪受，比起买可乐送伞的方法，这种做法工作量又大又得罪人，要签订几百份协议，然后派人装模作样去查一查，碰见不插伞的客户就劝一劝、吓一吓，虽然不会每一个客户都天天把伞插出来，但效果一定会变好。

结果，在别的办事处，可能发了 100 把伞，街上 1 把也找不到，但在我负责的这个办事处，发了 100 把伞，一走出去则一片都是红太阳（可口可乐广告伞是红色的）。

每年到了旺季，我会再做一件事，把我的经销商全部召集起来开会，我讲："各位，咱们去年砸价砸得都没挣钱，今年能不能不砸价了？"他们口头上当然答应："能，绝对不砸价。"我就趁热打铁："好，咱们今年签一个君子协议，共同承诺绝不砸价，大家同不同意？"他们当然也乐得做个顺水人情，同时也标榜自己是没砸价的"良民"，都同意签协议。但是一看协议上注明要交"砸价保证金"，立刻不愿意了，我就给他们做思想工作："保证金不用交给我，交给厂家你们也不放心。咱们这群经销商成立个协会，协会会长就让经销商老周来当，周大哥德高望重，在当地大家都信得过，你们把钱交给他，厂家做公证人。交这个钱意思就是保证各位不砸价，我相信你们谁都不想砸价，每个人都是'怕别人砸价，所以还不如我先砸价'。你们把钱交给周会长，然后咱们签君子协议，今年这个旺季，在座各位绝不砸价，如果发现哪个人砸价，一旦确认，老周直接扣他的保证金。咱们君子协议上签清楚，有人胆敢砸价，其他经销商联手'砸死'他。"

保证金数目不大，又有厂家做担保，没有砸价企图的经销商立刻响应表示愿意，个别不愿意交钱的可能就是有砸价意图的"嫌疑人"。我就当场拿话挤兑他："怎么啦，张老板？别人都交，你不交，你这不是给自己脸上抹黑吗？你跳进黄河也洗不清了。"说实话，交了保证金他也未必绝对不冲货、不砸价，只是我给冲货者制造了障碍、增加了成本，能够让事情逐渐好转。

还有一个更狠的方法，就是团队奖金。什么意思？这是我被逼得没办法才想出来的"阴招"。打击冲货打得太累了，我最后想了一招"团队奖金"。

假如把广东一分为四：粤东、粤西、粤南、粤北。粤东区可能有10个经销商，这10个经销商组成一个小团队，一年下来，如果粤东区没有发生恶性砸价，10个经销商，每人可以得到5000元钱和平奖。反之，如果中间有一个人砸价，那么10个经销商的和平奖全部取消。

这一招效果很好，"宁犯天条，不犯众怒"，经销商宁可跟厂家"掰了"——大不了我不做了，找另外一个厂家做，也不敢惹恼周围一片的同行。如果周围9个经销商真的恨他，都要"砸"他，他可就没有活路了。

④ 合理的经销商压货量和利润额。前文讲过，决定一个区域市场销量的是终端启动，经销商完成的只不过是进货量和库存转移。让经销商过多压货有没有好处？有，唯一的好处是抢资金，旺季前抢资金，在竞品的新品上市前抢资金。

但坏处无穷：积压过期，经销商周转率下降产生抱怨，货款无法回收，因为客户库房里有太多货造成厂家不敢"剁"他等。经销商压货量一定要合适，如果他自己的货刚好够卖甚至不够卖，他就会去冲货。

另外，也要给经销商创造合理的利润空间。大多数情况下，只有当经销商做你的产品无利可图的时候，他才会考虑通过冲货来赚取额外利润。如果经销商有比较合适的利润，他的冲货动机就会减小。那么，怎样帮经销商创造更多利润额呢？除了鼓励经销商做高毛利渠道（如团购、餐饮）以及对经销商进行促销支持、市场推广外，还有一个方法，就是一定要帮经销商完成全品销售。很多经销商是晕头晕脑做生意——你问他这个月是赚了还是赔了，他不知道！他一定要到年底盘账才能知道。你要帮他算账，教给他品项销售观念："老张，你目前的状况，卖我们产品'小康100'，一个月大概能挣4000元，你现在不要急着把这个利润已经很低的老品种使劲冲量，应该再推一个高利润品种。比如你推'小康120'的第二个口味（原来卖的是牛肉味，现在再推一个排骨味，同品种第二口味推广难度比较小），你卖'小康120'一箱的利润比'小康100'要高4倍，多推一个排骨口味的'小康120'，假如一个月卖到100箱，你算算利润增加了多少？"

⑤ 市场精耕细作。对于经销商来讲，的确是"冲货可耻，被冲无能"。

但也不要以为批发商都愿意从外地接冲货。从外地接冲货，其实是需要很高成本的：运费、货物有质量问题对方不给退换的成本、跟当地经销商反目成仇的成本等。实际上，只要当地经销商能够精耕细作，上门订货，上门换破损，上门做促销，而且维护好价格秩序，让大家层层有钱赚，服务够细致，市场做得够完整，二级批发商大多不愿意从外地接冲货。所以说，市场精耕细作，加强服务力度，是预防冲货最好的方法。

2. 已经出现带货冲货怎么办

（1）抓黑手

假设发现最近有个姓张的客户正在往你这个片区冲货，厂家业务员跟当地经销商一起去找他："老张，你怎么冲我的货呢？"他会说："我没冲啊？你怎么能怀疑我？你看我这张诚实的脸！"中国有句古话叫"贼无赃，硬似钢"。

打冲货第一要抓黑手（抓住对方的冲货证据），抓住证据再去找他："张老板，你冲我的货，人赃俱在，你自己说怎么办？我用更低的价格给你冲回来，还是我上报厂家制裁你？"他一定不敢再嘴硬了。如果没有证据就去找这个经销商，会打草惊蛇，这相当于告诉对方："老张，下次冲货小心一点，别被抓住了。"

有人会说："冲货的黑手不好抓，因为冲货的经销商一般都会把痕迹掩盖起来。"好，现在跟大家做个小游戏，教你怎么迅速抓住冲货的黑手。

第一步：把你的手机屏幕朝下反扣在桌子上。

第二步：在心里默默回答我几个问题——"这手机是你买的吗""不是偷的吧""用了多久了"。

第三步：如果你确认自己的手机不是偷的，是自己买的，而且已经用了半年以上，请你回答如下问题，并把答案写出来。

你的手机屏幕上有几种颜色？

你的手机右上角第一个键是什么字母？

你的手机左上角第一个键是什么字母？

你的手机键盘由几种颜色构成？

第四步：把手机拿起来，对着自己刚才写下的答案，看自己答对了几个。

我想如果我是个糊涂的法官，可以把99%的读者送进监狱——你自己的手机怎么自己不认识，问题都答不对呢？

大家懂我意思了吗？这叫视而不见。你看，这手机你都用了半年多了，你每天看手机无数次，但是手机的键盘有几个颜色你却不知道。

冲货证据不好抓。但是，如果一个区域经理真的想抓冲货的话，跟当地经销商联手，怎么可能抓不住呢？方法太多了。

我们在可口可乐时，一听说有人来冲货，立刻给业务员配照相机。出去拍什么？拍车牌号，然后顺藤摸瓜根据车牌号查是谁在冲货。

外地车来这里冲货，总有出货单吧？出货单上货主要签字。想办法从当地批发商那里找到你的出货单，查笔迹。

我可以派人上门去买。派人装成另外一个厂家的业务员，去谈经销权，趁机钻进经销商库房里看。

我可以蹲坑守株待兔，看是哪里的零担车来往发货。

我可以晚上跟踪你的车，看你的车去哪里提货。

……………

真想抓冲货，一定有很多方法。有的经销商很狡猾，冲货的时候凌晨3点就出发了，出货的时候在出货单上写假名字，还把箱子上的编码撕掉……但是真的要把痕迹从头到尾完全掩盖住，是不可能的。

打击冲货第一件事是抓黑手。原则就一条：只要想抓，一定能抓到。如果经销商向你抱怨："假如将来被冲货怎么办？"你怎么回答？

我的答案是："张哥，你给我们做郑州的市场，被冲得一塌糊涂，你说怪谁？只能怪咱们没把郑州市场守住，我是郑州经理，你是郑州经销商，是咱俩失职。咱们以后立一个君子协定，打击冲货，你负责抓，我负责打。别人往郑州冲货，你只要抓住证据来找我，我一定帮你打，但如果你证据都抓不住，我就要追究你的责任了。"

（2）建立价格围墙

作为区域经理，这个区域有哪几个经销商喜欢从外地接冲货，你应该是心里最有数的。从没听说有哪个经销商一次冲了3箱果汁，最少也得冲300箱，因为冲货没多少利润。

尤其在二线以下城市，一个区域能够从外地大车接货的就那么几个经销商，那么，可以把几个有接冲货嫌疑的二级批发商叫在一起开会。

老张、老李、老刘、老马，咱们一起吃个饭，今儿个我（总经销商）做东。我现在做可口可乐的经销商，你们几个给哥哥我抬个面子，我做的货，你们不要从外地接冲货，好不好？我知道你们为什么从外地接冲货——便宜。但是从外地接冲货，一年无非接个三回五回，一回占300元便宜，一年多赚2000元就了不得了。这样做没啥意思，还搞得咱们兄弟见了面闹矛盾。大家低头不见抬头见，给我个面子，你们几个从我这儿接货，我以后把你们定为一类客户。给你们上门订货，上门换破损，上门做促销，上门服务，上门贴海报，上门做陈列，上门做库存管理。厂里有促销政策我先给你们，厂里有返利我先给你们，厂里有各种好处我先关照你们……

这种做法对批发商有没有吸引力？肯定有吸引力。也许有个别批发商拿着你的政策，继续偷着去接冲货，但是大多数批发商都不会再去接冲货了。6个批发商被你这么一煽动、一拉拢，有4个不接冲货了，还有2个接。冲货的经销商一看，只剩2个客户，他感觉市场突然没销量了，就会放弃这个市场。

（3）换大箱

冲货有的时候是从卖得不好的区域往卖得好的区域冲——因为卖得好的区域市场大，好下货。有的时候则是从卖得好的区域往卖得不好的区域冲，为什么？在卖得最好的区域，经销商的返利更高。如果卖得好的区域的经销商往外冲货，厂家不妨把这个区域的产品箱容扩大，换大箱。

有一家果汁企业，其产品在河南、陕西、甘肃、青海、宁夏卖得非常好，但在长江以南地区卖得就比较差。郑州和西安的经销商常常仗着自己返利高补助高，把货冲到南方市场。该企业就用旺销区域换大箱的策略解决了这个问题。

别的地方发货是一箱24包果汁，给郑州、西安的经销商是一箱40

包果汁。这样做之后经销商立刻不冲货了。为什么？第一，40包一箱的大箱子冲到外面，很容易被看出来；第二，在卖得不好的区域，24包一箱人家还嫌大，40包一箱更大了，零销店老板就不要了。但在卖得好的区域，40包一箱并不影响销售。

（4）查三证

可以利用行政条文来捍卫自己的权利。

假如有1辆卡车，卡车上有1个司机、3个工人。卡车上带了3个厂家的货，分别是可口可乐、康师傅和华丰面。这3个厂家的货包括可乐、雪碧、芬达、醒目、华丰2000、康师傅纯净水、康师傅绿茶等10个品种，每个品种有3个生产日期。你知道，就这一车货来到你的地盘销售得带什么证吗？

第一，车得带驾驶证、养路费年检证，而且车在做销售，还得带一个营运证，如果是来北京做销售，还得带进京证。

第二，1个司机、3个工人要带什么？身份证，还有食品从业人员健康证。

第三，每一个厂家的货，都得带"三证"复印件（工商营业执照副本、税务登记证副本、法人代码证），总共已经21个证件了。

另外还有10个品种、3个批号，共计30个单品批号的产品，每一个单品的生产质量许可证、卫生合格监督证，还有当地防疫放行证，合起来一共100多个证。如果去细抠工商行政条文，寻求执法部门帮助查这些证，会发现有些经销商的证件不齐，这样就可以有效打击到他们。

当年西北有一个特大的经销商。他有30多辆卡车，在各个地级市设立分公司办事处，队伍比厂家还大。他冲货冲到什么程度？露露、华丰、康师傅几个厂的销售总监都跟他谈："你别冲了，年底给你发额外返利。"

但他后来却叫我手下一个业务主任给治了。经销商冲货好几回，把这个主任给惹急了，就联合当地工商、税务查。结果真的查出了问题，后来经销商就不敢在这个业务主任负责的区域里冲货了。

特别提示：借助行政法规的力量打击冲货，不但可以查证件，还可以向相关部门投诉冲过来的货是假货，或者告对方恶意低价倾销。需要注意的是，这么做会殃及当地接货的其他客户，所以要三思而后行。

第三节　预防二批接冲货和二批砸价

一、怎样预防二批接冲货

1. 关注大二批的客情和异常库存

前文讲过，业务员管理经销商，靠的是专业形象，管理批发商也一样。真正对管理这些客户起作用的是专业形象和专业客情。

做销售市场，游戏规则很重要，潜规则也很重要——就是人的问题。客户也是人，人跟人打交道，有时候也就是个面子问题。二批心里明白，他把哪个产品砸了价，就是跟哪个厂家过不去。所以业务员要建立每个市场大批发商的资料库，不但要拜访经销商，还要拜访批发商。上门做库存管理，上门拿订单，上门送货，上门培训导购，批发商的库存量太大时你帮他分销，遇有适当时机也给他上上课。

一来二去，批发商对你产生尊重，就有可能对你的产品"网开一面"（不再接冲货和砸价）。

2. 建立大二批的进货台账

什么叫大二批的进货台账？厂家管理经销商，要监控网络均匀性、有效性，要去盘点每一个经销商的月进货次数和客户月销量排名。不妨把这个方法移植到经销商对二批的管理上。帮经销商给他手底下的大二批建立客户销量档案，发现某个大二批最近销量异常增长，进货次数异常增长——其中必有端倪。接下来就是明察暗访，抓住证据，上门判断，斗智斗勇。

3. 增强网络控制力

经销商在管理二批的时候，要做到三个控制。

第一个：数据控制。建立二批的网络台账，随时可以发现哪个二批的销量异常增长，防患于未然。

第二个：客情控制。厉害的经销商除了能给二批产品和利润，还能给二批生意之外的东西——高频率的拜访，上门退换破损，上门去帮他做分销，上门去帮他搞定客诉，定期举办经验交流会和培训会，甚至成立商会——大家抱起团来跟超市谈费用，抱起团来面对压力。这些交易之外的东西，就是客情控制。

第三个："武装力量"。大家别误会，我并不是让经销商养几个打手。对经销商而言，要想你手下的二批不敢砸你（所代理产品）的价，你必须有直接拜访终端，直接做零销店，直接做卖场的能力。如果你有这支"武装力量"，哪个二批敢不听话砸价，你就可以告诉他"你敢砸我的价，我立刻让我的人去抢你的客户"。反之，如果你没有这支力量，就无力还手。终端队伍是经销商管理批发商的"核威慑"手段。

二、二批已经开始接冲货、砸价，怎么办

经销商是厂家签约的一级总经销，他旁边有个批发商，跟厂家什么约都没签，就从外面接冲货又砸价出货扰乱市场秩序，如果"非法"批发商出货价比总经销的价格还低，怎么办？

1. 以牙还牙，专打痛处

发现有批发商砸代理产品的价，直接去找他谈判，有用吗？

经销商如果在当地实力很强，去找批发商谈可能还有点用，因为不管怎么说，经销商能震慑住该批发商几分。实际情况往往是，经销商出货38元/箱，二批出的是37元/箱。这个时候经销商直接找二批谈，他根本不理——可能二批实力比经销商还强。怎么办？谈判是什么？谈判就是双方坐下来谈谈妥协的条件。

背景：总经销商张老板主要代理的产品是汇源果汁。批发商王老板同时是金星方便面总经销（此处举例拟名，如有雷同，纯属巧合），从

外地进汇源果汁，砸价出货。

总经销商张老板：OK，你王老板敢砸我汇源果汁的价，一次砸2000箱，一箱砸5毛钱。我砸你（批发商王老板）的金星方便面，砸多少箱？4000箱？我才没那么多钱陪你玩——你砸我的汇源果汁砸2000箱，我砸你的金星方便面50箱，每箱砸5元钱，总共才赔250元。我专门给你的下线客户放货，而且一边放货一边宣布：金星面厂降价5元钱，都降了快半年了——这些下线客户就觉得"这个缺德的老王黑了我4.5元"。

以牙还牙，专打痛处的意思就是：你敢砸我代理产品的价，我就砸你代理产品的价。砸哪个品种？最畅销的品种？不，那样容易出现副作用——比如他还代理可口可乐，你砸他的可口可乐，那会误伤一大片同行，得罪一群人。你要砸他利润最高而且独家经销的杂牌货，他损失的利润很大，你误伤的人少。

我的优势是——纯属报复性袭击。你砸我代理产品的价格是为了赚钱或者带货。而我砸你代理产品的价格是为了"整死""整怕"你，所以我无所顾忌，可砸的幅度很大——咱们的出发点不一样。当然，我砸价，不是为了跟你"鱼死网破"，"打到死一个为止"，而是为了教训你，让你知道我不好惹。砸上三四次以后，对方就会去找你谈判。

话术示例：

经销商：（很关心地问）王老板，听说最近有人砸你的价，你听说了没？

砸价批发商：听说了，砸得我现在头疼得不得了。

经销商：（很神秘的）你知不知道谁砸的？

砸价批发商：不知道，正查呢！

经销商：我知道谁砸的。

砸价批发商：是谁？

经销商：嘿嘿，是我。

砸价批发商：哎呀，我都愁死了，你还来跟我开玩笑。

经销商：真的是我，就是我砸的价，我自首来了。我告诉你，想"死"容易，我可以陪你，就是因为你一直砸我的价，我才砸你两把教训你。你要想"活"，咱们大路朝天，各走一边，从此休战怎么样？

　　特别提示：对于接货砸价的二批，直接上门谈，弄不好是"热脸碰个冷屁股"。你如果没把握一下子把他震住，就得以牙还牙，"砸"过他之后，再跟他谈。当然，语气上不要像例子中那么横，还是要和气生财。

　　我在山东威海给一家农药企业讲这一招，有个业务员举手说，魏老师，你这招不"牛"，我这儿还有一招更"牛"的：

　　有个姓李的二批从外地接我们的货砸价，我们想了一招——晚上11点半，我跟当地经销商带了几个人去敲他的门（当然不是打他）。我以厂家的身份跟他讲："李老板，你是个批发商，何必跟厂家过不去，你跟我们过不去，就'死定了'。我们某某农药，是全国知名农药厂，我们只有一个品牌，而且我们做的是全国市场。你不一样，你是个批发商，手里代理了30个牌子，而且你做的是一个城市的市场。你把我惹急了，我们报请总部支持费用，从全国调货，把你代理的30个牌子每一个砸5箱，每箱砸5元，一次砸死你，你信不信？"

　　点评：批发商听完，他心里"毛不毛"？厂家要真这么干，批发商就彻底完蛋了。当然，这只是吓唬一下，厂家也不能这么干，否则岂不是"与整个武林为敌"（30个品牌的厂家和批发商、经销商都会起来反对）？

2. 对方没有品牌，纯粹是个"倒鸡毛"的，怎么办

　　如果二批接冲货还砸价，我们就得"以暴易暴"，砸他代理的产品的价格，然后再谈。用这一招的前提是对方也在代理品牌产品。

　　对大批发商，砸价的策略是"打他的痛处"。但如果碰到一个小批发商接冲货、砸价，既不是"大如牛"，也不是"小如钉"，而是"小如针"——是个杂牌军（手里没有代理的品牌），"光脚不怕穿鞋的"，你怎么办？

　　最典型的就是有一群专门以倒货为生的个体户（可能还没执照），其

中包括一些在大厂家当过业务员，后来发现商机辞职专门倒货赚差价的人（可见这一行的利润还是比较可观）。行里面把这群人叫作"倒鸡毛""黄牛党""吃垃圾的"。这种手上没品牌又到处接货、砸价的二批，最招人恨，很多厂家拿他们没办法。

这种人消息灵通，行动迅速（他可能在这个行业做过业务员，懂政策），比如说在佛山促销"醒目买一送一"，他立刻窜过去买上500箱，转过身到东莞卖掉。这种人在批发市场面子还挺大——他甚至能不掏钱就拿到货。这边做促销，他来了，找个熟悉的批发商说"给我50箱货，我明天给你钱"，批发商也愿意支持（因为他还款信誉还不错）。这种"流氓无产者""无家无业者"，没有门店，没有品牌，活动能量还不小，真有点不好对付。

有人说"招安"，干脆让他做二批或者当业务员算了。问题是这种人干得好的不会因为你的拉拢改变他的经营模式。他赚到了钱，小日子过得可能比一般批发商还滋润，很难安分守己地给别人当批发商，更不用说当业务员。怎么办？

一是断货源，收购。如果他这批货扔到你的市场上会对你的市场有很大打击，就先把他的货用现金买过来再说，然后立刻查他是从哪里提货的，把源头断掉（这比较难做到，但是必须做）。

二是打他"疼"的地方。这种人靠什么为生？靠差价和客情，他最看重的是固定客户网络和行业"声誉"（服务周到，包退破损，还款信誉好等）。

他最"疼"的地方就是客情，因此你要想办法挖陷阱，破坏他的客情网络，直到他怕你，不敢再惹你为止。常用的方法有三个。

（1）第一招是促销回击

比如我是可口可乐的业务主任，被一个姓李的倒鸡毛的批发商砸价砸得很厉害。我就在批发市场放风"可口可乐公司办事处的人说了，谁敢从小李手里接货，就让他赔死"，然后找个合适的机会"整"他一回。怎么整？发现他又从外地接货，52元一箱卖给当地客户（我们经销商出货价格是53元），一经确认，立刻从公司申请资源，在当地做促销，还卖53元一箱，但是一箱送2瓶，折算下来相当于一箱49元。这样一来，让凡是从他手里接货的人都赔钱（这些人刚刚从小李手里52元一箱接货）。然后我一边做，还要一边放风——就是针对小李，以后谁敢接他的货，就会"死得很难看"，这次就是个例子。

（2）第二招是赠品抢终端

这是我亲身经历的事情。有一段时间，我的经销商雪碧易拉罐出货价是41元/箱，倒鸡毛的批发商叫王汉阳，从外地倒过来卖40.5元/箱。我的经销商外号叫徐拐子，很"坏"的，他想了一招：我跟公司申请个促销政策，买两箱送一个塑料脸盆。专门把货往王汉阳的下线客户那里卖，一边卖一边宣传：最近这两个月，凡是进雪碧的统统有脸盆送。结果客户就说："王汉阳这个王八蛋，我说他怎么卖给我的雪碧比市场价便宜5毛钱，原来是脸盆让他拿走了。"

更有戏剧性的是，王汉阳没想明白我们这样做是在对付他，还真以为我们有脸盆送，来找徐拐子了："徐哥，听说最近买可乐、雪碧，都有脸盆送，我今天拿500箱货，你给我250个脸盆。"徐拐子说了一句话，后来传为笑谈："我卖雪碧送脸盆，倒不是为了脸盆，主要是为了捉鳖，你看鳖来了。"

赠品抢终端也罢，促销回击也罢，道理都一样，就是打倒鸡毛的批发商最疼的地方，破坏他的客情，让他在下线客户中失去威信，失去信誉。

（3）官方手段

这是个法律常识，你可以到工商局公平交易局（科）投诉倒鸡毛的客户低价倾销、不正当竞争，借助政府力量把他"拿下"。

综上所述，对倒鸡毛的客户，你要让他知道，不要以为"光脚不怕穿鞋的"。你手里有品牌，我打你的品牌；你手里没品牌，我打你的客情网络；你说宁可客情被损坏也要倒我的货，我不相信你不怕政府的行政处罚。这些招不可能一下把所有倒鸡毛的人都搞定，但至少能让对方感觉到，厂家的人不好惹，算了，这个货我还是少倒。

三、二批从外地接冲货但是不砸怎么办

　　市场总是有千般变化，我们现在已经知道了批发商接冲货砸价、倒鸡毛砸价的现象如何处理。但是现在又有新问题了，5 排 4 号是我们的经销商，5 排 5 号是个批发商，两个人门挨门，但批发商就是不在经销商这里拿货，他就是要开车去 300 公里之外拿货。批发商如果从外地接货而且砸价，我们可以"打"他。但他接外地货又不砸价出货，你总不能说：你不接我们经销商的货我就"打"你——那就不讲理了。但是你不"打"吧，对经销商的信心又有很大打击，关键是这事情"恶心"人——经销商眼瞅着隔壁有个"钉子户"不从他这里接货，而要去外地接货，听说接货价还比他这里低，出货价又规规矩矩，让你没有借口去"打"他。这简直就是滚刀肉，无处下手了。对于这种人怎么办？厂家业务员要帮助经销商拔掉"钉子户"——上门说服客户让他接货，"老板，我帮你算本账"，算完之后得让"钉子户"说："噢，原来我从厂家经销商这里接货，还是比从外地接货划算。"

　　　　可口可乐公司业务员小魏、钉子户老张、经销商老王聚在一起。

　　　　小魏：老张，你别从外地进货了，你从我们经销商老王这里进货吧。你看我们经销商离你也就一米远，你不从这里进货不太合理啊？

　　　　钉子户：嗨，小魏，做生意要赚钱呀，我从外地接货比你这里便宜，一箱便宜 5 毛钱，一年下来可不少呢。再说了，我每个月都要去趟省城进货，也是顺便省点钱，我可不是有意跟你们过不去。

　　　　小魏：我给你算个账，你就知道其实这 5 毛钱便宜得划不来。

　　　　钉子户：（笑）算一下听听。

　　　　小魏：老张，你从外地提货有没有算过运费？

　　　　钉子户：（笑）不用算，我就是不提你们的货，也得去趟省城。

　　　　小魏：老张你不能这么说，你是商人，你做生意，就得算成本，你既然要去省城，你就应该去接那些当地没有总经销的货，否则你就要把运费算上去，一车 1000 元钱，平均下来你一箱摊 2 毛钱运费不过分吧。

　　　　钉子户：（不服气）就算这样，我还便宜 3 毛钱。

　　　　小魏：老张，你从我的总经销这里拿货，跟你从外地拿货不一样。

你从总经销商处提货，一次提 1 箱、2 箱、3 箱都可以。你甚至可以不提货，在门店摆个样品，有人来要，你从我的经销商这里借就行了。而你从外地提货，不可能一个月跑 8 趟吧？你一次要提 100 箱、200 箱，这就意味着要占用资金和库房，这个账你算了没有？

钉子户：（若有所思）这个我倒没注意过。

小魏：还有，去年夏天，下面一个县城有商店把雪碧易拉罐卖 46 元一箱。我说"你吃了炭了，这么黑？"他说"不黑，我 45 元一箱接的货"。我明白了，我们厂雪碧易拉罐到了淡季卖 42 元一箱，到了旺季卖 45 元一箱，饮料厂家淡旺季价格变动是很正常的。假如你在我的总经销这里接货，一次拿的货少，你船小好掉头，降价你也亏不了，甚至大幅降价，还会有二批补库存。你从外地拿货，你倒霉，刚拿完 200 箱货，厂家降价了，你一箱赔 5 元，要什么时候能挣回来？

钉子户：（开始冒汗）对，对，对。

小魏：还有一个就是售后服务，你从总经销商这里拿货，有 1 瓶破损，我们给你包退包换。你去外地拿货，你一个月拿一趟，你拉了 500 箱货过来，破了 1 瓶，不可能拎着再跑回去换吧。1 瓶可乐卖 3 元钱，但是批发一箱可乐利润只有 2 毛钱，如果不完善不给退换（那边肯定没我们完善），你破损 1 瓶就得卖 15 箱才能挣回来。

钉子户：（脸色逐渐变差）来，抽烟。

小魏：最后一点，也是最重要的，你跟我们总经销门挨门，你不从他这里进可乐，搞得我们总经销对你心存不满，不从你这里进你代理的好护士卫生巾。我们总经销的销售能力大不大你是知道的，就是因为你从外地进了点可乐，导致损失了我们总经销这么大一个客户，损失了这么大一块销量，你值得吗？

钉子户：（无限神往状）我可没那意思，我明天就从老王那里提可乐。

小魏：别急，让我说完，最后给你算一下，你之前的做法总共便宜 5 毛钱，运费给你打掉 2 毛钱，资金压力、库房压力又打掉 2 毛钱，价格风险再打掉 1 毛钱，售后服务又打掉 1 毛钱，损失销量、损失客户网络再打掉 1 毛钱，算来算去，这 5 毛钱绝对划不来。如果你从我的经销商这里进货，那么我们把你提为一类客户，给你上门订货，上门换破损，上门做促销，上门做服务，上门做导购。

钉子户：（变得激动）你说的对，我明天就去提货。

对接货不砸价的经销商要恩威并施，一方面通过算账让他知道"你从外地进货划不来"，另一方面告诉他"只要你从我这里进货，我给你什么什么支持，甚至你以后从我的经销商这里进货，连钱都不用掏了，以物易物（我拿我的可乐换你代理的方便面，你拿你的方便面换我的可乐），这叫投桃报李，取长补短，大家皆大欢喜。

四、对死冲货的治理

死冲货就是厂家38元/箱的厂价，终端价已经打成37元/箱了，行话叫价格倒挂，这个产品基本上就没法卖了，因为谁卖谁赔钱。这种情况一旦出现往往很难很快扭转，只能用一些相对笨的方法慢慢改善。

1. 跟二批签协议
就是把厂家跟经销商的合作模式移植到经销商跟二批的身上。

假如有个市场，以前厂价是30元/箱，经销商30元/箱卖给批发商，希望批发商卖31元/箱，结果批发商砸来砸去，砸成29元/箱。现在怎么办？经销商跟批发商齐步走，涨价到31.5元/箱，爱进就进，不爱进拉倒。真要这么硬干，二批肯定不接受——市场终端价29元/箱，我31.5元/箱进你的货，我亏的更多。

可以跟二批商签协议，要求对方31.5元进货，同时31.5元出货，平进平出，但是月底给对方返利2.5元/箱。

把厂家给经销商的先销售后返利的模式，移植到经销商对二批上（这个方法起源于方便面行业，现在在很多行业已经成为行规）。这个方法比较费力，但有效。

2. 高价搞促销拉升价格

经销商出货价为 30 元/箱，让二批卖 31 元/箱，结果二批砸价砸成了 29 元/箱。现在齐步走，涨价涨到 31.5 元/箱，二批不接受怎么办？给他一箱送三包（折合下来相当于 28 元/箱）。终端价 29 元/箱，现在实际折合价 28 元/箱，二批有 1 元钱的利润，当然愿意接货。过一个月，我还卖 31.5 元/箱，但是原来赠送是每箱三包，现在每箱送两包。再过一个月，每箱送一包。再过一个月，就不送了。

把价格抬起来，然后高价高促销，接着逐渐减小促销力度，最后把价格拉回来。这也是个笨办法，但是笨办法往往有效。

3. 品项调整

有一个汽水厂叫冰山（此处隐去真实品牌名），它的产品主要是玻璃瓶汽水。有一年西安健力宝和西安可口可乐两位"老大"在拿玻璃瓶汽水打价格战，打到 6 毛钱一瓶。他们都有玻璃瓶装、塑料瓶装，有大包装、小包装。把玻璃瓶汽水降价，别的包装照样可以产生利润。而冰山厂就一个玻璃瓶品种，这两个老大哥的玻璃瓶都卖 6 毛钱一瓶，冰山卖 7 毛钱卖不动，卖 5 毛钱跟不起。结果就像武侠小说里讲的，两大高手打架，"掌风所至，寸草不生"，可口可乐和健力宝打着打着回头一看："嗯？地上躺了个人。"一看是冰山。其实可口可乐和健力宝玻璃瓶装汽水降价，谁也没想着要把冰山灭了，冰山纯粹是无辜的牺牲者。

小品牌总是要成为无辜的受害者吗？日化行业上演过一个以小博大的故事。

宝洁公司在中国第一个掀起价格战——"飘柔"降价。宝洁的对手是联合利华，"飘柔"一降价，联合利华也紧跟着降价，这两个大企业打起来了，又是两大高手打架，掌风所至，寸草不生——各个厂都跟着降价，大家都没钱挣。那一年，卖日化的经销商、批发商个个叫苦连天。这时候有一个聪明的厂家，也是被两大高手的掌风震得快吐血的一个。

厂家把自己的"丽花丝宝"收回来，改了品项叫"舒蕾"，对外宣传"舒蕾"比"丽花丝宝"使用效果好。按理说，"舒蕾"这个品牌在中国比"飘柔"影响力小得多，但是"舒蕾"刚开始上市的零售价格在很多城市竟然比飘柔卖得贵——把价格抬起来以后，留下中间利润给谁？给通路，给批发商，给零销店，就像是黑夜中的一道闪电——那年所有卖日化的都亏钱，好不容易出来一个赚钱的"舒蕾"。好，把中间利润拿出来，上导购，上展台，上促销。结果奇迹发生了，当年，官方统计说"舒蕾"的销量排在第四名，但是在很多二类以下市场，"舒蕾"的销量仅次于"飘柔"。

上述两个案例告诉我们一个道理，就是当我们有一个叫张三的品种被价格打透底时，就要把张三收回来，改个包装。宣传第二个品种比张三功能更强、品质更高，你才有理由提价。提了价以后，把中间利润给通路，利用通路力量来重整山河。

张三这个品种价格倒挂得太厉害了，没救了，新品一时半会儿搞不出来，怎么办？把张三淘汰。厂家降价，成本价销售，厂家跟批发商一起砸，让这个产品临死之前发挥余热——既能冲一把销量，又能让经销商再赚一把钱，还能打击竞品，这个品种才算得上是死得其所。

作者评述

回顾一下这一章中学习的打击冲货的方法。

良性冲货：我们两只眼睛一起闭。

仇家冲货：我们和稀泥。

库存太多冲货：我们帮经销商分销。

空白片区冲货：我们激励当地经销商。

带货冲货：设立监察部；监控网络均匀性、有效性；选择好经销商，提前培训，收押金，签协议，设团队奖金；通过合理的压货量利润额进行调节；做好经销商的库存管理，同时市场精耕细作，不给冲货留余地。另外，要抓黑手，建价格围墙，换大箱，查三证打击冲货。

对于二批接冲货，在预防层面：一要关注大二批客情，二要建立大二批的进货台账，三是经销商本身要有"武装力量"能威慑大二批。在治理层面：如果二批接货砸价，我们就打他的利润产品。如果他是"流氓"，一断他的货源，二想办法促销回击破坏他的客情，三是可以找公平交易局告他扰乱正常市场秩序。如果他接货不砸价，就上门"算账"拔钉子，然后跟他结下"桃李之交"。

对于已经出现死冲货的，我们一般是三个方法：跟二批签协议，高价搞促销拉升价格，让"张三的爹"出场，实在不行了，可以品项调整，产品淘汰。

这么多招，有没有一招可以立竿见影，从此让经销商不再冲货的？没有。但是你用上几招，甚至只要把一招坚持用下去，就会发现情况在逐渐好转。

做销售的人，永远都在解无解命题。没有一个资深销售经理敢说："我都做了10年销售了，以后再也不会碰到我搞不定的问题了。"即便做销售80年，还是会碰到无解命题，还是会左右为难——把这客户"剁"了有后遗症，不"剁"销量上不来；促销，价格容易乱，不促销，销量就上不来……

很多问题都没有一个方法能一次性根治，这就要求销售人员要有良好的心态："很多事情无法一次根治，但并不是没有解决的方法，关键看你有没有积极去做，所谓执行力，就是有没有尽可能地身体力行，把该做的事情都做好。"

第八章

经销商管理如何模块化

本章预告

"非名山不留仙住,是真佛只道家常。"营销是门技术,并不神秘,营销技能培训,必须模块化。

你如果把"经销商管理"这门武功的所有重点技术模块都学会了,就能变成一个经销商管理和经销商服务的高手。请思考,一个经销商能不能把品牌和产品在当地卖起来,取决于什么。

第一节　经销商管理包括哪些模块

一、经销商能不能把货卖起来，取决于两件事

一个经销商能不能把厂家的品牌和产品卖起来，其实取决于两件事。第一件事，经销商是否有实力，包括人、车、钱、渠道、网络。实力不够成不了事情。但是这是"必要不充分"条件，因为我们经常可以看到，有一些有实力的经销商产品也卖不起来，那是因为他对你这个品牌不关注、不主推。所以第二件事很重要，也就是经销商对品牌的主推意愿、合作意愿好不好。

二、如何确认"经销商有没有主推意愿"

一个经销商到底有没有主推意愿，该怎么判断？你去问他："大哥，你有没有主推意愿？"他肯定说："我有，我真有。"

但实际上，判断一个经销商有没有主推意愿，我个人的看法是，要看你们公司的货在经销商的库房里面占比情况。如果一个经销商库房的货价值100万元，你们公司的货连10万元都不到，你在他的生意额里面的占比很小，他就很难有主推意愿。如果你的货占到他库存的70%以上甚至更多，那你就不用太担心了，他的主推意愿大概率很强烈。

但是，生意占比高了还不能说明经销商一定有主推意愿。比如有的公司是有专销商的，就是只卖该公司的货，那生意占比应该很高。但他是不是一定有主推意愿？其实这还是个"必要不充分条件。"

对方有可能说："砸价没人管，窜货卖不动，一年不如一年，压根不挣钱。"如果是这样，这个专销商有没有可能正在寻找新品牌代理？

所以，确认经销商有没有主推意愿，第二件事就是确认"他今年卖我的货的利润，比去年总体利润上升还是下降"。

第三件事是经销商的人员考核标准。如果一个经销商把你的产品和品牌拿出来，单独给员工考核，单独制定任务量，单独做激励，你认为他对这个品牌有没有合作意愿？当然是有的。

> 假如一个经销商给他的员工定任务，说："普通产品卖1000元，我给你提成3元；指定品牌卖1000元，我给你提成4元；指定品牌的新产品卖1000元，我给你提5元。而且我给你定死任务，指定品牌和新产品的保底任务量完不成，就把其他产品的提成给你取消。"

所以，衡量一个经销商对这个厂家有没有合作意愿、主推不主推其产品，主要看三件事。

第一，生意占比，看厂家的产品占经销商生意的比例大小。

第二，经销商的利润怎么样，赚不赚钱。今年利润有没有比去年高？他对利润满不满意？

第三，经销商的人员考核现状是什么样的，有没有对厂家的产品重点考核。

如果厂家的产品占经销商的生意比例高；而且利润好，比去年高；同时经销商还给员工单独制定了考核标准，对产品进行任务考核和激励。满足这三个条件，就可以确认经销商有主推意愿，这就是"充分必要条件"了。

三、管理提升经销商主推意愿的技能模块清单

经销商的主推意愿其实是可以管理出来的，主要从这几件事下手。

1.经销商说"卖你家货不挣钱，怎么办"

这个问题是业务员一定会碰到的，怎么帮经销商赚钱，这是经销商管理的基本技能模块之一：如何通过管理提升经销商的利润（本书第五、六章内容有所涉及）。

经销商提升利润是管理和服务经销商过程中百分之百会碰到的话题。解决这个问题是有固定工作模型的，包括：帮他梳理经销商价盘、帮他稳定价格提高利润、帮他开拓新渠道提高利润、帮他通过扁平渠道直奔终端提高利润、帮他卖新品提高利润，等等。

2. 管理提升经销商团队的考核效率

我在讲课的时候经常谈一个观点，就是如果厂家的手伸不到经销商的人员考核上，那么十年都难成正果。

因为货是靠经销商的业务员卖掉的，他们会不会主推、会不会推新品、有没有积极性，是不是只跑大店老店、不跑小店新店……一切都取决于经销商的团队考核——"员工会做你考核的内容，但不会做你希望的内容"。

所以厂家怎么去管理提升经销商的团队考核效率，帮经销商提升他的团队考核水平，设定销量考核、过程考核、账款考核、产品结构考核，等等，这是一个能力模块，名字叫"如何优化经销商的团队考核"（本书第十、十一章内容有所涉及），这也是厂家管理经销商时会碰到的高频话题，属于必须掌握的技能模块。

3. 扩大本品在经销商那里的生意占比

这里面细分两件事。

第一，怎么给经销商压货。谈到压货，营销行业里面很多声音在说压货的缺点，我觉得可以认为这是理论界一种善良的探索和引导吧。但是实际上，哪个企业胆敢到过年前不压货？通过压货去抢占通路资金和库存，倒逼经销商主推意愿，这是必要的经营手段。看问题不能太片面。

第二，具体怎么压货。包括：怎么把货压给经销商、怎么协助经销商把货压给终端、怎么做压货期间的人员管理考核、怎么稳定价格、怎么消化压货后的大库存，等等。这又是一个管理经销商必备的技能模块，而且年年都得做。这个模块的名字叫"旺季压货管理手册"（本书第三、七、九、十二、十三章内容有所涉及）。

打造主营、主推经销商，甚至专营经销商，是每个厂家都想做的事情，这其实也是有规律和模型的。包括：怎么让经销商对经营产品的眼前利润和长期利润有信心、怎么提供完整的产品线满足市场需求同时抢占经销商库存，怎么签订任务、怎么制定连环套促销政策、怎么写专卖协议让经销商觉得专营主营有好处、怎么扩大资金占用量让专营主营成为既成事实，等等。这个模块名字叫"如何打造专营主营经销商"（本书第十章内容有所涉及）。它属于高阶内容，要学完其他所有经销商模块后才能运用它。

如何管理提升经销商的利润、如何优化经销商的团队考核、旺季压货管理手册、如何打造专营主营经销商，掌握这四个技能模块，在管理经销商合作意愿问题上，你就可以算是一个内行了。

4. 如何评估经销商的实力

经销商实力包括什么？硬实力是人员、车辆、钱、渠道网络。软实力是经销商的产品结构、团队管理水平、行销商业模式。

5. 管理提升经销商硬实力的技能模块清单

经销商人不够、车不够怎么办？这是厂家管理经销商百分之百会碰到的问题。因为一个企业原来销售额是两亿元、三亿元，现在销售额是几十亿元，销售额增长过程当中一定会有经销商掉链子。

县级市场以前一年销售额是几十万元的时候，经销商可以做得很好。现在一年销售额是几百万元、几千万元，经销商必然会出现人不够、车不够，覆盖和服务不到的情况。

经销商人不够、车不够，你怎么样去管理经销商的人车配比呢？必须让经销商加人加车，同时还要让经销商通过运营，把加人加车的钱挣回来。这又是一个必备能力模块，名字叫"加人加车——管理提升经销商人车配比"（本书第四、五、十、十三章内容有所涉及）。

接下来的问题是，经销商钱不够怎么办？春节前各个厂家都让经销商压货打款，但是经销商把货卖给超市是欠款，从厂家进货的时候是现款，很容易出现资金不够的问题，你怎么帮经销商盘活资金，管理好他的现金流？这又是一个必备的能力模块，包括：怎么帮经销商计算库存天数、资金周转率、淘汰不赚钱的产品，怎么帮经销商管理账款把欠款收回来，怎么帮经销商做终端订货促销、找市场要资金，怎么在经销商下面设立分销商来消化经销商的库存压力和资金压力，等等。这个模块叫"如何盘活经销商资金"（本书第五、十三章内容有所涉及）。

经销商的网络不全面怎么办？有的经销商人多、车多、钱多，但他就是死活不做某一个渠道，比如他不做KA渠道，不做餐饮渠道，不做农贸渠道……当厂家要进入这个渠道的时候，老经销商就成了阻力。这里有两个办法可以解决问题：一个是换新的经销商，但风险很大，成本也很高，实在不得已才能为之；第二，尽可能拉他一起进步，带着原来的经销商扩张版图，进入新的渠道扩张市场。这个能力模块叫"管理经销商渠道结构，弥补市场空白"（本书第四、九章内容有所涉及），在企业扩张市场精细化管理的时候，肯定要解决经销商渠道空白的问题。

"加人加车——管理提升经销商人车配比""如何盘活经销商资金""管理经销商渠道结构，弥补市场空白"这几个能力模块都学会练熟悉了，经销商的人车配比不合理，经销商的资金不足，经销商的渠道空白等问题就可以解决了。在如何提升经销商的硬实力问题上，你就有办法了。

6. 管理提升经销商软实力的技能模块清单

经销商的软实力是指经销商的产品结构、团队管理水平、行销商业模式。

产品结构：产品结构决定经销商的获利能力。但是很多经销商就是只卖老品，不卖新品，找各种理由搪塞，新品就是卖不动。厂家怎么帮经销商改变观念，让他愿意卖新品？怎么亲自卖给他看，帮他建立信心？怎么改善经销商的人员考核，让经销商员工愿意卖新品，愿意做一些琐碎复杂的工作去推新品？怎么聚焦新品机会网点，让新品更容易动销……又涉及了很多细节，模块名字叫"帮经销商卖新品"（本书第九、十、十一章内容有所涉及）。这也是厂家业务员管理经销商时碰到的高频问题和必须掌握的技能模块。

团队管理水平：经销商人员管理也是有基本工作模型的，包括设立工作标准、建立逐级检核机制（员工在前面干，领导在后面看），设定市场过程指标的考核和评估，开展业绩排名档期追踪、开好业务例会……快消品行业深度分销人海作战这么多年，这套人员体系早就很成熟了。人员管理是经销商短板，经销商的团队管理水平大多数很粗放，有的经销商到现在业务员考核还是销量提成，连分品项提成都没有设立，新品肯定卖不起来。厂家业务员掌握团队管理的基本工作模型，能够帮经销商把人招来，设置好薪资待遇福利结构把人留住。设定标准，逐级去检核；设定过程考核，排名奖罚；组织有效会议，帮经销商提升他的团队管理水平。虽然不可能尽善尽美，但是往前一小步也是新高度。这个技能模块内容比较多，名字叫"经销商的终端团队管理基本工具"（本书第十章内容有所涉及）。

行销商业模式： 经销商是坐销还是行销？是车销还是预售制线路拜访？是不是旺季行销，淡季坐在家里面接电话，电话订单凑够400箱才出车送货？这个经销商是否不赊销（造成餐饮渠道做不起来）？这都是经销商软实力的重要指标。这就又产生了两个新的能力模块，叫"如何帮经销商优化商业模式"（本书第五、九章内容有所涉及）、"经销商的账款管理"（本书第四、八、十一章内容有所涉及），包括：帮经销商优化线路设计和计算损益，让经销商按照新的线路设计主动去行销，帮经销商评估赊账的成本，帮经销商建立台账、设立管理信用额度信用期限、建立账款日报、账款周报……用一套体系撬动市场，还不让经销商赔钱。这样能够分摊掉成本，有利润、有钱赚，让经销商看到有好处，他们才愿意去行销。

回顾一下，一个经销商能不能把货在当地卖起来，取决于两条主线：第一，经销商在当地有没有实力；第二，经销商有没有合作意愿。管理提升经销商主推意愿、经销商的硬实力和软实力，包含了如下技能模块清单：

"如何管理提升经销商的利润"，让他赚钱。

"如何优化经销商的团队考核"，让他的团队主推。

"旺季压货管理手册""如何打造专营主营经销商"，增加厂家生意占比。

"加人加车——管理提升经销商人车配比"，人和车多了，销量也就变大了。

"如何盘活经销商资金"，资金盘活，才能把款打上来。

"管理经销商渠道结构，弥补市场空白"，结构决定功能，渠道结构变化，必然带来销量提升。

"帮经销商卖新品",让经销商通过新产品赚钱。

"经销商的终端团队管理基本工具",提升经销商的团队效率。

"如何帮经销商优化商业模式""经销商的账款管理",让经销商用行销和资金杠杆撬动市场。

这些只是经销商管理武功入门的基本功,解决的都是普遍存在的问题,还有很多模块解决的是更具体的问题,篇幅原因就不一一解释了,大家知其要义即可。

四、重要性:经销商是真正的"地头蛇",无可替代

经销商管理有多重要?在中国快消品企业做市场,厂家和经销商的双团队配合是最佳方案。曾经有人对这个观点有过质疑,提出过厂家直营模式、直营KA模式、深度分销把经销商弱化为配送商的模式……事实证明,这些模式都没有成为主流。

厂家自己做市场,成本高、效率低、产出差,就算成功也难以复制。现在很多厂家都把直营市场和KA店交还给经销商。深度分销依旧有效,但是也在从"厂家投入人力深度分销",更改为"经销商加人加车做深度分销"。

经销商盘踞多年,熟悉当地市场,经营灵活、人脉广泛、运作成本低。他们是区域市场的"地头蛇",尤其是快消品市场的中坚力量,无可替代。

对厂家来讲,能不能服务好经销商,管理好经销商这个群体,决定了品牌的现在和将来好不好。

作者评述

我从2002年上讲台当老师,在多年的培训教学中,一直在探索培训怎么产生生产力,我觉得三件事很重要:

培训内容模型化:现在,仅仅"实战"已经不能满足学员需求了。课程实战只能让学员夸老师讲得好,但是你讲的方法,听课的人能不能用?高手能用,新人能不能用?个体能用,整个组织和团队能不能用?能不能整个团

队复制？这取决于你给大家讲的知识能不能固化、标准化，能不能提供复制推广的工具、流程和落地方案。

通俗易懂："非名山不留仙住，是真佛只道家常"。自古学贯中西的大家都擅长深入浅出，你给出的工具和模型大家能不能消化运用？教育工作者应该以通俗易懂、易学易记为荣，不用装高深。

模块化、系统化和规范化：我一直致力于把营销技能模块化、系统化和规范化，让学习更轻松。一门技术肯定由很多技术模块组成。营销也是门技术，并不神秘，营销的技术必须模块化。从营销菜鸟到营销老手，要学习、练习和经历的无非就是那些能力技术模块。把这些技能规范化、系统化、模块化，只要下功夫，都能学得会。能不能成为营销大神得靠天分，但是至少通过对系统模块的学习和练习，你可以成为营销熟手和高手。

让学营销揭开面纱走下神坛，从空洞的理念宣导和碎片化的技巧学习，变成系统化、模块化、规范化的科目过关，从而让更多人成为熟手高手，这将是一场学习的革命。

第二节　厂家对经销商不满意，其实是经销商"替人背黑锅"

一、经销商受夹板气，代人受过

> 经销商受的是夹板气——
> 品牌在厂家手里，厂家不让做了，经销商的代理权就没了。
> 消费者在终端手里，终端一翻脸，不要货了，销量就没了。
> 强势品牌厂家对经销商可以吹胡子瞪眼加压力，经销商很少敢跟终端吹胡子瞪眼加压力，只能两头赔笑脸。
> 最无辜的是，厂家对经销商的诸多不满意，其实都是经销商在"替人背黑锅"！

二、厂家对经销商"最不满意"的问题是什么

厂家管理经销商"最棘手"的问题是什么？无非四类。

经销商"投入资金不够"：经销商打款不到位。

经销商"网点开发不行"：经销商人手不够、车不够，不愿意出门行销，最终导致终端网点开发不及时，铺货率上不来。

经销商"终端服务不到位"：经销商的员工只管卖货，不做终端服务；跳访（比如，跑大店不跑小店，跑熟悉的老店不跑陌生店），卖老品不卖新品；不维护终端陈列生动化，不管理终端异常价格，不注意执行促销活动（比如，张贴买赠促销海报，捆绑赠品）；不及时处理客诉（比如，终端投诉大日期的货不给调换，隔壁终端砸价没人管，送货不及时）。最终导致终端"死点"多（网点进货不活跃，甚至不再进货）。

经销商"市场意识差"：经销商不愿做市场投入，坚决不肯对终端赊销，或者压批滚结铺货、贪小利截留厂家发的终端促销品。不配合厂家推新品、做新渠道、进攻新片区，没有市场开拓计划。

三、经销商老板"替人背黑锅"

其实，厂家对经销商的这些不满——都不是经销商老板的问题，而是这些老板代人受过，背了黑锅。

分析：经销商资金压力大，厂家是先款后货，终端都是先货后款，经销商的库存和账款越来越多，还要给厂家垫支费用做促销，核销起来麻烦。其实并不是经销商老板没钱，而是管理漏洞太多、资金占压太厉害，越是大经销商，资金压力越大。

经销商的资金有相当大的比例压在了终端网点。经销商的资金没有盘活，很大程度上是因为他的网点资金没有盘活。为什么网点资金没有盘活呢？因为账款管理考核没做到位。

对于账款管理考核，行业里多年积累下来已经有很成熟的套路了。经销商有没有对员工做"终端客户信用额度、信用期限"流程管理？有没有对员工做"超期超限"账款日追踪、周总结、月考核？经销商对员工的"账款管

理和账款考核体系"做细致了，终端网点的资金盘活了，经销商的资金压力就会大大缓解，然后就能缓解"经销商打款不及时"这个厂商矛盾。

所以，经销商资金不够，很大程度上是经销商的人员"账款管理和账款考核"出了问题，造成经销商人手不够、车不够、产品不行销、网点开发不及时、铺货率上不来。

分析：开发终端网点谁更厉害，是厂家业务员吗？厂家业务员是"正规军"，比起经销商的销售员工，也许学历素质更高些，接受的培训更多些，薪资待遇、出差福利更好些，但是厂家业务员拜访八次都搞不定的终端，经销商的人一句话说完，也许终端就要货了。

因为客情好，厂家的人经常更换，而且大多是一个人管理一个大的区域（康师傅那种厂家对终端线路拜访的毕竟是少数），厂家的人跑终端才几趟，经销商的人给终端送货送了很多年，赊销都赊了很多年，逢年过节可能跟终端老板一起回村走亲戚……这种客情优势厂家不可能具备。

如果能够考核经销商员工的"终端网点开发""新品铺货家数""每个月的新品进货家数""每个月的进货活跃客户数"……把这批人发动起来，新品铺货、网点开发，提升速度是最快的。没有一个经销商老板希望自己的区域"网点开发不及时，铺货率上不来"，所以这还是员工考核和管理问题。

分析：没有一个经销商老板会希望"终端服务不到位，导致死店、丢店"。终端服务不是经销商老板做的，是经销商员工做的。可以考核经销商员工"完整拜访，不允许跳访"——拜访率提高，进货客户数就会增加；可以考核经销商员工"按终端标准陈列"——陈列效果好，动销速度就会加快；可以考核经销商员工"及时处理终端客诉"——终端服务客诉会减少，活跃客户会增多。

所以，经销商对终端的服务不到位，是经销商员工考核和管理效率的问题。

分析：经销商不配合厂家的新市场、新区域、新渠道和开发策略，怎么办？生意有生意的规律，不能谈感情。经销商只是和厂家做生意而已，凭什么要听厂家的话、配合厂家？除非他卖厂家的货赚钱，那么他的配合意愿自然就会提高。

怎么让经销商赚钱？无非是新产品销售，改变产品结构；新渠道开发，改变渠道结构；弱势区域拓展，改变区域结构；管理终端异常价格，抓窜货，打砸价，改变价格结构。

第三节　经销商销售人员考核的九个通病和雷区

厂家的经销商管理有很多难题要解决，最重要的问题还是考核经销商的销售人员。

一、经销商的业务团队最重要，也最容易被忽略

厂家曾经流行过"辅销制"，由厂家的人拜访终端，经销商送货。厂家掌握"商流"，经销商提供"物流和资金流"。

后来厂家开始转过头来要求经销商"加人加车"，提高自销能力，不能坐等厂家给单子，不能寄生在厂家的销售体系里。一句话，经销商做市场的客情优势、成本优势、品牌组合优势，厂家没法比。厂家自己做市场成本越来越高，因此改变了打法。

快消行业经销商的销售和导购团队都是实现终端临门一脚的主力部队，他们才是真正的一线生产力。但这个群体长期以来被边缘化了，入门门槛低、工资待遇差、休息日没保障。

而且几乎很少接受正规培训，最多是内部老人对新人的口传心授。经销商老板也没有接受过系统的管理训练，加上生意环境不好，商业模式也不好等原因，不赚钱。老板心胸又不够，给销售人员的工资待遇没竞争力，员工留不住，老板不敢管员工……由此产生恶性循环。

"主力部队，真正的一线生产力"处于散兵游勇状态，管理和考核的现状都很成问题。

二、经销商销售人员考核的九个通病

经销商有做得好的,一年卖几亿元,有专业操盘手,但都是个案。多数经销商的业务团队考核水平不尽如人意——我拿几个自己调研过的案例给大家看看。

案例一:诸城经销商的考核(调料行业)

员工无考勤,无底薪,纯靠提成,无销量目标,无过程指标,月收入3000元到5000元。

案例二:莱州经销商的团队考核(快消品饮料行业)

员工无考勤,底薪(1200元)+总提成1%+重点单品提成2%,无销量目标,无过程指标。员工月收入2900元到4760元。

案例三:青岛经销商的团队考核(食用油行业)

员工无考勤,无底薪,无销量目标,无过程指标,无提成。约定员工收入是"利润的60%",平时每个月可以预支生活费,年底付清全年提成(美其名曰老板替员工存钱)。

但是员工不相信老板说的话,总觉得老板藏了私钱。而且,产品多、账目乱,又是一年兑现一次,员工总觉得老板账算错了,自己受了损失。

使用这种考核制度的哪里是团队,更像是团伙。根据我的总结,经销商销售人员的通病如下:

底薪低:老板舍得买豪车,不舍得给员工发工资。拿员工薪资当成本(而不是当投资),能省则省。给员工低底薪,答应好的待遇不兑现。

模糊奖金:老板招员工,号称年薪很高,平时每个月发点生活费(连月度提成激励都没有),年底发够余额,老板心情好了,给员工发红包奖金——发多少也没标准。"固定工资制"导致员工没积极性,而且员工互相猜疑吃醋,觉得老板偏心,奖金发放不均。

任务考核失效:有任务量要求,但是老板给员工做任务考核后,不敢罚员工，员工完不完成任务提成都一样。这个现象在经销商中广泛存在，真是令人匪夷所思。

不分品项考核：总销售额提成——员工注定会卖老品不卖新品。

没有"活跃客户数"考核：阶段性执行一个"新品铺货家数奖励"，员工铺货铺了几百家，后面不持续管理终端回访频率和进货客户数，结果终端又慢慢死掉了。

没动力：员工看不到公司里其他人靠努力获得高收入的案例，也没有完成量越高提成奖励比例越高的坎级激励；公司小，没有升职空间，员工也看不到动力。

没压力：员工没任务压力，没成交客户数奖罚、成交品项数奖罚，没过程指标压力，甚至没有每日最小拜访家数的纪律约束，导致网点数、品项数不断萎缩。

没有终端管理考核：

没有生动化考核奖罚——导致生动化表现差。

没有终端异常价格奖罚——导致员工不管理终端乱价。

没有促销标准化执行考核——导致促销赠品被截留，促销海报没张贴，促销执行不下去。

没有终端投诉处罚——导致终端服务客诉多，不再进货。

没有专案考核——导致决定销量的关键动作没人做，比如白酒行业的终端品鉴、化肥行业的入户率和农户示范田等。

回款考核粗放：部分经销商还是老板要账，员工没有回款考核。更多经销商仅仅考核员工"总回款率低于多少，按什么比例处罚"，没有对终端进行"额度超期超限即时提醒"，没有"异常账款的日周追踪"，导致长期账款和个别店大额账款的隐藏，最终结果是终端欠钱时间越长越难回款，终端欠钱金额越大越难回款。

厂家应该明白一个道理，管理经销商如果不能干预提升经销商的团队考核和管理水平，就算逼死经销商，市场也难达到想要的状态。

经销商老板需要反思一下这些考核通病，不提升自己的团队管理考核水平，即便自己累死，也很难做好。

第四节　为什么我的经销商规模不一

最近我培训的几家企业提出了一个共同问题：经销商大的大，小的小，结构不均衡。他们希望我给业务员讲讲如何选择好的经销商，提升经销商群体质量。

我觉得很多企业高管思路跑偏了，其实问题绝不在经销商选择层面上。头疼医头，恐怕连标都治不了。

一、业务员绝非"找不到好的经销商"

厂家的经销商结构头部集中，苦乐不均——前十名大经销商占了厂家一半销量，剩下的都是"小国寡民"。一年卖几十万元的经销商也占着一个县区独家经销商的名额，形同虚设，浪费资源。

为什么厂家会有那么多低质量的小经销商？为什么新开的经销商质量这么差？

当地市场本行业内的几个大经销商的姓名、地址、电话……这些信息真的找不到吗？不可能，这些信息早已透明。

二、头疼病，问题在脚上

厂家找来的新经销商质量很差，没有实力，并非是业务员不知道当地好的经销商信息，而是业务员不专业，管不了优质经销商，才只好找小经销商。这类经销商很听话，往往是竞品淘汰的。对快消行业来说，找到什么样的经销商，就找到什么样的市场。经销商的缺陷就是市场的缺陷，比如：

经销商人手不够、车不够，小店铺货率必然上不来。

经销商不赊销，餐饮渠道必然做不好。

经销商资金不够，旺季打款必然出问题。

…………

经销商的质量差，厂商合作就会错位。不是厂家借经销商的网络和实力实现销量，做大品牌，而是经销商借助厂家的支持入行，扩大网络养队伍。这才是正确的厂商合作方式。

三、岁末年初盘点要扶弱

业务员如何才能专业地管理好经销商？不要忽略那些小经销商。岁末年初，业务员要对"边缘经销商"单独出专案管理。什么是"边缘经销商"？

调料行业一年卖不到 50 万元的经销商……
化肥行业一年卖不到 1000 吨的经销商……
挂面行业一年卖不到 10 吨的经销商……
…………

这些经销商数量庞大，覆盖面积也不小，但是业绩太差，市场处于蛮荒状态。出现这种情况，除了经销商选择时的质量问题之外，一定还有别的原因。

领导不重视？
业务员根本不拜访？
市场遗留问题没处理？
经销商根本就不打算合作？
需要一点市场促销支持？
需要一点人员车辆支持，需要重点店打造支持？
…………

领导应该会分析数据，走访市场，提炼几个加速杠杆。如果能提升这些市场的销量，那么做到"百万俱乐部"其实也不难，但这样一来对厂家的总业绩影响可不小。

第九章

经销商自身运营能力提升

● 本章预告

问题：员工不吃这一套！

魏老师，我听了你的课，很激动。拿回去用，结果"不好使"——

从前执行的是纯提成制，没有任务。听了您的课，我打算改革，给员工做任务考核，结果，员工集体闹事："这么考核，我们就不干了！"

类似困局，听起来有点搞笑，又有点心酸。学了新的管理方法，计划推行考核改革，结果员工不吃这一套。

这事儿怎么办？

第一节 经销商如何用最简单的方法管好销售团队

引子：B2B 到底会不会吃掉经销商

先从一个敏感的话题说起，"B2B 到底会不会吃掉经销商"。我的观点是：

B2B 模式现状——还是旧瓶装新酒：虽然京东、阿里喊得凶，各地也有 B2B 巨头出现，但从自身运营的角度看，无非是产品线整合、增加客单价和终端进货频率。后台琢磨设置大仓、小仓、中转仓、前置仓，大车、小车、三轮车、冷藏车，降成本提升效率。做的还是过去大经销商研究的事情，只是因为有资本介入，胆子和想象空间更大了而已。

B2B 痛点现状——还是团队管理：不管哪个 B2B 巨头都离不开一个特征：庞大的地推队伍。其实是在拜访步骤上，又叠加推荐 App 和数据开放分析。他们最头疼的还是人员积极性、人员培训、人员考核、人员检核、人员效率等问题。

结论：

B2B 不会把经销商群体吃掉：B2B 跟传统经销商一样，拼的还是团队效率，也就是产品组合的效率、车辆的效率、仓储的效率，尤其是人员的效率。B2B 不会把经销商群体吃掉，被干掉的个体是因为自己不思进取，经销商阶层不可能被干掉。

大象踩不死蚂蚁：经销商自己当老板，亲戚打工，这种小组织的效率很多情况下是比大公司高的。平台最多能集成替代部分物流仓储配送功能。销售，尤其推新品，还得靠经销商和厂家人员拼刺刀。

不景气的时代淘汰不景气的人：被淘汰的经销商是因为组织效率低，这节就讲讲如何用最简单方便的方法提高经销商的组织效率。

一、业务员自己规划每日拜访路线是万恶之源

案例讨论：经销商团队管理状态

市场：一个中型地级市开发了 2000 个终端网点。

片区：6 个业务员，每个人按照片区分配责任客户，业务员每天自行安排拜访路线。

考核：业务员卖货拿提成，考核终端的进货量。

会议：经销商有事的时候召集大家开早会或者晚会，宣布新的工作任务、产品政策。业务员反馈一下今天市场上的问题。没事的时候不开会。

主管在干什么：

主管把经销商的经理叫过来问："你作为领导，每天在干什么？"

经理说："我检核督导员工工作。"

主管问："你检核员工的时候有没有发现员工偷懒、没去终端店，价格乱了没人管理，或者终端店投诉送不到货等问题？"

经理回答："有。"

主管问："你检核市场肯定会发现问题，要对员工进行管理对不对？"

经理说："对。"

主管问："你干了这么久的经理，检核员工不止一次了，请把你上个月的检核记录和奖罚记录给我看看。"

经理支支吾吾半天，说："我们没有那么教条，一般就是检核的时候我发现有事，当时就打电话让员工解决了，所以没有检核奖罚记录。"

业务员在干什么：

主管把业务员叫过来问："你在市场上除了卖货，还干什么，跑终端的时候要不要做一些动作？"

业务员回答："贴海报、挂吊旗、整陈列……拜访八步骤。"

主管问："请你告诉我，公司有没有给你规定店里面必须贴几张海报、做几个排面；有没有生动化标准，做到了奖励，做不到处罚？"

业务员回答："没有。"

这个案例是绝大部分快消品经销商（建材家电等行业情况更差）目前的组织工作状态，部分厂家也是如此。有个别大企业全国深度分销管理很细致系统，也有个别大经销商早就开始线路拜访，但那都是极少数，大多数还是案例中的情况。

这个案例里面，哪一句话问题最要命？

> 6个业务员，每个人按照片区分配责任客户。业务员每天自行安排拜访路线。

举个例子。我在健身房里看到搏击教练教学员练习踢"正蹬腿"。等我出差两个月回来，再去健身房健身，看到教练还在教这个学员练"正蹬腿"，我觉得好奇，怎么一个动作练这么久？

后来跟搏击教练聊天，教练说，自由搏击的基本套路其实也就几十个动作：冲拳、摆拳、刺拳、鞭拳、盘肘、抱腿过胸摔、夹颈过肩摔、正蹬、侧踹、鞭腿……动作不复杂，每个动作重复训练10万次以上，才能形成肌肉记忆。基本训练量够了，形成肌肉记忆，力量准确度、速度自然就都上来了。

再举个例子。我邻居家的小孩在学弹钢琴，他妈告诉我，每天必须练够3小时，否则不让出去玩。

哪个工种、哪个职业，是没有每天基本工作量或者训练量的？但很多行业的经销商（甚至厂家）现在管理员工的状态就是：把你招来，给你底薪，告诉你卖一箱提成多少钱，给你划一片区域，每天跑多少店你自己安排，然后卖货了给你提成。

这意味着业务员今天心情好、状态好，可以从早上到晚上跑30家、50家终端，明天状态不好、心情不好，家里有事，或者想偷懒，只跑10家也有可能，反正没人管。业务员自行安排每天的拜访路线，是其市场表现差的万恶之源。

二、化繁为简，固化两个关键指标就够了

说到这里，大家立刻会想到"线路手册、一图两表、CRC卡、路线拜

访……"没错，深度分销知识体系代表了快消人员管理最高水平，但是很多厂家和绝大多数经销商做不了，因为太复杂了。

四定拜访也是曾经流行的秘诀，但其弊端在于，拜访路线太僵化，春节前要压货先跑大店，竞品搞活动要赶紧回击，淡季来了要集中兵力跑能动销的机会店，市场瞬息万变，你却按线路每周一访，这肯定是不行的。

经销商要在原来的管理基础上，考虑能不能"固定最小拜访量、最小拜访频率"。这里举个例子说明：

> 这一片市场我划给你，总共是200家店，你一周跑6天，每天跑哪些店自己安排。哪些店量大需要多跑，哪些店量小需要少跑，哪些店有急事需要立刻跑，都由你自己定，我给你充分自由。
>
> 但是，我会给你规定两条：
>
> 第一，最小拜访量：一天不能少于35家。少拜访一家，扣钱。
>
> 第二，最小拜访频率：所有店，不管大小，一个月最少拜访两趟。如果我去检查，发现店里说俩月没见到你了，我找你算账。

固定最小拜访量和最小拜访频率后，业务员每天的终端拜访量肯定增加了，也不敢只跑大店不跑小店了，终端拜访质量也会跟着提高。而且这两个指标没有什么管理报表负担，因为够简单，人人都能干。

三、行踪不透明无法检核，肯定会出事

其实管理是有基本逻辑的，"你在前面干，我在后面看，看出问题，我要你好看"，逐级检查是最基本的管理逻辑。

比如我们查"漏单"。一个业务员刚跑完的终端店，我们下午去复查的时候，终端应不应该要货？不应该。如果终端要货，那就说明要么业务员没来，要么来了但活儿干得不细。

"漏单"现象在调料行业非常普遍。调料行业一个经销商代理的产品可能就有几百个，甚至上千个。业务员不太可能到店里把几百个条码的库存全都看一遍再下订单。品种越多，业务员终端"漏单"就越多，结果就损失很

多销量。

我当时制定的规则是"漏单"罚3倍。业务员在终端卖一箱啤酒,提成2元,他刚跑完的店,我去拜访,终端又要了一箱啤酒,等于业务员漏单一箱,处罚3倍,6元。这就逼着业务员到每一个终端店都必须把订单拿满。

业务员到了终端问:"老板要不要货?"

终端说:"我不要了。"

业务员说:"老板,你不要货可以。等会儿我们领导来了,你也不能要啊。"

等主管去检查的时候问终端:"要不要货?"

终端说:"不要,你们业务员说,你来了,不能要。"

这至少说明业务员对"漏单"感到怕了,对销量肯定有帮助。当业务员的拜访轨迹是随机的时候,主管根本不知道他昨天去哪儿了,抓不住他的轨迹,就没有办法第二天按依循轨迹去检核——

会不会有漏单?

会不会上午8点多出去,12点以前把活干完,下午打牌去了?

会不会终端投诉送不到货?

会不会有些终端根本就没去?

会不会终端砸价、抬价也不管?

会不会促销品被截留?

会不会陈列效果不好?

……

四、用最简单的办法,实现业务员行踪透明化

我们想要做到最基本的"业务员行踪透明化",其实有很多方法——

可以模仿康师傅、可口可乐的线路手册,一图两表。(很多经销商觉得

太麻烦了，驾驭不了。）

也可以让业务员用手机监控系统，每个店进门前拍一张照片，整完货架拍一张照片，出门再拍一张照片。（业务员会怨声载道：嫌麻烦、照片造假。）

还可以让业务员拿张白纸，跑一个店记一个店。把每个终端都编上编号，业务员跑到哪个终端，只要把编号写出来就行了，这够简单吧？

如果你觉得这个方法也麻烦，那就让业务员到每一个店只拍一张店头照片，也不用上传进入系统，直接发微信给老板。老板不管想检查谁，打开微信对话框就行了，时间地点都有。

当然，业务员有可能在手机里面存照片造假。但是我的逻辑是，不管你发的照片是真的还是假的，我都当照片是真的，按照这个"真照片"去复查，拍虚假照片就是给自己挖坑。还有的年龄大的业务员不会用智能手机，比如化肥行业的，那发短信也可以。

所以我们要坚定一个原则，业务员的行踪要透明记录，让领导第二天可以去检查。办法多的是，越简单越好。

五、报表不重要，进一寸，就有一寸的欢喜

固化最小拜访频率和最小拜访量、业务员行踪透明，这两个管理原则最初级也最重要，但是大多数经销商目前真的都做不到。看个"极简版"的报表吧（见表9-1）。

用这张报表管理业务员的"最小拜访量""最小拜访频率"。每天早会时老板把业务员昨天填写的那一列报表拍照，就是"昨日行踪"。一天写一列，一个月填完一张表，完全符合上述两个原则。

我搞了半辈子深度分销，可以设计出系统完善的堪称教科书级的管理报表系统。为什么我要用这张表举例子？因为它够简单，也方便操作。

方法自己想，形式自己变，够简单才能执行下去，但是管理的基本原则不能乱。报表只是工具，重要的是背后的管理思想。

表 9-1　业务员行踪记录简表

序号	店名	电话	地址	联系人	1	2	3	4	5	6	7	8	9	10	11	12	13	14	15	16	17	18	19	20	21	22	23	24	25	26	27	28	29	30	31

说明：一行代表一个终端客户，把每个业务员负责的终端明细全部打印出来，空白表格装订成册。数字1~31代表日期，一个月填写一张表。每天竖着看表，对应业务员当日的工作量——昨天跑了几家店；每天横着看拜访频率——每家店这个月跑了几次。

第二节　业务员正在毁掉经销商的生意"命根子"

一、经销商的生意"命根子"是什么

经销商的生意"命根子"看起来是销量，其实不是。销量无非就是两个指标："进货活跃客户数"和每个客户的"进货品种数"。

$$生意"命根子" = 活跃客户数 \times 进货品种数$$

经销商要认真想一个问题，是这个月的销量重要，还是这个月的客户数和品种数重要。如果你是个业务员，肯定会说销量重要——因为涉及业务员拿提成的问题。如果站在老板的高度，肯定是客户数和品种数更重要。

想提高销量，就要在现有活跃客户和销售品种上做文章。你掌握 300 个活跃客户，主销 1 个品种；我掌握 700 个活跃客户，主销 3 个品种，那当然是我的销量高。

二、业务员正在毁掉经销商的"命根子"

前文说过，经销商现在的人员管理状态是，"一个业务员负责一片市场，卖货拿提成。业务员自己安排每天的路线和拜访终端数……"这样的管理状态必然导致的后果是——

场景模拟：
我跟着经销商的业务员出去拜访市场，结果他只拜访自己熟悉的店，第一家店跑完，不去隔壁第二家店，直接去下条街。
我说："这家店为什么不去拜访呢？"
业务员回答："魏老师，这家店不要货，我跟这家店也不熟。"
我说："你不熟怎么知道他不要货？不管要不要货，都必须去拜访。"
业务员不情愿地耷拉着脑袋进去了，问："老板，要货不？"

这家店他不常去，没客情，头次拜访，店主大概率不要货。

店主说："你把名片留下，有事我找你。"

业务员走出来瞅我一眼，那意思是，"你看，他不要吧"？

我没理他。等第三家店跑完他又想跳店，又被我拦住了："必须挨家挨户去拜访。"

业务竟然跟我说："魏老师，这家店不要货，你信不信？"

我说："我怎么知道。不管要不要货，你都得去。那是你的路线，你的店都得拜访。"

业务员没办法，又进去了……

我们俩耗了一上午，到中午吃饭的时候，业务员对我说："魏老师，我们是靠卖货挣钱的，可不是靠讲课挣钱的。"

老板考核业务员销量，业务员出去只有一个任务，就是把货变成钱。所以经销商的业务员肯定喜欢跑能出销量的大店，不跑小店；跑客情好不容易成交的老店，不跑陌生的新店。

有个经销商跟我吹牛，"你放心，我这个区域保证做好，就这么大点县城，我有10辆车在跑"。给人感觉好像是够了，但这10辆车出去，会不会跑大店不跑小店、跑老店不跑新店？会不会哪家店路远，不好停车，他就不去了？会不会哪家店附近修路，他就不去了？会不会哪家店老板要货量少废话还多，他就不去了？

虽然一个县级市有10辆车在跑，投入成本很高，依然满街都是拜访死角。厂家把市场划分给经销商王老板做总代理。当地有2000家店，王老板的司机和业务员永远在跑他们熟悉的那1200家老店，另外800家店从来都不去。

请问大家，这常去的1200家老店有没有可能关门？倒闭？转行？有没有可能你送货不及时、服务不好，他不帮你卖货了？有没有可能你砸价没利润，他不进你的货了……

老客户会不会丢失——一定会！

新客户有没有开发——没有！

活跃客户数变少了，再加上很多经销商是给业务员销售额提成，新品很难卖起来——卖老品和卖新品提成都是一样的情况下，业务员会优先卖老品。

老客户丢失，新客户没有开发，客户数自然会减少。不卖新品，品种数也上不来。客户数萎缩、品种数萎缩，经销商的生意"命根子"自然就萎缩了。

三、经销商怎么保住自己的"命根子"

1. 日常管理时引导业务员关注生意"命根子"

场景模拟：

经销商给业务员分任务时，业务员经常会抱怨："任务量太高。"

等下一次业务员说"任务量太高"的时候，你把业务员叫过来，翻阅终端客户进货记录，量一量生意"命根子"有没有萎缩。

老板："上个月我让你跑你片区里300个终端客户，刚才我翻了一下上个月的进货记录，总共300个客户，进货两次以上的45个，进货一次以上的180个，有120个终端客户压根就没进货，为什么？"

业务员："经济不景气，他们都不愿意进货。"

老板："胡说！这说明你出去跑大店不跑小店，跑老店不跑新店，你是跳着跑的，有120个客户你压根就没去拜访，你敢说不是？咱们现在就把你昨天跑的街道回访一遍。"

业务员："我承认，我下个月改正，大店小店、老店新店挨个儿跑。顺便问一句，老大，这事你怎么知道的？"

下个月业务员出去，大店小店、老店新店都挨个儿跑了一遍。

业务员："老大，我这个月每家店都跑了，300个终端里有236个进货了，销量还完不成……"

老板："你过来看墙上的标语，销量等于客户数乘以进货品种数，明白吗？上个月你的300个终端里有236个进货了，平均每个终端进货

1.03个品种（合计进货品种数/进货客户数），这说明你卖老品不卖新品，下个月怎么办？"

业务员："我改，我每家店都跑，到了店里老品新品都推荐，尽量让他们多进品种。"

下个月进货客户数变多了，进货品种数也变多了，业务员的销量肯定也就变多了。

2. 数据分析，追踪生意"命根子"

B2B企业比传统经销商的优势就是线上下单，后台有网络支持，可以随时分析数据，几乎所有的B2B企业每天都在追踪分析这几个数字——

日活＝每天活跃客户数
有效日活＝当天进货量超过××元的有效客户数
月活＝月活跃客户数
有效月活＝当月进货量超过××元的有效客户数
总进货品项＝当月每家店的进货品项数之和
平均单店进货品项＝当月每家店的进货品项数之和/进货客户数

传统经销商的数据建设相对原始，但没关系，往前一小步就是新高度。经销商要至少每个月分析一次下面的指标：

活跃率＝本月进货终端客户数/所有曾经的终端客户数
"濒死"的网点＝××天不进货的网点清单
"已死"的网点＝××天不进货的网点清单

如果连着几个月活跃率都在下降，老板就要赶紧去走访那些"不发货""濒死""已死"的店，看看他们都出了什么问题。

是因为业务员没去无人拜访，需要管理业务员的拜访率？

是因为店里有大量日期不良品没退换，需要处理客诉？

是因为消费者促销赠品被截留，需要张贴促销海报？

是因为陈列差导致不动销，需要对业务员执行陈列标准奖罚？

活跃率低肯定是有原因的，找到原因，从人员管理、拜访率管理、促销政策、客诉处理、价格管理等方面解决问题，就能提高活跃率。一定要努力把"濒死""已死"的终端救活，否则会有越来越多"濒死"的终端变成"已死"。

考核业务员"新品铺货家数"是自欺欺人。首先纠正个常见错误，不要考核"增量"，要考核"存量"。比如告诉业务员新品每天铺货任务是10家，超过10家，每铺1家新品奖10元；低于10家，每少1家处罚10元。经销商的业务员被逼急了，会采用拆箱铺货、赊销铺货、陈列奖励铺货等办法。

这个月铺了100家，赚了1000元铺货奖励。

下个月又铺了60家，赚了600元铺货奖励。

第三个月又铺了60家，赚了600元铺货奖励。

然后你去市场查一下新品铺货率，新品在他区域里还剩120家有货。

不对啊，100＋60＋60，应该有220家啊？

这就是考核增量的结果。他们只管铺新品，对新品铺货店没有进行重点回访，还是跑大店不跑小店的做法。结果就是：

把货扔到店里，没有维护上架没有陈列，新品卖不动，终端不要货了。

这个店把新品消费者买赠赠品截留了，新品卖不动，终端不要货了。

市场上有的店新品砸价，终端不赚钱，下次不要货了。

有破损需要退换，业务员没去拜访，店老板生气，不帮你卖了。

"三个月新品铺了220家，第四个月新品还剩120家没铺"，这种现象太普遍了。考核业务员，就是管好生意"命根子"。预先说明，厂家考核业务员比较辛苦，因为终端订单数字不在厂家手中，每个月都要统计铺货率，非常烦琐。经销商考核业务员就简单了，用每个品项的"进货率"就可以替代铺货率。

（1）市场覆盖率不到50%的时候

市场覆盖率不到50%（进货终端客户数/市场总客户数），经销商在当地的客户数基础不够，那就只考核一个维度——"进货客户数"。

每个业务员的进货客户数维护目标 = X + Y + Z

X = 上月进货终端客户数

Y = 本月要求增加的进货客户数

Z = 上个月丢失的进货客户数（曾经进货，上个月没进货，就算丢失）

比如，某业务员上个月进货终端客户数80家，本月要求增加20家，上个月丢失客户25家。则这个业务员本月的进货客户目标是125家。月底进货客户数超过125家，就奖励20元/家。少于125家，则对差额部分处罚15元/家；少于80家，则对差额部分处罚30元/家。

效果： 业务员出门不但要跑大店、熟悉店，还要跑小店、陌生店，店里有客诉他会积极处理，生怕"进货客户数"下滑，拿不到钱，甚至被罚。

提醒： 业务员会造假，大单拆小单（1个客户订单拆成8个客户订单）。

监控： 执行拿单预售制度，业务员拿单、司机送货互相监控。同时老板每天电话复查或者实地复查，看有没有拆单拼凑客户数的情况，如果有则执行10倍处罚。

（2）市场覆盖率超过50%的时候

市场覆盖率超过50%，就可以同时考核两个维度——进货客户数和品项数。

每个业务员的进货客户数维护目标 = X + Y + Z（同上）

每个业务员的进货品项数维护目标 = A + B + C（品项可以是进货总

品项数，也可以是指定一个新品，此处以指定新品举例）

　　A=指定新品上月进货客户数

　　B=本月要求增加的指定新品进货客户数

　　C=上个月丢失的指定新品进货客户数（指定新品曾经进货，上个月没进货，就算丢失）

（3）简化

本文给出的公式和数字都只是举例，不必在数字上纠结。报表、细节都不重要，思想最重要。最后给大家一个按照如上考核思路的简化方案，启发大家思考。

　　原来的销售额提成制不变，业务员每天进货客户数超过15家，当天奖励××元；新品进货客户数超过10家，当天奖励××元；月底进货客户数比上月每下滑一家，处罚××元。

参考"日常管理""数据分析""考核存量""考核方案"这四个维度，研发适合自己的考核方法，这样就可以管好你的生意"命根子"了。

第三节　经销商老板不敢管业务员怎么办

一、经销商"老板怕员工"的现象普遍存在

经常有经销商问我下面这些问题，比如：

案例一：

　　经销商：魏老师，有个业务员，我跟他协同跑线路就卖的很多，但是他自己出去跑就卖的少。我让他换岗当司机送货，他送货也不积极，而且还在团队里煽风点火，怎么办？

我：先跟他谈谈，搞清楚他为什么这样做，是待遇问题、技能问题，还是有什么事情。如果没有特殊原因，这个人就是品德不好，你就换掉他吧。

经销商：我也很想把他开除，但是现在正是销售旺季，忙得要死，人手不够。开了他，我可能招不到人。

案例二：

经销商：魏老师，我以前是用的提成制，没有给业务员定任务量，结果业务员都没有压力。我打算给他们做任务考核，但是他们一听要定任务，都说不干了。怎么办？

我：薪资待遇没有竞争力，管理团队就比较被动。要改善这种情况，不能一步到位，得分步骤来。第一步，培训期，先吹风："做销售不定任务不像话，其他经销商都给业务员定任务了。"第二步，奖励期，只给完成任务最好的业务员奖励。第三步，奖罚期，对任务完成最差的业务员罚钱，奖给任务完成最好的，或者任务完成最差的请任务完成最好的吃饭。第四步，通过前几步，大家都习惯任务考核了，再做范围更广的任务考核，要让多数人比以前拿的多。这样按步骤循序渐进做就可以了。

经销商：我试试看，他们要实在不愿意就算了，现在人不好招。

案例三：

经销商：魏老师，我有个老业务员搞特殊化，别人都是提成制来考核，她非要求固定工资，搞得大家都有意见，怎么办？

我：老业务员要给足面子。跟她客客气气谈："大姐，就当您帮我的忙了，别人都是底薪加提成的方式考核，就您一个人是固定工资，大家都有意见。能不能给您也底薪加提成？您工龄长，底薪肯定比别人高。前三个月如果您完成任务吃力（赚的比以前拿固定工资少），那我跟您协同拜访市场，给您投陈列费支持、赊销支持，您也使劲冲业绩，拿高提成，给大家做个榜样。您卖的多赚的多，我也不会被别的业务员说偏心眼，大家都开心。"

经销商：不行，这个老业务员在我爸爸当老板时候就拿固定工资，现在我接班，她不听我的。而且她管的市场销量最大，别的业务员对她负责的区域不熟悉，客情都在她手里，她要是走了，我的生意肯定受影响。

思考：厂家的货都是通过经销商的团队卖的，而经销商的团队就是这种考核管理现状——尤其是小经销商，老板"怕"业务员，听课学了一堆"经销商如何管考核团队"理论，但不敢用——人家要辞职，而且抱团辞职。

所以，厂家管理市场时，如果不能帮经销商提高团队管理和考核水平，十年难有成果。

二、经销商老板面对业务员如何才能不被动

大多数"怕"业务员的经销商老板，存在三个问题：

第一，商业模式不好，自己不赚钱，拿不出钱来激励业务员，所以老板被动。

经销商的商业模式想象空间不大。虽然也有转型跨界的，但其中的多数人会"阵亡"——人这一辈子，不熟不做，赚钱还是要在自己熟悉的领域最靠谱。

经销商的商业模式升级无非是"代理什么产品""做什么渠道""坐销还是行销""定什么价格"，在技术层面上是拼管理内功，在方向选择上则是结构决定功能。

从产品品类角度，卖方便面、饮料的经销商普遍比卖中高档白酒、调料、小菜的经销商毛利低。只卖老品的经销商不赚钱，而擅长考核管理业务员推新品的经销商普遍赚钱多。

从渠道角度，主做 KA 的经销商一年资金只能转 4 圈（KA 实际账期 90 天），费用高，促销成本高，多数最终盈利很低。而主做便利店、农贸市场的经销商，普遍利润高很多。调料行业做餐饮 To B 供货的经销商单店销量大，不用做陈列，不用退货，就更赚钱。

一样的起早贪黑，结果却不一样，选择有时候比努力重要——经销商的商业模式好，自己赚钱，才有钱给业务员发。业务员待遇有竞争力，老板说话才硬气。

第二，底薪和平均收入问题。经销商喜欢给业务员低底薪、高提成。

我的看法是，底薪高低代表了团队素质高低。经销商之间竞争，区域渠道是共用的，产品差别也不大（大品牌产品品质都不会太差），拼的就是队伍。别人家底薪4000元，业务员平均收入7000元；你家底薪3000元，业务员平均收入4500元。你这里干得好的业务员都往别人家跑，留在你这里的都是一些业务能力不强的，然后恶性循环，你的生意输定了。

老板告诉业务员，"你好好干，我肯定给钱"。业务员则在想："你给钱，我就好好干。"这两个群体思维方式不同，所以老板要大度，按业务员的想法来。先给钱，然后要求他们好好干。我先给了钱，你还不好好干，那我就换了你。

第三，业务员晋升机制没吸引力。厂家做全国市场，队伍大、岗位多，内部晋升机制好，业务员有机会升为经理总监，就有拼劲。经销商的业务员抬头一看，公司总共三个领导——一个老板，一个老板娘，一个老板的娘，自己在这里干一辈子，也还是个业务员，自然没拼劲了。

所以，经销商需要在内部设立晋升机制，没有那么多管理职位也可以给业务员分级，比如，分为初级、中级、高级、资深级。像这样定出规则来，升级就能加薪、加福利，让业务员有盼头。

三、经销商业务员离职前管理

每个业务员其实都可以看作是即将离职的员工。不要因为业务员离职，给市场造成大的波动，这是经销商的"业务员离职前管理"需要做的事情。

1. 客户资料管理制度

提示：不要依赖于经销商管理软件。很多管理软件信息不全，需要把软件的内容用Excel导出，二次加工，补充完整信息（见表9-2）。

表 9-2　客户资料管理表示例

店名	地址	电话	联系人	渠道	区域	业务员	协议类型	信用额度	信用期限	超期天数及账款	超限金额及账款	月份			合计		
												销量	费用	费销比	毛利	销量	费用	费销比	毛利

店名、地址、电话、联系人这几项不用解释。这个店属于哪个渠道、哪个乡镇区域、哪个业务员、哪个协议类型（专卖协议、包量协议、陈列协议等），这些信息要手动添加。然后就可以通过 Excel，合计"乡镇别""渠道别""业务员别""协议别"的销售数据，进行分类分析。找到问题渠道、问题片区和问题业务员，把信用额度、信用期限、超期天数、超限金额等信息补齐，而不至于因为业务员离职账目就乱了，账款出了问题。

需要注意的是，你要把每个店的销量、费用、费销比、毛利，这四个信息补齐，就可以知道哪些店是花钱不多、销量大的好店，知道每个店给你赚了多少钱。

2. 客户联系卡

"客户联系卡"上面应该有如下信息，包括要货电话、投诉电话等。终端客户认的是经销商，不是业务员，能广为派发经销商老板名片更佳（见表 9-3）。

表 9-3　客户联系卡示例

供货单位名称	
供货单位地址	
供货单位，供货品牌	
业务员姓名	
业务员电话	
拜访日期	
公司要货电话	
公司投诉电话	

3. 抓客情

有经销商的终端业务员是双岗制度拜访，两人一组，一人管谈判卖货，一人管理货。好处是专人做专事更专业，而且不怕任何人辞职。一个坑里俩萝卜，一个走了随时有人补上，再招个理货的不难。

同理，老板觉得某个业务员可能要离职，就可以多跟这个业务员出去协同拜访，至少和大客户混得面子熟悉，把客情攥在手里。与大客户签订"累计销量返利"等协议，用协议锁定客户长期客情，就更不怕业务员离职了。

4. 化解财务风险

做 KA、餐饮、团购等渠道赊销多、费用多。有的经销商让财务每季度去跟大客户专门对一次账，也有经销商老板自己去对账，或者业务员每个月把对账单拿回来，老板和财务核对。这个简单动作一定要坚持，否则"员工走了，欠条丢了，钱要不回来"，损失太大。

5. 化解区域风险

某些经销商的"问题老员工"，反对老板招新员工——新员工来了，要从我手里划走一片区域，我打下来的江山，凭什么给别人分一块？

然后，"问题老员工"霸占一块肥差区域，只跑大店、老店，不跑小店、新店，市场永远做不细。但是他的销量占比大，老板不敢轻易动他，被这种"权臣"架空了。

第一，宣传：区域是公司的，细分区域是必然的。

第二，绝不能只考核销量，还要考核铺货率、进货客户数、新品品种数、生动化达标店个数等过程指标，"谁能把市场做细，过程指标达到要求区域保留，否则市场要细分"，师出有名。

第三，开拓新渠道、新片区，用新员工，减小"问题老员工"的区域业绩占比。

第四，政策、培训、鼓励，扶持新员工做业绩标兵，降低老员工存在感。

第五，区域业务代表，每年或者每两年轮调区域——不要怕换了新人损失客情。大厂家的区域经理每年都要轮调，区域轮调之后人人都想业绩超过前任，反倒会激发积极性。而且区域一旦轮调，截留费用问题、冒充客户打欠条、截留货款等问题全部暴露出来了。

第六，把老员工的区域划分出去的时候给老员工点好处，平衡利益，减少矛盾。

以下是一个经销商的真实案例，给大家借鉴。

业务员底薪6000元，加业绩超过10万元部分的，给两个点提成。假如一个业务员完成了月30万元销售额，收入共计1万元（6000元底薪＋20万元的2%提成）。

规定业绩做到30万元，老员工必须从自己的区域里分出10万元销售额的片区，给一个"下线新员工"。

老员工不吃亏，享受"下线"区域10万元销售额的两个点提成——以前老员工是卖10万元提成2000元，现在分给别人，自己不用干，也能拿2000元。

"下线新员工"月业绩10万元以内，只拿底薪，不拿提成——这是别人（老员工）做出来的业绩。

"下线新员工"把区域做细了，超过10万元的部分，"下线新员工"拿提成。

公司成本方面，如果"下线新员工"的区域业绩10万元，公司不但给老员工两个点，还要付出"下线新员工"底薪吗？

经销商回答："不可能，我们公司的业务员都拿1万多元的工资，新员工不可能甘心只拿底薪，他肯定要做细把业绩冲上去，业绩超过10万元的部分，公司的成本就摊薄了。"

第四节　经销商如何推进人员考核改革

一、改革不要找阻力

第一步要有"正能量"思路。考核制度变革不能有负能量，别给自己找阻力，肯定要让业务员感觉新的考核能多拿钱。看一个案例：

> 一个老业务员，姓崔，在我这里干了5年了，能力很强。
>
> 去年公司出了些问题，同时有4个业务员辞职。我在无人可用的情况下，让他暂时管理整个城区××产品的业务。
>
> 他一个人管理5个人的业务片区，销量大，提成高，干得很起劲，但是他根本做不细，只跑大店、不跑小店，跑老店、不跑新店。
>
> 今年，我终于又招到业务员了，打算重新划分片区，这就意味着老崔的片区要划小。片区改革我已经提前给他透过风，开始他的抵触情绪很大——"你没人用的时候，我给你顶上，一个人干5个人的活儿，天天加班，才给你把市场守住，现在你过河拆桥……"
>
> 我只能给他做思想工作："你干得这么好，我当然不能让你走，我这样改革的目的是，市场能做得更细，而且让大家挣得更多。
>
> "你在危难之时守土有功，我不会忘掉。这次片区改革，你的片区的确划小了，但是其他几个人的片区我还暗地里让你拿一个点的红利。你也要帮助几个新员工，教他们干活，帮他们解决困难，他们卖货也是替你赚钱。
>
> "他们并不知道你拿到他们片区一个点的红利，你帮他们，你的威信会越来越高，给你将来当主管做铺垫。你要名正言顺当主管，得先靠业绩服人，自己核心片区的业绩就要做好。
>
> "前段时间，你一个人负责5个人的区域，很辛苦，但是肯定做不细，不少客户都丢了。这不怪你，特殊时期没办法。现在回归正常，你干好自己的核心区域，小区域精耕细作，量绝对不会小。
>
> "现在不单有提成，还有成交客户数奖励，以你的能力，在小区域精耕细作，这几项你肯定都能做业绩标杆。
>
> "你努力干，我要是让你没有以前挣的多，就等于是撵你走，我为什么要把一个优秀的人才撵走啊。我当老板做生意，靠的就是优秀员工帮我赚钱。"
>
> 在这些物质补偿的承诺及多次沟通之后，基本上算是解决了问题，老崔高高兴兴留下来了，化解了这次改革最大的内部阻力。

点评：解决这件事的方法有很多，"化解区域风险"部分给过具体方案，可供参考。这个案例里老板化解阻力用的就是"让员工感觉能多拿钱"，最有说服力的一句话是"我要是让你没有以前挣的多，就等于是撵你走，我为什么要把一个优秀的人才撵走啊"。

二、导入期吹风

推进一项考核改革，事关员工具体利益，先吹风，讲清楚来龙去脉，让大家慢慢接受。比如：

"做销售的不定任务不像话，你看恒安的经销商、海天的经销商，都给员工定任务了，完成了额外有奖励，完不成就处罚。就咱家特殊，只管给提成，没有任务，卖多卖少提成都一样，没有任务处罚，这不合理，迟早要变……"

"咱们按销售额提成，但是没有分品项提成，新品卖不起来，厂家给我的新品任务我完不成，这样下去不行。咱们也变一下，卖新品你们赚得多……"

三、缓冲期二选一

进行人员考核制度改革，目的是调动积极性，让大家多拿钱。根据他们前三个月的业绩，如果用新考核制度计算，一半人都比按照现行制度赚的多。也有几个人按新方法算，比按照老方法算拿的少。那是因为之前是没有超任务递增提成和新品高提成，他们不卖新品不冲量。如果按照新考核制度执行，他们努力也能争取每个人比之前拿的多。

为了让大家放心，开始执行时新考核、老考核二选一，三个月有效。每个月根据他们的业绩，选择用新考核还是老考核，取高不取低，哪个考核赚的多，就给他们按哪个考核兑现。这三个月时间里也可以对考核内容微调，看哪些细节不合适。

四、奖励期：罚款，你可以凭本事挣回去

宣布新考核制度正式推行后，再给大家一个月的缓冲时间。提成和奖励全部兑现，任务处罚、新品任务处罚、网点处罚，暂时挂账。下个月如果完成，这个月的处罚取消。下个月完不成，这个月的处罚兑现。

考核改革是为了提高积极性，不是为了罚钱，而是让员工多拿钱。老板不可能靠罚钱致富，处罚员工的钱老板一分都不拿，全部作为快乐基金建立账目，再用来奖励员工。

对员工被处罚的每一分钱，给三个月的翻本机会。三个月内员工跟主管谈一个业绩挑战项目，目标自己定，可以是总业绩、分品项业绩，也可以是成交家数、生动化达标店家数。

双方商定一个目标，员工完成了，主管把之前罚的钱当着所有人的面退给他。员工被罚的钱有机会凭本事挣回去，挣回去的不但是钱，还有他的面子。

五、榜样期：让一部分人先富起来

找个心态好的员工，让他带头接受新考核。老板扶持他，帮他协同拜访终端，帮他处理大日期产品，给他陈列费用、促销资源支持，让他做出业绩标杆来，树立正气。

市场表现树立正气：先富带动后富，大家去参观业绩标兵的市场表现，业绩标兵在早会上跟大家分享"我是怎么铺新品的""终端说太贵，我是怎么回答的"。

经验分享树立正气：最开始是标兵分享经验，后来变成每个人每天早会轮流分享。铺新品的成功经验如果实用，当场给奖励。

业绩比拼树立正气：每天还有新品销量冠军奖、铺货家数竞争奖，每天做薪资模拟排名。

当团队人人琢磨、总结经验，争取拿到冠军奖励，大家都开始"找方法，提经验，争冠军"时，团队风气就正了。

六、如何对待"刺头儿"

有个老业务员就是不吃这一套，他始终对新考核制度有抵触。你可以在早会抽查环节专门抽查他对最新政策、最新价格的理解。一般他答不上来，这样可以杀他的气焰。主管跟他去铺货，现场培训，给资源支持，帮他成交，早会上当着老板和其他员工的面，表扬"你不是干不好，只是刚开始不适应"。连着跟几天，他的业绩上来了，通过这件事给他面子，也增强他的信心。

这两个动作下来，半数"刺头儿"就化敌为友了。如果还是死硬派，只能再加力度。平时生活中"尊老"，给足面子，但是业绩排名没商量，你觉得"自己老资格，姜是老的辣"，那我就找个"小姜"辣你一下。为什么年轻员工、新员工比你业绩还要好？你这个大哥怎么老是垫底？

带着老板和其他员工走市场、做现场学习，专挑他的线路走，查他的漏订单、他的陈列，往往会发现他的路线漏单很多，有的店他根本不去拜访，有的店根本就不知道我们在上新品。

业绩不行，市场表现也不行，这下就该服了吧。我念在你是老员工，再帮帮你，给你些资源，帮你提升业绩，争取让你在新考核制度下拿到钱。我不希望你掉队。如果还不行，这个人能力差、态度差，对公司还有没有价值？有，他的价值就是，"死"给大家看！

● 作者评述

就推行个新考核制度而已，至于这么费劲吗？你要真是个经销商就不会感到惊讶了。

经销商老板怕员工，绝非个案，而是普遍存在。也有经销商老板不怕员工的，无非是公司的产品结构和渠道结构组合得好，经销商老板自己赚的多，给员工的待遇福利好。

高待遇才能严管理，这道理谁都懂，可是远水解不了近渴。经销商升级商业模式，改变产品组合、渠道组合，提高利润、提高待遇，没有几年的煎熬，根本成不了事。

现状是厂家手越伸越长，要求越来越多；经销商地盘越来越小，毛利越来越低，任务压力、资金压力、库存压力、外欠款压力越来越大。尤其这几年，生意更艰难。**经销商赚的少，给员工的待遇也只能跟同行差不多，或者略高，否则经销商承受不了。**

升级商业模式，提高利润，改善待遇，老板要先舍后得……那是后话。要治本，还得先治标。现状摆在这儿，在这个基础上，怎么推进人员管理和考核的改善？家底子不够厚，就别霸王硬上弓。

海尔是标杆企业，被大家津津乐道的管理文化是"日清、日结、日高"。张瑞敏就职后，第一条政策是什么？不准在厂区和车间里随地小便。先从厂区卫生抓起，然后砸冰箱强调质量……才有了后来的"日清、日结、日高"。

管理方法不可能嫁接移植，风险太大了。只能种种子，施肥浇水，任其一点点生根发芽，这样长起来才是自己的东西。

别着急，往前一小步，也是新高度。

第十章

这样操作才能精准解决终端动销问题

本章预告

对经销商来说，铺货不是问题，逼急眼了，可以赊销铺货、拆箱铺货、带促销政策铺货。问题是产品到店里不动销，怎么办？

动销话题涉及的体系庞大，讲细节，给工具，讲方法，30万字未必能写全面。

本章文字只能精炼表达，不讲具体实战细节，只讲框架逻辑，浓缩纲要。

快消和泛快消行业（酒水、家电、建材、日化……）的终端动销方法，千头万绪，但也跑不出这一章的内容。

第一节　终端动销所有工作清单

一、理论基础：冲动性消费

你会不会在家想好，我今天去东大街，往右一拐，到肯德基旁边的超市买一瓶可乐？肯定不会。一般是走在街上，热了，渴了，顺手买一瓶。不但快消品如此，家电、建材、手机等泛快消品，消费者都有很多终端可以随机选择。所以，快消行业消费者不一定在哪里买。

有没有人进门前想好，我要买一瓶加多宝？有。但是进门之后稀里糊涂买了王老吉，为什么？因为加多宝断货；因为进门之后看到王老吉的堆头；因为店主推荐，王老吉在搞活动。所以，快消行业消费者进门后，买什么品牌不一定。

你原打算买一瓶可乐，进门后店主说，可乐搞活动，买三送一，你就拿了四瓶。所以，快消行业消费者买多少量也不一定。

既然如此，快消企业线下的销售工作该怎么做？（注意，这里说的是销售，不是营销。产品研发、形象设计、品牌传播领域的事本文没有涉及，大多数经销商和销售人员在这个领域也没有发言权。）

　　买得到：消费者去哪里都可能买，我就提高铺货率，让你到哪里都能买得到。

　　看得到：消费者进门后买什么品牌，取决于看到产品的展示——我要做好生动化。

　　听得到：消费者进门后买什么品牌，还取决于店内推荐——那就要做好客情，让店主主推。

想得到：买得到、看得到、听得到，再加上广告和促销，消费者就会指名购买我的产品。

前几年健力宝衰落，消费者买不到、看不到、听不到，最后自然想不到它。这几年健力宝的铺货率、生动化、终端拜访似乎有所提升，消费者就又想起它了。

二、"买得到"的工作清单

组织保障：没人拜访，还谈什么铺货率和动销。主流是厂家派出终端拜访队伍，拜访部分核心市场和核心网点。更多的是市场和终端"逼着经销商，加人加车"去拜访。肯定有总经销商渠道和运力覆盖不到的地方，还要组建分销商队伍，拜访覆盖不到的终端。

终端拜访队伍管理：快消行业的深度分销有庞大完善的知识体系。经销商条件有限，做不到CRC卡精细化管理。管理可以粗放，但基本管理逻辑不能破：要管理业务员每天的拜访量，管理所有终端的最小拜访频率，要做到逐级检核，"你在前面干，我在后面看"。否则，终端团队肯定是跑大店、老店，不跑小店、新店；人多、车多，但是满街拜访死角。

终端拜访队伍考核：业务员只喜欢做会被考核的工作，必须有过程考核，考核"客户数""品种数"两个维度，生意才能做大，因为生意＝客户数 × 品种数。

更进一步就是分享机制，如何设计利润分配，把打工心态的、偷懒的业务员变成创业给自己干的小老板。这样能调动他们的积极性，减少内耗。

终端拜访损益管理：

（1）拜访方式组合

车销成交量大，但是成本高，业务员容易在货款上动手脚，甚至卖其他的货。

预售拿单，能把生动化做好，但是不利于推新品，不利于到路远的乡镇铺货。

电话拜访，最便捷，成本最低，但是比较难了解细节。

经销商在区域市场要平衡利弊，把车销、电话拜访、卫星库、预售拿单组合起来，降低配送和拜访成本。

（2）线路划分组合

一个城市有多个业务员划分片区，每人管一片。司机送货，要全城一日游，把整个城市跑一遍，配送成本大大上升。需要优化设计拜访和配送路线，才能降低配送和拜访成本。

店内产品线组合：通过"人员考核""终端分级拜访频率""产品组合促销""推新卖贵"四个杠杆，提高终端店的平均品项数和平均价——如此产出才会更高，配送成本才会小。

终端品项数和客户数监控：快消企业变成"互联网公司"，实时更新终端数据提供考核依据、决策依据。

大企业会每个月普查监控铺货率。部分中小企业只能监控"核心店"的铺货上架数据。前文已经讲过，经销商最起码要能监控"本月活跃客户""濒死的客户""已死的客户"。

以上每一条都能写几万字，细节容量大。这么多事情都做到了，才能让消费者实现"买得到"。

三、"看得到"的工作清单

生动化培训：让业务员建立动手观念，陈列是抢来的，不是花钱买的；建立销量导向的生动化标准，陈列不是为了好看，而是为了好卖。

这些内容貌似简单，其实远未普及，业务员还是一谈陈列就找老板要陈列费。BC超市里常能看到，把能出量的促销套装摆在货架上，堆头上却摆着跑不出量的普通产品，严重浪费资源。

生动化考核：不要用培训取代管理。都知道生动化重要，但是没有考核，怎么可能做好——目前主流的考核方法有三种：

第一种是生动化奖罚专案。业务员当天拍生动化照片，主管当天检核，当天奖罚。

第二种是直接主管每个月对每个业务员取一定数量的样本点，按照规则做生动化打分，月底按照得分决定是否发放生动化奖金。

第三种方法是上手机系统，业务员每天拍照，后勤专人算得分，月底按照得分算考核结果。

这三种方法都有很多细节难度，诸如"生动化照片作假""生动化抽检样本点不够导致得分波动""业务员抱怨自己陈列一直做得很好，刚好检查的来了，那一天海报被撕了"……这些问题都需要有一套管理体系来纠偏。

陈列的损益管理：一切营销理论离开钱都是空谈。生动化费用年年升高，入不敷出，所以应该回避垃圾店，对KA店的投入适可而止。BC超市、肉菜点、农贸店、社区店的陈列费不高，产出不小，之前被很多快消企业忽略，目前是陈列费的主要花销方向。

数据分析。店内容量减去本品销量等于增量空间，对增量空间大的终端做陈列费用投放，投了钱才能冲出量来。

协议优化。单纯的陈列奖励协议正在被淘汰，因为力度小（BC超市，陈列10箱送2箱已经够大方了，但是这种力度对终端没什么制约）。

协议组合。把陈列和首批进货量、品项组合、累计销量组合起来，签订组合陈列协议才能促进销量提高产出，而且跟终端谈判的筹码也变大了。

陈列数据监控：很多企业的稽核部目前仅仅在查费用，这还不够。企业稽查要常态化、检查生动化，按照得分规则计分，给各个区域建立生动化打分档案。这个档案不必拿来做考核依据（因为全国区域太大，不可能每个区域每个月都抽查），但是可以作为晋升的加分权重。

各区域核心店的生动化数据监控，要尽量做到每月稽查上传，因为这是销量制高点。对经销商而言，老板和操盘手要做到天天稽查生动化，给业务员打分建档。

以上种种是做快消绕不过去的坎儿，偷不了的懒。工作烦琐，不可能一步到位，只能慢慢积累精进。往前一小步也是新高度，都做好了才能实现让消费者"看得到"。

四、"听得到"的工作清单

终端"听得到"，是指得到四种人的推荐。

第一种，店主推荐。店主为什么会主推？不仅仅是利润高那么简单。

终端客诉处理：大多数终端减掉你的品项，都是客诉造成的（比如送货不及时、砸价没人管、产品保质期到了、破损没人退……），必须贯彻完整的客诉处理流程，把客诉当作火线指标去抓，去做奖罚，才能保证店老板"不恨你"，或者"少恨你"。

产品组合、价格管理保障通路利润：包括推新品高档产品、打击窜货、管理终端砸价、终端明码标价、不同渠道岔开产品避免砸价，一堆琐事。

终端库存管理：尤其是旺季，必须给终端压货，终端库存大才会主推。旺季前短短十几天时间，全国销售人员和经销商的业务员集体压货，这其实是一个组织管理的话题，又有一堆流程制度和管理节点要把控。

终端协议推进顺序：终端签订累计销量协议、排他协议、专卖协议，都要挂销量任务，这就是把压力转嫁给终端。但一系列困难随之产生，累计销量协议容易被作假套费用；排他协议和专卖协议代价高；终端不诚信，签订了专卖协议，还是不专卖……这些问题行业里早有答案，但是实际操作起来都不轻松。

首先是终端不恨你，觉得你服务好，没什么客诉。其次，卖这个货能赚钱，库存大又有压力，抽屉里还有跟你签订的协议有任务压力。最后，最好再加上你的产品足够知名，终端不卖不行，离不开你。把这些都办到了，终端店主才会主推你的产品。

第二种，从业人员促销。类似服务员开瓶费管理、建材行业的水工会员管理，有一套成熟的方法。

第三种，导购。主要涉及招聘、培训、管理、考核。家电行业在这方面有庞大的知识体系。

第四种，售后服务人员。建材等行业会对消费者售后服务，力争打造口碑。这些事情都做到了，才能实现终端"听得到"。

五、"想得到"的工作清单

想得到，意思是消费者乐意指名购买。品牌、定位、广告、传播取决于厂家的战略，经销商和销售队伍在这方面没有发言权，他们主要是在促销上发力，无非六类促销。

获客促销：类似于白酒行业给消费领袖派样送酒、润滑油行业给大车司机目标消费群派送折价券、扫码下载 App 送 5 元红包……都是获客促销。

价格促销：各种特价、会员价、惊爆价、第二件半价、加量不加价、加价换购……

概率促销：各种抽奖、盖内奖……

赠品促销：各种买赠、套装促销……

产品促销：各种派样、试吃、体验、演示……

回头客促销：二次消费折价券、会员积分中奖、方便面空袋换奖、家电以旧换新……

不要指望促销能玩出花样。真有好方案，大企业早就干了，而且马上就有人蜂拥模仿。促销的优劣，在于活动设计的细节有无漏洞，落地执行是否到位。

六、对于动销这件事不要绝望

把这些事情全干好了，也不一定能动销；但是其中一件事情干不好，就不可能动销。市场上的黑马，都是碰巧某一两件事情干得特别好，享受了红利。

这需要你自己蹚出路来，发现哪一招有效，然后运用在企业中。学习知识套路和模型，可以让你更内行、更专业、更敏感、更高效，及时发现产品的动销机会点。

第二节　精准营销，锁定能动销的网点

本节讲动销具体方法，绕不开的话题——退货、积压、过期不良品，都是盲目铺货造成的，要把货铺进能动销的店。

"铺货率"到底如何定义？如何计算？我在很多课堂上问大家"铺货网点是不是越多越好"？全班都会拉着长声一起说"是"！

其实未必，先要搞清楚铺货率如何定义计算。

铺货率 = 有货网点数 / 市场总网点数？错！

铺货率 = 有货网点数 / 目标网点数。对！

不同的产品，意味着不同价格、不同的消费群体、不同的消费场景。所以每个产品的目标销售网点是不同的，设定产品目标销售网点，要考虑两件事：

第一，消费者愿不愿意买；

第二，终端店愿不愿意卖。

一、消费者愿不愿意买

举例：请问，公司上了一个新产品，是零售 8 元一瓶的啤酒，这个新品应该怎么铺货？

再问，业务员出门铺货的时候，是大终端好说话，还是小终端好说话？

肯定是小店好说话。但是，零售 8 元一瓶的啤酒，应该铺进大店，还是铺进小店？

你对业务员说：出去铺货，每天必须铺新品超过 10 家，超过 10 家，当天每家奖励 10 元，低于 10 家，当天按差额处罚每家 10 元。只要把新品铺货的奖罚力度加大，业务员肯定能铺动。把业务员逼急了，他们出去拆箱铺货、赊销铺货、带陈列奖励铺货、做促销铺货……绝对是有办法铺得动新品的。

但是我亲眼看到过，经销商把业务员逼急了，他们把零售 8 元一瓶的啤酒铺进非常小的店里——乡镇村头那些价格低廉的鸡毛小店。这种小店应该卖多少钱的啤酒啊？应该卖 3 元一瓶的啤酒。

这种小店进 8 元一瓶的啤酒卖得了吗？最后只有两种结果，第一种就是过期，第二种就是自己喝。

铺货甚至不是越快越好。如何确认能动销的目标店，后文会详述，给出具体方法、模型和工具。此处举例说明：

案例：某企业零售 8 元一瓶的啤酒，在某区域的上市目标店推进模型。

第一轮，先铺"有同档次动销能力的客情店"：先锁定客情店——本品的专卖协议店、排他协议店、长期陈列协议店。在这些客情店清单里面筛选，本品零售 6 元的啤酒月销量超过 100 箱的动销店，首轮铺货，重点拜访。

第二轮，按顺序铺"有同档次动销能力的其他店"：把筛选出来的，本品零售 6 元的啤酒月销量超过 100 箱的店，做月销量大小排序，按排序铺货。

第三轮，对标竞品酒和畅销店：竞品的纯生一瓶十几元，有铺货，而且库存大于 10 箱（说明动销好）的店，把我们的啤酒新品铺进去。

第四轮，对标同价格带有货店：在前三轮铺货网点的铺货、拜访、陈列、促销维护好，产生稳定动销二次拿货的前提下，针对所有店内有本品或竞品，8 元以上价格产品带有铺货的网点，把我们的啤酒新品铺进去。

思考：盲目铺货的结果是造成出货数据"看起来新品旺销"的假象，而且新品的铺货网点越多，陈列费、促销费也越多，人员拜访等资源被分散。最终对真正能动销的目标网点拜访频率不够，资源投入不够，目标网点不动销，非目标网点更没戏。

铺货要铺进目标网点，而且要根据自己的维护能力量入为出，"先吃肉，后啃骨头"，控制节奏。铺货率不是越高越好，甚至铺货不是越快越好。

二、终端店愿不愿意卖

终端店愿不愿意卖，其中有两个重要影响要素：适不适合我销售？赚不赚钱？

1. 适不适合我这个店卖

不同的终端店消费场景不同，需要的产品不同。

啤酒：烧烤摊要塑包酒、低档酒，餐饮店要箱装酒，高级酒楼需要纯生奥古特高档酒，名烟名酒店需要易拉罐、礼盒装和市场上少见的产品（利润高），夜场需要小瓶啤酒……

洗发水：乡镇和村级售点可以要小袋、超市要200毫升的瓶装、洗浴中心要1升的泵装……

调料：KA卖场需要促销套装、农贸渠道需要特大包装（卖给餐饮店）、便利店需要小包装……

思考：5毫升的飘柔洗发水，进什么样的卖场？

答案：5毫升的飘柔洗发水，可能进消费场景是团购、小店的卖场。5毫升的飘柔洗发水，绝不适合家庭购买，一般家庭购买型的卖场会选择更大包装的产品。

不同渠道，不同系统，需要的产品不一样。7-11便利店在机场有门店、在商业区有门店，在学校附近也有门店。门店商圈不同，需要的产品也不一样。

2. 终端店赚不赚钱

我给奶粉、家电、建材、高档白酒等行业进行过培训。跟快消行业不一样，这些行业同一个产品绝不能铺货网点太多，铺多了砸价就完蛋了。

网点多了销量大，但是网点多了会砸价！怎么平衡这个矛盾呢？常用的方法是产品区隔保护价格。

渠道：大卖场打特价，容易影响BC超市和传统渠道的销量——同一个食用油，大卖场卖5升的，传统渠道4.5升。超市啤酒便宜、餐饮店啤酒价格高（有开盖费）——那就把产品分开，超市上绿标，酒店上蓝标。

重点终端：打特价活动的大卖场，上个"永辉超市"特供装，惊爆价就不会影响其他店了。

品牌：史丹利化肥旗下有"史丹利、第四元素、劲素、华丰"四个品牌。可以用四个品牌在同一个乡镇开四个二级代理商，互相不会直接砸价，而且可以抢占更多的通路资源——毕竟一个乡镇代理化肥的大户也没几家。

密度：比如化肥的开户密度标准——万亩一终端（当地有3万亩地，就开三个终端）。高档奶粉的标准——一个乡镇只允许开一家会员店（避免砸价），中高档保健酒的标准——500平方米内排他（一家店周围500米的街道，不允许销货，保护价格）。

三、互联网是B2B企业的优势，也是劣势

我给互联网B2B企业培训，感慨这些"野蛮人"与传统快消经销商的不同。

钱多：互联网企业的思维是先赔一个亿，烧钱抢速度做规模，垄断后产生利润，所以他们给终端的促销力度，传统经销商根本做不到。

人多：大的互联网B2B企业都是重资产前提下的高效率，后台设置大仓、小仓、中转仓、前置仓，大车、小车、三轮车、冷藏车配送，几千个地推业务员，上万名仓储配送人员，这种阵容传统经销商根本做不到。

产品多：互联网B2B企业要消化成本，要抢规模，要获得更多活跃客户数，必须有丰富的产品线支撑，所以他们做几千个SKU（Stock Keeping Unit，最小存货单位）是常态，这种产品线组合能力传统经销商很难做到。

人才多：我给互联网B2B企业培训，台下很多学员下了课来打招呼："魏老师你好，我以前是青啤的，听过你的课""我以前是统一的，听过你的课"。互联网B2B企业在快消品领域是外行，但是可以把很多快消的"老炮儿"拢到一起，这些人都是业内翘楚，有了人才，外行企业也很快会变得内行。这种人才聚拢能力，传统经销商很难做到。

那么，传统经销商只能坐以待毙吗？

绝不是，互联网B2B企业的每一个优势，换个角度看就是劣势。

钱多：烧钱抢规模的伪需求，已经害死了多少企业，我们都知道。终端小店"唯利是图"，你大力促销我就拿货，明天促销减少了，我立刻转身就走。

人多：几千个业务员，上万个仓储配送人员，需要强大细致的人员管理

系统。快消企业的深度分销知识系统，几乎是唯一成熟的答案。互联网 B2B 企业在这方面没有沉淀，就算招人才进来，也需要时间融合。

产品多： 这是互联网 B2B 企业的致命缺陷，几千个业务员地推，卖几千个条码。别说"条码、牌面、价格、促销、服务"终端五要素管理了，大概率是问问老板"要啥货"，起个补单作用，品种推销可能都顾不上。

四、精准铺货，传统经销商要尽快使用互联网数据工具

互联网 B2B 企业还有一个优势——数据化的互联网运用，威力巨大，百利无一害。值得学习，也值得警惕。

互联网 B2B 企业基因是互联网，后台几百个 IT 工程师随时待命更新系统。他们不但考核员工销量、新品销量，还考核员工的过程指标——

日活 = 每天活跃客户数

有效日活 = 当天进货量超过 ×× 元的有效客户数

月活 = 当月活跃客户数

有效月活 = 当月进货量超过 ×× 元的有效客户数

总进货品项 = 当月每家店的进货品项数之和

平均单店进货品项 = 当月每家店的进货品项数之和 / 进货客户数

互联网 B2B 企业可以实现精准铺货，目标到店，任务推送。他们的业务员出门的时候，会收到今日工作目标清单。8 元的啤酒铺进哪种店，后台可以设公式自动计算筛选，把清单列出来。业务员到终端进店前，打开手机界面，这个店必须推销的品种会自动提示。这个店本月对比去年同期和上个月销量衰退了多少，减少了什么品项，也会自动提示。

终端下完单，业务员手机会提示，这个店本次下单与公司本月的主推考核品种对比，建议再推销什么品种——提示业务员二次下单，减少漏单。到了月底，业务员手机会收到本月销量下滑的终端店清单、销量上升的终端店清单、未发货的终端店清单。

工具的价值就是弱化人的作用。互联网 B2B 企业的 IT 支持，决定了他

们可以做到精准铺货，可以非常方便地考核员工过程指标，可以智能化提醒、任务推送、减少漏单。围绕数据优势，他们会达到传统经销商不能达到的高度。

传统经销商必须具备工具使用意识，用互联工具、小程序、CRM系统，甚至是Excel，来使自己如虎添翼。

五、总结

精准铺货：铺货率不是越高越好，重点是找准产品的目标店。两个因素（消费者会不会买，终端愿不愿意卖），决定了你的目标店设置和网点密度设置。

量入为出：你的团队覆盖能力、资源多寡，决定新品铺货节奏。铺货速度超过维护能力未必好。

数据应用：铺货目标店的设计筛选是有数学模型的，传统企业要向互联网企业学习如何运用数据。

第三节 业务员要做"狙击手"，锁定能动销的店

如何让经销商对业务员产生尊重？其中一个方法就是做数据分析。绝大多数经销商对数据不敏感，他们只是模模糊糊感觉"我今年比去年卖得好"。

实际上，仔细分析经销商的一级数据（经销商进货量），虽然总量可能比去年高，但是成长率有没有逐渐衰退？分品种、分渠道的成长率怎么样？哪个乡镇已经连续下滑了？哪个渠道正在萎缩？哪个产品快要死了——经销商大多不清楚。

厂家关心经销商进货量，经销商关心动销出货量。分析二级数据（经销商的出货数据），对经销商更重要。

老一辈业务员是"野战队员"，善于沟通，能搞定经销商；肯干而且能吃苦，能拉着车亲自出去铺货；再有点领导能力，可以带动团队，就能胜任。

现在做业务员要做"狙击手",必须熟练掌握各种办公软件,会数据分析,才能精准营销,锁定目标。

本节由简到繁,介绍 10 个 Excel 模型。

1. 模型一:新品"相关品种业绩好 & 总业绩好"的店

零售 8 元的啤酒新品去哪儿铺货?经销商筛选出前几个月"相似品种的业绩",找出零售 6 元的啤酒,月销量超过 100 箱的店。6 元的啤酒月销量能超过 100 箱,那 8 元的啤酒应该也能卖。这就是新品"相关品种业绩好的店"。

比如,统一企业的高端品牌汤达人做得很成功,汤达人去哪儿铺货呢?筛选老坛酸菜的桶装面和碗装容器面历史业绩好的店,老坛酸菜容器面能卖得好,汤达人卖得应该也不会差。

还可以筛选"总业绩好的店"。比如纸品行业经常讲"万元店"——本品的卫生巾、纸品能月销 1 万元,是优质终端。经销商把曾经月销过万元的店筛选出来,如果都是本品曾经销量大的店,说明店周围的消费者对我们的品牌接受了。既然消费者接受品牌,那这个店也是新品机会店。

2. 模型二:经销商的相关品种业绩好的店

举个例子,我现在新找了个白酒经销商代理我的啤酒。合作开始,我要让经销商铺货,先去哪儿铺?当然不能蛮干硬铺货,前文说过,铺货率不是越高越好。肯定是要借助经销商既有的客情网络优势,找最容易铺又最容易动销的网点铺货。

很简单,我让经销商调出白酒销售数据。比如,筛选中档白酒月销量在 30 箱以上的店。该店能把经销商的中档白酒一个月卖 30 箱甚至更多,是不是经销商客情好的店呢?是不是能卖酒的店呢?当然是。客情好,而且有白酒的业绩基础,它就是啤酒机会店。

所以,与新经销商合作,要充分利用其客情和网络优势。

3. 模型三:增量最大的店

导出本月销量和上月销量,计算本月较上月的增量。列出新品业绩本月增量前十名的终端清单。新品增量最大的10家店，是不是有可能是新品的机会店？值得我们去看一看，锁定同类型目标，重点投入。

4. 模型四：活跃客户 & 僵尸客户

新品的活跃客户，就是连续几个月都发货的店。

一个啤酒经销商覆盖好几千家店，筛选出前半年每个月新品业绩大于0的店，这种新品连续几个月都发货的活跃客户，是不是新品的机会店？

什么叫"僵尸客户"呢？比如可以定义连续两个月不进货的是"濒死"的客户，连续四个月不进货的是"已死"的客户。

也许你分析一下就会发现，之所以那么多"僵尸客户"，是因为经销商到了淡季不像旺季一样带货车销了，而是等订单凑够一车才出去送货。这会直接造成网点萎缩，怎么办？给经销商分析数据，告诉他这种做法造成活跃率下降多少，僵尸客户增加多少，逼他动起来。

5. 模型五：上升趋势店

3月份销量比2月份大，4月份销量比3月份大，5月份销量比4月份大……

筛选出前半年销量逐月上升的店。月月销量环比上升，当然是机会店了。反过来讲，月月销量下降的店呢？那就是反面典型，也值得亲自看看。

6. 模型六：本品客情好的店

举例：我给一个重庆的纸品企业做咨询的时候，他们正好要出新品。重庆的经销商说："我先去重百（重庆百货）铺货搞活动。"我问他为什么这么多终端连锁系统，他只选重百呢。他说："重百采购跟我关系好，比较容易铺货。"

客情好，也是选择新品机会店的重要条件。

筛选投了费用的店，比如陈列奖励费用、专卖奖励费用、包量（定销量任务给奖励）费用、排他奖励（不卖指定竞品给奖励）的费用。

这样筛选出来的一般都是位置好、销量大、跟公司合作不错的店。要推新品，肯定是从投了费用的协议店入手最轻松，胜算最大。

7. 模型七：品项结构好的店

筛选出品项结构丰富的终端，比如有不同价位的同类产品在卖，说明这个店品项结构好，防御能力强，可以从这个品项结构组合里面产生利润、产生费用。

8. 模型八：占有率洼地的店

有个经销商今年累计业绩比去年上升了90%多，几乎翻了一倍，他肯定觉得自己业绩非常好，态度就会变嚣张。

但把他每个乡镇的销量和人口数列出来，用每个乡镇的销量除以人口数，得出每个乡镇的人均消费本品啤酒瓶数和箱数。

结果，13个乡镇中，人均销量最好的乡镇，人均消费本品47瓶啤酒；排名倒数第一名的乡镇，人均消费本品啤酒7瓶。

这怎么解释？

难道是两个乡镇的人均酒量相差7倍？不可能吧！

是两个乡镇的人均收入相差7倍？不可能吧！

那就只能说明排名最后的乡镇销售做得太差了——这就是占有率洼地。

可能是经销商在这个乡镇找的分销商不行。如果是经销商直营，那就说明经销商的业务员在这个乡镇的拜访服务能力不行。

经销商下个月从哪里提高销量？当然是把人均消费只有7瓶的乡镇的销售水平提起来。

9. 模型九："增量空间大 & 店占率低"的店

市场容量 = 行业协会公布的该品类中国的人均消费数 × 当地人口数

本品店占有率 = 本品销量 / 本品市场容量

想知道市场容量，就要先调查每个店的产品总共能卖多少。超市可能麻烦点，需要公关采购才能拿到数据。中小超市比较简单，跟管收银台的人聊一聊，兴许就能知道数字了。

有了这个数字，就能评估费用投入空间：假如你是一个纸品厂家，现在知道这个店所有纸品品牌加起来，一个月才卖2000多元，你还会给这个店投入陈列费用、导购员吗？

店内增量空间＝店内品类总容量－本品在店内销量

本品店占有率＝本品在店里的销量÷店内品类总容量

案例：某化工企业在某地共有110个网点。但是按照店内增量空间大小排序，增量空间最大的20个网点的增量空间合计占全县增量空间的79%。业务员要不要对这增量空间最大的20个网点重点投入和拜访？

锁定"店占率洼地机会店"，品牌的市场占有率能做到40%。店容量大但店占率低的店，不是值得你下个月花功夫的机会店。

10. 模型十：品项占有率洼地的店

比如这个店一个月纸品总共能卖2万多元，其中纸尿裤卖2000多元，生活用纸卖6000多元，卫生巾卖12000多元。

那么在这个店里，纸尿裤的堆头就没什么意义——纸尿裤总共容量是2000多元，投入陈列费、促销费都赚不回来。

用"本品店内卫生巾销量／店内卫生巾容量""本品店内生活用纸销量／店内生活用纸容量"，得出的就是"本品的品项店占有率"。

假如这个店生活用纸容量是6000多元，但"生活用纸店占有率"已经达到60%多了，也代表没多少空间了，除非你打算签订专卖协议。

而卫生巾的总容量18000多元——品类容量大，而且经过计算，你的"卫生巾店占有率"才百分之十几，远远低于品牌占有率，则不用犹豫，这个店要跑量，肯定是做卫生巾的堆头，促销卫生巾，给导购增加卫生巾产品的任务和提成。

第四节 动销是考核出来的

一、动销路径是什么

我们要先明确动销原理和基本逻辑，再分行业解析动销的路径，最后通过案例，演示动销考核的落地方法。

先说说大家都明白，但是多数企业都无法落地的动销基本逻辑。提个问题：

把 1000 箱货从甲地搬到乙地，距离 100 米，要求越快越好，应该怎么办？

增加人手：来 1000 个人，每个人搬一箱。

增加单次搬运量：来辆车，一车拉 500 箱，两车就拉完了。

提高搬运速度：让人和车跑快点儿。

建立传送带：从甲地传送到乙地。

搬货和卖货道理类似。

甲地是哪里——厂家和品牌商。
乙地是哪里——消费者。

谁是把货"搬到/卖到"消费者手里的人？不是厂家，不是经销商，而是终端商。

把"搬货"的四个方法翻译成"卖货"，就是——

增加人手：增加终端店，也就是提高铺货率。

增加单次搬运量：提高单店销量，无非是增加品项，做好生动化。

提高搬运速度：高频率拜访终端，及时服务，处理好客情，提高活跃客户数。

建立传送带：经销商、经销商的业务员、终端商、导购，每个环节都像是传送带的一个部件。任何一个部件不赚钱，马上就不传送了。所以建立搬货传送带，翻译成卖货的逻辑，就是维护价格秩序，保证层层有钱赚。

简单提炼一下：

销量 = 铺货率 + 生动化 + 活跃客户数 + 价格秩序

如果一个市场，铺货率高，方便购买，消费者在终端"买得到"产品；生动化做得好，终端形象刺激冲动性消费，消费者在终端"看得到"陈列；层层通路有钱赚，大家都愿意主推，消费者在终端"听得到"推荐；终端拜访率和客情足够，活跃客户数多，那么只要产品不是太差，动销没多大问题。

反之，一个产品，铺货率不行，氛围没起来，消费者在终端"买不到"；生动化差，终端形象不能刺激购买欲望，消费者在终端"看不到"；价格秩序乱，终端、经销商、经销商的业务员、导购不愿意主推，消费者在终端"听不到"推荐；再加上终端拜访率不够，跟店里客情不好，大日期的货没有及时调换，终端有问题没有及时解决，活跃客户数字降低，终端能动销才怪。

所以，过程做得好，结果才能好。大道至简，动销方法千千万，跑不出这个基本逻辑。

这个逻辑看似简单，执行起来却千难万难。需要配套庞大的人员考核、稽核、管理体系。现实生活中多数企业没这个决心，也下不了这个功夫。还好，有个别例外，让我们看到希望。

某企业的动销考核方案

（注意：考核细节是商业机密，此文仅概述要义。）

上下同欲：上至大区经理、下至区域主管，考核指标是一样的。所有岗位的收入 = 底薪 + KPI 权重考核。

KPI = 销量任务完成率占30% + 新品销量任务完成率占20% + 铺货率目标完成率占30% + 促销执行完成率占20%。

KPI权重考核要点如下：

1. 销量任务完成率，权重30%

说明：销量任务完成率 = 岗位考核工资 × 30% × 任务完成率。

如省区经理岗位考核工资50000元/月，当月销量完成率125%，则此项收入为 50000×30%×125% = 18750（元）。（公司规定，超额完成还有额外奖励系数。）

2. 新品销量任务完成率，权重 20%

说明略。

3. 铺货率目标完成率，权重 30%

说明：本品铺货率－锁定竞品铺货率＝铺货数值差。

当本品铺货率低于竞品时，铺货率数值"逆差"每缩小 1 个点，加 10 分。

当本品铺货率高于竞品时，铺货率数值"顺差"每增加 1 个点，加 20 分。

普通店铺市率达标标准：要求店内完成四个品项的铺货。

重点店标准：要求六品项铺货，第一陈列位……诸多烦琐细节，此处不讲。

总之，规定一套铺货率打分标准，根据目标得分算此项指标的完成率和此项 KPI 奖金。

4. 促销执行完成率，权重 20%

促销执行完成率＝实际执行场次/目标场次 ×100%，然后规定诸多促销执行的陈列、出样、海报等细节，每一项细节没执行到位，扣 N 分。

有的大区内部规定这一项只有 yes 或 no，只要发现一个公司规定的促销在门店没有落地执行，此项归零。

5. 配套的稽核系统

算出 KPI，然后规定各项打分标准……

看完上面的案例你感觉如何？好像没什么稀奇的。别着急，厉害的在下面。

稽查队伍：该企业全国销售人员接近 2000 人，总部稽查人员 200 多人。每个月对市场进行排期稽查。

稽查频率：重点市场每个月稽查一到两次，非重点市场每两个月稽查一次。

考核核算：本月没有稽查到的市场，对其铺货率和促销执行打分，按照大区稽查平均得分兑现奖金。对于本月稽查到的市场，按照稽查得分计算奖金。

稽核数据的公信力打造：全国销售人员的一半工资（铺货率目标完成占

30%+促销执行占20%）是稽核说了算。稽核部权力太大，而且很容易出现人为因素——稽核人员跟某个业务员关系好，就抽查他好的网点，得分就上去了；跟某个业务员关系不好，就抽查他差的网点，得分就下来了。

所以这个企业真正厉害的是在费尽心机不断打造"稽核数据的公信力"，要义如下。

抽签，定稽核线路：某个区域市场终端路线有38条。稽核人员来稽核的时候，拿一副扑克牌（其中38张牌），当地区域人员抽三张牌，每张牌的数字和花色对应一条终端路线。然后稽核人员稽核这三条路线——查哪条路线，是当地经理自己抽的。

逢三抽一，定稽核网点：如果挨家抽查，查到一条好的街道，得分就上升；查到一条差的街道，得分就下降。所以查一个店，跳三个店，逢三抽一，提高样本点的公平概率。

市场人员当场签字，定结果：稽核抽查完，结果汇总交给当区主管审核。如果当区主管觉得抽查的数字不准确，可以提出异议，马上复查，避免错漏。如果当区主管觉得数字准确，签字即刻生效。

稽核人员轮值：稽核人员是从销售、生产岗位临时抽调的，进行标准化培训之后执行稽核任务，6~12个月调离，不得在稽核组任职超过一年，避免日久腐败。

稽核人员纪律：不允许稽核人员和市场人员在同一家饭店吃饭，偶遇自行回避，否则市场人员、稽核人员全都受处罚。

实际执行结果：我有几个同事曾在这个企业任职，听说他们这么考核，我当时觉得有点吹牛——执行起来难度太大了。

后来我给这家企业做咨询，实际走访销售人员，看到的结果是：

其一，企业真舍得花钱，按10∶1，甚至8∶1的比例配稽核人员。

其二，企业已经好几年都这么考核了，销售人员真的接受了"一半工资由稽核结果说了算"的现实。

其三，这个企业的各级干部都不头疼销量——大品牌使使劲，销量都能完成。让所有人如履薄冰、诚惶诚恐的是，铺货率、生动化怎么提升。快消一线品牌真的把铺货率、生动化、促销执行做到极致，动销水到渠成。

所以，我的观点是：动销是考核出来的，不是促销出来的。中国的企业已经进入动销考核的时代，先这样做的执行者，先享受红利。促销方法的红利期非常短暂，因为大家都在互相模仿，今天你的促销方法创新成功，明天就全行业模仿。

动销靠的是市场的基本动作，包括但不限于"铺货率＋生动化＋活跃客户数＋价格秩序"这些基础指标。细分到每个行业，各有特色。

二、动销考核案例

1. 啤酒行业动销考核案例

啤酒行业除了铺货率和生动化这些基础指标外，更重要的指标是"专卖店签署和维护"——啤酒需要签订专场，而且需要高频拜访，在自己的专场里面做好产品陈列，并且排他竞争，杜绝竞品出现。所以，啤酒的经销商和销售人员，除了销量任务外，还有专场维护任务。那么，啤酒专场维护任务如何考核呢？

首先是"协议签署率"达标——要检查各地成功签署专卖协议的门店数。

其次是"专卖执行达标率"达标——严格稽核，考核员工"实际专卖率"是不行的（大多数专卖店都偷着卖竞品）。要分坎级打分，然后各坎级门店各有得分标准，算出来专卖执行的总得分，给各级人员做专卖执行考核。如表10-1所示。

表10-1　专卖店执行达标率打分表举例

标准		达标家数占抽查样本比例	得分标准	分类得分
A级达标	签了专卖，真的100%专卖，而且按照公司标准，进行本品摆台、摆桌陈列		每家店10分	
B级达标	签了专卖，真的100%专卖，但是本品陈列不达标		每家店8分	
C级达标	签了专卖，店内没有陈列竞品，而是在偷偷卖竞品		每家店5分	
D级达标	签了专卖，但是明目张胆在卖竞品、陈列竞品		每家店-5分	
总抽查家数			合计得分	

2. 白酒、化肥行业动销考核案例

白酒行业，除了铺货率和生动化这些基础指标，更重要的动销方法是"品鉴会"——终端店的订货品鉴会、消费领袖的圆桌品鉴会、餐饮店的宴席赠酒品鉴会，乃至社区和广场的帐篷品鉴会。行内的人都懂，中高档白酒做不好品鉴是卖不起来的。所以白酒的经销商和销售人员除了销量任务，还要背"品鉴会"场次任务。

化肥行业除了铺货率和生动化这些基础指标（化肥行业很难做产品陈列），更重要的动销方法是"终端示范田""种田大会订货会""终端订货会"。化肥行业示范田做得不好、产品效果对比演示做得不好、会议销售没跟上，铺货率再高也不动销。所以化肥大企业经销商和销售人员，每个季度必须完成会议营销任务。

那么，白酒和化肥的会议营销（各种品鉴会、订货会）怎么考核呢？

给各级业务员规定会议营销的场次和验收达标标准。比如某化肥上市公司规定的订货会达标标准是，每完成一场达标的会议，主任300元。其验收标准如下（见表10-2）。

表10-2　终端会议营销验收标准举例

验收标准	参会人数不少于20人（小孩、失去劳动能力老人不算）
生动化标准	条幅N条，化肥陈列N袋
照片证据	提交会议现场照片（示范田会议要提示范牌照片，上传种植户、渠道商、业务员与示范牌的合影）
视频证据	提交不少于3分钟的会议视频（要求每场会议递交10分钟视频证据，必须在视频里体现终端店招，CRM系统内直接拍摄上传，无法调用相册保存的视频）
出货量证据	各分公司规定合格会议的订货标准，由当地经销商签字证明，终端进货CRM系统数字校对
报表证据	参会人员签到表，30%以上参会人员的微信号或电话号码

三、动销路径没有标准答案

我培训和咨询过几十个行业，各有曲折，想照搬别人的方法和细节不可能。以上说法仅供参考，需要自己去找本行业企业的动销路径和关键指

标。不动销的企业总有动销好的区域和网点，仔细去看看，总结提炼，答案就有了。

我培训过几百家企业，从没见过考核方式完全一样的企业，大道至简，但是各有八万四千法门。

所有企业都说自己动销难。以前说"不促不销"，现在说"促了也不销"，原因就是全行业都在搞促销，你促销力度不够大，就没啥用。

动销的逻辑其实很简单。每个行业都有自己的动销路径和关键指标——都离不开一线人员的市场基础动作。你想动销，就要确定动销路径和市场关键指标，下血本去打磨建造自己的考核和检核体系。除此之外，没有捷径可走。

考核销量当然简单，最后的结果是压货、即期、退货……然后走死胡同。图省事走捷径，其实是死路。老想弯道超车，往往是弯道翻车。

考核动销基础动作很麻烦，那家千亿企业，200多个稽核人员，那么庞大细致的管理体系，化解多少内部矛盾，最终勉强成习惯，习惯到自然——销售人员接受了"稽核数据决定一半工资"这个事实，才会真正关注铺货率和生动化这两个指标。

你若相信"过程做的好，结果自然好，终端基础工作会带来销量"，就会调动所有资源，决心全力以赴去赢得这场游戏。你若将信将疑左右摇摆，那么"是否能赢"的决定权就不在你手中，一颗不安定的心，会阻止你按决定行动。你若知难而退，虎头蛇尾，最后就会半途而废。

具体落地执行太不容易就对了。市场经济—商品过剩—不动销，这是必然规律。很容易就动销，不科学。

赊销、促销、买赠、特价、中红包、再来一瓶……这些动销手段太容易模仿了，出点钱就能干。扎扎实实地做基础工作很难，你做到了，别人就很难模仿。让别人看得到，但是学不会，才是你的竞争力，也是你的护城河。

第五节　动销的核心工作——终端动销检核

抛去品牌和产品研发的因素（这两个方面业务员多半无权参与意见），

不动销只能反求诸己——终端动销细节没做好，或者坚持的时间不够长。

怎么才能把终端动销细节做好呢？完全靠逐级的"动销检核"。

一、动销检核步骤一：查客诉

模拟：老板您好，我是某某公司的经理（首先明确身份），今天过来看看市场，卖得怎么样？有什么问题？我过来就是了解业务员有什么服务不周到的地方，有什么问题您告诉我，我尽量帮您解决。

分析：其一，"有什么问题您告诉我，我尽量帮您解决"，通过这句话拉近距离，不要让店主觉得你是来找事儿的，让对方感觉到你是来服务的。

其二，客诉是动销的关键，终端动销不动销，老板是否主推很重要。

请问老板凭什么主推你的产品？

很多人都会说"赚钱，利润高"。

其实未必，竞争同质化，多数品牌的终端利润不相上下。除非两个产品的利润差别非常大，否则终端店老板也记不住。不信你问："老板，这几个品牌的食用油，哪个利润高？"

多数老板回答："差不多""卖油吗，还不就赚那几块钱"。

利润区别不大，老板凭什么主推你的产品呢？前提是他不"恨"你。过去卖你四个产品品项，现在只卖你三个产品品项的店，行话叫"丢品项店"。过去卖你的货，现在不卖你的货，行话叫"丢失店"。"丢品项店""丢失店"，都是市场检核重点，得去看看为什么，发生了什么事情。

"大哥，问您个事儿，以前您卖我家的货，现在咋不卖了？"

你觉得他会怎么回答？

答："我就讨厌你们，我就膈应你们，我就不卖你家的货。"

当然，这样的店主很少，更多的店主不卖你家的货了，也没有给你原因。

举例：

"你家司机太牛了，给你司机打电话要货，打了三回送不过来。第四回打电话，你家司机问几箱，3箱？你隔壁超市要15箱我还没送！那你们看不起咱这小生意，咱就不卖了呗。"

"太差劲了，说话不算话，第一次给我放货的时候，说得清清楚楚，这个村只给我一家放货，我独家卖。转过身又给隔壁放货。他们家砸价你们也没人管，那我就不卖了呗。"

"你还好意思问我，给我投放了一台冰箱，我可是交了押金的，结果冰箱不制冷，声音跟拖拉机一样，让你们来修，嘴上答应，就是不见人，那我就不卖了呗。"

"陈列奖励！陈列奖励欠了我两个月了，你们啥时间给？卖货的时候说好的，如果不好卖给我调货，现在货都快过期了，什么时候给我调货？你们家说话也不算数呢？"

…………

各行各业，除了可口可乐这种"不卖不行"的品牌，绝大部分都是买方市场。终端对多数品牌的态度，"有你不多，没你不少"。服务好，送货及时，产品促销也没啥毛病，我就卖。否则，我就不卖。

终端动销管理，必须先把客诉解决。要建立客诉处理流程：终端出现客诉，业务员有权限解决的，必须当场解决；业务员没权限解决的，必须回来写在"客诉登记本"上——主管负责解决。

主管有两种权限：第一种，明确批复"这是无理客诉，不予理会"；第二种，如果不够理由批复这一条，主管必须立刻解决这个客诉。老板下市场检查，若发现"未处理客诉"，首先要看"客诉登记本"上有没有登记。没登记，则追究业务员的责任。若登记了，没处理，那就追究主管的责任。

终端客诉多，一定动销慢。终端客诉少，动销一定加速。

二、动销检核步骤二：检查漏店、漏单

漏店有三种可能的情况：

第一种，业务员统计终端基础资料的时候，工作粗心，有几家终端，甚至几条街，都没有统计。

第二种，老油条业务员，在终端基础资料统计阶段有意给自己留一手，

故意少统计一些店，做"秘密武器和自留地"。这样任务完不成的时候，去这些店撒货，有回旋余地。

第三种，新开张的终端。

检查这个指标的意义：

第一，终端基数资料统计必须准确，否则区域经理根本不知道当地的终端准确数量，不知道自己的动销网点空间——当地总共有多少家终端，本品各个品种铺货多少家终端，目前还有多少家没有铺货。

第二，不知道终端准确数字，就算不出目前每个月都拿货的活跃客户有多少，也没有准确的铺货率。每个月出铺货政策，进攻哪些空白点都没有数字依据。所以，漏店的水分最好挤掉。

第三，新开张的终端，属于销售的"无人区"。这种店大概率是哪个品牌先去拜访，就会主推哪个品牌。而且相对进门门槛低、费用低、陈列排面大、配合度高。比如啤酒行业，每年餐饮店的更新和换手率15%以上，是动销进攻的绝好机会。

查漏单的方法前文已经讲过，就不再重复说了。需要注意一点，越是多品项的行业（比如调料、文具），漏单现象越是普遍。调料行业一个经销商代理的产品可能几百个，甚至几千个。业务员不太可能到店里把所有条码的库存全都看一遍，再下订单。品种越多，业务员终端漏单就越多，会损失很多销量。

漏店加漏单，肯定动销慢。少漏店，不漏单，动销肯定加速。

三、动销检核步骤三：检查拜访时间

动销的前提是拜访率。业务员对终端持续拜访、及时补货、整理陈列排面、管理异常价格、执行促销（比如张贴促销海报、捆赠品、兑换瓶盖奖励等）、调换不良品，才可能动销。

有拜访率不一定动销，没有拜访率，大概率不动销。所以，终端检核的第三步是检查业务员的拜访时间。

过去用的是CRC卡、线路手册等纸质工具，让业务员手写每个店的拜访时间，在店内拜访签到表签到。现在用的手机小程序、CRM软件等，只不过是把过去的管理工具搬到手机上了而已。过去填写纸质报表的时候，有业务员造假表，不在现场填写拜访时间，瞎编乱造填写假报表，一口气把三个月都提前签到完成。现在用手机软件签到，人性不变。

多少经销商，都肩负着帮厂家经理"溜机"的光荣使命——厂家监控自己的区域经理有没有跑终端，区域经理就把手机扔到经销商的送货车上，你去后台看经理的手机监控数据，太勤快了，每天不停地跑。用软件模拟拜访轨迹、用一部手机拍另一部手机的陈列照片、定位飘移……各种造假方法层出不穷。

永远不要指望机械智能可以完全监控人，还得靠人盯人，一线现场检核。所以主管必须去一线检查：进门前看看线路手册，或者业务员昨天的手机软件数据："记录显示，业务员昨天下午4点来拜访这个店的。"

进门后你问："老板好，我们的业务员昨天过来了吗？是不是下午4点来的？"请问店老板能不能记得住？记不住的。

如果你问："老板，我们的业务员昨天来了没来？是上午来的，还是下午来的？"

老板能不能记得住？能记住。

> 如果老板回答："都半年没见人了。"——那业务员就惨了。
>
> 如果老板回答："上午吧，我吃完早饭正刷碗筷，他来了，在门口问我要不要货，我说不要，就走了。"

明明上午来的，拜访记录的时间显示是下午4点，说明什么——造假呗，回去给他一顿"毒打"。

有必要在这么个小问题上较真吗？

太有必要了。拜访时间造假，意味着拜访率丢失。没有拜访率，还动销什么。虚假拜访属于"恶性传染病"，一个人挑头，马上就有一堆人模仿。盯死拜访时间准确性，每个业务员的拜访率就有保障了。拜访率上升，动销速度肯定加快了。

四、动销检核步骤四：检查店内动销交办事项

  老板您好，有什么问题需要处理吗？
  ——这是检查客诉。
  怎么样，卖得好不好，还要不要货？
  ——这是检查漏单。
  我们的业务员昨天上午来的，还是下午来的？来没来？
  ——这是检查拜访时间。

这三步做完了，说什么——
"行啊老板，您先忙，我进店看看，有事您告诉我。"
然后进店看看，这个店动销工作还需要干什么。你可能发现业务员铺货铺错了，把8元的啤酒铺进一家小店。铺货目标网点错误，那就不用指望动销了。

  有没有可能发现，店里漏了产品，竞品的高价产品卖得很好，说明店里能卖高价产品，但是店内本品高价产品却没货？该铺的店，货都没铺进去，还动销什么？

  有没有可能发现，店里的堆头，因为送货、补货不及时，空了一半；我们掏钱买的端架维护不及时，上面有竞品陈列？陈列这么差，动销怎么可能好？

  有没有可能发现，店里把我们该卖5元的产品卖了6元？店老板倒是赚了高利润，但是直接导致我们的货比竞品贵，不好卖。

  有没有可能发现，买赠活动失效了，堆头和货架上没有足够的赠品捆绑，促销海报也不见了，消费者根本不知道你的产品在搞活动，导致资源浪费，动销变慢？

  有没有可能发现，这个店签了陈列协议但是不陈列？签了专卖协议还在偷偷卖竞品？签了包量协议，但是现在时间都过了一半了，年任务量才完成十分之一？这么下去年底任务完不成，店里拿不到奖励，这协议就白签订了。协议店都是大店核心店，花了钱、签了协议的店都做不好，怎么可能动销好？

遇到这类情况，你就要写动销改进交办事项。

比如：

这个店卖不了8元钱的啤酒，下次拜访退货。

这个店应该铺纯生，竞品的纯生卖得很好，你下周内把本品纯生铺进去，拿店内的订单，向我汇报。

这个店的堆头缺货，端架缺货，赠品捆绑不够，买赠海报没有张贴，业务员当天按规定处罚。要求业务员当周把陈列改正，拍照片向我述职。

这个店是包量协议店，但是目前销量严重落后时间进度，你在下周内跟店主协商销量提升计划，报出需要支持的事项（比如多点陈列、导购、促销……），向我复命。

这个店陈列协议没有履行，业务员当天按规定处罚，请本周内和店主沟通履行陈列协议。

…………

下次业务员拜访终端，肯定要先看领导上次来检查让做什么。

员工把事情办完，写完记录，上传照片，领导收到复核。检查店内动销交办事项，把该改的错误改了，该做的终端动作做了，肯定能提高动销速度。

五、动销检核步骤五：解决动销提速的"共性问题"

"检查店内动销交办事项"是解决某一个人某一个店的个性问题。主管要有管理思维，在终端动销检核的过程中，一半脑子思考个性问题，一半脑子寻找共性问题。

新品销售期间动销吗？市场上可能发生什么共性问题？有没有可能新品销售期间动销慢，经销商老板急得满嘴燎泡，可是出去一检查，发现这帮业务员全部下午3点就歇着了，磨磨蹭蹭到6点才回公司？而且检查了4个业务员的19个终端店，发现3个业务员的11个终端店里出现了新品漏单？

一个人，一个店，出问题是个性问题，写交办事项，做奖罚、培训、交办就可以了。一群人，一堆店，都出这个问题，那就是共性问题。

共性问题要用制度解决。

宣布新制度：平时你们偷点懒我不是不知道，只是没严格要求。新品铺货期间严打，每个人出去拜访每个店要把拜访时间写清楚，每天必须干到下午 5 点 30 分。再发现下午 3 点就歇班、停止拜访的情况，算旷工。漏单平时是处罚 3 倍提成，新品漏单，罚 5 倍提成。我一个月检查 4 次，没有一个新品漏单，额外奖励 500 元。

开完会，还能发现有人"顶风作案"。有不怕死的，就抓个典型。

动销检核—提炼共性问题—开会—宣布新制度—跟踪检查—按规定奖罚

这样做，管理氛围就上来了，业务员们议论："老板最近疯了，严打，我们在前面干，他在后面看，查新品漏单、查早退、查每个店的拜访时间，抓住就死得很难看……"

然后所有人新品不敢漏单，新品销售期间不敢早退，全勤做拜访。这两个问题解决了，新品动销会不会加速？

其他共性问题，比如：

铺了新品的店，业务员没有规律回访、处理客诉、维护陈列、跟进促销、管理异常价格，结果店里卖得不好，有问题也没有人来解决，新品不再进货了？

怎么办？开会宣布制度：别的店要求一周一次拜访，新品铺货店要求一周两次拜访，逐级主管重点检查新品铺货店的拜访情况。业务员对新品店高频拜访，做好终端动销细节工作，会不会促进新品动销？

发现不少业务员铺新品，把货往店里一扔就走了。新品普遍没有拆箱上架，没有开发第二陈列位。而且检查发现，业务员刚刚拜访过的店，新品海报根本没张贴。

怎么办？开会宣布制度：新品店必须做到标准陈列，然后你在前面干，我在后面看。业务员对新品店全部做到标准陈列，会不会促进新品动销？

发现很多新品店库存太小，这样必然导致新品陈列排面小，容易断货，而且店主没有新品库存压力，不愿意主推。

怎么办？开会宣布制度：新品店库存不能小于3箱，小于3箱算断货。然后你在前面干，我在后面看。业务员在每个店里都能保证新品库存大于3箱，会不会促进新品动销？

发现经销商给终端抬价出货，从中牟利，发现新品刚上市，终端已经出现砸价现象，而且开始蔓延。

怎么办？开会宣布制度：终端进行新品铺货价格告知和促销告知，倒逼经销商不敢"抽水"。要求业务员执行，终端卖新品都明码标价，写价格签。对乱价的终端第一次要警告，第二次经销商和经理亲自拜访，第三次断货。然后你在前面干，我在后面看。终端全部明码标价，保证终端合理的利润，会不会促进新品动销？

发现不少陈列协议店、包量店、专卖店，新品没铺进去，这些花了钱的店都是公司里客情好、销量大的模范店，本应该是新品销售的桥头堡，这些店没新品不能容忍。

怎么办？开会宣布制度：所有花了钱的协议店（除非特殊情况额外申报），全部责任到人，分到每个业务员、主管、经理头上，新品必须铺进去，而且标准陈列，做到了奖励，做不到处罚。然后你在前面干，我在后面看。新品在终端协议店全面铺货，标准陈列，会不会促进新品动销？

不要成天纠结为什么不动销，随便一个小问题都能导致立刻不动销。

把这些问题全都解决了还不一定能动销，这就是竞争现状。总体上，把握好"终端动销检核"这五件大事，动销是可以加速的。

终端没有客诉，老板愿意主推，至少老板不"恨"你。

新品没有漏单，该卖的店都卖了。

新品店拜访率足够，有人维护终端动销细节。

店内动销的个性问题及时交办，及时解决，不构成动销隐患。

终端动销的共性问题，提炼—开会—制度—检核—管理，形成循环。保证共性问题不重复出现，防患于未然。

第十一章
加强团队管理的正确做法

本章预告

送餐骑手为什么干活一溜小跑？那么用心，误了时间，急得在电梯里哭？

寒冬酷暑，为什么快递员从不懈怠？无论何时也要把货送到？

这群人年龄、学历、背景……都没有什么出奇之处，为什么如此自动自发？

除了"高待遇、低难度"之外，他们还有什么诀窍？

快消品经销商的业务员如果也能这样积极，那该多好！

其实方法并不神秘，本章就告诉你。

第一节　五个考核，让业务员像快递员那么积极

员工分级：业绩好的员工升级为"高级业务员"，可享受更高提成、更高底薪，优先派大单等福利。

计件工资：让员工每时每刻都能算出来，这一单能赚多少钱。

每日竞争：冠军竞争，每日额外有奖励。

模拟薪资：不断根据员工目前的业绩，算出当月的"模拟业绩"。根据当月的"模拟业绩"，算出员工当月的"模拟薪资"，并做出员工"月模拟薪资"排名。

"劫贫济富"：收入低的员工要让他更低，收入高的要让他更高，锦上添花，拉开差距。

1. 员工分级

外卖骑手、专车司机、快递员，都有相同的考核方法——根据过往业绩和客户好评来定级。比如，美团骑手有晋升通道，可以晋升为"金牌骑手"。金牌骑手虽然还是做送餐工作，但是单件提成更高，而且平台会优先给他安排大单。

业务员考核完全可以参考这种模式。比如（见表11-1）：

表11-1　业务员晋升级别表举例

级别	连续3个月完成任务	连续6个月完成任务	连续9个月完成任务	连续12个月完成任务
	中级业务员	高级业务员	银牌业务员	金牌业务员
底薪放大系数	110%	120%	130%	140%
提成放大系数	110%	120%	130%	140%

说明：业务员任何一个月完不成任务，当月降低一级，底薪放大系数和提成放大系数也相应降级调整。

2. 计件工资

除了晋升通道，还可以设置计件工资（见表11-2）。

表11-2　计件工资考核表举例

员工姓名	产品分类	当日业绩	提成系数	当日提成	当日收入排名	月累计业绩	月累计提成	月累计收入排名
张三	A		7%					
	B		5%					
	C		2%					
	总业绩							
李四	A		7%					
	B		5%					
	C		2%					
	总业绩							

解释：

业务员卖货，产品分A、B、C类，有不同提成系数。每日根据销量算出来当日提成，并列出业务员当日收入的排名。

根据月初到现在的累计业绩，算出每个业务员的累计提成收入，并列出业务员累计收入的排名。

有些经销商给业务员的产品提成会根据总达成率而变化（比如提成＝提成点数×达成率），此处的每日提成是假设达成率100%来计算的。

每天算收入，还要有"当日收入""累计收入"两个收入排名，这是个敏感话题，会出现你争我抢的戏剧性场面。

3. 每日竞争

（1）首先锁定PK项目（可以不止一个）

PK项目一：当日销售目标达成率。

当日销售目标＝当月剩余销售目标/当月剩余天数（比如，还剩10天，还剩45万元任务没完成，今日目标是4.5万元）。

当日销售目标达成率 = 当日销售 / 当日销售目标 ×100%

PK 项目二：新品累计完成率。

新品累计完成率 = 新品月累计销售 / 新品当月销售目标 ×100%

PK 项目三：新品累计成交客户数。

之后根据得出的数据进行排名（见表 11-3）。

表 11-3 PK 项目统计表举例

业务员姓名	PK 项目一		PK 项目二		PK 项目三		业务员月累计冠军次数	业务员月累计领取的冠军奖励金额	业务员年累计领取的冠军奖励金额
	业绩	排名	业绩	排名	业绩	排名			
张三									
李四									
王五									
……									
当日冠军							"当日销售目标达成率" PK 冠军奖励，在累计销量达成率超过时间进度的前提下，才能领取		
冠军奖励	200 元		200 元						

（2）PK 如何操作才有效

业务员会私下把 PK 冠军奖励叫作"赚外快"。PK 冠军奖励金额要刺激——如果当天冠军领取金额仅仅 100 元，业务员会没什么兴趣。200～300 元才会充分调动争冠军的积极性。

如果团队总共才两三个人，PK 的效果不太好，而且人均成本太高。6 人以上 PK 才有效果。

如果人数到 20 人以上，可以设计业务小组之间互相 PK。

老板每天拿出几百元做业务员 PK 奖励，激励的不是一个人，而是"搅和"整个团队你争我抢。算下来其实人均成本低，效果好。

PK 项目不能是销售额 PK——否则大片区的业务员总会得第一。一旦老是同一个人拿冠军，就成了"一个人的游戏"，其他人会懒得参与。

PK 项目最好不止一个，而且提前告知员工"每个月 PK 项目可能变化"——这样做的目的是保持新鲜感。另外，给更多业务员创造拿冠军的机会。

4. 模拟薪资

月底算工资，业务员月初就会松懈——和上学时放假最后一天狂补作业是一个道理。

每个月的每一周周末，搞个活动：

"假如今天是月底"——假如今天已经是月底，按照目前的业绩进度，看看谁拿的钱最多？

第一周，模拟月度业绩＝当周业绩×4倍。

第二周，模拟月度业绩＝前两周业绩×2倍。

第三周，模拟月度业绩＝前三周业绩×三分之四倍。

第四周，实际的月度业绩和月度收入已经出来了。

每周模拟，看看谁能一直领跑，谁是这个月的冠军（见表 11-4）。

表 11-4　模拟薪资考核表举例

业务员	第一周				第二周			第三周			第四周		
	累计业绩	模拟月度业绩	模拟月度收入	模拟月收入排名	累计业绩	模拟月度业绩	模拟月度收入	模拟月收入排名	累计业绩	模拟月度业绩	模拟月度收入	模拟月收入排名	月度累计业绩	月度累计收入	月度累计收入排名
张三															
李四															
……															

5."劫贫济富"

收入低的业务员，要让他更低。完不成任务，不仅当月收入受影响，而且要降级，一旦降级，底薪和提成系数都要降低。

收入高的业务员，要让他更高，锦上添花。任务完成的多，不但当月收入变高，而且可以升级为"金牌业务员"——底薪和提成系数都涨，还能"赚外快"——拿到每日PK冠军奖。

你还可以做得更狠一点，比如每周模拟收入第一名是周PK冠军，当周再奖励300元。每月实际收入第一名，这是月度PK冠军，当月再奖励500元。年度实际收入第一名，是年度PK总冠军，年终奖翻倍。

销售管理绝不能中庸平衡，你好我好大家好，劫富济贫平均主义，大家一团和气过日子，那会把团队带得毫无生气。

销售管理要激发团队狼性，制度设计要人为拉开差距，制造并扩大收入差距。让业务员往前看，掌声鲜花红地毯；往后看，皮鞭镣铐狼牙棒。无风也起浪，有风浪滔天，团队才会有杀气！

第二节　要卖"你想卖的"才能赚钱：分品项考核细则

经销商卖的产品太多，业务员顾此失彼，怎么考核？

一、要卖"你想卖的"才能赚钱

经销商对业务员做回款额考核（如：业务员收入按总回款额的2%提成），好处是简单，省事，好算账。坏处是新品很难卖起来。

> 如果你是老板，我是打工的业务员。
> 老板用销售回款提成考核我，我会费劲卖新品吗？
> 我肯定会哪个产品好卖，哪个产品跑量，我卖哪个。

然后，新品卖不好、经销商产品结构不好、厂家不给经销商更多支持、经销商自己也不赚钱、经销商拿不出钱给业务员提高待遇、业务员待遇没有竞争力、经销商不敢管业务员、团队招不来留不住管不好……恶性循环。

不要给业务员总回款额提成，必须分品项考核，推高毛利产品和新品。

不管是经销商还是终端，想赚钱，要记住：

老板不能只卖"客户点名要的产品"，要卖"自己想卖的"，才能赚钱！

二、困境：产品数量太多，顾此失彼，怎么办

有人曾和我说：魏老师，我明白要给业务员分品项定任务、定提成，才能把新品卖起来。但是，我们是调料经销商，库房里面有几千个单品；我们是文具经销商，库房里有上万个单品，分单品定任务算提成，我们做不了，工资算不明白。这怎么办？

分品项考核不是分到每个品项。把产品分类，不管库房里有多少单品，总有高毛利和低毛利的区别吧，总有主推和不主推的区别吧？

1. 把产品分为 A、B、C、D 类

A 类：经销商打算主推的单品、高利润单品。业务员工作量大的单品（比如，终端不是整箱要货，而是零包拼箱要货，导致业务员在终端配货时间较长）。

B 类：经销商的次主推单品，也是次高毛利单品。

C 类：普通单品。

D 类：经销商不愿意多卖的单品。

哪些产品经销商不愿意多卖呢？毛利很低、市场砸价、价格倒挂的单品，经销商当然不愿意多卖。厂家垫支促销资金严重的产品，比如"再来一瓶单品""高价高促单品"，经销商卖得越多，垫支的促销费越多，如果厂家报销慢一点，就会导致严重的资金占压。

A 类商品的"竞品"，经销商一般也会有意控制销量，低调售卖。

2. 补充说明

以上分类方法仅为思路，具体经销商的产品结构不同，分类方法也不相同。分类一旦确定，最好不要频繁变动，尤其是A类产品，要固定下来。业务员才能全年持续主推，产品才能卖起来。

三、方法1：明星单品——A类单品，怎么考核

A类产品不仅提成高，还要再加个杠杆——当天兑现。没错，A类产品提成不是月底给，是当天给。

问题来了，A类产品提成当天就给了。那怎么约束业务员的"单品任务"呢？

月底根据任务完成率，"秋后算账"：A类产品要制定任务量。当天兑现8%的提成，月底完成A类产品的任务，额外奖励1000元。月底完不成A类产品的任务，额外处罚2000元——完不成任务，提前给业务员的8%，他还得吐出来。

小结：高提成＋当天兑现＋月底根据任务完成情况额外正负激励。

把这三招都用上，业务员会不会对A类产品的销售情况更关注？

四、方法2：其他产品——B、C、D类，怎么考核

B、C、D类产品肯定也要分别定提成，比如，A类提成8%，B类提成5%，C提成2%，D类零提成。

"当天兑现提成"仅仅对A类产品实施，否则对A类产品主推注意力会被分散。

对B、C、D类，建议不做分品类的任务考核，业务员考核指标越多，焦点越分散，效果不好。最好让业务员的焦点锁定在A类产品上，B、C、D类产品的考核则在总业绩考核里体现。

五、方法3：总业绩完成情况，怎么考核

先看一下这个案例（见表11-5）。

表 11-5　总业绩考核表举例

分类	标准提成	单项任务	单项考核	实际完成率	实际提成点数和发放方法
A	8%当天兑现	有	月度A类产品任务完成，月底额外奖励1000元 月度完不成A类产品任务，额外处罚2000元	120%	8%×120%=9.6% 每天兑现营业额的8%作为提成，月底如果完成超100%，则补齐差额 本案例是： 9.6%－8%＝1.6%
B	5%	无	无	无	5%×115%=5.75%
C	2%	无	无		2%×115%=2.3%
D	0	无	无		0
总业绩		总任务		115%	

说明：

A类单独算：A类产品有单品任务，则最终结算提成系数按照品类完成率计算（上例是 8%×120%=9.6%）。A类产品坎级正负激励，是由"完成A类任务额外奖励 1000 元，完不成额外扣罚 2000 元"来体现。

B、C、D类递增式提成：B、C、D类产品提成，等于各自提成点数乘以总完成率。这样随着总业绩完成率的提升，B、C、D类产品的提成总额和提成点数呈正比上升。所以卖的越多，奖励力度越大，业务员"越卖越高兴"。

总任务"刚性"考核：总任务完成率低于100%，哪怕少卖1元钱，当月B、C、D类的产品总提成也会直接扣掉一半。

给你"翻本"的机会：下个月业务员能把上个月少卖的差额补上，就可以拿回上个月扣的钱。

下限增风险：总任务完成率低于80%，本月所有提成取消，只"吃老本"拿基本工资。连续3个月"吃老本"，业务员会被辞退。

上限控成本：提成翻倍封顶，避免"黑天鹅事件"，业务员万一达成500%，老板按照500%发提成就赔本了。任务完成率过高，只能说明任务分配不合理。

六、方法 4：回款情况，怎么考核

有的经销商的销售渠道是超市、餐饮行业。月结、批结、滚结客户占多数。账款资金占压非常严重。到月底最后一周，业务员基本都在忙对账结款。这种情况下，必须给员工做回款考核，否则会出乱子。

有关应收账款的信用额度&信用期限管理、账款日周追踪……行业里早有一套成熟的账款管理考核体系。但是，这套体系太复杂，不太适合多数经销商。这里提供一个简单方案：

业务员提成＝（产品销售提成 × 回款率得分/100）－超期超限扣罚

产品销售提成：按本文前述方法计算。

回款率得分：比如规定当月到期账款回款率 90% 以上，回款率得分＝100%。回款率低于 90%，按实际回款率计算回款率得分。比如回款率 82%，得分＝82 分。

超期超限扣罚：仅仅做回款率考核，最大的"坑"就是——严重超期超限账款，始终在 10% 账款里沉淀（因为你考核业务员，回款率 90% 就给 100 分）。最终会发现"欠钱时间越长越难要，欠钱金额越大越难要"。

为避免这种情况发生，可以规定超过还款期限 30 天仍然未能还款的属于恶性账款。对恶性账款按照 2% 金额，从业务员当月收入中扣罚。但是这笔钱要回来了，可以把扣罚的钱补给业务员（如果经销商特殊情况，怕业务员跑掉，罚款后要给业务员机会翻本赚回来）。

七、综述：前面有动力，背后有压力，学会使用考核加速杠杆

这套考核体系有利于调整产品结构，有利于推新品，有利于提高利润。更重要的是，让业务员前面有动力，后面有压力。

1. 前面有动力

动力一：销售 A 类产品，提成高，而且是当天结算。

动力二：销售 A 类产品，完成任务，月底额外奖励 1000 元。

动力三：销售 A 类产品，实际提成按照 A 类达成率计算，超 100% 的部分月底补差。

动力四：销售 B、C、D 类产品，提成月底给，总完成率越高，提成比例越高。

2. 后面有压力

压力一：完不成 A 类产品的销售任务，月底要额外处罚 2000 元。

压力二：B、C、D 类产品的提成月底给，总完成率越低，提成比例越低。

压力三：总任务完不成，哪怕差 1 元钱，本月销售 B、C、D 产品的提成直接扣一半。

压力四：总任务完成率低于 80%，本月销售 B、C、D 产品的提成取消。

3. 使用考核加速杠杆

什么叫考核加速杠杆？就是在提成金额有限的前提下，放大考核力度。

杠杆一：当天兑现。

杠杆二：完不成任务，奖励减半。

杠杆三：任务完成率低于 80%，奖励取消，吃"老本"。

以上三个杠杆，在其他考核方案里也可以借鉴使用。

八、不可以偏概全

本节和上一节的内容，都在强化几个管理思想：

第一，金钱驱动——业务员是做被考核的工作。

第二，管理在总部层面可以使用复杂系统。到了基层则是系统越简单越好。这两节提到的方法因为简单粗暴，所以行之有效。

片面地做销量考核会带来副作用。重金刺激下，业务员为了完成任务，一定会出现恶意压货、跑大店、不跑小店等短视行为。所以销量考核必须匹配动销路径考核，才能兼顾销售的数量和质量。

第三节 任务连环考核，业务员只能往前冲

此法业务员一旦"上道"，尝到甜头，便会欲罢不能。高速路，单行道，只能拼命往前冲，否则，他们自己损失太惨重。

一、什么是任务连环考核

做销售工作，背销售任务，天经地义。但现实情况是，有些经销商甚至不敢给业务员做任务考核。

——过去我们是纯提成制，没有销售任务。刚一宣布"本月开始执行任务考核"，业务员集体闹事："考核任务，我们就不干了。"

——定了销售任务，总是完不成，还不敢真的扣罚，扣罚后他们闹情绪，总说"我的任务定的不公平"。

——业务员好像不想多赚钱，超任务可以给他们更高提成，但是他们似乎不想多赚，60分万岁，说"赚够就行了，我犯不着玩命"。

——请假，请假，总有业务员请假。还在旺季请假，正在订货会和过年压货的大旺季，缺少人手的时候，一天好几个人同时请假，严重耽误生意。老板急死了，业务员不着急。

以上都是经销商老板单方面的抱怨，矛盾集中点就是——

老板急死了，业务员不着急。

怎么让业务员着急，让他们自动自发，自己为完成任务着急？那就是不要考核单月任务，要做连环考核。

二、任务连环考核应用一：全勤奖

经销商最怕业务员请假，更怕业务员旺季请假，厂家也一样。

业务员请假成本太低——业务员心想，天这么热，大不了我请假，今天

工资不要了。

那怎么办？请一天假扣业务员半个月工资吗？不可能，那违反劳动法，也不人道。不善良的管理，会有恶果。换个思路，不做减法，做加法。不做处罚，做奖励，而且是"连环递增奖励"。

案例：

员工1个月全勤不请假，当月全勤奖200元。

员工连续2个月全勤不请假，当月全勤奖225元。

员工连续3个月全勤不请假，当月全勤奖250元。

员工连续4个月全勤不请假，当月全勤奖275元。

以此类推，连续12个月不请假，当月全勤奖 $200 + 11 \times 25 = 475$（元）。

以此类推，连续24个月不请假，当月全勤奖 $200 + 23 \times 25 = 775$（元）。

中间有任何一天请假，从当月全勤奖200元重新累计——全勤奖奖励的是连续多少天不请假，请假就中断了，从头算起。

假设员工已经连续18个月没有请假，当月全勤奖 $200 + 17 \times 25 = 600$（元），一个月600元，一年就是7000多元（何况以后还会逐月递增），请一天假，就要从200元重新累计。

请一天假损失七八千元，代价太大了！有点"辛辛苦苦好多年，一夜回到解放前"的味道。那么，老板代价高吗？

一个员工，一年不请假，全年老板总共付出的全勤奖是4050元。

一个员工，连续两年不请假，老板总共付出的全勤奖是11700元。

其实不算太高，这点钱能激励一个业务员连续两年不请假。其他人也会效仿，想办法也拿到全勤奖励。这些业务员给老板创造的效益，绝对不止一万多元。

所以制度设计思路是，怎么激励业务员积极性，让他多拿钱。而不是设计各种陷阱，让业务员少拿钱。

注意，超过两年，全勤奖封顶775元/月——小心有业务员在你这儿多年不请假,但出工不出力。

业务员不请假,卖货有利润,老板赚卖货的利润。

业务员请假损失几千元,老板赚大了。

特例:病假怎么办?理论上讲,也按制度处理。实际上,这么做不近人情。老板可以酌情处理,比如:

> 拿正规病假条来请假,可以不从头计算全勤奖,但是降低一半,如连续4个月全勤,第5个月请病假,打5折,从"连续2个月"全勤重新累计。连续6个月以上全勤,第一次请病假可以豁免,继续累计全勤奖励;第二次请病假,打5折。或者一个季度完成任务,有资格获得请假豁免权一次……

这种妥协条款,没有一定之规,酌情定,事先讲明即可。刚性中体现柔性,要狼性,也要人性,人同此心。请看表11-6的实例。

表11-6 全勤奖考核举例

连续全勤月数	1个月	2个月	3个月	4个月	5个月	6个月	7个月	8个月	9个月	10个月	11个月	12个月	合计
全勤奖	200	225	250	275	300	325	350	375	400	425	450	475	4050
连续全勤月数	13个月	14个月	15个月	16个月	17个月	18个月	19个月	20个月	21个月	22个月	23个月	24个月	合计
全勤奖	500	525	550	575	600	625	650	675	700	725	750	775	11700

规定:

1. 一次请假,从头计算(相当于对赌协议)。
2. 旺季全勤奖,可以翻倍。
3. 两年之后全勤奖封顶,享受带薪年假、公司报销家人旅游费用。
4. 两年后开始拿额外工龄工资,每年1000元,之后每年增加500元。5年封顶。

三、任务连环考核应用二:任务递增坎级奖励

讲完全勤奖制度,现在你明白什么叫连环递增奖励了吗?这个思路变化一下,也可以用到任务考核上。

当月任务完成奖励200元。

连续2个月完成任务，奖励200元。

连续3个月完成任务，升级！奖励500元。

连续4个月完成任务，奖励500元。

连续5个月、6个月、7个月、8个月完成任务，每个月奖励也都是500元。

连续9个月完成任务，升级！奖励800元。

连续10个月、11个月完成任务，每个月奖励800元。

连续12个月完成任务，升级！奖励3000元。

当月完不成任务，从200元开始，重新累计计算。

想想看，第一个月任务量不高，员工能轻松拿到200元。第二个月不完成任务太不划算了，因为马上就升级到500元了——不是1个月500元，是每个月500元，一年就是6000多元（何况以后还会递增）。

第三个月肯定要完成任务，升级到500元/月。

于是，整个公司的第一季度开门红没问题了！

第四、五、六、七、八，这5个月完成任务，每个月都是500元，距离第九个月越近越激动——即将升级到每月800元！不是1个月800元，是每个月800元。

第十、十一，这2个月，玩了命也得完成任务。坚持到年底，升级到每月3000元。

这就是套路，"一季度开门红+淡季冲量+年度冲量"，员工一旦上道，只能大步流星往前冲，根本没办法后退，后退损失太大！

老板的成本是多少？全年成本：200×2+500×6+800×3+3000=9100（元/人）。

换来的是员工全年每个月都自动自发地为任务着急。

还可以设计成，完成年度任务，排名前三的员工，年终额外奖励10000元。付款条件如下：

这10000元奖励，在第二年的第一季度任务完成前提下，第二季度分三个月发放。

得奖的员工第二年一般不会辞职,而且第一季度会拼了命完成任务。因为这个对赌,赌的是 200 + 200 + 500 + 10000 = 10900(元)。

这么干是不是太损了?不会。因为给的是奖励,不是处罚。老板拿出来的可是真金白银啊。如表 11-7 所示。

表 11-7 任务递增坎级奖励举例

项目	津贴基数(元)	说明
1 个月完成任务	200	中间任何一个月完不成任务,重新算起
连续 3 个月以上完成任务	500	
连续 9 个月以上完成任务	800	
连续 12 个月完成任务	3000	

连续月	1	2	3	4	5	6	7	8	9	10	11	12	总计
任务完成津贴(元)	200	200	500	500	500	500	500	500	800	800	800	3000	9100

四、任务连环考核应用三:奖励逐月变化

任务递增坎级奖励有可能药效太猛,有副作用,比如:

员工好不容易熬到连续 9 个月完成任务,拿到每月 800 元任务完成奖,第十个月没完成,从 200 元重新计算。心如死灰,干脆不干了。

如果经销商评估自己的团队凝聚力不够(每个经销商团队的薪资待遇、竞争力不同,所以黏性不同),怕药效太猛,员工跑了,可以换个温和些的方法。不做坎级递增奖励了,改成每个月变动奖励。

每个月任务完成,加 5 分……以此类推。
每个月新品任务完成,加 5 分……以此类推。
1 个月任务完不成,扣 10 分……以此类推。
1 个月新品任务完不成,扣 10 分……以此类推。

一年工龄加 10 分，工龄加分封顶 50 分。

1 个月全勤，加 2 分，逐月全勤，每个月加 2 分，以此类推。

突出表现嘉奖一次，加 5 分。

……

加分有什么用？多 1 分，下个月底薪加 10 元钱。每个月底薪多少，不用公司通知你，你自己算吧。这个方法的好处是药效没那么猛，相对温和，员工底薪涨多少，自己做主，每个月都可上可下。如表 11-8 的实例。

表 11-8 奖励逐月考核表举例

项目	加分标准	得分
工龄	每年 10 分（封顶 50）	3 年 × 10 分 = 30 分
完成任务	每月加 5 分	3 个月完成任务 × 5 分 = 15 分
未完成任务	每月减去 10 分	1 个月没完成任务 ×（-10）分 = -10 分
完成新品任务	每月加 5 分	3 个月完成任务 × 5 分 = 15 分
未完成新品任务	每月减去 10 分	0 个月 ×（-10）× 2 分 = 0 分
全勤奖	逐月全勤，每个月加 2 分	5 个月全勤 × 2 分 = 10 分
总经理特别嘉奖	新品铺货话术受到总经理特别嘉奖 5 分	5 分
底薪晋级	每分 = 底薪增加 10 元	65 分 × 10 元，下个月基础底薪增加 650 元

五、"是药三分毒"

我讲这些"阴险的"任务连环考核套路时，学员反映最热烈，但这些不过是雕虫小技。虽然见效快，立竿见影，副作用也很大。因为上下博弈，只是一个维度——完成任务！

重赏之下必有勇夫，连环任务考核这么严格，为了完成任务，员工会给终端和批发客户往死里压货；欺骗终端和批发客户，说产品下个月要涨价，赶紧进货；窜货；甚至假借"公司有活动，进够多少货给你多少奖励（其实压根没有）"，先忽悠客户把款打了，把货拉走，完成任务再说。

第十一章 加强团队管理的正确做法

要解决这个问题,只此一路——考核"动销路径指标"。需要注意的是,各行各业动销路径不一样。

> 某些快消大品牌是铺货率、生动化、终端客情做好,就能动销。
> 啤酒行业还得做好签专卖,才能动销。
> 化肥行业还得开好订货会,做好示范田,才能动销。
> 调料行业可能还要做好农贸展卖,才能动销。
> ……

考核动销路径,才能化解任务考核的"三分毒",外用御敌,内服保健。

第十二章

打工人的自我修炼

本章预告

我当讲师时经常和企业高管及老板打交道,看到很多企业老板和高管"相爱相杀",互相抱怨、互相耽误的"婆媳肥皂剧"。

很多高管之所以成为高管,不是因为专业能力强,而是因为格局大,最终获得老板信任,分享企业成果。

职业经理人虽然是打工的,也要有大志,有大志的人,才能有大格局。见识过大海的浩瀚,就不必在乎池塘里的是非。

第一节　老一代营销人，会不会没饭吃

同行问我——

怎么看新零售？怎么看快消 B2B？经销商会不会被干掉？甚至，老一代营销人将来会不会没饭吃？

这问题我在各个企业的课堂上被问过好多次，预测未必靠谱，谈谈现状吧。

1. 份额现状——B2B 目前比重太小

快消品行业线上比例还太小，而且有砸价风险。绝大多数快消品企业暂时不会把主战场放在线上，它们都对线上 B2B 长期看好，短期不看重，浅尝辄止。甚至有的企业，目前根本没参与。将来快消 B2B 线上比例肯定会逐渐增大，但是需要时间，不可能寡头垄断，线下依然会是主流。

2. 模式现状——B2B 是旧瓶装新酒

B2B 从自身运营的角度，无非产品线整合，增加客单价和终端进货频率。后台琢磨怎么设置大仓、小仓、中转仓、前置仓，大车、小车、三轮车、冷藏车，降成本提升效率。干的还是过去大经销商的事情，只是因为有资本介入，胆子和想象空间更大了而已。

3. 痛点现状——还是团队管理

万变不离其宗：不管哪个 B2B 巨头，都离不开一个特征——"庞大的地推队伍"。其实是在拜访八步骤上，又叠加推荐 App 和数据开放分析。他们

最头疼的还是人员积极性、人员培训、人员考核、人员检核、人员效率。

4. 知识的保质期现状——更抢手了

截至目前，快消行业深度分销，细致的人员管理考核检核体系依旧是管理庞大地推队伍的灵丹妙药。报表和细节修正一下，逻辑不变，知识不会失效。快消出身的"老鸟"在这方面的知识积累，可以轻松超过电商背景的新手。老营销人只要够专业，绝不会没饭吃。也许有人会跳槽去 B2B 公司做管理工作，工资肯定更高。但是定标准、做考核、终端检核、业务早会，这些基本功和辛苦活儿一样都少不了。

5. 模式现状——三岔口

快消 B2B 行业流派众多，彼此不服气，诸多争论，每个流派的案例和商业逻辑，都是远观天衣无缝，近看危险重重。还需要时间进行观望和学习。

6. 其他行业现状——并无奇迹出现

我培训过的企业，家电、建材行业在线上动作大一些。但是这些行业里，即使是龙头企业，也无非是"线下推新卖贵""提高库存周转效率""依托全国专卖店给线上配送""优质服务产生关联客单价""线上线下互相引流促进来客数"，等等。招数平淡无奇，重点还是执行力，并没有"老的营销知识完全过时，老营销人没饭吃"的现象出现。

7. 最后预测——经销商会不会被干掉

经销商不可能被干掉，自己当老板，家人打工，这种小组织的效率很多情况下是比大公司高的。平台最多能集成替代部分物流、仓储、配送功能。销售，尤其推新品，还得靠经销商和厂家业务员。智能订货无法取代销售全价值链。

8. 风险提示——互联网工具可能改变人员管理方法

经销商需要研究的是怎么用互联网工具，倒逼地推业务员提高工作效率，改善积极性。这件事在 To C 成功了，在 To B 应该也能成功。可能用的指标是"终端客户投诉""终端客户进货频率和品项数""终端客户紧急下单（说明计划拜访质量不高）"……最终让业务员自动自发一溜小跑。当然，肯定有作假的，细节需要推敲，但是大逻辑是通的，所以一旦这件事实验成功，对原来的营销工作将是个挑战。

第二节 打工者的格局

1. 不要抱怨老板不懂业务，定的任务指标太高

现象：经常听到抱怨："老板定的任务太过分了，不切实际……这个老板不懂业务，而且不看市场，乱来……"

分析：说的没错，这种情况是客观存在的（尤其是已经上市，或者参与资本运作的企业）。我建议打工的人，尽量互相理解——老板的压力比打工的人大得多，打工的人干不下去，大不了换一家企业，而对这些老板来说，业绩上不去，营业额下降……是要失去企业控制权，甚至破产的。所以，他比你压力更大。

2. 不要抱怨公司人事关系复杂

现象：我们公司人事关系太复杂，很多精力都白费了。业绩好领导看不见，站错队了马上加任务减费用……

分析：人际关系问题、良好沟通问题是普遍存在的。换家公司也一样。**做事剽悍勇敢，做人简单温暖**，这是基本功。

你自己先别有"被迫害妄想症"，不要成天琢磨人际关系，你只要把业绩做好就行。靠拍老板马屁获得老板赏识和升迁的个案也许有，但是说实话，这么不聪明的老板很少。

3. 不要抱怨老板对你不好

现象：老板不公平，奖励不够，罚的太多，看我不顺眼……

分析：打工人要守规矩，做错了就要立正站好挨打，这是担当，为这种事情记仇，太小家子气。"坏老板"对你不好，是因为他还不够信任你。大部分情况下,"坏老板"对他真正信任的员工都挺好的。

4. 不要抱怨鞭打快牛,劳而不获,待遇不公

现象:我都业绩第一名了,还不给我升职;前人栽树后人乘凉,我做的业绩都便宜了别人;我干的越多,错的越多,被抓的小辫子越多;我现在是代人受过,被降职是背了黑锅。

分析:企业高管起落很寻常,忠臣良将某日不受重用也是有的,但只是一时的。往长远看,能力强的人总会被老板看到。

5. 不要抱怨"老板只相信外面的大神"

现象:我跟老板干了几十年,可以算是功勋宿将,但老板不信任我。老板就信猎头挖的大神,他工资是我的好几倍,寒心……

分析:空降高管招人恨,因为"拿别人半辈子的工资,击碎别人一生的梦"。

不少企业老板总想高薪外聘一个"身穿金甲圣衣,脚踏五彩祥云"的职业经理解救自己。我劝"老臣们"忍忍,老板花这么多钱请这个人来,说明这个人必有过人之处。你应该虚心向他学习,努力工作,如果这个人能踏踏实实在企业里多干几年,把企业做大,你也可以分享成果。

据我观察,大多数老板还是想用企业里成长起来的人,其一是成本低;其二是忠诚度高,不会跳槽;其三是自己人一旦学会了,未必比外援差,何乐不为?外援不在企业沉淀5年以上,融不进企业的血脉,最大的弊病是遇到点挫折就辞职走了。若能戒掉这一点,外援就是自己人。

在经历一次又一次失望之后,老板慢慢会明白,正确的做法是花钱请外部智力资源培养自己的团队,培育出德才兼备的高管。

6. 不要私下抱怨公司战略有问题

现象:现在公司疯狂做线上,搞得线下价格乱得一塌糊涂,经销商怨声载道,没法做了;疯狂压货,把经销商库存压爆了,没法干了;公司产品价格太高,大量市场机会白白浪费了;公司搞了个手机系统,业务员都不卖货了,成天浪费时间拍照作假,应付检查,没法干了;老板不懂战略……

分析:多数老板也曾是业务员出身,你的这些困惑他不会不知道。他也

许正在思考调整，也许难言苦衷、迫不得已，也许是锅里就这么点儿料，只能做这道菜。

打工的人，该做的事必须做——有时候谁也不能确定事情的对错，未来本来就是未知的。做大事，想要人人同意，是不可能的。作为组织中的成员，你必须服从并且执行，否则有悖职业道德。

打工的人，该说的话必须说——你遇到的问题，市场上的实际困难，要告诉老板。但是注意说话的场合和语气，最好私下找老板单独沟通，而且说这些话的时候，记得附加两个前提和一个后缀。

前提一：我坚决执行公司目前的政策，服从规定。同时必须给您反馈问题和真相。

前提二：对这个问题，我的建议和解决方案是……

后缀：您别不高兴，您不高兴我也得说。我要是怕老板不高兴，就不敢说出真相，那肯定不符合职业道德。

7. 不要夸大困难和问题

现象：价格太高、费用太低、人太差、产品太差、老板对我不好、待遇差、任务高……总之没法干了。

分析：营销人必须具备"高速路换轮胎"的能力，万事俱备再干活儿不太可能。有时候意志力比能力更重要，困难很多，拿了一手烂牌，运气那么差，那就试试勇气吧。再难的市场，也不可能没有可作为的空间，为什么你的眼睛就要死盯在困难和短板上呢？

● 作者评述

公司是皮儿，人才是馅儿。皮儿包不住馅儿的时候，就会把馅儿掐掉一块，馅儿得忍着，如果你真觉得自己是大馅儿，就干脆去找大皮儿。

实在不想干了，就痛痛快快走吧，前思后想地纠结，散发负面情绪，对自己和公司都是耽误。

老板也可以对照上面几条看看自己。这几条其实对老板的生意也是有影响的。

第三节　销售培训新趋势

销售培训有两个痛点：第一，学习不能转化为生产力；第二，员工刚学会，又离职走了。经历多年的进化，叠加上新的理念和技术，终于有了新出路。

一、回顾历史

心态和思路阶段：最初的销售培训，流行"打鸡血"（类似于巅峰销售心理训练），讲营销经典理论。

实战阶段：开始强调"实战"，讲案例和具体能落地的内容。

寓教于乐的互动阶段：之前流行过互动式教学，让员工参与，分组讨论，角色扮演，沙盘演练，都是员工在互动分享，当天玩得很高兴，第二天一回顾，好像什么也没学到。

标准化课程阶段：引进国外授权课程，类似于"有效会议""时间管理""高效能人士七个习惯""积分管理""股权激励""TTT 训练"（即 Training the Trainer to Train，企业内部针对培训师的培训）……

二、盘点现状

1. "场景 & 模型 & 工具"阶段

听到海量的案例和实战信息，员工听课的感受是"上课激动，下课冲动，课后不知该怎么动，最后不动"。

场景化：每个行业销售人员都有固定的工作场景：比如"经销商日常拜访模型""经销商生意回顾模型""卖场年度合同谈判模型""经销商毛利 & 净利 & 资金回报率分析模型""订货会操作流程手册""春节压货管理手册"，每个模型都可以固化成工具，员工听完就可以用，企业可以推广组织行为落地。

模型工具化：要把海量的信息提炼成规律和模型工具，匹配销售人员的工作场景，形成固化的"工作模型"，最终形成"场景—模型—工具"的配套流程。

2."培训后管理"阶段

管理就是"把变动的变为固定的"。企业听完培训，如果不从组织层面去管理，只有个别有心人应用，就会收效甚微。要由高管牵头，对培训内容进行过滤，筛选需要企业落地的内容和模型，优化修改，使之变得更适合企业，然后变成企业内部的制度、考核、标准、奖罚、数据报表。这就是组织行为了，强制执行，"变动的就能变为固定的"。

三、展望未来

1. 智库时代

"90后""00后"逐渐成为销售基层的主流。离职率高成为常态，预计年累计离职率达到30%，意味着三年销售队伍就会换一拨人，企业又要重新培训，成本太高，效率太低。

企业可以通过"外训""内部总结""假如让我重来一遍""有奖征集销售问题答案""小品销售智多星大比武"等方式，萃取组织智慧，沉淀"智库知识元素"，形成企业自己的答案锦囊，即内训知识体系，快速复制，提高效率。

2. 智能化智库时代

5G为智库时代提供了技术支持。以音频、视频、图片、文字形式展示"智库知识元素"，文字要精炼，将"智库知识元素"按照工作场景建立分级检索目录，比如：经销商管理—经销商数据回顾—经销商销售数据分析—经销商毛利分析，层层递进。

基于智能手机的目录检索企业智库上传。原则是：just for me , just in time, just enough（仅仅在这个时间，给我需要的信息就够了，不要多给我无用信息）。

销售人员不需要背诵，甚至不需要学会，只需要熟练运用智能手机的检索目录，检索需要的答案，按照前人经验、手册指引，动作分解流程工作即可。

这还是把"变动的变成固定的"思路，是用体系来弱化人的不可控因素。

第四节　营销"老炮儿"们如何保持"狼性"

一、职业经理人的出路清单

论年龄、工龄、出身，我和当年在康师傅、可口可乐的同辈们，目前都算是营销"老炮儿"了。

快消品行业的职业经理人四五十岁之后（除了个别"超人"外），都要面对一个现实问题，体力下滑，激情不够，知识结构也有点老化了。公司的工资成本又很高。慢慢地，就可能从重用对象变成弃用对象了。

好多人最后就选择了创业。因为在职场看不到希望，或者顶不住继续打工的辛苦，所以决定创业。

现身说法，职业经理人的出路无非几条——

跟企业一起创业：企业上市，获得股权，分享企业成果，实现财富自由。的确有很成功的案例，变成打工皇帝，身家过亿。

创业当经销商：转型当大经销商或零售商，有人闷头赚钱，也有人疲惫不堪。

创业做品牌：自创品牌做厂家。这条路"死亡率"最高，我见过几个英雄末路的案例。打工当高管时看老板不懂专业觉得他蠢，等自己当了老板才知道此路艰难。

创业进入咨询培训行业：吃专业饭，变成脑力劳动者。貌似没风险，但凡是入门门槛低还赚钱的行业，门里面一定"血肉横飞"。

打工到退休：在企业里一直干，后来体力不够，开始修成"佛系"打工人，也挺好。

其他方向：有移民在国外开餐馆的，有开健身房的，有靠以前的关系给企业供应促销品的……

老板们要想想，怎么才能创造机会，让这些人感觉在企业里比创业有前途。职业经理人要想想，早知今日何必当初？既然归宿是创业，那么为什么不提早开始创业呢?

创业当老板,并不是办一个工商执照那么简单。老板和打工者可是完全不同的两类人。

二、老板群体的特点是"够狠"

部分职业经理人觉得:"老板不专业,不懂行,瞎指挥,拍脑门定目标,不看市场……"部分老板觉得:"职业经理人不负责任,找借口,干活儿不行,照搬大品牌那一套方法到中小企业不好使……"

结果,民营企业空降高管,大多只能干两三年,就被换掉了。

我认为,职业经理人的确更专业——毕竟他们是做具体事情的人,掌握的运营经验、方法、细节更多,也曾经在大企业接受过系统培训。他们对老板的抱怨和指责,也大多有几分道理。但是,为什么有时候职业经理人办不成的事,最后让"啥都不懂"的草莽老板办成了呢?

因为老板(包括部分真正有创业精神的职业经理人)的优势是——够狠。无贬义,指的是决绝和锲而不舍,而部分职业经理人的问题是太温和。

三、为什么老板"够狠"

老板为什么"够狠"?

首先,动机够强——企业是老板自己的生意。其次,决心够大——老板每天睁开眼就是事,要还银行贷款,要给员工发工资。最后,没退路——几个亿固定资产的投入,要履行投资方的合作协议。

很多企业家看起来风光无限,其实是"亡命之徒",赌上的是身家性命。进一步,花团锦簇、彩灯佳话;退一步,可能就是凄风苦雨,甚至家破人亡,牢狱之灾。所以,老板没有后路,这条路不通,只能去绕道,或者换下一条路;跑不过去就走,走不过去就匍匐前进,哪怕一步磕三个头磕过去,也要想尽办法,达成目的。

这样才能做大企业,留住人才,养活员工,还上贷款。才能在嗜血的资本面前全身而退,在同行无底线的竞争下苟全性命。所以,老板们虽无成功的把握，却有成仁的决心。虽然不专业，但是做事够决绝，锲而不舍。

四、部分职业经理人的缺点是有退路

部分职业经理人（指尚未被挫折历练成熟，缺乏创业精神的职业经理人和咨询公司）败在——不能突破自己"打工吃饭"的局限性，所以有些软弱。

为什么职业经理人会软弱呢？

首先，动机不够——不是自己的生意。其次，决心不够——有后路，大不了换一家企业打工。最后，不敢大胆试错，不能锲而不舍地去克服困难，是因为心魔作祟：我这么干，万一办砸了，钱花了，事情没办成，老板要追究我责任的，我怎么自保？怎么给老板交代？

> 别的公司品牌大、价格低、促销强，咱们这里要啥没啥。
> 我之前在大企业里做高管攒下一世英名，在这小企业里翻船真是不划算。
> 我才拿多少钱啊，犯得着这么玩命吗？我都加班多少天了。

出于自保和习惯，他们会把遇到的困难大声告诉老板，其实在表达三个意思：

第一，通知老板，我遇到了很大困难，已经尽力了；

第二，劝告老板，此路不通，这活儿根本没法干，不是我的错；

第三，说服老板，减少期望，降低目标。

未经足够的挫折历练，逆商不够，难免会有这些想法，趋利避害，这是人之本性。

但是老板不吃这一套，因为老板自己没退路。加上老板不懂专业细节，总是想战天斗地。部分职业经理人在任务压力之下，保命要紧，啥都敢干。比如：过度压货，无节制通路搭赠，增加赠品力度，用政策换销量。我甚至见过有人为了完成任务，竟然自己刻假章，跟经销商签打款返点承诺……

作为一线杀出来的职业经理人，这样做的后果是什么，将来要花多大代价来挽救，他是知道的。但是保命要紧，哪管身后洪水滔天。然后他拆东墙补西墙，兜不住的时候，马上闪了。留下老板看着烂摊子发蒙，期待下一个职业经理人来解救他。我想，这是很多民营企业空降高管只能干两三年的常见原因。

五、老板要做"头狼"

老板自己必须是"头狼"。狼性团队绝对不是喊"好，很好，非常好"就能喊出来的，是老板亲自带出来的。"头狼"怎么做事？

1. 找有创业者气质的人来帮你

这样的人，或天生禀赋，或后天养成习惯，办事情千方百计、想尽办法，不达目的誓不罢休。此类人可遇不可求，遇到千万别放过。

2. 让打工人变成老板

从分享机制设计上，让职业经理人也变成老板。具体办法很多，比如：入股期权，达到销售目标给职业经理人分公司一半股份；买房子公司出首付，还月供，干够10年给过户……

3. 要让身边人看到老板的"野心"

这个"野心"虽然狂妄，但是正在一步步变成现实。这样打工的人才会觉得跟着老板有奔头，有想象空间，现在苦点儿可以忍受。

4. 拉大收入差距

同样的职位，业绩好的人收入可能比业绩差的人高10倍。让他亲眼看到，这个月隔壁老王拿到这么多钱，才会对老板的明日蓝图有信心，才会有"下个月我也要冲上去"的想法，才会激发出积极性。

5. 给团队赋能，提供工具和方法

培训、工作标准、促销资源、数据支持、互联网工具开发……这些都是给团队赋能。一定要让职业经理人觉得，这事我能办！据我观察，多数职业经理

人离职不是因为苦、累，甚至不是因为钱，而是因为觉得"这活儿没法干了"。

6. 允许和鼓励职业经理人试错

当年绝大多数老板创业，脑子里是没什么营销专业模型积累的，是凭着血性和无知者无畏的勇气，蹚出一条路子来，当了老板。

老板曾经是"先干，试试看，出了事情再说"的开拓者。但在不知不觉中，很多老板变成了拦路人，不愿给职业经理人试错的机会。

7. "头狼"要有"狼劲儿"

火车跑得快，全靠车头带。当老大，要有当老大的样子。"头狼"，要有"头狼"的"狼劲儿"。这里的"狼"，绝不是拍桌子骂人和不择手段。

"头狼"要能在绝望无助的时候给团队希望、方向和信心。这样才能让悲观者前行，让无力者有力。

新品不动销？新经销商开不动？产品价格太高？专场不专卖？

遇到这些问题，"头狼"必须起而行之。最难的工作肯定是"头狼"自己带队干的，攻坚克难，啃硬骨头，在黑暗中摸索道路，逢山开路，遇水搭桥，找到方法。

这样的案例太多了——

新品卖不动？1000个店卖不动，总有几十个店能卖动，去观察走访那些能卖动的店和区域，看看是什么原因，也许就找到了新品能卖起来的方法。

外地小品牌给餐饮店提供调料，餐饮店不要货？可以去专门攻打米线店、包子铺、早餐店，厨子、老板、采购三合一的中小餐饮终端。大品牌对这些小店疏于照顾，而小的调料品牌又没能力拜访终端。这恰恰是愿意做终端的外地调料品牌的机会。

开发新经销商，员工搞不定？那就试试先做样板市场、样板街道、样板店。带准经销商去参观，给他算销量空间，讲利润故事。比如，给经销商算账，你首批进货10万元，我帮你做20家样板店，就能把这批货消化完。给新经销商书面承诺"货到人到"，厂家人员帮你分销第一车。也许将来就成了开发新经销商的固定模式。

一级经销商库存大，资金压力大，任务压力大，快崩溃了？可以试点，和一级经销商下面的大二级经销商对接，厂家直接发货，直接管理，给一级经销商提留返利。大二级经销商翻身做一级经销商，利润倍增，信心百倍，一级经销商也借此减缓了资金压力和库存压力……于是这成为新的销量增长模式，坏事反倒变成好事了。

深度分销人员成本太高，养不住团队？那就尝试招聘乡镇上的打工返乡家庭，夫妻俩带一辆面包车就能承包一片市场，让他们拿销量提成和终端表现奖金……最后居然也做成了，于是又走出来一条深度分销的新路子……

太多这样的事情了，不胜枚举。可以参考我的文章《精准营销，抓住动销机会店》，里面提到很多具体案例和模型。

一旦找到答案，找到经过市场验证的爆破点，企业就可以砸资源了，集中所有火力，打歼灭战，把机会最大化。"头狼"踩出脚印，定出标准，然后告诉大家——兄弟们跟我来，而不是兄弟们给我上。

所有商业奇迹，都是这么产生的，概莫能外。
所有的"头狼"，也都是这个人设，概莫能外。

听说今麦郎要求销售干部"以干代训，遇到困难，干部亲自跑一线去解决，找到答案，干部带头做出1，员工复制后补0"。我深以为然。

六、营销"老炮儿"如何保持狼性

作为曾经的打工者，旁观企业兴衰的培训师，以及创业多年的小老板，我做个总结——

所谓狼性营销到底是什么，无人给出定论。我觉得"创业精神"四个字足以说明。

营销"老炮儿"如何才能保持狼性，当稳高管，或者自己独立创业成功？注意几件事即可——

技术层面：在自己擅长的领域里创业才能充分利用原有优势，同时要学习更新知识结构。长江后浪推前浪，你要绕到后浪后面去学习，让他们当前浪……

嘴上别矫情：忘掉过去的功劳，整天念叨"当年我也阔过"的，都是现在和将来的穷人。记住，创业故事千千万万，永远是资本掌握话语权。

心里要有数：每个营销"老炮儿"背后都有一堆辉煌故事，不要成天和别人吹嘘，但是自己心里要知道，论智力、经历、专业积累，你都是有优势的，眼前的困难是暂时的。

量力而行：如果自己创业，没有足够的资本支持，就尽可能轻资产运作。如果资金链断裂，那么谁都帮不了你。职业经理人转型做制造商运营品牌，大多都死在资金不够，因此要谨慎对待。

量入为出：大企业的高管创业，要忘掉自己曾经是住五星级宾馆的人，以个体户的姿态投入市场。最厉害的人，都是低头做着手中平凡的工作，心里看着远方执着的目标的人。

尊重商业规则：商业就是商业，是价值交换。过去的老下属、老客户、老朋友、老经销商……不要抱着希望认为他们会两肋插刀去帮助你。他们可以请你吃顿饭、喝碗酒，但是做生意，还是要公事公办。

创业精神：不管是高管持股创业，还是自己独立创业，不管是不是法人，都要以老板的心态面对工作，才有可能创业成功，或者成为企业真正的决策层，获得老板信任，分享企业成果。

要耐磨：困难重重才是常态，不可能轻松赚钱。要耐磨，很多职业经理人创业不成功的原因是有退路——这么费劲，大不了重新去打工算了。

"头狼"要勇于试错，千方百计，誓不罢休：路子都是每个企业每个区域的"头狼"自己闯出来的。"也许就在死胡同的尽头，有另外一个维度，在无路可走时，迫使你另辟蹊径，腾空而起，自修栈道，直通光明顶。"这就是"头狼"的狠劲儿。相关内容，请阅读《打工者的格局》《精准营销，抓住动销机会店》。

第十三章

营销高管的工作模型

本章预告

用考核和示范,解决大家"愿不愿意"帮你卖新品的问题。

你的支持系统能不能做到,让大家觉得"这件事支持力度挺大,能干"。

各种标准让大家明白,按照标准去做就行,解决"大家会干"的问题。

监控大家,"有没有正在干",进度如何。

第一节　年度增量规划的落地管理

转眼已经 11 月份了，岁末年初，销售部都在干一件事——就是制定新一年的"年度销量规划"。从大的方向上，年度规划肯定离不开"新品销售年度增量""新渠道年度增量""打造核心终端年度总量""开发新片区新区域年度增量""通路下沉年度增量"，等等。

问题是规划做出来怎么落地，这才是关键。很多企业是费尽心机做考核，比如，规划了新品要增量，然后给员工做新品考核：你卖新品我给你更多奖励，完不成新品任务我就惩罚你……

定完考核就没事了吗？如果指望考核就能让员工把新品卖起来，销售不是太简单了？指望规划加考核奖罚制度，就能落地见到执行结果，那是太天真，也太懒了。

我以新品销售为例，给大家讲解一下规划背后的落地管理系统，这个管理系统是我在无数次失败和教训里自己总结出来的，而且可以通用，不管你明年是要新品增量，还是要核心店增量，还是要新区域增量……任何规划项目上马立项，都可以按照这个管理系统，保障落地效果。

这个管理系统可以分为四个方面的内容：

第一，用考核和示范，解决大家"愿不愿意"帮你卖新品的问题。

第二，你的支持系统能不能做到让大家觉得"这件事支持力度挺大，能干"。

第三，各种标准出来，让大家明白，按照标准去做就行，解决让"大家会干"的问题。

第四，监控大家"有没有正在干"，进度如何。

一、考核体系，解决"员工愿不愿意干"

先说第一个管理逻辑。新品销售这件事，不管是厂家还是经销商都乐意干，为什么——推陈出新，利润高。但是员工都不乐意干，为什么——卖新品费劲。所以你去给员工做思想工作，把车轱辘话反复说一万遍："新品好，一定要好好卖新品，公司竞争力来自新品，老品是基础，新品代表增量，代表利润，拜托大家一定好好帮我卖新品……"没用！

你只说一句"卖新品有提成，卖老品没有提成"，有没有用？有用！

那么，新品考核怎么定？

1. 任务分解到最基层，人人头上有目标

新品销售任务量要越分解到基层越好，先把任务量分解到大区，分解到区域主管，分解到业务员，再分解到经销商，再往下分解到导购员，分解到经销商的业务员（因为新品不是经销商老板卖的，都是经销商的业务员卖的）。

有可能的话再帮经销商把任务量分解到二级经销商和终端，虽然对终端你没办法给他定任务量做考核，但至少能给每个重点二级经销商和终端分任务量，将来哪个二级经销商和终端的销量完不成进度，我们就知道他是个问题终端，就可以有针对性地管理，多去拜访他，增加管理动作，增加促销资源……

2. 正激励

首先，新品的销量任务细分到最小单元。接下来，要给新品做正激励。正激励是什么？卖新品提成高，每箱提成3元，卖老品每箱提成1元。这个时候，员工乐不乐意卖新品？肯定乐意，但是效果未必好，为什么？

他们出去卖新品，说一箱赚3元，出去发现"这3元钱不好挣，那还是卖老品挣这1元算了"。所以正激励必须匹配相应的负激励。

3. 负激励

负激励是什么？就是卖新品一箱提成3元，卖老品一箱提成1元，但是假如新品销售任务量完不成，倒扣卖老品的提成。甚至新品销售任务量完不

成，卖老品的提成取消。前面有正激励，背后有负激励，业务员才会对推新品这件事动力大一些。

案例：当年脉动上市一瓶卖4元！当时乐百氏水1元，娃哈哈水1元，康师傅水1元。脉动还是"维生素水"——什么叫维生素水？当时都没人知道。所以刚上市的时候，脉动的业务员给它起了个外号，叫"卖不动"。

我给他们培训的时候，看见他们培训教室的墙上挂了个条幅，上面写——"脉动销量，只升不降，升职加薪才有希望！"在脉动上市期间，他们对业务员的考核特别严格，如果脉动销量任务完不成，直接取消业务员卖其他产品的销量奖励。

4. 档期考核

好多人假期作业都是开学前最后一天才写，为什么呢？因为假期不上学，老师不会天天查作业，就磨蹭到开学前最后一天写。我上学的时候，开学前最后一天我都不着急，就感觉这一夜能干好多事。

同理，我们骂业务员，"月初像公子，月底像孙子"——月初业务员都会松懈，月底着急了，抓着客户哀求进货。

所以考核周期一定要从长变短，比如新品考核档期能不能从月变到周，一个月卖1000箱新品，第一周必须卖够400箱，第二周必须卖够700箱，第三周必须卖够850箱，第四周卖够1000箱。每一周给业务员做一个档期考核奖罚，至少让他从一个月紧张一次，变成一个月紧张四次。

5. 保险锁

设置保险锁的目的是：避免把新品销售任务完成了，结果销售额下滑，到最后公司把新品销量任务完成的奖励发了，总销售额反而大不如前。

6. 样板市场，树立信心

经销商这个群体往往是只有亲眼看到别的经销商把新品卖起来，才愿意去卖新品。

案例：我们公司在山东一个县城有位经销商。当时我们公司推一种易拉罐纯生酒，怎么威逼利诱他都不卖，老说"我们这儿穷，易拉罐卖不动……"

突然有一天，他急急忙忙地给我打电话："魏老师，您让王老师赶紧过来给我们培训一下，我要卖纯生，我要卖易拉罐！"

我说："原来跟你说那么多次，你都不愿意，这回怎么突然来精神了？"

原来这位经销商去公司总部开会，跟另外一个经销商吃饭时候坐一桌。他们聊到今年的销售情况，他从别人口中得知卖易拉罐纯生酒赚钱多，马上改变了主意。

经销商一算账，看别人挣得多，他马上心理不平衡，然后闹着要进新品，不用我们催他了。

所以，要想新品卖起来，一定要建立样板市场、样板经销商，得扶持几个经销商，然后带着别的经销商去参观。他们看到样板经销商把新品卖起来了，斗志就会被激发出来。

"哎呀！你能卖，我也能卖。"
"我只不过以前没有引起重视。"

甚至还有经销商老板参观完了，回去把业务员带过来再参观一遍，顺便教育业务员。

7. 内部排名"新品占比"，见贤思齐

在新品销售期间，团队里往往会出现"互相比烂"的情况——新品卖不动，所有业务员都会说价格太高。这是所有人最容易找的借口。大家都比烂，我卖不动，他也卖不动，大家都卖不动。

新品销售期间公司要引导一种文化，就是"见贤思齐"。可以把全公司各个区域的新品销量列出来，再把各个区域的总销量列出来，用各区域新品销量除以各区域总销量，得出各个区域的新品销量在区域总销量的占比，简

称"新品占比"。

把新品占比算出来之后进行排名。不是大伙儿都卖不动——新品占比高的区域，可能新品销售已经占其区域总销量的30%多了，有的区域新品可能还没卖，或者新品只占区域总销量的1%。

这个排名是很有说服力的。都说新品卖不动，那为什么有的人新品销量已经占到总销量的35%，有的人新品销量只占总销量的1%？

河南的经理说自己的区域穷，陕西的经理也说自己的区域穷，那就在河南、陕西，同一个省内部来比较。同一个省里，为什么有的区域新品销量占比20%多，有的区域新品还零发货？

所以，公司里要形成一种文化，要见贤思齐，思考为什么在同一个省，有的区域新品占比高？之后，学习他们的先进经验，向他们看齐。

新品增量规划背后匹配什么管理系统呢？第一个管理系统是用考核和样板市场，让全体团队和经销商"愿意干"。

接下来要解决的就是"这件事能不能干"——也就是对新品销售的支持体系。

二、支持系统：解决"这件事能不能干"

1. 组织保障的支持

组织保障是什么意思？

往小了说，针对新品，假如要上 KA 渠道，是不是要增加导购员？比如要做新品核心店、模范店，是不是要增加终端业务员？

往大了说，要不要干脆针对新品单独成立一支销售队伍？

九阳为什么分出九阳豆浆机和九阳电磁炉两支队伍呢？美的为什么分生活电器事业部、空调事业部、中央空调事业部、饮水机净水机事业部呢？统一、康师傅一个营业所卖水，一个营业所卖面，为什么要把队伍分开？

因为往往销售队伍合并的时候会出现一个问题，就是强者越强，弱者越弱！好卖的产品越来越好卖，不好卖的产品越来越不好卖。

新品有没有必要从公司的团队里面分出来，这属于大的战略决策，没有标准答案。我可以列100条"新品队伍分出来的坏处"，也可以列100条"新品队伍分出来的好处",那具体怎么决策呢？

决策肯定有代价，要在相互矛盾的利益中去折中、取舍、平衡、妥协，两害相权取其轻。最后"听多数人的意见，跟少数人商量，自己做决策"，最佳的决策只能是近似合理的。

想要新品能卖，首先要有组织保障，至于具体怎么做，需要企业结合实际情况自己决策。

2. 产品促销装的支持

新品要上市了，你对这个新品下了什么功夫？是打算纸尿裤的"新品体验装多送 8 片"？还是方便面的"新品上市加量不加价"？

这就是从本品促销套装角度增加新品竞争力。新品上市可以做促销装，也可以新品和老品组合。快消行业"老司机"会用这个方法——高个子带动矮个子。

比如，一个老产品 A，铺货率是 85%。新品 B 刚上市，目前铺货率只有 15%。想把新品做起来，速度最快的方法是什么？肯定是拿老品带新品。注意，绝对不能买 A 送 B。买老品送新品，可能会把新品"送"死。你把新品以赠品形式送出去，终端的新品是没花钱得来的，不会主推，卖不动就无底线砸价。

那么买 B 送 A 呢？买新品送老品效果也不好，因为新品 B 刚开始铺货，没有群众基础。

最好的方法是，四箱 A 加一箱 B，套装五箱进货，赠一箱 A。这叫老品新品促销套装。

卖老品 A 的终端一看，"买四箱 A，进一箱新品 B，就赠一箱 A，划算"，看在老品 A 的面子上就进了套装。用这个促销方法，有没有可能把新品铺货数从 15% 上升到 70%？

这就是新品上市促销套装的支持，具体是用加量不加价促销装，还是用老品加新品的组合套装，根据企业情况来定就好。

3. 经销商新品费用支持

销售团队愿意卖新品了，但经销商愿不愿意卖新品？经销商卖新品有没有任务量？经销商卖新品，返利会不会更高？经销商卖新品，新品的费用提留系数会不会更高——卖老品给经销商每箱1元钱市场费用，卖新品给经销商每箱3元钱市场费用？

假如经销商卖新品返利更高，而且奖励更多，市场费用支持力度更大，经销商也有新品销量任务，厂家和经销商的利益才算达成一致。这就是"经销商新品费用支持"。

4. 新品终端形象和物料支持

新品要不要去做终端？要不要打造形象店，做店招、贴海报、挂条幅、做KT板、做各种广宣物？

当然需要。要让员工卖新品，这些物料提前制作出来了没有？你是打算每一个经销商发货都配新品物料呢？还是按照经销商的进货额配送物料？你计划新品终端模范店陈列奖励费用时，具体要怎么核销这些费用？

5. 铺货资源支持

新品怎么从经销商铺货到终端商那里？

有的厂家就是给经销商新品上市100搭10，让经销商用这个促销力度自己设计促销方案。这么做有两个问题：第一，各地终端促销方案不一样，容易砸价、窜货；第二，全国终端铺货力度都自己制定，没有标准，总部根本没法稽查经销商有没有截留促销资源。我不建议这么干。

终端新品铺货至少要确认以下问题：是1箱送2包，还是5箱送10包？再给个陈列奖励？如果经销商要给二级经销商开新品订货会，这个资源厂家和经销商怎么分配？是经销商全出，还是厂家和经销商共同出资？

6. 经销商的人员新品考核支持

新品毕竟是由经销商的业务员卖，不是经销商老板卖，那么厂家有没有对经销商的业务员进行考核就很重要了。经销商的业务员给新品铺货一家，有没有额外的奖励？打造一个新品示范店，有没有额外的奖励？卖新品，厂家有没有额外的提成激励？等等。

三、建立执行标准，解决"员工会不会干"

第三件事是建立标准，"标准化管理"这个词大家都不陌生，但是标准化管理的意义是什么？我觉得就是两点。

根据标准进行评估奖罚：有了标准，才能衡量员工做得好不好，才能对员工评估奖罚，有组织、有纪律。

前辈经验通过标准，给后人传承：销售队伍里肯定有新手，也有"老司机"。新手问"老司机"："大哥，你怎么那么厉害呢，你铺新品，跑一家店，成交一家店。我怎么跑一家店，人家就说滚！你教教我，你是怎么做的。""老司机"回答："悟，你自己慢慢悟吧，这可是功夫啊……"那么这个新手还是一头雾水，什么也没听明白。

但是有了标准化管理后，"老司机"会告诉新手"拜访八步骤"。这就是前人经验的传承，是一个有效的工作方法。行业里面的"零店拜访标准""生动化标准""割箱标准"……都是这么来的，是前人的经验传承。要让员工卖新品，让他们觉得这事我能干，就需要给他们建立几个标准。

1. 新品的目标市场标准

告诉员工这个新品去哪个市场卖，新品的目标市场在哪里。大多数企业上新品，不可能是全国2600个县遍地开花——那么干，资源不聚焦，胜算小。企业新品上市现在也都学乖了，都有第一波、第二波分批推进的新品重点市场。

新品首批重点市场是先推到销量大、基础好的地方？还是先推到消费能力强的省会城市？还是类似化肥企业上了一个经济作物肥料新品，首批主攻市场是经济作物区？

2. 新品的目标店标准

前面讲过，铺货率绝对不是越高越好。比如说饮料企业推出了个新品，可能先在自己的专卖店、协议店里卖；比如西王玉米油一桶零售100多元，比较贵，对标的是鲁花花生油销量好的店（因为鲁花花生油也比较贵）。啤酒企业出零售8元钱一瓶的啤酒新品，员工会先看上个月6元钱一瓶的啤酒进货超过100箱的店，这些店卖8元钱的啤酒销量应该也不差……所以要给员工建立新品目标店的标准指引。

3. 员工要有新品店拜访率的标准

有了目标市场的标准，还要有拜访率的标准。比如，针对有线路管理终端拜访的企业，规定新品店必须一周跑两趟（普通店一周跑一趟）。针对没有线路管理终端拜访的企业，规定每个县城做10个新品模范店，当区的主任必须每个月去两趟。

4. 有关经销商的新品销售标准

就是指新品在一级经销商那里的销售标准。要建议该标准，需要解决下面几个问题：新品是交给老经销商做，还是拆分出来给新经销商做？经销商必须应该达到多少安全库存？经销商自己店里的新品怎么做的店头陈列？经销商的员工新品销量怎么考核？

关于经销商员工的新品销售考核制度，厂家可以给一个模板，让经销商按照考核模板来做。而且考核做完，必须上墙张贴——让经销商的员工都能看到，经销商就无法截流了。

5. 新品铺货力度的标准

经销商要把新品卖到二级经销商、终端商那里，也得有一套标准。比如，有的企业给经销商100搭10，然后让经销商拿这个政策自我转化赠品和终端铺货促销力度。这其实是副作用很大的一个做法，为什么呢？全国经销商都拿了100搭10，这个经销商转成买10箱送1箱，那个经销商转成买1箱送3包，还有一个经销商转成买10箱送1袋大米……各个区域的促销方法不一样，就无法有效监控，总部稽核部也没法检查，这就容易造成乱价，经销商可能会大面积截留促销费用。所以，有关新品铺货力度的标准，是全国一盘棋？还是一个省一个方案？还是一个分公司一个方案？总得有个标准才能有效管理，便于评估稽核检查。

6. 新品在终端店的标准

新品在二级经销商、终端店的表现也得有标准。快消行业里面的人都知道：条码、位置、陈列、价格、助销、促销、服务，这是终端动销七要素，新品店要按照这七个要素规定标准，新品模范店还要调高标准。

条码标准：比如新品店必须进几个口味……

位置标准：比如新品要摆在什么位置——在冰柜里新品要摆在最上层，在超市货架上要摆到与肩膀和臀部等高的货架上，这个高度是最好的位置……

陈列标准：比如新品在店内必须每一口味至少三个陈列排面……

价格标准：比如价格上必须零售 5 元钱一瓶，明码标价……

助销标准：比如新品有货店，必须上一个 KT 板、两个条幅……

促销标准：比如新品上市的促销标准是买 3 瓶送 1 个杯子，促销海报必须张贴出来，赠品杯子必须捆在产品上……

服务标准：比如新品在店里如果有破损，或是日期临近过期，必须立刻调换……

7. 新品上市自我评估问卷

我在可口可乐公司工作的时候，每推出一个新品，公司就会发一套新品上市自我评估问卷，下面展示出来做案例，大家感受一下：

案例：可口可乐公司新品天与地上市自我评估问卷

销售人员对照问卷"对镜自检"，自我评估，以下问题你做到了吗？有一个问题做不到，就请你回去继续努力工作。这些问题你全部做到了，恭喜你，你是个尽职的销售精英！

前言

问卷使用指引：

如你所有答案都是"有"或"对"——好成绩！成功！

如你的答案很多是"没有"或"未做到"——有问题！不成功！

如你需要帮助——请与你的上司联系！

正文：自我评估问题

正确渠道分销与铺货（见表 13-1）。

表 13-1　正确渠道分销与铺货评估

内容		是/否或有/没有
1. 经销商是否有新品各口味安全库存（400箱以上）		
2. 是否在正确的渠道分销（产品上市第三个月内达标）	量贩店及大型超市 100% 进店	
	食杂店 70% 以上铺货率	
	机场/车站 80% 以上铺货率	
	所在区域的 40 家酒店进店销售	
	所在区域最大 80 家批发商进店销售	

价格（见表 13-2）。

表 13-2　价格评估

内容		是/否或有/没有
1. 零售价格是否正确	天与地水　　　　　人民币 1.8~2.2 元	
	天与地茶（罐装）　人民币 2.5~3.0 元	
	天与地茶（瓶装）　人民币 3.0~3.5 元	
	天与地果汁　　　　人民币 2.8~3.3 元	
2. 经销商出货价格是否正确，有没有按公司规定价格执行		

卖场布置（见表 13-3）。

表 13-3　卖场布置评估

内容		是/否或有/没有
1. 天与地水是否在水区域内，在主要竞争对手旁边		
2. 天与地茶是否在茶区域内，在主要竞争对手旁边		
3. 每种口味有 3 至 5 个排面	天与地水	
	天与地茶（罐装）	
	天与地茶（瓶装）	
4. 产品陈列高度在肩与臀之间	天与地水	
	天与地茶（罐装）	
	天与地茶（瓶装）	

（续表）

内容		是/否或有/没有
5. 有没有在店内大量应用售点广告	海报	
	布旗	
	价格牌	
	特价海报	
6. 有没有做到5000平方米以上，每个卖场有2平方米以上的新品落地陈列		
7. 有没有在割箱陈列处贴上大量售点广告：如海报、特价海报、价格牌		
8. 陈列是否坐落在人流量大的地方		
9. 有没有投放天与地专用陈列架		
10. 专用陈列架顶层是否陈列天与地水		

模范店计划（表13-4）。

表13-4　模范店计划评估

内容	是/否或有/没有
1. 在你的市场内，是否有15~30家模范店	
2. 如你拜访的客户是模范店，它是否符合标准	
3. 可否将新店变成模范店	

试饮（见表13-5）。

表13-5　试饮评估

内容	是/否或有/没有
1. 有没有每星期在20家大型超级市场店进行试饮活动	
2. 在试饮台旁边是否有建立50~100割箱陈列	
3. 有没有大量售点广告宣传试饮活动	
4. 有没有安排同时进行促销活动	
5. 试饮点是否位于人流量大的地区	

促销活动（见表13-6）。

第十三章 营销高管的工作模型

表 13-6 促销活动评估

内容	是/否或有/没有
1. 有没有按公司计划执行促销	
2. 有没有大量应用售点广告去宣传促销活动	
3. 有没有建立 50~100 割箱陈列支持促销活动	

可口可乐冰柜陈列（见表13-7）。

表 13-7 可口可乐冰柜陈列评估

内容		是/否或有/没有
1. 在可口可乐冰柜内，有没有陈列	天与地水	
	天与地茶	
2. 天与地产品是否在顶层		

餐饮渠道生动化（见表13-8）。

表 13-8 餐饮渠道生动化评估

内容		是/否或有/没有
1. 有没有在吧台上陈列产品	天与地水	
	天与地茶	
2. 有没有张贴售点广告于醒目处，如海报		
3. 有没有运用餐饮陈列座		
4. 餐牌上有没有注明产品名称及价格	天与地水	
	天与地茶	
5. 有没有提供服务员奖励		

这套问卷给了几十个问题，让你问问自己，你觉得自己都做到了，才有资格来跟公司说新品卖不动。有一个问题做不到，就还是回去干活儿吧。

其实我们都明白，这些问题要全部做到，得忙活一年。

第一，新品去哪里选目标市场；第二，新品去哪里选目标店；第三，新品终端店一周拜访几次；第四，新品在经销商那边有什么标准；第五，经销商卖给二级经销商的是什么标准；第六，二级经销商、终端店的七要素有什么标准；第七，给他一套问卷，自己看吧。这全套标准都出来了，员工照着标准做就好了。这就解决了员工"不会干"的问题。

四、监控"这件事大家有没有正在干"

以新品销售为例，我建议大家按以下五个指标顺序去追踪监控。

1. 新品发货率

我是个业务员，你是个经销商。公司推出了新品，然后给经销商发了第一车货，经销商想尽办法，就是卖不动，第二车货就不要新品了。这太正常了，业务员这时候可能要跟公司主管沟通，新品需要公司的支持才能动销。

但如果我是业务员，你是经销商，公司推出了新品，经销商连第一车货都没进，那就不是经销商的问题，是业务员太差劲了，是管理经销商不到位。

"新品发货率"什么意思？举个例子，有的企业在全国有1500个经销商，老板跟我抱怨说新品卖不动。我说你把发货数调一下，你看1500个经销商有多少个已经发新品了？结果400个经销商没发新品，所以整体新品发货率才73%。

往基层延伸，有的区域经理管6个经销商，叫苦叫累说新品卖不动，你去查，6个经销商里还有2个新品没发货，这种经理就应该"打一顿"。

新品上市，目标市场的经销商发货率必须100%。如果目标市场经销商不能达到新品100%发货，各大区负责人就得内部处罚。所以新品要想有销量，第一个指标，就是全国的目标市场经销商100%发货。

2. 新品模范店

第二指标是什么？打造新品模范店。新品要想销售顺利，少不了这个环节。厂家业务员先要搞定经销商老板，怎么搞定？厂家业务员亲自拉货出去铺新品，做模范店。

新品模范店形象一旦打造好，至少表明店里新品是卖得动的，让经销商老板眼见为实。

3. 新品在目标网点的铺货率

新品经销商发了货，新品模范店也做起来了。第三个指标是搞定经销商的团队。怎么搞定？逼经销商老板加大力度，考核奖励经销商业务员：新品销量提成、新品铺货家数奖励、新品核心店打造奖励……把经销商的团队积极性调动起来，才能提高新品在目标网点里的铺货率。

4. 新品销售业绩

前三个指标都实现了，新品的销售业绩不会太差，大概率会水到渠成。

5. 新品销售占比

第五个指标是新品销售占比，即新品销量除以区域销量，这个指标很有说服力，让大家不要比烂，要见贤思齐。

要管理新品销售，一开始直接管理最终结果——新品销量业绩，这是跳跃式管理，一定会造成对立。业务员把新品往经销商库房一塞，经销商卖不动，给厂家讲各种理由。

应该追踪管理，关注五个方面。第一，经销商新品发货了没？第二，新品的核心店和模范店打造了没？第三，在目标网点里新品的铺货家数够不够？第四，新品的销售业绩好不好？第五，新品业绩占区域总业绩的比例，跟别人对比一下。

这就是过程指标管理。为什么要做过程指标管理？因为更靠谱。从起点（厂家生产新品）到终点（新品在终端实现销售），锁定五个过程节点，通过这五个过程节点，一步步追踪，结果才可控制。

之后，下对上汇报，区域给总部汇报这五个指标的进度；上对下排名监控，新品发货率排名、新品模范店打造排名、新品铺货率排名、新品业绩排名、新品销量占区域销量的占比排名。

逐级检核：比如在新品销售期间，厂家要求主管每天去检核铺货多少家新品终端店。总部稽核部检核，一要确认这五个过程指标是否真实达成，有没有造假；二是要检核新品店。

区域单独检核：各个区域要定专项检核目标，因为这个区域和那个区域的新品可能不同，或者新品在成熟区域、非成熟区域的进货渠道或者目标店不一样，列出这个区域的新品工作要求，总部来检核的时候，照单检核。

这一套指标的汇报、追踪、排名、检核……就是监控员工有没有在推广新品。

五、结束语：以道驭术

这就是一个项目的落地管理系统。最后还要说一句，即使你前面做了这么多考量，做了这么详细的方案，实际操作时可能还是会发现，公司定的促销方案或赠品终端不接受，考核方案有问题……

所以每个月总部去巡检的时候，还要了解市场上对总部定的这一套管理系统的反馈，发现问题，下个月赶紧去修改上个月的管理系统。政策不断迭代，不断自我校准，才有生命力。

再强调一次，岁末都要做销量规划。规划不管怎么做，没有配套落地管理系统的年度增量规划，就是"假货"。规划是不可能自我落地的，你作为一个企业高管，如果觉得自己给明年定一个规划，再定个考核奖罚就能落地有结果，说明你太懒。

这节讲的是"新品销售落地管理系统"，其实这个管理系统是通用的，不管是让员工卖新品、打造核心店，还是做新区域、新渠道，或者任何其他项目，都可以按照这个管理系统落地。

我这里讲的具体的案例、报表细节，比如"4箱A加1箱B套装进货，奖你1箱A"等内容都是"术"，"术"很重要，否则怎么会说"术"业有专攻呢。

但是，我建议大家看完之后再把"术"忘掉，为什么？因为变数太多。此人、此时、此地、此事，别说不同企业，即使是同一个企业的不同区域，这个经理的方法另一个经理都不能完全照搬。

"道"是什么？"道"是暗含了事物基本规律的内容。这节讲了四句话，愿不愿意干？能不能干？会不会干？有没有在干？这个就是"道"。"道"是可以复制的。

所以，过分纠结于报表、流程细节，只是智小谋大的格局，"术"不能自用，反而自苦。屏蔽掉这些细节和形式上的杂音，回归常识，反观销售管理体系的基本规律，你就能发现，事情本身就是这么简单。

第二节 精准营销：管理动销机会店

一、中小品牌动销难

快消行业现在有一个很普遍的问题，终端不动销。

以前只要提高铺货率，创造流行趋势，产品就能动销。后来除了提高铺货率，还得做好陈列，到了店里把自己的海报贴上，把自己的方便面摆上，把自己的饮料放到冰箱里面……

还是不动销，怎么办？

上促销！买一送一、特价捆赠、第一箱全价第二箱半价、再来一瓶……结果，促销时动销，促销一停，就不动销了。

中小企业品牌知名度不够，不做终端肯定不行，货会"死"在经销商、分销商库房。中小品牌做终端广泛铺货更不行，人力、物力不够，而且铺的网点越多，死得越快，最后还要面对大量的退货、过期产品。

怎么办？只有一个办法，就是集中资源，精准营销，专门攻打能动销的机会网点。

二、1000个店卖不动，总有几十个店能动销

这里跟大家讲一个能加速终端动销的方法，适合快消或者泛快消行业（包括家电、建材……）的企业，这个方法名字叫：新品动销Top50店。

场景再现：

我在康师傅顶益做企划部产品经理时，销售部和企划部经常吵架，为什么呢？

企划部策划一个新品，经过包装修改、口味测试、广告媒体投放计划、通路促销、消费者促销……一整套的上市方案做出来，交给销售部执行。卖得不好，两个部门就互相指责：销售部说企划部设计的方案都是垃圾……企划部说销售部执行不力、本身就不行……

当时顶益企划部前辈口口相传，传下来一个方法：别跟销售部那帮人纠缠，你要是问他们"为什么我的新品在你这里卖得不好"？他有一万句话等着你——"包装不好看、价格太贵、利润太低、广告不够、不了解当地市场、方案不适合当地的市场情况"等，满嘴怨言，你跟他们说不明白。不如就问当地营业所经理一句话："有没有能卖的店？"

任何企业推出新品，铺1000个店都卖不动，但总有几十个店能卖动，这些能卖动的店，行话叫新品动销Top50店。

问营业所经理，"有没有能卖的店"——肯定有。

"把这些新品能动销的店地址给我写出来"，当地经理就算自己不知道——找个经销商、业务员问问，也知道了。

然后就要"高抬脚，轻落步，紧衣衫，小打扮，深入民间走一遍"，千万不要搞得前面三个人开道，背后五个人鸣锣，黄沙垫道，净水洒街……那样你什么有用信息都问不出来。

你就直接下市场，到了店里冒充消费者："老板您好，我要买一箱5元钱一包的面。"看看老板给你推荐什么。如果老板给你推荐本品，没问题，如果老板给你推荐竞品呢？你就得问问他。

"老板，我是康师傅总部的人，我们想看看福满多新品销售情况，您没给我推福满多，是因为我们服务不好，您不愿意推荐？还是我们的利润低？还是消费者不接受？还是您随手拿的？"

"我们跟当地营业所经理沟通过，经理专门跟我们说了，说您这个店动销特别好，这个月福满多新品都进了四回货了。我就想打扰您几分钟，问问您是怎么卖的？我给您带了个小礼物，不成敬意，小意思，您拿着玩儿。"

"这个新品别人卖不动，就您店里卖得好，您是做了什么特殊的陈列吗？卖什么价格？还是您跟什么产品组合做了什么促销？送了什么赠品？谁来买这个新品？有没有反映口味太辣？消费者买了以后有没有回头再来买的？回头买新品的忠诚消费者是哪一群人呢？是年轻的还是年老的？是强壮的，还是瘦弱的？是富的，还是穷的？"

思考：1000个店都卖不动，总有几十个店能卖动，把这几十个能卖动的店盘出来，到店里跟老板认真沟通了解，把能卖新品的几十个店认认真真走一遍，能不能学到东西？

一定能！

也许看完这些店之后你就会恍然大悟。原来新品要铺到这一类店才卖得动，原来新品要在店里搞这样的陈列和促销才卖得动，原来新品的忠诚消费者是这群人……

你找到了新品能动销的店和主要消费者，就找到了新品动销的共性机会和规律，然后，你就可以想办法把机会复制放大。机会具体怎么放大？我讲两个亲身经历的案例。

1. 案例一：冬天里的一把火

场景再现：

我给一家啤酒企业做咨询时，有一年的寒冬，大雪纷飞，高速封路，我去看邯郸的市场。

当时这家企业在邯郸销量很大，但是品项结构不好，只卖得起来零售3元钱一瓶的啤酒，名字叫"老干啤"。我们行话叫"单腿裸奔"——品项结构不好，品种太少。

在邯郸市场看了一天，我有点冒火。

到海鲜大酒楼、星级宾馆、A类餐饮店门口，刚自报家门就被拒绝了——A类餐饮店都卖单价5元、6元、8元的啤酒。

然后去名烟名酒店，也被拒绝了——名烟名酒店要的是市面上不太常见的品种，他们才可以赚到钱。

然后又去看烧烤摊，烧烤摊说："冬天来吃烤串的人少，而且烧烤摊卖的是廉价扎啤，你这3元钱的酒不好卖。"

最后看超市渠道，超市倒是有货，但是一看生产日期，都快过期了。大雪纷飞的天气里，超市里的啤酒肯定卖得很差，超市渠道啤酒品类本来销量也不大。

一天看完，只有一个渠道还给我点信心和希望。

是火锅店和那种两三个包间、七八张台的小餐饮店（里面有土炉子）。土炉子制暖效果特别好，大冬天房间里面20℃，人们在这儿吃饭的时候还能喝点啤酒。

请思考：

大海航行靠舵手。当经理的人，业务员、经销商都叫一声"领导"，人家叫你一声"领导"，不能白叫了。在我看来，领导是比管理高一个层次，"领"就是找到机会，找到方向；"导"就是管理，出标准，强制执行。

我在邯郸看到的情况，应该跟邯郸的经理说什么？

锁定目标店： 冬天超市里一箱啤酒卖几个月，一周拜访一次有意思吗？海鲜大酒楼、A类餐饮店根本就不卖咱们的酒，一周拜访一次有意思吗？烧烤摊根本就不卖咱们这酒，一周拜访一次有意思吗？确定动销机会店：土炉子小餐饮店和火锅店。

组织保障，调整拜访路线： 确定了目标店，就要集中兵力把这种店拿下，战略上以一当十，战术上就得以十当一，打歼灭战。其他店这个季节一个月拜访一次就够了。有制暖设备的土炉子小餐饮店和火锅店，一周拜访三次（别的厂家可能是一周拜访一次），重兵把守，拜访率要比别人高好几倍。

针对性促销配套： 出一个促销方案"买两箱啤酒送12个杯子"，就算不卖啤酒，这种小餐饮店对"买两箱啤酒送12个杯子"这种促销活动需要吗——他们就缺这个。这就是针对性促销方案。

提高标准： 既然是打歼灭战，就不能等闲视之，必须提高标准（品项标准、陈列标准、库存标准），比如动销目标店的生动化标准要求至少3个品项，9个排面，必须大厅餐桌摆台，包间里面堆箱，单店库存不能低于50箱。

管理循环： 给业务员定销量目标、铺货家数目标、标准店打造目标，然后月底考核、每周排名、每天奖罚，等等。

聚焦资源，打动销机会店。这不是一锤子买卖，淡季这三个月，别的企业放轻松了，你在机会渠道里打这种攻坚战，这就是你新品动销的江山社稷。明年旺季到了，你的动销根据地已经建立起来了，在这个渠道里，你的品项数、库存数、终端数、活跃客户数，都上来了。

聚焦机会店，四两拨千斤，以弱胜强。

2. 案例二："敌占区"的根据地

我再给大家举个例子。

场景再现：

还是啤酒企业，另外一个市场在日照。日照肯定流行喝青岛啤酒。当时这家啤酒品牌在日照算是个进攻品牌，也就是小牌子。

我在总部看数据，发现日照的销量节节上升，在竞品的战略强势区域，有一个区域销量节节上升，我就得分析原因：这是窜货了？还是找了个好经销商？还是竞品有什么失误？我们可以看看有没有机会，再做成促销活动兴许就做起来了。

然后我就去看日照市场，看了一天，结果是铺货率不行、陈列不行、海报不行……什么都不行，差到什么程度呢？一条餐饮街，店招全是青岛啤酒投放的，太阳伞全是雪花投放的，桌椅板凳全是燕京投放的，没我们什么事儿。就这样，日照地区的销量还节节上升，那能想到什么？肯定是窜货。

我把日照的经理叫过来："老刘过来，说老实话，这里什么终端表现都没有，这销量哪里来的？"

日照的经理很憨厚地说："老师咱不着急，咱去看看岚山区。"

然后我就跟他到岚山区，还真是换了人间。铺货、陈列、海报……终端形象比市区好很多，甚至在有些店里是第一品牌。真奇怪，同样在日照，为什么市区销量一塌糊涂，岚山区这么好呢？

主要原因是岚山区靠海。海边的商店、餐饮店、烤串店、农家乐，谁去得多？

外地人来到日照要喝什么啤酒呢？人到一个陌生的城市旅游的时候，一般是店老板给你上什么啤酒，你就喝什么啤酒。而且我们作为一个进攻型的小品牌，终端利润肯定比青啤高，店老板爱推我们的产品。

接着我打听到岚山区销量做起来的过程。日照经理很聪明，他看在整个市区全是青啤的铺货，自己根本就没有赢的机会，但在岚山区还有几家动销网点可以下功夫，他马上看明白了，卖给外地人！然后就把业务员拜访路线调整了，把市区的兵力全部撤回来。因为岚山区离市区稍微远点，竞品业务员可能一周甚至两周来拜访一趟。他把人全部砸到岚山区，然后一条街上驻扎一个业务员。

一天能拜访八次，先想办法赊销铺货、拆箱铺货、拿白酒带啤酒铺货，把第一家搞定，再拿第一家的订单给第二家看："你看隔壁那家店已经进过货了，货卖得很好。"然后没事到店里面干杂活，帮人家扫地、传菜、擦桌子、搞客情，一条街死守一个人。

就这样，专门做旅游网点，重兵把守打歼灭战。硬是在"敌占区"里面，打出个小根据地来。

思考：举这个案例的意义在哪里？可不可以复制？可以把旅游城市的办事处主任、营业所经理叫来学习，之后回到各自的城市里改变拜访路线，重兵把守旅游网点。再锁定目标，组织保障，促销配套，提升标准，管理推进。

第三节　建立企业内部纠错机制

一、为什么大企业里，大家齐心协力自欺欺人

先看个案例：

我给某家食品企业培训。他们这个行业旺季销量比淡季大100倍，可是这家企业的业务员还是在对终端做一周一次的线路拜访。

我问：你们冬天去拜访终端，能卖货吗？

学员回答：不能！除了个别学校店、网吧店、工厂店，其他终端基本上一箱货卖半年。

我又问：那么你们为什么冬天还在一周一次拜访终端？

学员回答：这是公司要求，要求我们去拜访……搞客情（有人开始笑）。

我再问：既然学校店、网吧店、工厂店还能卖货，别的店冬天卖不了货，是不是可以调整一下，对能动销的机会店一周三访，对不能动销的网点两周一访或者一个月一访。

学员回答：有道理，但是公司规定得一周一访。

这家企业其实很优秀，品牌运作能力和管理水平超过绝大多数同行。请你思考一件事情，为什么在大企业里，大家明明知道有些事情是错的，却一边发牢骚，一边齐心协力把错的事情做到底？

二、为什么显而易见的管理漏洞却无人改善

我做培训时，培训前要对企业进行电话访问，采访对象涵盖从高管到业务员，访问内容很详细——公司产品、通路、渠道、终端、价格、促销、团队架构、人员考核、离职率、终端拜访线路设计……巨细靡遗。

访问过程中，当然可以学到不少好的案例和方法——这就是培训老师的福利，以天下为师。但是，也会发现些异象——

一些声名远播的大企业，看起来坐拥天下，却是凤毛鸡胆——管理上有明显的缺陷和 Bug（漏洞），甚至落后于小企业。

比如：成天考核业务员"新品新开家数"，但是只管"增量"，不管"存量"。每个月考核"新铺家数"，没有考核新品的"存量家数"（现在还有多少家终端在卖新品）。这必然导致狗熊掰棒子，一边铺新终端，一边丢老终端。这事情不对劲，销售一线干部们都知道，但是，从上到下鬼哄鬼，小鬼做报表骗大鬼，大鬼也知道报表有水分，但还是这么干——因为这事，是上面"总鬼"定的。

比如：企业想卖新产品，但是却没有对逐级干部和经销商定新品考核硬指标，员工卖新品不会收入更高，新品任务量完不成大不了拿不到新品奖励，也不会倒扣提成……那谁还卖新品？

比如：厂家业务员跑单，经销商送货，经销商心安理得地成为配送商（一个月卖1000箱货，800箱都是厂家业务员帮他卖的）。但是厂家

给经销商的合同和考核，仅仅是销量任务＋季返＋年返，根本没有考核经销商"加人加车"、经销商"主动行销"。这样下去，等于废了经销商的行销能力，也就是废了厂家自己的市场。这件事情厂家从上到下都知道有问题，都明白这么下去是死路一条。但是都在无奈中继续行进，没有人敢站出来说"不对"，没人敢去推动改善。

比如：价盘设计倒挂，经销商赚暴利一箱赚 6 元，分销商一箱却只赚 2 元，分销商哪来的积极性？经销商卖给批发商利润一箱 6 元，经销商送终端利润一箱 8 元，才 2 元钱差价，哪个经销商还愿意去跑终端？都卖给批发商多省心？

比如：上了个手机系统，终端初始定位就是错的，手机系统定位监控肯定就不准确，再加上信号飘移……所谓拜访率监控就是虚假的。业务员到终端就被迫拍照，但是照片上传速度太慢，时间全都花在上传照片上了。而手机系统应该起到的对销量有帮助的功能，却都没有。总之，该有的功能都没有，不该有的功能一大堆……

三、成熟企业稳定的背后危机四伏

在很多厉害的企业里，这些显而易见的管理漏洞就这么存在着，也没耽误业绩增长，有的甚至还能成为行业领袖。

尤其是增速快的行业，品牌传播投入大的企业暂时还能"一白遮三丑"。但是好运气会用完的，终有一朝马死黄金尽，你得拖刀救命。

这些显而易见的管理漏洞其实一线干部都知道，但是他们没有能力去改变，只能小声发发牢骚，一边骂人，一边填写无用的报表，执行流程，安心做个小鬼。

明知道是错的，但是，大家齐心协力把错的事情做到底，这是最可怕的。往乐观说，企业可以请咨询公司、挖操盘手来改变一下现状。往悲观说，很可能什么外力都救不了，企业很容易就会被偶然事件绊倒。

越是大企业，越要有自我纠错迭代的能力。

不是说好了"让一线直接呼唤炮火"吗？我觉得，更着急的是"让一线直接暴露问题。"什么专家都不如自己的一线人员靠谱，企业的问题一线人员都知道，只是他们的声音没人听。

管理的升级迭代，必须有自下而上的信息传输管道，一线提出痛点、需求、解决建议，管理层必须有专门的部门和负责人倾听，有专人研判，有人立项，有人推动改善。

人或者企业都应该有一种揪着自己头发，把自己从泥地里拔出来的力量和勇气。这种自内而外的纠错能力，会使人在困境之下找到转机，也许在死胡同的尽头，就能找到另外一个维度，腾空而起，自修栈道，直通光明顶。再不济，至少也能及时纠偏，那该有多好！

第四节　如何面对"经销商资金不够"

一、要重视现金流管理

快消品圈子里，经销商由于现金流管理不到位，又被厂家逼着要完成进货任务量，稀里糊涂破产的事儿，一点不新鲜。

企业总是想业绩倍增，从几个亿做到上百个亿，会有一批经销商跟着发财，也会有一大批经销商资金"掉链子"。厂家业绩高速发展，经销商的资金却跟不上了，这个矛盾普遍存在。作为营销高管，要正视这个问题，自己先搞明白经销商的现金流管理原理，才能根据原理贯彻管理措施。

二、要先把账目算清

经销商进行现金流管理前，要先把账目算清。

1. 第一步，先学会算周转利润

经销商利润等于进价减去出价吗？不是，那只是个差价罢了。

经销商卖"康师傅"面一箱赚5毛钱，卖"康师娘"面一箱赚3元钱，哪个产品毛利高？大多数人会说——3元大于5毛，"康师娘"赚钱多。

其实卖"康师傅"面一箱赚5毛钱，但是很好卖，3天就卖完了。一个月周转几圈？

30天/3天＝一个月周转10圈

卖"康师傅"面一个月赚多少钱？

我拿40元钱进一箱"康师傅"面，一个月周转10圈，月周转毛利是5元/箱！

卖"康师娘"面，一箱赚3元钱，但是不好卖，三个月才卖完。一个月周转几圈？三分之一圈。

卖"康师娘"面一个月赚多少钱？

我拿40元钱进一箱"康师娘"面，三个月卖完赚3元钱，卖"康师娘"面的月周转毛利是1元/箱！

现在你看看哪个产品的毛利高。

2. 第二步，学会算毛利润

学会算净利润率，你才知道自己真正能赚多少钱。

$$产品差价 = 出价 - 进价$$

比如：进价40元/箱、出价46元/箱，产品差价＝46－40＝6（元/箱）。这个数字好诱人，一箱赚6元，高利润啊！别急，往下看——

$$单位贡献毛利 = 产品差价 - （提成 + 损耗）$$

越是三四线小品牌，产品进出单箱差价越大，貌似利润高，但是售后成本也高——终端要赊销才肯进货的成本、破损即期卖不动退货的成本、不得不促销的成本、人员提成的成本……

比如：员工提成和损耗为2元/箱，依据上面的数据，单位贡献毛利＝6－2＝4（元/箱），看起来也不错。

别急，往下看——

$$实际月周转毛利 = 单位贡献毛利 \times 月周转次数$$

比如：依据上例数据，货卖得不快，两个月才卖完，也就是说，两个月周转一次。那惨了，实际月周转毛利 = 4×1/2 = 2（元/箱）。

2元/箱？这利润好像不太高。

$$实际毛利率 = 实际月周转毛利 / 进货成本 - 月利息$$

比如：依据上例数据，2元/箱除以40元/箱×100% = 5%。假设该经销商银行贷款利息为月息1%，实际毛利率 = 5% - 1% = 4%。

4%？唉，这利润实在不高啊。不对，这才是毛利，你还没算净利润。

3. 第三步，计算经营固定成本率

打开门做生意，就算一箱货都不卖，有些费用也是必须支出的：房租要交，搞不好还是一次交一年房租，就算中途倒闭，剩下的也拿不回来。还有，水电物业费、人员底薪、人员保险、车辆年审、公司年审和各种固定税费、各种硬件的固定分摊……一样都省不了。如上合计，就是经营固定成本。

经销商对明年能卖多少货心里大概是有数的，比如1000万元。经营固定成本合计比如50万元。那么，经销商的经营固定成本率 = 经营固定成本/营业额 = 50/1000 = 5%。

这下麻烦了，刚才算的这个产品实际毛利率是4%。

税前净利率 = 产品实际毛利率 - 经营固定成本率 = 4% - 5% = -1%。

负数，这还是税前。你卖这个产品越多，就赔的越多。

4. 第四步，计算融资成本上限

现在你已经学会算净利润了，知道哪个产品赚钱、哪个产品亏钱了。回去算算账，把让你亏钱的货清掉或者减少库存吧。

你敢不敢去融资做生意？融资利息上限怎么算？很简单，融资成本极限是必须远小于产品经营净利率。

假设你的产品经营净利率＝年化20%，融资上限最好是年化10%以下，这样还能给自己留一点余地，经得起一点点风吹草动。

5. 第五步，分清现实和幻觉

钱主要看够用与不够用。大经销商，手里好几千万流动资金，玩着玩着，没钱了。小经销商，手里就两百万资金，小日子小过，也有钱用。

经销商的流动资金去哪里了？主要是六项：

存货：库房里压了一部分（包括在途货品）。

账款：外面客户欠的应收账款占用一部分。

垫资：给厂家垫资促销费，还没报销下来，又占用一部分。

必需的流动储备金：支付每月水电费、物业费、人员工资、车辆费用、进货。

厂家赊销支持一部分（可以忽略，现在绝大部分厂家是先款后货）。

额外支出：经销商赚了点钱，就想赚快钱、赚大钱，结果辛辛苦苦几十年，一夜回到解放前。

听起来有些荒唐，很多经销商轰然倒闭，不是因为生意太差，反而是因为生意太好。生意差的时候，大不了少赚点钱，或是亏点钱，日子照样过。生意高速发展的时候，经销商容易出现幻觉。

幻觉一：出价减去进价，差价很大，很赚钱，我已经发达了！（真相如上，其实不赚钱。）

幻觉二：这个"康师娘"面利润高，一箱赚6元，进1000箱送100箱，进10000箱送2000箱，我要进10000箱，利润老高了！（真相是进了货压在库房里卖不出去，根本不周转。）

幻觉三：每天都这么赚钱，利润这么高，进货、接新品牌、做更大区域、赊账销售冲业绩……我要做当地老大！（真相是盲目扩大，资金链会断裂。）

幻觉四：生意要做大，不能只拿自己的钱，要融资做生意才有魄力，听说有个互联网金融……（真相是盲目融资会损失惨重。）

幻觉五：我都这么有钱了，绝对不是一般人，就得多元化发展，看看更有前途的行业……（真相是这么做了会死路一条。）

泡泡会破掉，幻觉也会清醒，有一天老板会发现现金流最重要，现金流周转一次，就产生一次周转利润，没有现金流，利润就无从谈起。没有一个经销商是因为利润低倒闭的，突然倒闭的经销商都是资金链断裂，他们没有输给市场，而是输给了钱。

你需要支付房租、水电费、货款、人员工资……账面利润只能让你放松警惕，心中充满遐想，眼前出现幻觉，等你醒过来的时候，会发现已经被绑在砧板上。这个时候，只有现金能拯救你。每多1元钱存货／账款／垫资／额外支出，你就会少1元钱现金。

6. 第六步，管理现金流的具体方法

最后，我教大家个简单的保命方法。

我是个经销商，有100万元流动资金。我告诉库管和财务，设立三条报警线：

库存报警：库房的货超过35万元，给老板报警！

账款报警：外面欠的货款超过30万元，给老板报警！

垫付报警：给厂家垫付的费用超过10万元，给老板报警！

这样，我手里还有100－35－30－10＝25（万元）流动资金，作为"必需的流动储备金"，支付每月水电费、物业费、人员工资、车辆费用、货款等日常开支。

库存报警超过上限：我就去看库房里各个产品的库存时间，把那些周转慢、净利率低的产品折价甩掉，腾出资金来进能周转产生利润的货。

账款报警超过上限：我就给员工"回款奖励"，让他们去找客户要钱。对问题客户，我会控制发货额，赶紧上门追收货款。对回款信誉差，我搞不定的客户，宁可放弃，也不能继续合作。

垫付报警超过上限：我就会控制垫付金额，集齐报销手续，加速报销。

如果没有这三条报警线管着，稍微不留神，库房里放的货多一些，外面欠的货款多一些，垫支的费用多一些，手里就没钱了。

第五节　经销商说"新品卖不动",怎么办

老品总会衰退,因为消费者会厌倦,更重要的是价格会越来越透明,渠道不赚钱。所以企业必须推出新品,但是新品"卖不动",让老板们头疼。

新品是谁卖的?不是厂家人员,厂家人员只是实现从厂家到经销商的库存转移而已。真正的新品销售,是由经销商和销售团队实现的。

但是,经销商总是说"新品不好卖",怎么办?

先从微观层面解决这个问题,打通这个环节,老板再下达其他新品销售的指令和考核任务,这样做才行得通。

一、新品卖不动的原因:多数经销商老板懈怠了

经销商老板喜不喜欢卖新品?当然喜欢,因为新品利润高。

但是,货是谁卖的?不是经销商老板,而是经销商的车销司机和业务员。

当年经销商创业的时候,穷困潦倒、惨淡经营,那时候他们都是深入一线,爬冰卧雪,走街串巷,受人冷眼……现在买卖稍微变大了一点,有仓库、有财务、有销售人员、有司机了,温饱也解决了,很多经销商老板开始懈怠了,他们纠缠于饭局、办公室,应酬厂家领导、卖场采购,在办公室里喝茶扯闲话,不去跑一线了。

新品销售这么困难的事情,经销商老板都不做一线管理,没好结果。所以老板还是要亲自上阵,这样才能挣钱。

二、新品卖不动的原因:经销商的业务员肯定不喜欢卖新品

很多经销商设定的考核方式是"按照销售额提成"。在这种"按照销售额提成"的考核体制下,恐怕新品很难卖起来。

如果我是个经销商的业务员,老板考核我的标准是"按销售额3‰提成,卖1000元钱提成3元钱"……我会去卖新品吗?肯定是哪个跑量卖哪个。

经销商的业务员其实不是卖货的,只是卸货。他们怎么能出量就怎么

干,喜欢跑大店、不跑小店,卖老品、不卖新品……

什么叫卸货:老板可乐要不要?——卸10箱货。雪碧要不要?——卸10箱货。新品要不要?不要?不要拉倒,下一家店。

什么叫卖货:老板这是我们的新产品,一箱24瓶,是6个口味配成的综合箱,您进价多少,售价多少,一箱的利润率多少,您卖掉多少瓶就把这一箱的成本赚回来了。除此之外,我们还有陈列奖励和累计销量奖励,可以给您带来多少利润。像老王超市进这个货就卖得很好,不信您看进货记录……

几个经销商的车销业务员会在终端店里这样认认真真推销新品?他们往往是这样的:

  经销商业务员到第一家店:老板,新品要不要?——不要!
  经销商业务员到第二家店:老板,新品要不要?要点吧。——不要!
  经销商业务员到第三家店:老板,新品,你是不是不要?
  …………

下午业务员回来,告诉经销商老板"老大,新品压根没法卖"。然后,经销商老板转过身告诉厂家经理:"不是我不卖,是你们的产品压根卖不动。"新品就是这么完蛋的。

三、新品卖得动的方法:早会上员工说"新品压根卖不动",你要这样回答

经销商从厂家进了新品,又是开会,又是定奖励政策,鼓动了半天。结果3天之后,早会上员工说"老大,我把客户都问遍了,都不要。厂家又搞了一堆垃圾,这玩意儿包装难看、口味难吃、价格又高,压根没法卖。"

这个情景,经销商老板们几乎100%会碰到。

怎么应对,怎么回答?

我在课堂上问这个问题,答案五花八门。曾经有个经销商一脸诚恳地说出他的答案:对员工要实在,有啥说啥,我会告诉员工,"兄弟,我知道这产品不好卖,可是你们也得卖啊,因为我进货了……"

大家觉得这个答案如何？实在吗？

可真是个实在人。

这个答案能用吗？

你要敢这么说，明天新品就更没人卖了！

为什么，因为员工听到了——"老大也说新品不好卖"。

当员工在会议上抱怨"新品压根没法卖"，我给大家推荐如下答案：

住口！你的工作肯定有问题，假如工作没问题，那是工作本身有问题。

好卖就不让你卖了，让你卖就是因为不好卖。

厂家推出新品，把全国经理、经销商召集回去，讲了一天公司的新品战略，必须推出新品。讲了新品的卖点、价格利润、奖励制度、促销政策……而且人人头上有目标，每个经理和经销商都背了任务量，还专门设了新品销售竞赛大奖……晚宴上老总给大家敬酒，拜托大家多卖新品……财务部专门给新品设立了专项市场费用……厂家销售经理专门给经销商做了新品销售培训……我回来专门给你们设立了新品销售奖励、每天排名新品销售龙虎榜……上上下下对新品这么重视！

今天，我作为一个老大哥，也作为一个老板，给你们一些忠告。多提建议，少提意见！

什么叫提建议？提出问题的时候附上你解决问题的想法，咱们商量商量这个问题怎么解决。

"这个新品比同规格的竞品高，走批发不占优势，建议直接走终端，先去价格敏感度不高的24小时便利店铺货……"这叫提建议。

"还有我建议去大学铺货，大学生的消费能力强……我们在新生报到处给大一学生发折价券，他们不用就是废纸，拿折价券买我们的新品就能折价……"这叫提建议。

"老大，这破玩意儿没法卖了。"这叫提意见。

有的人拿新品跟杂牌货比价格、跟加多宝比广告……价格比杂牌货还低，广告比加多宝还多，我还要你干什么？

公司推出新品，产品、价格、包装、促销哪里有问题，你们可不可以说话？可以。但是，说话的时候注意你的表情和语气——我们是干销售的，做执行的，打仗拼刺刀的。在公司宣布产品退市之前，枪声一响，都给我提建议、想办法，拎着刺刀往上冲！

新产品销售是任务，是你站什么队的问题，是你在领导面前加分的机会，是体现你能力的机会，是体现你对公司贡献度、忠诚度的机会。

有条件要上，没条件创造条件也要上！

这个答案怎么样？新品销售期间，要不要这样统一员工思想？

一定要！

记住，员工都喜欢卖老品不卖新品，跑大店、老店，不跑新店、小店——怎么舒服怎么来，这是天性使然。

几个老员工公开说风凉话："公司又搞了一堆垃圾，这产品死定了。"

危害大吗？巨大！

因为其他员工很多是没主见的，他们会人云亦云："对，我也认为这产品不好。"

那这个新品真的死定了。

卖新品必须先在内部统一思想。就算没有员工这么说，你也要"找个倒霉的骂一顿"，主动在早会上问他——"新品好不好卖？不好卖？住口……"

四、新品卖得动的方法：新品销售期间的员工考核

"兄弟们，卖新品才是好汉，拜托大家卖新品，不要只卖老品……"

经销商老板把这句话像念咒一样重复一万遍，有没有用？

没有！

老板说："从今天开始，卖新品有提成，卖老品没有提成。"

有没有用？

立刻见效。

经销商老板要想卖好新品，第一当然要自己去看：员工在干什么，有没有在卖新品，他们是卸货还是卖货，新品销售中遇到什么问题。第二必须针

对新品销售修改考核指标，下文给出的是最简单的原则。

1. 扫盲知识：分品项提成

给员工进行分品项提成，不是卖新品和老品都有收益。

卖老品每箱提成1元钱，新品每箱提成3元钱。员工是不是喜欢卖新品？当然喜欢。

但是有没有可能，员工发现"新品卖不动，这3元钱不好挣，我还是卖老品挣1元钱得了……"

所以你要修改考核内容。

2. 新品销售负激励

新品定死销售任务150箱，新品销售任务量完不成，倒扣老品销售提成（或者老品销售提成取消）。

员工往前看，卖新品有正激励。往后看，完不成新品销售任务还要扣掉销售老品的提成，新品不卖不行。正负激励结合，这才见效。

3. 缩短考核结算周期

考核奖罚结算周期是长了好还是短了好？将卖新品的考核结算周期缩短，可以避免员工平时销售不积极，到月底突击压货的情况，达到新品推广销售的目的。

4. 销量考核周期缩短为周档期

月度销量任务1000箱，奖金2000元。同时要求第一周完成销量400箱以上，第二周完成销量650箱以上，第三周完成销量850箱以上，最后一周达成销量1000箱。一个周档期完不成，则倒扣400元。

假设有人全月完成了1000箱任务量，但是前三周都出货很少，第四周突击完成，那他最终到手的奖金是2000 - 400 - 400 - 400 = 800（元）。任务量完成了，但钱没拿着。

这种考核让员工从月底压货冲任务，变成每周压货冲任务，一个月至少紧张四次。

5. 过程考核周期缩短为周档期

新品销售中除了销量考核，当然还有过程考核：比如，要求员工在新品销售期间，新品全月铺货200家，第一周必须达到80家，第二周必须达到120家，第三周必须达到160家，第四周必须达到200家。

每周算账，达成当周目标，超出部分每多铺货一家奖励20元。反之，低于当周目标，不足部分每少铺货一家处罚20元。

6. 销量考核周期缩短为日档期

可不可以给员工定每天的新品销售任务？好像有点难度。按天做销量任务处罚有点不近人情，销量任务也不好定。

但是可以做日奖励。在员工周档期任务能完成的前提下，当天新品出货超过60箱，当天奖励现金50元。

7. 过程考核周期缩短为日档期

新品销售除了销量考核，当然还有过程考核。比如，要求员工在新品销售期间，每天新品铺货达到10家，当日新品铺货超过10家，每多一家奖励10元；低于7家，每少一家处罚10元；低于5家，有其他处罚手段。

8. 新品销售标兵晋升专案

有头脑的经销商老板都会给业务员、主管、经理们做职务分级（初级业务员、中级业务员、高级业务员等）。让员工在自己的岗位上有升职空间，不用盼着领导不在了他才能晋升。尤其在经销商商贸公司，团队小，职位少，升职空间有限，这种岗位晋升的方式是必须的，可以化解员工"看不到希望"的负面情绪。

对员工而言，晋升是个更大的诱惑，底薪升高、福利升高……这可是好待遇。

新品销售这么重大的工作任务，公布一条加速升职晋级的规定：在连续三个月完成新品销售任务的前提下，新品销量在本区域总销量中占比超过40%（意味着产品结构好），保持三个月，当区业务员直接晋级！

9. 新品销售考核模板示例

新品销售考核模板如下表所示（见表13-9）。

表13-9 新品销售考核模板

正激励	分品项提成	新品A提成系数	3元/箱		
		老品B提成系数	1元/箱		
负激励	新品死任务处罚	新品A固定基本任务	150箱		
		新品A固定基本任务未完成的扣罚制度	按新品任务达成率算新品提成和老品提成，新品任务达成低于70%，新品提成全部取消，同时按比例倒扣老品提成		
档期管理			第一周	第二周	第三周	第四周
	周销量档期未完成，处罚400元/周	400箱	650箱	850箱	1000箱
	按周铺货家数完成与否，奖罚20元/家	80家	120家	160家	200家
日档期管理	销量日档期	在员工前面周档期任务能完成的前提下，当天新品出货超过60箱，当天现金奖励50元			
	新品铺货日档期	当日新品铺货超过10家，每多一家奖励10元 当日新品铺货低于7家，每少一家处罚10元 当日新品铺货低于5家，采用其他处罚手段			
新品销售标兵晋升专案		在连续三个月完成新品销售任务的前提下，新品销量占本区域总销量占比超过40%（意味着产品结构好），保持三个月，当区业务员直接晋级			

第六节 抓好"春节后"销售拐点

一、金融危机让我发现了"过年期间"的销售机会

这事是我的亲身经历，得从2008年说起。2008年行业里都在传"金融

危机",喊着喊着,连自己都信了。过年前压货,压不动!

销售人员、经销商都说"金融危机""环境不好,卖不动""老百姓手里没钱""工厂都关门了"……

大年初三,我去给亲戚拜年,图省事没带礼物,下了车在当地买东西,到超市一看:很多商品都已经断货!

又转了几个超市,发现畅销品断货很严重。瞅这意思,生意不差。干这一行的,五湖四海朋友多,我赶紧给几个外地的同行打电话,让他们帮我做个调研,看看他们那里的超市货卖得怎么样,库存够不够。反馈回来的信息,跟我看到的差不多。

当天晚上,我就打电话给公司同事:集结号——今年提前上班,大年初四,回公司报到。立刻通知甲方企业的销售人员,全员初五正式上班,出发,卖货,有红包拿。

回想起来,那一回是生生把员工从假期抓回来上班,肯定有很多人想打我。

销售人员有点情绪没关系,先请大家吃饭,再给大家发开年红包,然后销售老总、大区经理都身先士卒亲自挂帅,分头带队跟车压货,亲自动手贴海报摆牌面。完成当日业绩目标,全体人员撸串、唱歌……只要大家业绩好,卖了货,气氛很快又好起来了。

二、过年是打时间差卖货的好时机

从那一年开始,大年初四集合吃团拜饭,大年初五上班(年前通知经销商的人也必须初五开业)出去卖货,就成了我所管辖的销售团队的新常态。

因为这是一年销售开门红的关键,也是全年销售的黄金时间。多数企业都放假到大年初七,上班后大部分企业主要做的是——

拜年——各种团拜会、部门聚餐……

开会——开年会、分年度任务量……

规划——有的企业到现在才开会制定"新年规划"……

　　　　培训——户外拓展、打鸡血……
　　　　仪式——立军令状、宣誓……
　　　　…………

　　总之，大家心照不宣的两句话是"正月里头都是年""过完元宵节再出发"。也有企业让销售人员直接下市场的，那也没什么用，经销商年还没过完呢："王经理这么早就来了，来喝酒，不着急，库管司机还没来齐呢。"

　　欢乐祥和慵懒的节日气氛，一般要等到正月十五元宵节后才会结束。

　　当然，北方讲究"破五开业"，很多终端店、餐饮店大年初五就放鞭炮开门做生意了。

　　　　大年初五开业，终端店餐饮店老板有没有钱？有钱，手里攥着大把卖完年货的钱。

　　　　大年初五开业，终端店餐饮店老板库房里有没有货？没货，过年都卖空了。

　　　　这时候他们敢不敢进货？当然敢，元宵节之前依然是消费高峰期！

　　　　竞品公司上班没上班？没有，即使上班也是做样子。

　　终端手里有钱、店里没货，老板想进货，竞品销售人员又没上班，对业务员来说，这简直就是"金砖砸头"的"捡漏"好时机啊！

　　至今我依然能回想起来，2008年大年初五，我和企业销售部高管们亲自上阵，带队出去铺货。那不是卖货，简直是卸货，平时只要一两箱货的小店，当时张口就敢卸10箱货、20箱货。现金结账！海报随便你贴！

　　那一年，当月我们的业绩比去年同期增加了60%以上，而且，没有多花一分钱促销费。

　　其实我们就是比别人勤快点儿，打了个时间差！这至今仍是个可复制的方法。

　　具体工作要事模型清单如下（见表13-10）：

第十三章 营销高管的工作模型

表 13-10 具体工作要事模型

项目	重点工作内容	管理手段
人员协调	年前达成共识，经销商和经销商的团队都要大年初五上班到位，形成备忘录，双方签字	总部抽查"厂商备忘录" 厂家经理介入经销商的员工"年终奖发放政策"，避免经销商员工过年拿了钱离职，造成年后人员断档；对问题经销商要提前做好预案应对
政策准备	年前各区域负责人跟经销商定好年后的终端铺货套餐政策，开了年直接上市场卖货……形成备忘录，双方签字	
考勤管理	大年初五上班，厂家全体销售人员及经销商全体销售人员，必须出现在辖区市场上，报岗	稽核部抽查手机定位，对擅自离岗者当日公布，当日处罚
过程管理	各级干部，上至总监、大区经理，下至销售主管、办事处主任，大年初六到元宵节，全部下一线，协同基层销售人员和经销商跟车铺货	微信群逐级上报"当日铺货成交家数""成交量""任务达成率""新品成交家数""新品成交量""新品任务达成率"……按业绩排名奖罚 稽核部重点抽查"各级人员脱岗""终端断货""经销商安全库存不够"三个关键指标，抓典型，重奖重罚
档期政策	经销商年后第一周打款提货，有奖励…… 经销商年后当月，如果上半月完成当月全月任务，有奖励…… 经销商年后当月，如果下半月打款提货，没有奖励，促销力度减小……	
业绩考核	零发货考核：年后一周内，要求所有经销商都打款发第一次货（允许经销商拼车进货），过了时间节点，达成指标的区域经理，加班期间工资和奖金都翻倍。如果不能完成这个指标。从第二周开始，按照每个经销商 100 元/天的比例处罚区域经理 案例：某区域经理辖区内有 12 个经销商，年后一周过后，有 3 个经销商没发货，则该区域经理从这一天起，每天罚款 300 元，直接上交，直至经销商发货为止 说明：这个考核是为了让所有销售人员年后立刻进入工作状态，跟进督促所有经销商发货，倒逼经销商（这是啤酒行业的规矩，别的行业具体数字和考核周期酌情变通）	

第七节 年度营销规划绘制明年的"增量施工图"

一、不要把"年度规划"做成"年度枷锁"

岁末年初,厂家和大经销商们又该定"明年年度营销增量规划"了,形式如表 13-11。常见的做法分四步走:

第一步:明确任务。分区域,根据去年达成和今年目标,讨价还价,确定来年任务目标和成长率目标(今年目标减去年达成)。

第二步:定费用。根据各区域去年的"费用率"(去年费用/去年销售),初步制定"今年的各区域费用率目标"(今年各区域销售目标 × 去年费用率),根据今年公司的"总费用投入计划",修正"今年各区域的费用率目标"。

第三步:定奖罚。任务确定了——必须卖多少货,费用确定了——可以花多少钱。接下来就是确立奖罚制度,完成任务怎么奖励,完不成任务怎么扣罚,费用超标了怎么处罚。

第四步:开会,喊口号,走形式,签军令状,保证完成任务。

表 13-11 年度营销增量规划表

市场类别	区域名	定任务			定费用		定奖励	
		去年达成	今年目标	今年成长率目标	去年费用率	今年费用率目标	任务达成奖罚	费用超额奖罚

这个"任务—费用—奖罚考核"分解,貌似逻辑完美。实际上纯粹是内耗,上来就卡住了销售人员的脖子,绑住销售人员的手脚——规定你必须完

成的销量，还规定你只能花这么多钱，否则就要惩罚你。这不是年度规划，更像是"年度枷锁"。

二、年度规划的三个基本逻辑

做营销年度规划，基本逻辑有三条。

1. 要体现攻防重点

哪些是去年业绩趋势好，今年要重点增量的区域和产品？配套什么支持？上来就锁死费用率，如何体现区域和产品的进攻？

哪些是去年业绩大幅下滑，今年要管理止跌的区域和产品？配套什么举措？上来锁死费用率，如何体现区域和产品的防守？

各个区域锁死费用率目标，但是不细分费用科目——会不会出现区域把钱都投到通路进货搭赠上，结果终端没钱买消费者促销的赠品、产品在货架上不动销，然后区域经理跟总部哭穷"钱不够花"？

一家企业是不可能，也不应该放任全国区域、产品、渠道自由增长的，必有攻防重点。企业必须有高速增量的战略区域、战略产品、战略渠道，这是其来年的增速引擎。

2. 要体现纠错——存量的前提是纠错

规划的前提一定是复盘，回顾历史，才能展望未来。

岁末年初，企业要反思、复盘、回顾去年的数据和历程，哪些事做错了？哪些事情在制约销售？今年如何改正错误，减少损失？可以从下面几个方面进行思考。

员工管理问题：去年终端业务员没有考核进货客户数、进货品项数，也没认真稽核业务员拜访行踪，终端业务员"跑大店不跑小店，卖老品不卖新品"，造成客户数、品项数萎缩，总是在老品项和老终端里压货促销，不但损失销量，而且扰乱价格。今年考核怎么改？怎么启动业务员拜访率监控？

促销问题：去年产品的消费者促销力度输给主要竞品，动销慢、损失销量。今年从哪里出费用增加促销力度，加速终端动销？

渠道结构问题： 去年销量过度集中在 KA 渠道，实际账期长达 120 天，造成全年资金周转慢、费用高、利润低。今年如何改善渠道结构，是进攻餐饮，还是进攻中小超市，具体怎么做？

产品结构问题： 去年公司品种结构单一，低端产品和爆品不够，造成县乡级市场下沉困难，损失销量。今年是坚持高价策略，还是弥补产品线短板，引入中低价产品，参与竞争，切入庞大的中低价市场份额？

一家企业是不可能没有缺点的——不重复犯错，就是提升销量最安全的模式之一。

3. 要体现今年的变化，增量的前提就是变化

企业发展要有财务控制，顺序是：任务—费用—奖罚，财务控制思路没有错，只是顺序错了。模式确定在前，财务控制在后，这两者的顺序不能颠倒。模式在前就是先明确今年增量的路径是什么。

三、九个增量路径

增量路径有九个维度，分别是：经销商、产品、区域&渠道、价格管理、终端、广告促销、漏洞管理、后勤管理、人员管理。

1. 经销商维度增量

比如：复盘找到去年业绩下滑的问题经销商和去年业绩上升趋势好的潜力经销商，锁定重点经销商清单，重点支持，实现目标经销商增量。

对公司的前 20 名大经销商，高管亲自走访市场，制定销量指标和过程指标，经销商交保证金，双方签订任务协议，重点经销商增量。

公司成立招商部和市场突击队，打造各省的样板市场，确定新市场支持标准，实行新经销商招商五步循环（参观总部—参观样板市场—招商部讲解公司优势和新市场支持标准—对新经销商，派突击队协助铺货分销—区域经理考核新经销商开发任务和新经销商活跃率任务），加快新经销商开发速度，实现新经销商增量。

经销商按产品拆分、渠道拆分、区域拆分（市场做得细，人车配置能达

到公司要求的经销商不做拆分）。通过通路拆分，将区域做得更细，使服务终端的人和车更多，带来精耕增量。

2. 产品维度增量

比如：找到去年业绩下滑的问题产品和去年业绩上升趋势好的潜力产品，锁定重点产品清单，重点考核、重点投入，锁定产品增量引擎，实现目标产品增量。

对标竞品和市场需求，反思产品线漏洞是什么，确定来年是打算种经济作物（中高价新产品），还是种产量高的作物？（中低价规模大的品类）匹配标准制定、数据追踪、费用投入、人员考核等管理手段，实现产品战略推进增量。

提示：仅仅确定路径是不够的，必须匹配管理系统，以下同理。如何匹配管理系统，可参考我的文章《新品销售的落地管理系统》。

3. 区域维度增量 & 渠道维度增量

比如：找到去年业绩下滑的问题区域/渠道和去年业绩上升趋势好的潜力区域/渠道，锁定重点区域/渠道增量引擎，重点考核、重点投入，匹配管理系统，实现目标区域/渠道增量。

对标竞品，看有没有机会区域/渠道（竞品产品、价格、促销、团队、经销商出了问题，在严重下滑），实现机会区域/渠道增量。

分析本品的洼地区域/渠道（被几个强势区域包围的孤岛弱势区域、KA渠道强势但是中小超市几乎空白），实现洼地市场/渠道增量。

根据本公司的区域战略推进意图（比如下沉到乡镇村级市场，或反攻一线城市，或进军餐饮渠道调料 To B 供货市场），确定来年是开荒种地（新区域），还是增加人手精耕细作（区域品牌渠道拆分，通路下沉）？还是种完旱地种水田（开拓新渠道）？实现区域/渠道战略推进增量。

4. 价格管理增量

比如：产品进行箱码、瓶码、盖内码的编码记录，确保能追溯每一件产品是哪个经销商的货（盖内码无法擦掉），成立专门的打击冲货办公室做罚款提成……扭转去年冲货乱价导致经销商和终端不愿意卖货的局面，带来增量。

大卖场是"高费用、低毛利"渠道、餐饮是"高费用、高毛利"渠道、中小超市是"高人员成本、高毛利"渠道，线上是"主卖爆品的惊爆价"渠道……这些渠道共用产品，导致去年乱价很严重。今年要把这几个渠道的产品线逐渐区分开，避免渠道互相砸价，带来增量。

老产品上涨终端零售价，推出中高价新产品，提升经销商和渠道总利润，增加通路推力增量。

5. 终端维度增量

比如：复盘发现去年终端投放展示柜、夏天签订冰冻化协议，对销量促进明显，今年增加投放1000台冰柜和展示柜，带来增量。

今年选择100个重点区域，增加人员投入，从一个厂家业务员管一个地市（含县），变成一个业务员管理一个县，直接负责拜访"自留地"（厂家业务员菜单式拜访重点终端，公司考核稽核重点终端的销量和终端表现），通过提升重点区域重点终端拜访率，打造达标核心店存量，带来增量。

公司通过对重点区域经销商的加人加车支持（比如买车公司出一半费用，经销商完成任务全额报销），厂家各级人员的"经销商人车配比达标奖罚"。增加经销商的人和车，提高终端拜访率，实现增量。

6. 广告促销维度增量

比如：

壮根，增加渠道促销力度（比如经销商、分销商累计进货积分奖励、任务完成奖励、增量奖励），改变经销商利润，带来增量。

养苗，增加新的终端促销项目，比如从业人员促销（类似于服务员开瓶费）、终端进货积分奖励（可用终端进货扫码积分线上换奖，或者线下箱皮、兑换卡、刮刮卡等多种方式）……提高终端推力，带来增量。

肥果，复盘去年执行终端买赠促销，费用大，但赠品被各级渠道大量截留，今年把赠品信息直接印在产品包装上，投放连体促销套装，通过包装告知消费者促销信息，倒逼渠道无法截留赠品，增加促销力度，实现终端动销增量。

7. 漏洞管理增量

比如：召开区域经理以上级别反思会议，"假如让我重来一遍"，会上鼓励吐槽，言者无罪，寻找去年影响销量的问题和管理漏洞，当场确定改正方案和排期，保证重大管理问题来年绝不重复，修补管理漏洞。

放大管理亮点，销售部高管组织大区经理走访"增量和增速前20名的市场"，提炼经验——"增量TOP20市场的打造路径"，树立正气，复制方法，实现亮点复制增量。

8. 后勤管理增量

比如：复盘发现去年旺季产能不够，造成旺季断货的原因——今年通过扩产能，外联加工，淡季提前生产做各地提前仓储……减少断货，实现旺季增量。

修正公司物流部的所谓"阿米巴"模式，物流部为配送负责，不为部门利润负责。保证能给小经销商及时送货，放水养鱼，扶持弱势市场，实现小市场、新市场增量。

鼓励经销商发20吨整车订单，用第三方配送，降低配送成本，提高配送到达速度，同时提高经销商的自提补助，最大限度上减少断货，带来增量。

公司降低对区域定制化产品的门槛，通过区域定制化产品的投放，带来定制化产品增量。

9. 人员管理增量

比如：缺编率严重的企业，通过改善薪资福利待遇，与院校、人才市场结盟，改进人力资源部的招聘任务考核等方式，降低缺编率，保证人员架构满编，实现人员架构增量。

对销售人员进行增量坎级提成、销售竞赛奖励、利润分红等方式，激发员工积极性，实现人员激励增量。

对之前只考核销量的企业，通过考核员工"核心网点打造存量"、考核员工"铺货率"、考核员工"淡季活跃客户数"、考核员工"进货网点数和品项数"等过程指标，实现过程管理增量。

过去管理粗放的企业，通过员工行踪和拜访率管理、工作日报管理、日周绩效计划和绩效汇报管理、逐级检核管理、月会述职管理、标准早会管理等方法，实现人员效率增量。

四、不要做"疯子"

爱因斯坦对疯子的定义是，做同样的事情，却期待不同的结果。

有潜力、有优势、有上升趋势、有机会的产品和区域，不着力加速提升；

有问题、已处于劣势、败象已现的产品和区域，不做专项管理和挽救。

去年犯过的错误不去修正，产品线依然不够，价格依然乱，终端人员依旧短缺，老经销商依旧没有卖新品的渠道……犯过的错，涛声依旧。

不能明确今年的增量路径，到底在产品、渠道、通路、促销、人员管理哪个维度上产生增量……未来的路，混沌不清。

还是那群人，还是那几个产品，还是那些经销商，还是那些渠道在卖货，一切增量要素都没有突破和变化……难道要指望"来年更努力"地宣誓、口号更响亮来实现增量吗？

观点链接一

有效的营销培训：
从理念宣导落实到动作分解

稿件原载：《销售与市场》
曾先后被《销售与市场》《赢周刊》《中国人力资源年鉴》等几十家知名期刊转载

一、培训行业竞争激烈之假象

培训行业的竞争真的很激烈吗？行内人大都会说"非常激烈"！不信你看——

培训经理每天收到几十封邮件，都是培训公司发来推荐课程的；

常常会出现几家培训公司撞车现象（同时推荐一个老师和课程）；

绝大多数培训公司没有自己的课程和讲师，纯粹是中介公司的性质，相互之间竞争的主要手段就是打价格战；

广州、北京、上海等发达城市培训公司的数量都超过了1000家，每年都有成千上万家培训公司倒闭，每年又有更多的培训公司注册。

…………

行业的竞争如此激烈，受惠者应该是谁？

毫无疑问，应该是购买者和消费者。中国的家电行业竞争非常激烈，结果消费者就能买到价格低、质量好的产品，而且能得到愈来愈好的售后服务。

但是在培训行业的激烈竞争之下，却是买卖双方都噘嘴。

卖方（顾问公司）说："现在的培训市场好难做啊！企业很挑剔，培训经理难伺候，那么多的课程、那么多的老师卖不出去，价格战打得昏天黑地，根本就没利润可言。"

买方（企业培训经理）说："我们的日子也不好过啊！老板年初给我50万元的培训费用，年终总结的时候会问'我给你的50万元产生的绩效在哪里？'培训公司虽然多，但买来的课程总不能让学员满意。天天到处找好课程，找好老师，结果一不小心还是会买'砸'一堂课，学员会抱怨，老板会骂。"

原来培训经理作为上帝的日子过得也不容易。

为什么培训行业这么畸形？

打开顾问公司的网站看看就知道，大多数顾问公司在卖一样的东西。

每一家顾问公司都在卖"有效的时间管理""商务谈判""问题分析与解决""领导力""有效会议""非财务人员的财务管理"，以及所谓的"专业销售技巧""商务谈判技巧"……10家培训公司有8家在做激励，5个营销培训师有4个是讲战略。

但是，企业需要的不仅仅是这些课程。

新产品上市从概念提出、产品研发、包装和功能测试、物料采购、生产协调，一直到上市计划的策划、论证、执行、监控，整个流程的操作性课程企业需要吗？太需要了，但是，买不到！

真正让企业满意的高级销售经理的课程企业需要吗？需要，但是，买不到！

企业如何建立一个企划部？企划部的市场调研、通路和消费者促销策划、促销品管理等职能如何体现？如何设岗？如何建立检核督办复命系统？这个课程大中型企业最需要，但是，买不到！

真正能把理念落实到动作，教会学员上午听完下午就能用的营销技能课程，企业需要吗？太需要了，但是，买不到！

培训市场的"激烈竞争"是一种低水平重复造成的畸形表象，硝烟弥漫的价格战下，隐藏着大量的市场空白。

二、培训经理错误的采购标准造成培训行业的混乱

营销培训是企业投入最大的一块蛋糕，营销培训的空白在哪里？

不少企业高薪聘请营销专家来讲课，讲完后总觉得"讲得挺好，也很对，课堂氛围也很活跃，可是好像没多大用"。总觉得理论性太强，对业务实战没有指导作用，听课时候挺"热闹"，听完课后再翻翻笔记——唉，想得到的问题解决方法却还是没有得到。

这正是一直以来困扰企业老板们"培训是否有必要"的症结所在——培训到底有没有效？

为什么会出现这种状态？培训公司和培训师都有责任。但说到底，企业

的采购标准和鉴别能力也有问题。

常常听到培训经理在称赞某一个课程时说:"这个老师的课程实战性很强,案例非常丰富。""这个老师的课程非常生动,现场学员反应很热烈。"

这两句话,几乎已经成为行业内公认的选课标准。

于是我们就在培训市场上看到了"实战性"的产品——

老师滔滔不绝地讲波音公司的两分两合、可口可乐和百事可乐的品牌之争、健力宝的辉煌与衰落、蒙牛的事件营销成功,当然也少不了再骂骂倒霉的旭日升和春都火腿肠……老师在讲台上激情洋溢,侃侃而谈,学员在下面像听故事一样听得津津有味。培训结束之后,他们说:"听着是好听,可是我花了两天的时间,问题还是一点没有解决!"

销售人员在听培训课的时候往往带着极强的功利心,他们不想听太多案例,也不关心中国的企业走向。他们想听的是:经销商欠了我 30 万元货款不给怎么办?超市不让我进店怎么办?我的业务员不听话,填假报表怎么办?

案例太多,培训就变成了"故事会",虽然有趣,却未必有用。

同样的道理,培训师也会"识时务"地缔造符合培训经理"课程很生动"审美标准的产品,那就是互动、互动、再互动——

上课第一个节目,先破冰,大家轮流做自我介绍(一个小时过去了)。然后讲师提一个问题,大家分组讨论,讨论完各组答案不一样,好,你们互相辩论!最后讲师把大家的答案一总结,结果出来了(一上午过去了,都是学员在讲,老师呢?只是一个协调者。老师的观点和技能传输呢?没有)。下午上课,先热身——大家唱《成吉思汗》,唱《真心英雄》,唱《感恩的心》,然后分组讨论、角色扮演、做游戏——风中劲草、吸管叉苹果、瞎子摸象、沙漠求生(一天的培训在欢声笑语中结束)。一天下来大家高兴坏了,今天又讨论,又辩论,又唱歌,又做游戏,真充实——可是第二天早上再仔细一想:"昨天都说什么了?好像什么也没有,真郁闷!"

并非是说培训时不要讲案例。理论知识可以启发思维,以案说法可以提高课程的吸引力,让学员体会更深。但是案例最好能够和学员的实际工作结合起来,最好结合他们现在正在做的事和正在面临的问题。给总经理级以下的学员大讲国际案例、商战故事、企业战略,说明讲师不会讲实际的内容,只会讲虚的东西好混事。

也并非是说互动不好。销售人员没有一天坐下来听 8 小时课的习惯，不互动他会疲劳，吸收效果也不好。但是请记住，互动仅仅是形式，不是内容。如果讲团队精神、户外拓展、心态调整等课程，也许需要多一点互动。而销售和管理技能培训，学员眼巴巴地想从老师这里学几个具体招数解决问题，老师却在不停地互动甚至一味做游戏，这是一种行业标准的扭曲，是对学员的欺诈。技能培训应该以技能传承、功力传输为主流，导师应该具备厚积薄发的状态，做挑战者（在实务方法上有足够的实力挑战学员，给学员传授新的技能），而非"挑逗"者（一味"挑逗"学员说话，实际上是消磨时间）。

培训导师绝不能沦为节目主持人。

三、培训市场需要什么样的课程

战略思路培训需要吗？当然需要，但受众毕竟是极少数，并非主流。即使是战略培训，导师也不能仅靠背诵理论，侃侃案例蒙事。方法论谁都会讲，最好进一步落到实处，给出方法。

理论培训需要吗？当然也需要，但是一两天纯理论的培训对学员的素质提高、技能提高都没好处。如果要做，最好号召大家读指定的书籍，或者到大学接受再教育。教育和培训是两码事，教育是知识传承，需要潜移默化；培训是技能传输，最好立竿见影。

从理论上讲，培训的终极目的应该是通过改善员工的思想，逐渐改变员工的行为质量来影响业绩，但是这种境界目前中国大多数企业还做不到，也等不起。

企业往往将大量的培训费用花在对总经理级之下员工的实务技能培训上——那么他们需要什么样的课程呢？

销售人员不想听太多商战故事，也不想花太多时间听同事发表各自的见解、等老师总结，更不想做很多游戏去自我体会，他们需要的是：

针对性——解决学员目前工作中遇到的问题；

实操性——把空洞的理念宣导落实到动作分解，让学员上午听完下午就能用；

系统性——培训课题和内容设置要全方位循序渐进，系统地提高学员的实战能力。

这种心态听起来有点急功近利，但其实正是企业的需求所在。由于销售本身就是扎扎实实一步一个脚印的行为，销售培训的对象也是在一线拼杀的战士而非学者，因此能否让学员尽快学以致用，对他们的实际工作形成指导，并且能够系统地给企业以帮助，也就成为衡量培训——尤其是营销培训效果的重点指标。

四、如何使营销培训达到实战指导效果

我在如何编写实用营销培训教材上也略有心得。本篇就是一个实例，在此先简述纲要。

1. 培训教材要贴近业务员实际工作场景

营销培训教材最好能根据培训师的实际经验原创编写。尽可能抛开传统营销理论对自己的束缚，借鉴英语培训中"情景对话"的实战风格，针对一个问题，要模拟员工的实际工作场景、工作步骤、工作中可能遇到的疑难问题，贯穿员工做这项工作的整个流程。以此为框架，然后填充内容，使培训教材和实际工作情况完全结合起来，好像是一个电视连续剧的脚本，一集一集地放映销售人员做这项工作的整个过程。

举例说明，卖场超市谈判课程模块设置：

> 陌生市场卖场资料调查步骤；
> 目标超市进店前的销量和回款信誉摸底动作分解；
> 防范超市进店合同里常见的 15 个陷阱；
> 初次和采购接触时的准备工作；
> 初次接触时，采购常用的 10 个招数和破解方法；
> 拉锯阶段的谈判准备工作；
> 拉锯阶段，采购常用的 14 个招数和破解方法；
> 采购最爱听和最不爱听的 20 句话；
> 合同签订后如何迅速跟进，保证条款落实的动作流程。

2. 培训内容要从理念落实到动作，让大家上午听完下午就能用

编写教材细节内容时，凡是不能落实到动作的内容，能减则减。要尽可能把理论教育变成动作分解，把"应该做什么"变成"怎样去做"。教会学员"抬起腿，向前伸，向下踩，好，这就叫迈了一步"。这种傻瓜式的动作分解培训，会大大增强学员的学习积极性和吸收效果。

举例说明：

> 销售经理的培训：与其跟他讲管理如何重要，管理有哪些先进理念，有多少种理论流派——这会让他越发觉得管理神秘浩瀚，不知从何处下手——不如告诉他一个成熟的经理怎样做事，在管人的过程中经常碰到哪些问题、如何处理和解决这些问题，告诉他一个销售经理每周、每天、每月的例行事务，给他演示"销售经理典型的一天"的动作流程，让他学会推行表单管理监控下属的6个步骤、查核假报表的16个方法，以及用什么动作检核下属的工作，才不会被下属临时突击的市场假象迷惑……
>
> 谈判技能的培训：与其对谈判的心理准备和谈判的6种基本模式泛泛而谈，不如分渠道讲解，告诉业务员面对经销商、商场超市、零销店等不同的客户常常要进行哪些谈判，客户会提出怎样的异议，找怎样的借口，对常见的借口采用哪些话术回答。

3. 注重残局破解的实战培训方法

日常工作中要管理好经销商，尽可能防止冲货出现。对极了，但冲货在很多地方已经发生。平时要注意掌控好终端促销力度，防止超市砸价吗？没错，但实际上超市的恶性特价屡屡出现。

业务员在工作中总会遇到一些问题需要解决。经销商已经选错，二批已经开始砸价，跨区冲货已经泛滥，客户已经拖欠货款，超市已经要把产品清场……面对残局如何破解，往往事关企业眼前利益，需求更迫切，业务员也更关心——培训的实战性更体现在不能放马后炮。不但讲"应该怎样做正确的事"，还要讲到"残局如何破解"，一个有经验的培训师应该对这些问题及其答案早就成竹在胸。需要注意的是，这些残局破解方法更要落实到实战动作分解，否则只会得到学员的一片嘘声。

4. 课程设置的针对性、专业性、系统性

成熟的企业培训机制要注重对学员全方位能力的提升。

专题培训可以让学员迅速吸收、学以致用，但不够全面。要想全方位提高业务员的营销素质和管理技能，专题培训的课题设置最好能互相关联，并且突出逻辑次序，形成完整的培训系统。

举例说明：营销培训的系统分两条主线。

第一，渠道管理培训。

渠道管理培训包括经销商管理，零销店管理，商场、超市业务运作，二、三级市场开发等各渠道的业务操作技巧和客户拜访、掌控方法；而且每一个渠道的专题培训都要分级别设置 step one/step two 等由浅入深的阶梯式教程。

第二，管理技能培训。

管理技能培训要紧扣销售经理在实际工作中经常会遇到的具体工作事项、重点问题（如管理者的角色转换、人员管理基本技能、推行报表管理、核查假发票、人员冲突处理、市场巡查、销售政策制定、业务会议主持、账款管理、促销管理等），围绕这些主题设置专项管理技能培训课程，结合实际，深入浅出，循序渐进。

就这样，情景对话式的培训教材设置，使营销培训更贴近学员的工作场景；落实到动作分解的培训风格使学员能迅速吸收，学以致用；注重残局破解的培训方法，能够解决学员的实际困难；落实到销售经理专项技能的管理培训，使最容易理论化的管理素质教育变得更实际；通过渠道营销和管理技能教育两条主线的有机结合，可以实现培训的系统化，最终真正实现营销培训的"落地"——培训的实战效果也方得彰显。

如何把"培训产品从理念宣导落实到动作分解"，这对中国企业界和培训界而言是机会，也是难题。

观点链接二

营销人员的营销技能模块清单

稿件原载:《销售与市场》(成长版) 2010 年第 9 期

一、话题一：营销一点不神秘，营销是项技术

有趣得很，在培训问题上，营销老总和营销"菜鸟"有相同的忧虑和困境。

"菜鸟"们刚入行，惴惴不安地揣测：我要学什么营销知识？怎样学才能变成高手？

老总们则希望：公司内部能建立营销培训系统，新人进门按照这个系统进行"加工"，就能变成"老鸟"。

于是，企业成立了培训部，但很多培训部的职责就是把公司的培训费花完——市面上流行什么课题，最近哪个老师"火"，就请回公司"表演"一场。掌声或者喝彩过后，喧闹归于平静，老师拿着钱走了，学员们的兴奋也会很快降温，回去该干啥还是干啥。铁打的营盘流水的兵，营销人新旧更迭之中，培训内容已成水过鸭背，了无痕迹。老总们心疼培训费成了无效成本，业务员也觉得茫然："听了这么多课，好像还是有很多事情摆不平，不知道该学什么好。"

营销人到底该学什么？该怎么学才能少走弯路？仅靠下苦功是没用的。求学本身就是件苦差事，所谓"学海无涯苦作舟"，过去学生上学受罚，还要打手板。孔夫子说"学而时习之，不亦说乎"，那是因为说这话的时候他已经是圣人，没人敢打他。相比之下，庄子比较聪明，他说："吾生也有涯，而知也无涯，以有涯随无涯，殆矣！"意思是，人的生命有限，但是知识无限，用有限的生命去追求无限的知识肯定失败。所以要聪明地学习，学习要讲方法，要有取舍侧重。

这个道理用到营销人身上，就是告诉你注意别愣学！学营销要有计划、有系统。不加选择听一大堆课、看一大堆书，该学的没学，不该学的白耽误工夫，结果方法不对，劳而不获，"罪有应得"。

对的方法是什么？

别听大师们瞎忽悠，营销其实一点也不神秘，营销就是项技术，学营销跟学理发、修脚、烹饪、裁缝差不多。

一门技术，肯定是由很多技术子模块组成的。比如厨艺，要成为食神，得看这个厨师投入多少心血，有多少创意和天分。但是要成个熟手厨师并不难：首先要会择菜、洗菜、配菜，要有刀工、会切菜，要懂调味火候，会下锅炒菜，再熟背几十上百个常见菜菜谱，操作熟练了，就是个厨子了。愿不愿意去拿个国家特级厨师证是你的个人兴趣，但是只要这些功夫都下到了，你就已经是个厨子了……

营销也是如此，营销并不神秘，从营销菜鸟到营销老手，要学习、练习和经历的东西，无非那么几十个能力技术模块。把这些模块明确成目录展示出来，企业可以据此整理自己的内部培训系统和培训教材，模块化地把新人批量加工成为"成品"。营销新人入行，能按照营销技能模块的目录，按图索骥去学习，就能少走弯路，自己学得踏实，善莫大焉。

二、话题二：吸星大法

在讲营销技能模块系统之前，我先要讲学习方法。

我家人都少相，我更厉害，用我大学老师的话来说："我毕业快20年长相几乎没变，好像不会变老了。"这特点可能有人羡慕，但对培训师来说挺苦恼的——往往被人欺小，上台讲课长相镇不住场子。

在给企业培训的时候，经常会遇到一些大学刚毕业的"菜鸟"，眨巴着天真无邪的"菜鸟"眼睛问我："魏老师，你这么年轻（他可能以为我跟他同龄呢），就这么有才，能不能给我列一个读书目录，再写一个做事清单，我按照你的目录清单把书读一遍，把事情做一遍，也能立刻变高手？"

好家伙，这个问题太有创意了，极品！这样的方法有吗？

没有？没有的话这篇文章就写不下去了，我接下来就要讲这件事！这个方法的名字大家都熟悉，叫作"吸星大法"。

吸星大法第一招：记好读书笔记。听起来一点也不新鲜。大家记过读书笔记吗？都记过，拿来我看看——早就被扔到爪哇国了。个人观点——看专业书籍不做笔记，看的时候颇多共鸣："对对对，超市谈判是应该做好准备，书里写的有道理。""对对对，广州市场我做过，书里写的这个案例我也碰到过，嗯，写得好……"书一合呢？会不会忘掉？本人的讲课内容很大一部分就取自曾经出版过的书，学员们听我的课，也会似曾相识——好像内容在哪里见过（比如我几年前在《销售与市场》上的经销商管理课程专栏连载），但是上课我问问题，他们还是回答不上来——奇怪，教材都看过，为什么回答不上来呢？"看是看过，当时也觉得挺好，内容吗，早就忘了！"所以，吸星大法第一招"记好读书笔记"，听起来平淡无奇，但是和第二、三招联合起来用，威力就大了。

吸星大法第二招：做好分档保存。跟大家讲讲我的做法，我每个月逼自己一定看完四本书。而且我买书、看书、不藏书。我知道很多同行是买书、藏书、不看书——买本营销管理书拿到手看完前10页就扔到书柜里了，一年买书花了上千元，一本没看完。我正好相反，我是买一本看一本，看完一本就扔一本，书架上没几本书。我看书不是仅仅用眼睛看的，而是用脑子看，一本20万字的书，差不多4个小时（两趟飞机旅途）我就能把它干掉。对我没有触动的内容我就一扫而过，对我有触动的我就立刻记下来，存进我的电脑——做到这一步，你已经做到了记好读书笔记并且保存，但没有做分档保存。

在电脑里建一个大文件夹："日经一事，必长一智"。在里面建立子文件，文件名字根据自己的工作内容起。

把营销人面临的问题分分类，"经销商管理""超市谈判""小店拜访""账款管理""新品上市""促销管理"……

仔细想想，营销人面对的难题不少，刚开始你分类可能分不出20类来，根据自己的工作把这些文件都提前起好名字建好，这就是分档。

然后你看书做的笔记，就可以归位保存。比如看书上有一句："管经销商关键是管他的团队，经销商老板很多都是听下面员工汇报的，所以老板不是管卖货的而是管进货的……"放进"经销商管理"文件夹。

吸星大法第三招：记好工作日记。书本课堂上有知识，实际工作中更有，不及时总结记录你会忘掉的。善于总结的人才会快速成长。每天勤写工作日记，会使你的经历更有含金量，更迅速积累经验，"每天比昨天更聪明"。工作日记不是记流水账，而是思考和总结——比如今天你和经销商谈判失败了，回来要总结今天错在哪里，假如重来一次我怎么谈；明天新品上市成功了，你要思考这一次赢在哪里；后天同事张三被公司辞退了，你要思考他为什么被辞退了，教训是什么等。先记下来，然后找时间整理，有用的东西分档保存。

吸星大法第四招：维护分档目录，收发由心。随着资料收集得越来越多，会对内容理解得越来越深，"档"肯定会越分越细。比如刚开始你建了一个"超市谈判"的文件，后来发现这个话题可以分成"超市合同谈判""超市业绩管理""超市促销""超市对账结款""超市订单物流管理"等几个小文件。分档会越来越细化，你不断地将电子文档重新分拣，归类整理，最终形成自己的全套分档模型，就像一个全自动分拣机器。一旦此功练成，形成习惯，你就像练成了"吸星大法"，不管是听课、看书、工作体会甚至跟别人闲聊，凡有触动、有收获的，你立刻吸纳进去，放在固定的分类位置。使用的时候更是"收发由心"——假如你有一天想总结梳理一下超市谈判管理话题的经验，只需要"举指之劳"点几下鼠标，这个细分话题下的所有知识积累立刻呈现眼前（可能有 5 万字，但是别忘了，这 5 万字可是你从几十万字中精选出来的）。假如你 5 年前就练习这个功夫，是不是相当于有了过目不忘的神通？这 5 年读的书、听的课程、经历的案例可就都记住了，那你是啥境界？

三、话题三：营销人员的技术模块目录

回顾一下，前面我给出观点"营销并不神秘，营销是个技术，是由很多技术子模块构成的，按照这些模块有计划地学习，会事半功倍"。然后给出方法"吸星大法：读书笔记、分档保存、工作日记、维护目录收发由心"。接下来该给工具了，"营销技能模块"到底有哪些？换个问法就是，"吸星大法"里的"分档模型"能不能给个示例？

行业不同，企业规模不同，"营销技能模块""分档模型"多少有些细节差异，但大框架上是一致的。

整个营销知识系统分四条线，我先给大家建立个概念和框架。

1. 企业知识模块

让学员认识企业，了解企业，融入企业文化，建立对企业的信心和荣誉感。

建议： 这条主线与营销技能无关，学员往往是"被培训"。可由企业培训部自行研发，形成标准课程，对刚入职的新人进行标准化培训。对营销人而言，这些内容的学习是"政治需要"，必须过关。

2. 营销人基本职业素质知识模块

提升职业素养，规范新人的"听""说""读""写""行"。

建议： 此类课程市场上已经有很多成熟的音像、文字教材，可由企业培训部人员引进并修改，转化为标准课程内部进行标准化培训。对营销人而言，这些课程偏于形式，熟练掌握为己所用就好，不必走火入魔下太多功夫（一线服务人员除外）。

3. 市场操作技能知识模块

营销人员管市场，需要学习市场管理的基本知识、规范步骤和常用工具，更需掌握可能遇到的市场难题的解决预案，经销商管理、零售店线路管理、商超谈判管理等各渠道有各渠道的应知应会内容。

建议： 这条主线应该是营销培训的重头戏，对企业而言，要以外部师资课程引进和内部自身总结研发两种形式进行，针对营销人的不同岗位分阶次进行。最重要的是知识的传承积累和内化［详见笔者2008年4、5月于《销售与市场》（渠道版）刊登的文章《企业内部营销知识管理：肥水莫流外人田（上、下）》］。对营销人而言，这条主线应该是"吸星大法"中分档保存的主要方向。

4. 管理技能知识模块

营销人从市场执行上升到团队管理角色，需要初步掌握的管理知识和管理工具。

建议： 管理本身有艺术的成分，讲起来玄之又玄。但管理也有很多可以固化的方法和工具，要注重培训固化的工具，不在于给学员讲多少高深的管理理论，而在于他们听课之后使用了多少管理工具。建议企业也用外请内研的方法，逐渐积累形成自己的课程体系，分阶次进行。对营销人而言，学管理要注重实际操练，管理方法和工具不实际，是学不会操练的，先使用了基本的管理工具，入门了，再提升管理艺术吧。

营销不神秘，你的产品走什么渠道，你就要做什么事情，偷工减料或者故弄玄虚同样要不得。

营销是门技术，由一些知识模块组成。作为一名营销人，应知应会的知识模块（以快消行业为例）大致如本文所写，若有遗漏，就是些特例和专项内容（比如导购人员技能、社区促销技能、赊销企业的账款管理技能等），可依企业和个体实际情况再做补充。

看起来要学的内容挺多，其实真的有计划地学起来，循序渐进，三五年工夫就可把这些模块学习而且操练完了。若修炼"吸星大法"，更可提高模块化学习的效率。

再长的路长不过双脚，只要方法对、有恒心，就不难。

营销"老鸟"就是这样炼成的。

观点链接三

企业内部营销知识管理：
肥水莫流外人田

稿件原载：《销售与市场》（渠道版）2008年4、5月，连载

一、话题一：什么叫知识管理

兵马俑里展示着一把宝剑，发掘的时候剑身已经被土石压成了弓形。考古人员将剑拔出，这把剑竟然瞬间又变得笔直！深埋地底两千年，重见天日之时依然能完好无损，而且依旧可以斩金斫玉。据说秦始皇把当年造剑的人给活埋了，而且秦朝的内务府和织造处也没有把炼剑的工艺记录在册，于是这种老祖宗留下的手艺就失传了。

从企业管理的角度来看，这件痛事的原因就是没有做好知识管理。

> 外资企业比较喜欢标准化：不管是客户拜访、生动化，还是营销会议，企业都有一套标准流程。新人进门就学习这套标准，然后按照标准去工作。

思考：标准化管理的贡献是什么？

绩效追踪和考核：大家做事有了目标和统一的路径，便于主管对下属工作质量的检核、评估、检讨。

经验总结和培训：标准和模型本身就是从前人的经验中总结的——前辈们就是这样做的，他们成功了，后来者"踩着前辈的脚印""复制前辈的成功经验"，在此基础上再创新，重蹈覆辙而出错的概率就会小，工作的效率就会高。

这个标准化、模型化的过程其实就是一种知识管理——知识和经验只有变成有形的东西才能传承下来。

在工作中实践，不断发掘、提炼其中的经验和教训，并将其上升为理论——成为知识产品。通过培训和管理手段加以贯彻，使之可以指导后来者的实践，然后再在新的实践过程中去印证和升级知识产品，最终理论和实践得以互相促进、互相指导，这就是知识管理的原理。

二、话题二：外资企业的知识管理现状

知识管理首先要把无形的经验变成有形的知识产品——教材、培训产品、制度、流程、表单……

以企业的内训教材为例：

90%以上的中小企业（甚至部分超大型企业）是没有内训教材的。它们培训部的主要责任就是花钱——市场上流行"执行力"，赶快去找老师来讲"执行力"；市场上流行"九型人格"，培训经理就赶紧买一堂"九型人格"的课……

做知识管理？沉淀企业内部经验？编写内部教材？把外来课程内化整理？可能想都没有想过！

这样的企业，培训经理更像采购经理，其知识管理的现状和效果不值一提，不说也罢。

大家公认的在这方面做得相对好的是外资企业。

外界对国际知名企业都有点神化，大多认为，这样的跨国公司里："人人都是高学历，讲洋文，读砖头厚的书，接受最先进最实用的培训。"

其实，大家误会了。笔者曾经也是"知名外企"中的一员，我知道他们的管理系统没那么玄。优秀的地方我们要学习，但失败之处大家也不必迷信！

以下列举部分国际知名企业目前的知识管理现状，供大家观摩、对照、自省（本故事纯属事实，绝非虚构，若有雷同，是意料中的巧合）。

1. 现状一：先说说外资企业知识管理的优点

大多数成熟的外资企业会培养自己专门的讲师队伍，有自己系统的内训教材，人力资源部会对不同职别的员工设计相应的培训列表规定——培训在这种企业不是年会上的应景之作，是有计划的。对员工来讲，接受培训也不是可有可无的福利，而是必须履行的义务。

部分民企在知识管理方面也在做积极的尝试。近年来，在开展业务员、

主管、经销商的情景培训，把他们应知应会的知识以演员模拟的形式呈现出来。抛开其内容质量不讲，至少这种形式（更贴近实际场景、更易被吸收）值得大家思考、借鉴。

2. 现状二：自家武功秘笈已经失传

前段时间帮一家非常知名的跨国企业做销售人员培训，有两件事让我非常吃惊。

第一，这家威名赫赫的企业，区域经理级别的干部竟然有一半不知道1.5倍安全库存的计算方法！

第二，这家企业经营历史不算短，在国际上也享有盛誉。其实该企业早就有四册"系统的"培训教材（笔者十几年前跑街做销售时，早就把这四册教材像宝贝一样复印、拜读）。像1.5倍安全库存这样的营销常识在教材第一册就有详述。但是十几年之后，令人难以置信的是，该企业从总部的职训人员到各省的大区总经理，竟然没有一个人能拿得出这四本教材——下了课有一个营业所经理告诉我："魏老师，江湖上传说我们公司有四本教材，但我一本也没见到，我们老总也只有两本。"

思考：我在外企打工时，也常听前辈炫耀，"我们当年进公司，接受的培训那是什么品质，现在你们这批人听的培训就没那么好了，数量、质量都不行……"

当时外企工资高，福利待遇好，培训多，还动不动就出国受训。后来外企人员素质要求、待遇、培训均缩水。

人员层级降低了，培训数量减少了，人员流动却变快了。

外企员工一个又一个辞职另谋高就，内部培训又没跟上，新老更替之中，"先辈们的文化遗产"就这样磨灭了。

——自家武功已失传，这样的案例绝非个别现象。繁华萎谢，衰败得让人刺目。

3. 现状三：一套教材"50年不变"

十几年前我在某国际知名饮料企业打工时就领过一套教材《销售精英步步升训练》，分 step one、step two、step three 三册。后来邂逅一名该企业的现任销售经理（此君不知道我也是出身同门），席间，这位老兄向我献宝——展示所谓的武功秘笈，我一看，跟我当年拿到的一模一样，一字未改！

思考：多少年过去了，中国的市场营销竞争焦点、市场格局、通路格局发生了多少变化？变化的市场中，每一个企业都是"新兵"，固守以往的经验一定会过时，收藏武功秘笈是会贬值的！

4. 现状四：企业内训系统性、生动性有余，但实用性尚待提升

我去一个知名跨国公司讲课，学员告诉我，我是他们公司第一个外聘的营销培训老师。

思考：为什么我会是他们公司"第一个外聘的营销培训老师"？外企没有培训预算吗？不是！原因是"如此优秀的成熟外企"都有自己成套的营销内训教材和讲师。

知名国际公司采购课程，一般都倾向于新观念课程、激励课程或者户外拓展，对营销课程，他们极少请外面的老师——他们认为"自己的营销管理是天下第一的，别人要向我们学才对"。

要真是这样也行呀！

误会了，大家又误会了。

据我所知，跨国企业的培训系统大致分四个方向：

企业知识：企业文化、产品特征、系统利益……

基本素质教育：TTT 训练、有效沟通、时间管理、SWOT、4P 营销理论、4C 营销理论（即顾客 Consumer、成本 Cost、便利 Convenience

和沟通 communication)……

业务基本功：拜访八步骤、利润故事、安全库存、生动化技能……

管理素质：管理者的理念、授权、激励、终端路线规划、市场分析……

思考：公平点讲，这些外资企业的内部培训系统，有可取之处，但也不乏瑕疵。

优点是：

（1）**系统性不错**

毕竟是领袖企业，内部训练体系的设计有素质教育，有技能教育，有进阶培训，有应知应会的宣贯，从知识结构上讲，相对完整。

（2）**生动性有余**

课堂都是小班，20个人一堂课，保证大家能充分互动，讲课的老师大多受过专业训练，非常善于搞气氛：分组讨论、角色扮演、互动游戏，唱《成吉思汗》《感恩的心》《我们都是一家人》。课堂上欢声笑语，很热闹，气氛很好，学员也很开心。美中不足是第二天睡醒后一想，昨天好像啥也没说（其实很难断言这个到底是优点还是缺点）。

缺点是：

（1）**实战性不足**

培训课上也讲了一些实用的内容（比如拜访八步骤、利润故事），但都属于入门功夫，太粗浅，涉及管理层次的话题（比如线路规划、市场分析等话题），大多只讲些空间理论和概念，不具体，不深入，在实战中指导意义不大。

（2）**故步自封**

国际知名外企的营销管理和培训系统是不错，但那是建立在企业背景下的（大品牌支撑，充足的市场资金投入，相对高素质的人员队伍，完整的部门协作机制，完善的IT平台，成熟的营销支持）。但除非你在国际知名企业干一辈子，否则走出门你就会知道"江湖很大，道行尚浅"，在大多数中国企业做市场，要学会无中生有、乱中求治、量入为出，甚至做无米之炊……多少外企的职业经理走进中国企业做高管，成功的却很少。

"老子天下第一！""从来不外请营销课程。"错！

如果我照搬当年在外企接受的培训系统，在培训界一定没饭吃——他们的培训和管理并非不好，而是不能乱中求治，不能直击目标迅速解决针对性问题，学员不爽，企业无法接受，老板也不欢迎。

三、话题三：知识管理的改善方向在哪里

1. 观念突破：没有什么经验是不能模型化、标准化的

一说到知识管理、经验总结，就会听到一个声音"兵无常势，水无常形"，说话的人大多一脸肃穆，高深莫测。他们的意思是——销售是很复杂的，对付不同的经销商、不同的产品、不同的竞争环境，用的方法不一样。这东西没办法标准化、具体化。

培训师也很会给自己找借口，他们解决不了学员的具体问题时就会说："成年人听课不在乎你听到了什么，关键在于你想到了什么"——老师可以给你理念，办法你自己想去吧。

我不这么看。

什么叫作标准化？就应该是前人的经验变成文字，给后人启发，让后来者的锦囊袋和工具箱里多几件工具可挑选使用。

这个世界上没有什么经验是不能具体化的，关键看当事人善不善于总结，有没有心！

中国的山水国画够神吧，但是美院的老师还在教学生运笔侧锋、破锋怎么用，留白怎么设计，落款在哪个位置……

行兵打仗变化够多吧，去看看《孙子兵法》，5000多字，80%的篇幅都在教大家怎么选有利地形、怎么选择行军路线、怎么侦察敌兵人数、怎么派间谍、怎么用水火攻击敌人等具体动作……

如果一个经验不能具体化、从相对意义上标准化，那它就完蛋了，这门功夫很容易失传。

"兵无常势，水无常形"，抓住这一句做文章，纯粹是断章取义。整段原文是："夫兵形象水，水之形，避高而趋下，兵之形，避实而击虚。

水因地而制流，兵因敌而制胜。故兵无常势，水无常形。能因敌变化而取胜者，谓之神。故五行无常胜，四时无常位，日有短长，月有死生。"

孙子的原意是："变化一定有，但是变化也一定有规律。日月的变化尚有规律可循，何况万物？谁能熟知变化，见招拆招，并且掌握规律，谁就用兵如神。"

扪心自问：区域市场规划、经销商管理、客户谈判、促销计划拟定，没有规律可循吗？不能将其具体化变成知识产品，甚至做到相对标准化吗？不可能！

2. 知识产品选题要有针对性和前瞻性

总结和提炼应该是自下而上的，不是自上而下的。这里的前瞻性不是指国际视野、引导理论潮流，而是指预见性——我知道你们会遇到什么问题，我给你们罗列了前人总结的答案。此处以销售培训教材的编写为例做说明。

销售人员在市场上"近身肉搏"，有成百上千个难题。比如经销商不主推怎么办？超市采购要回扣怎么办？竞争对手突然搞订货会怎么办？经理给下面分任务，下面人不服怎么办？公司考核费用，市场又需要投入，怎样平衡？

注意！注意！

第一，这些问题绝对不是偶然的，而是每个销售人员一定会碰到的重复问题！

第二，解决这些问题会对企业的业绩增长有直接推动作用！

第三，目前企业里的培训教材为什么很少涉及这些针对性内容？教材的编写方法有问题，写教材的大多是职训干部，学历、表达能力、沟通能力都很好，但是他们对市场上到底遇到了什么问题、有哪些解决方案并不了解。让猫拉车，难免拉到床底下；秀才给兵写教材，写出来的教材自然是隔靴搔痒。

第四，这些问题也并非无解命题——答案蕴藏在群众中间。每个一线人员都曾经面对和解决过这些问题，他们都有自己的杀招、绝招甚至损招。

"治天下者，当以天下之心为心"，企业高层要重视这些散落在民间的智慧资源，否则就会明珠深埋，随风逝去。

最好的方法是自下而上收集所有一线人员对这些重复性问题的解决方案，加以整理编撰，汇集成册，传于后来人。告诉他"你会遇到什么问题，请打开第几个锦囊，里面有答案供你参考"。聚沙成塔，集腋成裘，这最终将成为具备指导意义的士兵操典。

3. 知识产品要注重模型化

什么叫模型？

我是讲师，天天出差，天天住宾馆，所以很容易丢东西（充电器、电源线、剃须刀等），怎么办？建立模型：在箱子上贴一张"出差要检查的物品备忘清单"，每次换宾馆前看一遍，检查一下，问题解决了——这就叫行动模型。

有个销售经理功力还不深，老总让他写一份区域市场研究报告。犯愁啊！怎么办？没关系，照固定格式写，先写4P营销理论，分析产品的强势、弱势、机会、威胁，再写SWOT，分析渠道的强势、弱势、机会、威胁……照猫画虎，一路写下来，不管内容如何，架势看上去就挺唬人——这就叫思维模型。

洗衣机都附带常见故障排除说明，比如洗衣机不运转，一看电源有没有电，二用测电笔看洗衣机的电源线有没有断（电源线根部是否有电），三看开关是否置于ON档，四看承重量是否超过最大标准，如此这般，常见故障自己就能解决——这叫故障排除模型。

模型可以使你更细致，避免丢三落四。

模型可以使你按照前人总结过的正确方法去思考，去行动，少走弯路。

模型可以使你按图索骥，用排除法找到问题解决的方法。

高手当然可以源于模型再超出模型去创新，但是对大多数人来讲，模型可以让你更专业，更高效！

模型化最适合针对那些会重复发生的问题——总结已有的经验让成功重演，让失败不再重复。

企业经营中有很多重复性的、很重要的工作模块。

比如新品销售的推进，区域市场增量机会的寻找，经销商的拜访步骤，乃至一个大型促销活动的准备和现场的控制工作，这些工作都是企业每年每月在各个区域要重复进行的，把这些常态工作涉及的动作、步骤、分工、检核等细节固化、标准化、模型化，变成所谓商超谈判前的准备工作清单、区域市场增量机会寻找的自我诊断列表、新品销售的自我反省问卷、经销商拜访标准流程。越是模型化的东西，越方便管理，也越具备实战指导意义。

4. 注重知识产品产生后的管理动作

培训是讲给"有心人"听的，"无心人"听培训压根没用。

100个人听课，可能只有30个"有心人"。"有心人"和"无心人"的区别在哪里？

每次培训结束，"有心人"和"无心人"都会起立鼓掌，一般主持人还会动员学员再次鼓掌，然后老师拿钱走人。无心人吃完饭凑到一个房间"斗地主"。过两星期，你问"老师讲什么了"，他一脸茫然，已经全忘了。

有心人会在听完课之后，当天把讲义再复习一遍，把自己觉得有用的动作和理念摘录下来，甚至给自己制订行动计划。今天我从老师这里学习了100个动作，其中30个动作跟行业不相关——删掉，另外20个动作我不同意——也删掉，还有50个动作可以用——我的行动计划是准备在什么时间、什么地点、对什么客户、用哪种方式切入，去尝试运用新学到的动作。把这个计划写下来并且保存好。3个月之后回头看，自己当时的行动计划有没有落实，有什么新体会？6个月之后再回头看……就这样一次又一次逼自己复习、巩固、体验，才能把课堂里的知识转化为技能！

从企业角度看，怎样能让培训真正产生生产力？

靠学员自觉变成有心人吗？别做梦了，想想我们上学的时候，寒假作业是哪一天才写的？老师不天天检查作业，你会天天主动写作业吗？

要有企业行为推动培训的内容内化，把课堂上的知识变成实实在在的改善动作，目前我看到这方面在企业里大概四个做法：

（1）现场录音录像

培训的时候，有家企业安排人在录音录像（培训协议上约定了不允许录音录像）。被我发现之后，老板满脸通红，一个劲儿道歉。结果过了两年，这家企业又找我讲同样的课程，原因是他的员工都换完了，又来了一大批新人，而且学员一致反映看视频没意思，还是找"活人"来讲课比较过瘾。第二次授课之后，他们一致反映："你讲的跟视频不一样。"

思考：如果看视频就能取代老师现场授课，那么哪个老师还会录视频？同一个老师同一门课如果半年一年不更新，这门课肯定逐渐被淘汰。

（2）内化培训课程复制培训师

我在美的、TCL等企业培训时，看到他们的培训经理自己就是不错的培训师——他们出去听一些基础素质的课程[比如沙盘演练、3T（即测试Test、教学Teach、培训Train）训练、时间管理、卓越销售人员的良好习惯等]，把教材拿回来强行记忆，反复练习，以后这些课程就自己讲，不用找外面的老师了。

思考：素质类的课程是很容易内化的，但是销售管理类的课程内化就需要讲师的功力了。很有功力的销售精英、管理干将，大多数企业是不舍得让他做培训的——赶紧给我干活去。

（3）培训部主导的行动计划工程

企业培训部比较负责，培训后他们会按照我前面讲过的方法，要求学员提交课后感、行动计划和行动总结，甚至要求学员再给自己的下属把培训内容转训一遍，把自己的讲义和学员评估交上来。

思考：想法不错，但布局有问题，这些行为都停留在督促学员加强个人课后学习和实践的层面，学员应付差事交些报告就了事。再说了，这批学员要是走了，怎么办？

（4）把培训内容内化成企业流程和制度，加以推动贯彻

给统一企业做各区域巡回培训时，让我深受触动的是，专门有一位

协理级的高层干部和我同步巡回。白天我讲课，晚上这位协理根据我讲的内容出一个主题，全班同学讨论怎样结合老师讲的内容，制定和更新本公司的标准，然后作为制度全区域推行。

思考：管理就是一个强制和引导团队成员去执行的过程，听完课觉得有些地方讲得很对，切合实际，怎么办？指望员工自觉学习、自觉提高是不可能的，能产生持续推动力的就是企业的制度、流程。统一企业的培训后管理力度，是笔者在近千家企业的培训经历中难得一见的案例。

拊掌称善之余，教材有了，流程有了，制度更新了，真的就万事大吉了吗？多少企业的流程册、标准化手册只不过是摆摆样子。一个新的知识产品诞生并开始推广，如同推一个新项目，各位区域经理、部门主管都只为自己的业绩负责任，总部推的所谓管理项目他们大多认为是可有可无的负累。总部有没有专人负责监控这个项目的宣贯、培训落实、执行、排名、奖罚情况？项目的执行进度和障碍有没有和总部互动？这很重要。

四、话题四：知识管理的改善路径和工具

明确了知识管理的概念，了解了现状和改善方向，现在我们来谈一谈知识管理的改善路径和工具。

如前文所言，目前不管是什么企业，在这方面有成熟经验的很少，笔者作为培训师在这方面下了些研究功夫，又作为咨询方在操盘企业销售管理时做了不少专项实践，此处罗列以下心得供同行指正。

1. 第一步：完善组织结构

反思一下，为什么企业有财务经理、销售经理、生产经理、保安经理……没有知识管理的负责机构？

结构决定功能，真的重视这件事，要有专门的机构和人员去执行。

（1）机构设立的必要性说明

考虑专门的机构和职位负责这项工作——此事涉及对公司各区域部门人员的调派和指令，还有大量的文字整理、编撰、培训、宣传、执行、跟踪等

工作内容，必须有专人、专门机构以项目管理的流程去推进，刚开始工作量不饱满，可让总部人员兼任，工作量满负荷后必须有专人主持。

（2）部门及岗位工作内容

在公司高层的支持下，自下而上收集一线人员的经验，发动、激励、管理所有一线人员以投稿、案例、课件分享等多种渠道和形式进行智慧分享和贡献。

设立并不断更新升级知识产品的选题模型。

对一线人员的经验进行编撰、校正、选录、编辑，并按知识管理的选题模型进行分类整理、更新。

知识产品的下发、宣传。

把知识产品分为：培训内容（要求员工接受培训）、工具内容（要求员工熟练掌握并对照执行）、管理内容（强制要求相关人员执行）。三个级别进行贯彻，对员工的培训情况、熟练掌握程度、执行进度和结果进行追踪、评估、检讨、奖罚，为最终贯彻结果负责。

（3）部门岗位设置要求

岗位归属：可以单独成立部门（叫知识管理部），也可以归教育训练部门的新增功能。

岗位人员要求：

第一，素质要求：总结能力、文字表达能力、沟通能力。

第二，资历和技能要求：对归口的部门有3~5年执行和管理经验（如A经理负责进行营销口知识管理，那么A最好有3~5年大区销售经理的工作经验——一个资深大区经理更了解哪些东西是有效的知识经验，而且有一定资历和威信，便于他和各区域人员沟通）。

说明：

第一，建议企业的知识管理先从营销板块做起，形成产品和经验之后再全面推广。

第二，知识管理经理的关键能力是专业功底，文字表达整理能力欠缺，可以用文职助理来弥补。

第三，部门编制可大可小，根据企业规模和知识管理的深度及工作量决定，但为确保质量，不同的功能口（营销口、生产口、财务口）最好安排有该项业务经验的人员做知识管理工作，也可考虑以专职知识管理经理（负责营销板块知识管理），带领兼职知识管理专员（生产口、财务口，这方面的工作量相对小，可以让相应部门资深员工兼任）的形式。

2. 第二步：自下而上技巧经验收集的流程启动实施、品控和管理

一线人员是扛枪的，不是动笔的，他们会干不会总结。

刚开始让一线人员贡献经验，他们报上来的东西会让你哭笑不得——做好思想准备，可能错字连篇、词不达意、空话一堆，你越看越头疼。常见以下几个特点：

（1）神志不清

业务员表达能力差，当区主管对这件事又不上心，结果报上来的技巧和经验，总部的人看不懂。

一个厨具小家电导购员上报的技巧："我要用气球做载体留住顾客，产生销售，实现业绩。"

点评：这句话每个字我都懂，但整句话到底什么意思我不懂——实际上这个导购员的意思是："我发现不少买厨具的主妇逛商场都带着小孩，我在推销的时候带上气球，见到这样的客户先给小孩个气球，小孩一高兴拉着气球不走了，小孩不走，他妈妈就走不了，我就有推销机会了……"

（2）官话连篇

区域经理会报上来所谓的业务技巧："管理经销商关键是要搞好客情，要帮他创造利润……"

点评：这不是废话吗？大道理谁都懂，这还用你讲吗？问题是你要用什么动作来提高经销商利润？用什么动作提高客情？不用讲得太系统，讲一两点心得，哪怕讲你自己的案例也行——知识管理经理可以帮你提炼成理论。

（3）拿常识当技巧

"我给店主算清楚卖一箱我的啤酒能赚多少钱，他就进货了，所以还是要算清利润。"

点评：刚开始总部收上来的一线技巧会有大量类似常识性的技巧，白白增加工作量，没多少价值。

（4）总结错误的技巧

有终端业务员总结："我告诉店主,只要你进货,卖不动算我的,包在我身上。"

点评：店主其实最怕听这种话,听着就像骗子,而且将来万一卖不动,你一个业务员怎么"卖不动算我的"？你自己买回去吗？

以上情况并不是耸人听闻,都是我在操作这个项目时实际遇到的。问题并不在一线,他们本来就不是专业搞文字的,总结能力有限,一线经验的贡献质量完全在于知识管理经理的引导。

（5）培训

刚开始要在公司的行销月会上进行点评,让大家知道什么才是有效的一线经验,最好以范例形式让大家有体会。

某业务经理总结的有效技巧：

我和新经销商合作,刚开始他积极性不高。我前一个月也没干别的,就是天天带着办事处的业务员和他的司机一起,帮他出去卖高价产品（这个产品经销商利润高）,每天每周每个月我都向他汇报："本期我帮你卖了多少高价产品,给你赚了多少钱,如果你在这方面加大力度——比如给你的人定清楚高价产品的提成和基本销量任务,网点开发任务量……我预计这个产品一旦推起来,铺货网点达到1000个,你到明年旺季一个月可以卖多少……"一个月下来,经销商看到我真的在帮他赚钱,配合度大不一样了。

点评：这个技巧不系统,也没什么理论高度,但简单、实用,有一定的可复制性。

（6）激励和引导

第一,物质奖励。

前期一线经验总结以正激励为主,不要处罚,免生逆反情绪,可以考虑用"技巧总结大比武""智多星排名"的方法予以奖励。

尤其是不要给业务员定每月必须贡献多少技巧的死任务——一线人员的主要工作还是提高销量,不要把"运动扩大化"——大家不卖货都去写文章了。

第二，精神鼓励。

每月月会给大家公布上月技巧总结的精选通告，每一条技巧都写上作者的名字，告诉大家他的名字将来会出现在公司的教材上，流传下去。

第三，培训引导。

每月月会上向大家重点培训和宣讲优秀的技巧和案例，让大家真正感到这个东西实用、有用、能解决问题——你放心，各区域经理会迫不及待地拿U盘拷你的东西。

第四，现场激发。

可以在公司的营销月会上发起"案例大比武"的活动。

> 我在某公司营销月会上举办的"你想挑战吗？"大比武。
>
> 活动实景：佛山区的经理提出他目前工作中遇到的实际问题："哪个客户出了什么事……"请全体人员上台讲——假如是我面对这个问题，我怎么办？怎么解决？最后佛山区经理向大家公布，我作为当事人是怎么解决的，非常感谢兄弟区域给我出谋划策……

思考：销售人员个个一肚子鬼点子，个个都有好胜心，只要台上出的案例跟他的实际工作贴近（而且在佛山区发生的案例，明天就可能在别的区域重现），他们个个都有一肚子话要说。

这种讨论会很热烈，大家会互相启发，同一个案例也许能讨论出十几种不同的解决方法。知识管理经理的责任就是引导、会议主持、现场控制、记录、整理、提炼，然后立刻以快报形式下发，全区域分享。

3. 第三步：选题的建立和更新

注意：这一条最重要，必须要做，而且必须做好。

让大家漫无目的地总结技巧效率一定很低，销售人员会感到："满肚子技巧，但一时又不知如何说起。"

给大家缩小话题——对具体的选题（如这个月总结如何帮经销商提高利润的技巧），大家反倒更有话讲。

（1）初始模型的提出

在知识管理大会上，负责人要给大家一个清晰的选题模型，刚开始模型可以粗一些。（注：篇幅所限，知识管理的工具在此只能做片段示例，以下同。）

比如，大家在总结技巧的时候，要分类总结，主要包括以下选题：

经销商选择技巧；

经销商谈判技巧；

经销商常问我们的 10 个问题，如何回答；

零售店开户技巧；

终端生动化技巧；

…………

（2）上下模型要配套

要求各办事处建立技巧点滴记录本，把选题目录体现出来，一线人员汇报的经验技巧，主任审批筛选后，按选题目录分类登记，月底上交，总部评比……

（3）模型要逐渐细化

刚开始总部给的模型会比较粗，随着一线人员贡献技巧增多，知识管理经理会在其中发现细分类的可能，把模型细化。

比如，最初的选题是生动化技巧。

细分之后的选题模型为：

如何说服老板配合我做生动化；

如何增加生动化效果的保持时间；

如何跟竞品拼抢生动化效果；

专项生动化技巧：

海报张贴技巧；

堆箱陈列技巧；

空箱陈列技巧；

展示柜、冰柜陈列技巧；

货架陈列技巧；

协议店陈列技巧；

…………

过一段时间，他们报上来的技巧越来越多，你会发现选题还可以再进行细化，如以上各选题可以根据超市、零店、批发不同渠道再细分；"如何提高生动化的保持效果"，可以再细分为"如何通过陈列张贴技巧，提高生动化保持效果""如何争取店内人员支持，提高保持效果"……

注意：选题会越来越细化，不断重新分拣归类，模型更细化，选题更加具体，更容易激发销售人员讲出东西来。

（4）知识管理人员对选题模型的熟悉和使用

知识产品的编撰人员要对现有的知识产品选题模型和既有内容"烂熟于心"，这样才能辨认新报上来的技巧和原来的有没有重复，才会对新筛选出来的技巧更精准地分类，更重要的是，会在新技巧中发现新的分类，再一联想——对了！这个分类在原有知识产品哪个章节也有十几条，可以把它们重新定义、分类、整理。

最终一旦一个完整的知识产品选题模型结晶出来，相对稳定（细分类要适可而止，别做无用功）之后，就像一个全自动分拣机器，像一个吸力极大的黑洞，源源不断地把千万条一线经验加工成"成品"——一部企业内人人想看、企业外个个垂涎、"内可以聚，外可以召"的"葵花宝典"。

知识管理经理就像练成了"吸星大法"——不管是听课、看视频、看书，还是审阅下面报上来的新技巧，立刻可以吸纳进去，放在固定的分类位置，而使用的时候，也是"收发由心"，这个细分话题下的所有知识产品立刻呈现眼前。

4. 第四步：重点工作环节的固化模型

对一些重要的、高度重复的工作模块，要建立固定的工作模型，使之成为业务员的"新华字典"、常见故障维修说明书和行动指南。

（1）人员管理方面

对内部人员有没有接受足够的教育，以排除他们的畏难情绪和只喜欢卖老产品的惰性？

有没有"修理"那些在新品销售期大放厥词，公然宣称"新品是垃圾，根本没法卖"的"反对者"？

有没有做到"人人头上有目标"——量化及过程目标不仅下到区域，还要到终端、导购员、经销商甚至重点门店？

（2）经销商管理方面

该区域经销商是否根本没有适合新品的销售网络（比如赊销进餐饮渠道）？

该区域经销商是否有前期库存遗留问题，妨碍新品经营意愿？

该经销商是否目前经营的别的厂家的产品正在旺季，造成其人力、运力、资金无暇顾及本公司的新品？

经销商的员工是否以销量计提成（不分品种），所以员工都去多卖其他产品，不注重推销本公司新品？

…………

新品销售不好，关键取决于产品、价格和促销政策、通路主推、终端目标网点铺货和展示、内部队伍培训管理和考核、公司的后勤补给和产销协调、消费者的接触认知到重复购买、竞品的阻击力度八大因素影响，其中每一个因素都存在几种甚至几十种常见问题和解决方法，新品不好卖可能的原因和解决方法有上百条。

今天的现实总在重复昨天的故事，公司每年推新品，在一个又一个区域碰到成千上万的问题，其中大多数问题是重复性的——下次还会再碰到，而解决这些问题的答案又是相对固定的。为什么不动手把这些问题和答案汇集起来，成为一本新品上市常见故障排除实战动作指南？

同样的道理，区域市场的增量机会开发、经销商拜访、卖场年度谈判、经销商大会、各种常见促销活动的策划执行……

这些都是企业高度重复的工作模块，其中的工作技巧、应知应会、执行法则，都可以在不断改善和补充过程中实现模型化。

没错！这种模型建立的工作量很大。

但这才是真正解决问题的、真正有实战指导意义的培训工具和知识产品。这些模型一旦建立起来，就会把变动的不可控因素变成固定的可预防、可控制因素，变成预案／预警系统、工作流程、自我对照表、工作清单……
这才真正是销售人员的枕边兵书、执行工具！

5. 第五步：知识产品的分级管理
（1）**培训内容**

主要是指技巧总结类的内容，取材于各地一线人员上报的技巧经验。经过知识管理负责人筛选、编辑、按选题目录整理，形成"销售技巧葵花宝典"，然后逐级下发，进行培训和逐级转训，并要求相关人员熟记重点内容——此模块的意义在于提高人员技能，丰富业务员的"工具箱"。

（2）**模型内容**

也就是第四步中讲到的重复性工作模块的固化模型。这些内容会成为执行和管理模板，由此衍生出工作流程、过程指标、检核标准、考核标准。这个模型的意义在于防守——减少重复错误，优化工作流程。

（3）**管理类内容**

一些可复制的对市场有推动性的经验，可以以制度形式强制执行。

办事处每周以简报形式向经销商汇报战果（办事处的员工本期终端铺货新开网点数、高价产品销售数……），从而让经销商切实体会到办事处是来帮经销商做市场、创造价值的，而不是来收编经销商队伍、抢经销商饭碗的……

——这个模块的意义在于进攻！把优秀方法迅速全面推广，提高市场业绩。

这些管理工作谁来做？

由知识管理经理执行——这个知识管理经理最好是副总级别的人物，否则就需要高层领导的强力支持。

由总部专门的人员，如营销总监、副总监、管理部经理亲自挂帅任专案推广经理，也许效率更高。

管理项目的推进不在本文重点讨论之列，下面以四句话点出要害。

量化目标：每个人知道自己要干什么——要学习哪些内容、要对照什么模型检查自己的工作、要执行什么新的工作要求。

紧密跟进：不要等秋后才算账，建立过程汇报、检核、排名机制，一切进度在总部掌握之中。

有效激励：每个人为自己的工作成果付出代价，兑现周期同样是越短越好。

双向互动：理论指导实践，实践又验证理论。管理项目的内容、目标等所有细节都可以在执行过程中进行升级和调整。

后记

营销人如何跳出职场潜规则
——营销人员的成熟职业心理

一、我要讲的不是成功学

从营销转行做培训多年，常遇到企业提要求："魏老师，我的销售人员心态不好，没有激情，您讲课的时候激励他们一下。"我明白，企业是要我讲成功学。

我回答："讲不了，我的课程都是教大家具体事情怎么做，没有心态激励课程。"

我个人对成功学并不认同，尤其不认同那种上课一起跳舞、做游戏、唱歌、喊口号，甚至痛哭流涕的"伪成功学"。个人观点：成功学不是不好，但是被一些"大师"妖魔化了。总结一下，症状有两点：

其一，"伪成功学"把情绪放大了，以偏概全。王小波的小说里面有个傻大姐无意中学会钉扣子，然后逢人就狂喊"我会钉扣子了"——常人不解，会钉扣子有什么了不起？一样道理，渴望成功有什么了不起？听两天课，认为保持亢奋喊口号就能成功，那太肤浅了。对一个成年人来说，有激情只是起点和基础素质之一，成功（仅仅指事业成功）除了激情，还需要学习方法、商业机遇、发现商业实质的眼光、团队管理能力等，心态好只是很小的一部分。

其二，彪悍的"伪成功学"告诉我们努力一定会成功，而且人定胜天，结局必胜。这些叫得响亮的口号，不知是鲜花还是毒草。一元化的人生观麻醉了受众的神经，让大家亢奋得忘了为失败做好心理准备。而实际上，人生的真相是"不如意者十之八九"，大家出来混，在战场上冲锋陷阵、在职场上明争暗斗，"中弹"是很平常的事情，常需要花很长时间去忍耐过程、等待胜利，运气不好的时候，百炼成钢的坚忍仍然可能落败。不了解这个真相，就不能面对暂时失败，就会心态浮躁，在挫折中就没有什么耐受力。伪成功学的受众听完课大多喊着口号冲出门，举着双手滚回来。刚开始冲劲十足，但是耐力太差，总想一朝得道鸡犬升天，喊了几个月口号之后发现自己没有成功，就像一个被戳破的气球，变成高喊成功口号的失败者。

《销售与市场》创刊之际，邀我跟大家讲讲"营销新人的成熟职业心态"。为避免上述症状，我首先声明，我讲的不是"成功学"，而是一个老营销人 20 年来的工作体会。

二、话题一：营销人要有企图心，立足行业，志存高远。志在得道成仙，何必在装神弄鬼上瞎耽误工夫

每次培训结束我都会问大家一个问题：如果按魏老师课堂上讲的方法一丝不苟地去做市场，工作量会增大还是会减少？

答案令人沮丧：工作量一定会增加！按照课堂里面讲的动作去做，业绩可能变好，但是工作量一定会成倍地增加——销售是弹性很大的工作岗位，想偷懒一定有办法，想给自己找事做，累死都做不完。

再问大家："这样做，你在企业里是不是一定有好结果？"

老江湖会一声冷笑，很深沉地告诉你："很难讲……"

"兄弟们都跑得挺慢，你一个人跑得那么快——你就是被针对的对象。"

"多做多错，少做少错，嘿嘿，做的多的人死得快。"

"老师你讲得都很对，但是在别的公司可以，在咱们这儿，哼！站队很重要。"

甚至有人引经据典，振振有词："我也不喜欢江湖这一套，但是你想退出江湖不掺和这些破事，根本不可能，江湖在人心中，有人的地方就有江湖，你无法退出！"

…………

让我吃惊和寒心的是，说这些话的所谓"老江湖"，可能是大学才毕业一两年的年轻人，却摇头晃脑地冒充世故老人。

说到营销人的成熟心态，我首先想告诉各位新入行的营销"菜鸟"，不要自己吓自己，不要向职场的所谓潜规则屈服。

我承认职场存在办公室政治，嫉妒是人之常情，"枪打出头鸟"是潜规则，我也都遇到过。

但是新人不要自己吓自己去迎合这些。很多所谓的"老江湖"夸大其

词。我的观点是,"你简单,你的世界就简单;你险恶,你的世界才险恶"。人一生的成就超不过他思想的高度,心胸有多大,世界就有多大,销售人员当有企图心,修炼自己的心胸格局,要学会"立足行业,志存高远"。

立足行业:"别拿自己打工这个企业太当回事",世界500强企业平均寿命才40岁,你打工的这个企业有没有可能万古长青?你把自己定位在企业,心胸就会变小,会斤斤计较、讨价还价:"都是经理,凭什么张三干那么少,我就要干这么多""这个月我不能再卖了,再卖下个月的任务量又增加了""这个人不能得罪,他是刘总的人"……小人常戚戚、思绪万千、心猿意马、瞻前顾后,然后肯定越做越奸、越来越世故,难免庸庸碌碌,自己活得累,别人看得也恶心。凡是随波逐流的一定是不能力争上游的。营销人想一辈子在企业里打工吃饭混日子原地踏步是不可能的——你一定会从重用对象变成利用对象,最后是淘汰对象!这是规律。

志存高远:首先把自己定位在行业——"这辈子我就在营销行业发展了""这辈子我就在消费品行业做销售了"。你站得高,才会志存高远,志在得道成仙,何必在装神弄鬼上瞎耽误工夫?但行好事,莫问前程,除了干活和学习,什么都不管,轻装上阵,才能一马当先。虽然短期的确会越做越累,甚至还可能有挫折,但长久来看,你的专业技能提高一定很快,你不会吃亏。

你的命运在自己手中。前期可能是付出远远大于回报,但是你的专业能力会提高,三五年之后回头看,你的生存环境、发展机会,尤其是专业技能已经得到极大提高。

"立足行业,志存高远""别拿现在就职的企业、职位、饭碗太当回事",如果一个企业里人人都有这种思想,企业就不可战胜了。

三、话题二:营销人要专心,人都会成长,过程在自己,竞争是有效劳动的正向积累,忠告大家轻易不要换行业

忠告各位营销新人,打工跳槽不要太频繁,更重要的是不要轻易换行业。从个人经历来讲,我非常庆幸我在职业生涯中比较少走弯路。当年我计算机本科毕业,不喜欢本专业,跑去做销售。最初任职于一家红酒公司,后

来辗转进入可口可乐、顶新国际集团等公司，反正一直是卖吃卖喝卖快消品，一口气卖了10年。2002年偶然的机会进入培训顾问行业，把自己的工作经验总结出来讲给同行们听，发现营销人员迫切需要源于一线的动作分解式的培训，于是我成为专业营销培训顾问。一口气又讲了将近10年，现在我也是个老讲师了。我花了超过20年的时间在做一件事——快速消费品营销和培训。而且我知道，现在的职业选择对我来说可能要延续不止10年，说不定就会"讲经三百余会，说法四十九年"，最后终老此生。

一个人首先要有企图心，志存高远，以研究学术的心态去做工作，他的生活就会单纯，能"钻"得进去。

其次还要够专心，频繁换行业对年轻人来讲损失太大。佛教的禅定、道教的吐纳、基督教的祈祷，都是在修炼收心、摄心、专心、不分心，心念集中定于一境不受外境动摇的功夫。没有聚精哪里来的会神？营销人专心聚焦在一个行业，花很多时间、精力、心思，持续在一件事情上努力、心无旁骛，那么他的生活就是一个持续正向积累、集腋成裘、聚沙成塔的过程。很快，这个人就会从生手到熟手，然后到高手。拥有更多话语权，工作上得心应手创造收入，时间上也还能游刃有余，然后就有资格消费时间。

半路出家，进入新行业新领域成功的人的确有，但是太少，不是人人能做到的。我见过更多的是换行业的人。今天卖饮料，明天做建材，中间辞职创业又没耐力，计划很快"夭折"，又去卖房子，干不下去又去卖保险……每换一次行业，前面积累的经验、资历和人脉都打对折甚至归零。三晃两晃，就老了。那时候回头看几十年竹篮打水的"奋斗"历程，好像一阵冷风吹过。

人生苦短，做营销，如逆水行舟，不进则退。成功要趁早，一刻别放松，过了这个村没有这个店。

这并不是耸人听闻，营销人如果到了35岁还冲不到老总级（至少是经理级），以后在这一行里的生存环境就会越来越艰难——42岁了还要去应聘业务主管，谁肯要你？

我在离开康师傅的时候，当时的行销协理讲过一句话让我印象非常深刻，他说"人都会成长，过程在自己"。多年以来，这句话一直印在我的脑海中，掺杂着一种恐惧，不肯散去。我在课堂里讲这句话，学员也大多深受触动，引起共鸣。

铁打的营盘流水的兵，企业会换人，人也会换企业，不管你对这个企业安的什么心，都要专心。竞争是有效劳动的正向积累，轻易不要换行业，因为"人都会成长，过程在自己"。专心做事不是为别的，为的是你自己。

四、话题三：营销人要有耐心，成功是熬出来的

很多销售人员也都羡慕魏老师，做顾问很风光，而且还收入可观。也有些同行托关系要来投奔，其中最离谱的类型是："职场失意，打工不好混了，我当讲师吧！""能不能把您的教材拷给我一套，我去讲？"这太可恨了！怎么会销售做得不行，才想到退而求其次当个讲师呢？讲师这个岗位那么没技术含量吗？

问大家一个问题，把魏庆的教材全套拷贝给你，会不会就多出一个魏庆来？

我敢打包票，不可能。因为我的课程从来不保密，网站上我的教材也是免费下载的。就算把我讲的内容背会，去讲课，也不一定有人买你的账！

通用素质课程也许可以照本宣科，销售的课是不能这样讲的。销售人员听课目的性很强：超市合同费用越来越高怎么办？经销商没钱怎么办？新品卖不动怎么办？……而且销售人员大多"好勇斗狠"，他们听课首先不是听老师讲课，而是听这个老师有没有资格给他们上课。讲师没有深厚的阅历、思考、应变能力和知识积累，怎么能"罩得住"？

要给销售人员讲销售，首先你必须是一个资深的优秀销售人员，必须该经历的经历过，该痛苦的痛苦过，该高兴的高兴过，该体验的体验过，从经验和阅历上能挑战他们。其次既要低头拉车，又要抬头看路，还要在专业上比学员高一个境界。讲师不能仅仅是一名熟能生巧的八级钳工，还要升级知识结构，勤于总结并进行系统化的理论提升。这样才有可能坦然跟学生们对话和授课，在行业里才有可持续发展的竞争力。

很多人当培训顾问是想一朝得道一朝致富，但是没有板凳一坐十年冷、自我提升的耐心。他们回答："我的妈呀，照这么干，那要多少年？"

这恰恰是我要讲的，别着急，做营销要有耐心。

冯仑先生写了一本《野蛮生长》，里面有一个观点讲得非常生动："我拿着一杯水，马上就喝了，这叫喝水；如果我举杯10个小时，叫行为艺术，性质就变了；如果再举50年，拉根绳就可以卖票，就成文物或者新闻了。如果再举5000年，那就是国宝了。"

这个论述太经典了，不是行为本身决定价值，而是时间会决定一件事的性质，会不断提升这件事的价值。你想，喝水是几毛钱的事，而一个行为艺术最多挣个百十元；如果变成雕塑，放在一个好位置也能卖点钱；但成了文物，那价钱就大了。如果苦练一件事，朝着一个正确方向去努力，时间越长，东西越金贵、越值钱——伟大是时间的函数。

前文讲过，营销人要有企图心，立足行业，志存高远，志在得道成仙，何必在装神弄鬼上瞎耽误工夫？

前文也讲了，营销人要专心，"人都会成长，过程在自己"。竞争是有效劳动的正向积累，要在一个行业里持续学习。

现在我要讲，营销人更要有耐心，伟大是时间的函数，成功是熬出来的。不要相信激情必胜、结局必胜的伪成功学。营销人总是一路和失败、挫折、挑战"并肩而行"。少年得志往往是悲剧，急功近利会害了自己。大多数人的职业生涯都是长跑，一路坎坷一路蹉跎，熬过来就好了。我本人一直就是个倒霉的失败者——准确地说是"被折腾者"。

我入行做销售，刚开始就困难重重：我不喝酒，但是20世纪90年代初的很多生意是在酒桌上谈成的，不喝酒简直寸步难行，生意不好做，群众关系也不融洽。后来我硬着头皮上，发生了很多故事，最后发现不喝酒也能做销售，只要你够专业，做人够坦荡，哪怕江湖手段差一点，经销商、团队照样认可我。

好不容易过了第一关，会做销售了，当了经理，又遇到困难：管不住人！我总觉得当领导只要对员工好就能管好下属，结果发现事与愿违，几番磨炼，逼得我恩威并施还要"杀人不眨眼"。

后来到民营企业当总监，发现外企的营销套路在民营企业不好用，几经挫折差点被开掉，加班累到两次住院，最后才学会变通和乱中求治。

偶然当了讲师，更是诚惶诚恐：啊？我要当讲师了？在企业里给自己员工们讲课好办（谁敢不听就骂他），但是作为商业讲师，到企业讲课全靠内容吸引人啊，经验再多也不能上来就讲案例讲一天呀？怎么办？压力就是动力，通宵备课，写教材写到手抽筋，讲课前跟学员互动访谈，针对性设置课程内容，然后上台讲，心里才比较有底。

后来又出事了！要给可口可乐11个分厂的销售部总监培训，要给统一企业全国各地的总经理讲课！我的天，这些人在企业里资格都比我老、职位都比我高，甚至曾经是我的老板，压力大啊！又是通宵备课，实地走访，再做充分准备。结果在统一总部培训完反响很好，又全国巡回培训几十场。

后来又出事了！康佳找我给全国分公司总经理讲课，我是快消行业出身，从没做过家电行业，而台下的学员又都是分公司老总，24个学员就管了100多亿元的销售额！压力大啊，又是通宵备课，实地走访。结果培训反馈非常好，学员们说我讲的内容让他们耳目一新（我给卖家电的人讲怎么卖可乐，肯定让他们耳目一新），又给康佳全国巡回培训几十场。然后我明白我不仅能给快消企业讲课，之后我进入建材、家电、日化、药品、IT领域做培训，就是康佳那次跨行业培训给了我信心。

到现在我当讲师20多年了，似乎已经小有名气。但实际上还是如履薄冰，总有一种危机感：市场总在变化，课程内容3个月不更新就会被行业甩在后面，要延长自己的"保质期"，就需要做咨询顾问项目，继续一线实践，看最多的书，听最前沿的课，做个有心人，以天下为师，向同行学习、向客户学习、向学员学习，尽量让自己"保鲜"。长江后浪推前浪是自然规律，但是一个善于学习的人不会那么快被淘汰。

....

一次次诚惶诚恐，一次次如履薄冰，一次次山穷水尽，一次次绝处逢生，一次次的挑战，一次次的折腾，一次次的总结之中承受着一次次的挫折和成功。我终于明白，有阅历、有思考、有总结，加上有充分的准备，就可以做到有信心，然后生活开始从容，因为你付出了足够的代价。

今天我的生活已经从容了很多。

首先我有专业积累：10年外资企业一线销售工作经验。碰巧我记了10年的工作日记，后来上台当讲师，我肯下功夫自己写教材。我在台上讲的每一句话、每一个案例，甚至每一个笑话都是提前写好的。我的语速大约一天讲8万~10万字，我现在成熟的课程能讲40多天，我已经成熟的教材就有

400多万字（400多万字什么概念？大概5套《红楼梦》吧）。更重要的是，这些课程教材不是我编的、复制粘贴组装的，而是我根据自己10年销售、10多年培训、几十本工作日记、几百家企业几千次培训几万个学员身上学习到的东西，原创写出来的。行业里很少有人下这个功夫。这些就是我上台讲课的底气，是我在培训行业的核心竞争力和竞争壁垒。

其次我有客户积累：10多年培训积累几百个对自己满意的客户，老客户不断续约就是我的业务保障，我不需要再费心费力找订单，专心备课就行。然后才觉得我度过了生存期。

当然要付出代价——20多年时间，做同一件事。尤其是当了讲师之后，要板凳一坐十年冷去看书、学习、自我提升、写教材，在自己的世界里自得其乐忍受（或者享受）学术的孤独。到今天已步入中年，更年期将至，写教案写得颈椎、腰椎增生，讲课嗓子变哑，以前在KTV都唱《男儿当自强》和《青藏高原》，现在只能唱《滚滚长江东逝水》。

用自我的经历为证，仅仅因为自己的经历体会深而已。我绝对不是什么成功者。论知名度，很多人认识我，是因为讲师这个职业有机会面对公众。论财富，可能很多经销商都比我阔得多。论事业，我也不是上市公司主席，我的兴趣不在那里，我知道自己的斤两，也知道自己想要什么。我只不过想当一个好讲师，我喜欢在自己的专业领域里不断进步。我绝不是主流价值观里的成功典范。

但是我相信所有成功的人跟我走的道路是差不多的——要有足够的耐心，量变一定会有质变，没有读书破万卷，哪里能下笔如有神，没有聚精哪里来的会神？积累够了，自然就伟大了。

没关系，我有耐心，我再熬30年，再看自己这一生能不能有一点成就。

五、话题四：清火气，养元气，做人要大气，三气合一，终成正果

成年人应该有底线思维，实力最重要，大巧守拙才是捷径。

第一，要有足够的耐心。成功是熬出来的，不再浮躁就能"清火气"。

第二，要足够地专心。聚焦行业不分散精力，竞争是有效劳动的正向积累，量变一定要产生质变，你才能"养元气"。

第三，要有正确的企图心。立足行业，志存高远。立志得道成仙，就不要在装神弄鬼上浪费工夫，"做人要大气"！

清火气，养元气，做人要大气，三气合一，就会有结果。

一个人做一件事情：首先要心思单纯，没有杂念，不关心所谓的江湖，不受干扰，一心一意乐在其中把这件事情当作学问去研究。其次要很专心，没有换行业，一直做这件事，看这个行业的书，听这个行业的课，做这个行业的学问。最后要很有耐心，一件事情一做几十年。

是厨子肯定会成为一级好厨子，是大夫也会是个名医，是营销人一定是绝顶高手。

《没事偷着乐》里面冯巩最后说了一句台词："孩子，好好活下去，只要你能活下去，你就会碰到好多好多的幸福，你就没事偷着乐吧。"我觉得这句话就是对营销人说的。

有专心，有耐心，有企图心。也许坎坷颠沛会伴你一路同行，但是看长线，很多年以后，你的专业技能、影响力、人脉积累都会大大提高。

专业上：可以开宗立派，笑傲天下！

行业地位上：你会成为闪亮耀眼的人，你辞职立刻有猎头来找你。

生活品质上：得到极大的提升，你终能"安身立命，离苦得乐，逍遥自在"。你会碰到好多好多的幸福，你就没事偷着乐吧！

说明：本文中"伟大是熬出来的"观点深得冯仑先生《野蛮生长》一书的启发，特此鸣谢。

六、话题五：营销人能不能当培训老师，这事儿谁说了算

在培训现场、视频课群里，我都遇到过想当培训老师的人，他们经常半开玩笑半认真地问我："魏老师，您收不收'入门弟子'？我听了您的几次课觉得不过瘾，能不能到您那里跟您多学一些，之后我也能去当培训老师了。"

对于这个问题，我再多讲点内容。有兴趣入培训这一行，或者做管理岗位同时还想提升自己培训方面能力的人，权且一看。

先给大家讲一件我经历过的真事。我曾给一家企业的经销商做培训，因为是老客户，而且只有一小时的课程时间，所以我就破例允许企业在培训现

场录音录像。

等到晚上聚餐时，这家企业老板开玩笑地跟我说："魏老师，你危险了。"

我赶紧问他："此话怎讲？"

他得意地说："我要跟你抢饭碗了！你今天的课我们全程都录像了，每张幻灯片也都拍照了。等我们把这段视频看熟，把幻灯片对照着做出来，再把课程的价格定低一些，这样一来，我讲的内容跟你讲的基本没区别，同时价格还低了那么多，大家肯定都会来选择我的课了。"

上面这套逻辑看似是成立的，实际上从起点就出错了——模仿和替代是两个概念。我公司的员工跟着我这么多年，讲课视频和幻灯片也都看了不少，结果能独立讲课的屈指可数。所以，想听几遍视频、看几张幻灯片就会讲课，就能当培训老师，简直是天方夜谭。

想要替代我很难，主要是因为我的这套知识体系是从自己多年走街串巷、"带兵打仗"的经验中总结出来的；是我在跟不同行业的企业老板交手过招、切磋挨打的过程中体会出来的；是我在几十本厚厚的工作日记里面摘录、提炼、沉淀出来的。所以，这就是我的独家秘笈，其中很多招数都在我的心里，别人很难复制出来。

回到本节开头最初的那个问题上来，答案是：我肯定不收"入门弟子"。对此，我的想法是：遍地黄金真好看，你把黄金捡起来做成个金箍儿，高高举起，戴在头上。从此，江湖上就少了一个逍遥自在的齐天大圣，多了一个去西天取经的猴子。

解释一下上面这段话——我不愿意被禁锢住。如果我找一帮"徒弟"，我去接单，转手让"徒弟"们干活，我等着赚差价，这种"轻松的"生活我是不屑于过的。因为我在这方面是有"野心"的，我愿意自己去走街串巷、"带兵打仗"；之后分析数据，检查终端，锁定问题；最后确认方案，督办执行……等做完这些，我就把它们提炼成独属于我的知识产品——培训课程。

虽然我不收"入门弟子"，但是我并不担心自己的这套知识体系失传，因为我的这些课程都已经公开放到网上，总共有两万多张幻灯片，四百多个课时，所有人都可以查看。也就是说，所有人都有机会成为培训老师。

当然，就像我上面讲的，有了这些理论知识，你还不一定能当上培训老师。因为学营销和学营销培训不完全一样，营销培训的门槛更高一些。想在这个行业立足，得看老天是不是赏你这碗饭。

根据多年的培训经验，我总结出这个行业主要有三个门槛。

第一，要"博览群书"，同时增加自己的生活阅历。

一方面，营销行业虽然实操的内容多一些，但多读书还是很有必要的，读书更多的是培养我们的思维能力，让我们在面对事情时可以有更多的思考角度，这对营销培训工作同样有用。另一方面，如果你没有积累多年的营销管理实践经验，那么我上面的这些课你很难理解透彻，即使都看完，也不会应用。

第二，保持平常心很重要，这个行业是"板凳一坐十年冷，文章不写半句空"。

做培训老师不能浮躁，要保持一颗平常心，努力沉淀自己。这主要体现在以下两个方面：

其一，你给做销售的人讲"怎么做销售"，是不可能糊弄过去的，他们听前十五分钟的课时，主要不是听课的具体内容，而是听你有没有资格给他们讲课。所以，如果你很浮躁，没有真本事，只会喊口号的话，那么没喊两句你就会被赶下台。

其二，在营销培训这一行，你必须把自己的产品线拉长，这样才能加大企业返聘你的概率。只会讲一天课很难在行业里立足，就算是在企业里当内训师，也不能只会讲一天的课啊，这样很难让别人对你信服。

第三，只有注重日常的积累，踏实做事，才能真正有所收获。

大家应该都学过荀子的《劝学》："故不积跬步，无以至千里；不积小流，无以成江海。骐骥一跃，不能十步；驽马十驾，功在不舍……"讲的就是这个道理。如果你不重视积累，根基没有打牢就匆忙上了讲台，那么讲课的效果肯定不好。这就会导致企业对你的课不满意，你的培训老师之路也就很难继续下去了。

回头看看自己的营销生涯，我觉得很幸运，也很幸福。我的幸运在于，从二十出头端上营销这碗饭开始，我就没撒过手，不管遭了多少罪，我都一直坚持住没转行。我在康师傅卖过方便面，在可口可乐卖过汽水；在民营企业当过销售总监，也当过营销经理……后来阴差阳错，因为在《销售与市场》上写的文章被人赏识，被请到一家企业讲了一次课，得到了称赞，使自己信心大增，稀里糊涂就当上了培训老师。

从2002年开始上讲台算起，一直到今天，我依然把一大半的精力放到了市场一线，因为培训和咨询是不可分割的关系，我做咨询不是给企业出一套方案了事，而是和企业签了合同，要做实际执行工作的。所以，我每个月都要去企业上班，带团队、扛任务量，其实干的活儿跟普通打工人一模一样，只不过我领的钱不是工资，而是咨询费。

在实战过程中，我也没有忘记自己培训老师的身份，把这些宝贵的经历全部研发成了课程。从最早入行只会讲两门课"经销商管理""终端管理"，到现在我已经研发了七个主题方向，多达六十天的原创课程。所以直到今天，我还没被营销培训行业淘汰。

其实，营销培训这个行业对年轻人很友好。因为在这个行业里，倚老卖老或包装炒作没什么用，即使忽悠到了人，也只能是一锤子买卖。你就算把自己吹得天花乱坠，只要上讲台说不出什么真材实料的内容，那么台下马上就开始起哄，让你下台了。

而那些身怀宝藏的无名之辈，只要你讲的内容有用，台下就会认真听课、鸦雀无声，课后马上会跟你签单返聘。所以，营销培训行业里，你的专业东西过硬，你就可以不依附于任何企业、单位和体制，自己就能撑起一片天来。

2024 再版后记

魏庆杂谈——闲话无常

一、十个月劳模，为两个月假期努力

一个月旅行休假结束，总结留念，当作青春的尾巴。

2014年之前，我和营销界的很多同人一样，从无假期概念。

忙忙碌碌，至死不休，也仅此而已。

2014年前后，我经历了两位亲人病逝。拼尽全力，结果，一个也救不了。然后，自己大病一场，溃不成军。

贵人相助，也借力健身房和讲台，逃出低谷。

小伤可以怡情，触底反弹之后，我的想法就变了。

之前我有点强迫症：两天不干活，真的有负罪感，觉得自己堕落了，即将被潮流甩掉。

现在，也有点强迫症：干活熬夜多了，马上也有负罪感，觉得太不值得了，这样生活，亏待了自己。

2016年初，我给自己定了规矩，每天健身，每年放假两个月，不接单、不讲课、不做咨询，天子呼来不上船。一个月国内旅行，一个月国外度假。

这四年，都做到了。

同一件事，横看成岭侧成峰。

过去的思维模式：整整两个月假期啊，少赚好多钱啊，天道酬勤啊，这么堕落，你会被行业甩掉的，会丢掉很多客户啊……

现在的思维模式：一年当十个月劳模，就为这两个月假期，能休得心安理得。休完假，再干活，精力充沛有奔头啊。

十个月，为两个月努力。两个月，为十个月服务……

凡事不能太过。

我很快发现，纯粹玩一个月很无聊，导游们天天跑景点，他们却说累得要死。

我每天也会打开电脑，信马由缰，工作几个小时，拳不离手，维持功力不衰退，对冲负罪感。

拍照发圈，多数人都对我的动辄几十天长假，羡慕惊奇。

岂不知，背景是：观生死，才知今是昨非。

二、江山尽改英雄面，岁月何曾饶旧人

出去玩，跟财力关系真的不大，丰俭由人。

现在年轻一代厉害，流行背包客、沙发客、打工旅游签证……玩法几乎零成本，甚至还有盈余。

一己的勇敢，是一个人年轻时唯一拥有的东西。

中年人相对要怂很多。

对多数中年人而言，时间才是奢侈品。

打工人假期短，多数只能在两份工作的空窗期，出去多浪几天。

老板们，多数是自己想不开，贪念不止，不放权，不是不放心，而是放不下心……

我"创业"很多年了，愧领"老板"这个头衔，在这个群体里，估计勉强算个中农。

至少，我培训过的 90% 的企业老板，财力秒杀我千百倍。

全国每个小县城都可能有经销商，他们的余粮比我多。

但是，企业老板这个群体，都忙得像上了弦。

"996"算什么，我见过的企业老板，大多数 12 小时 × 360 天。

这真让人尊敬——

这代人，从一穷二白走过来，周围全是你追我赶的财富奇迹，他们如同命运铁锤之下的仓皇地鼠，被极限的求生欲和求胜欲逼出了无限潜能。

这也让人不解——

曾有大经销商抱怨：

"我自己都觉得自己活得变态，天天干活儿干到半夜，我赚的钱，是要后半夜花吗？"

干企业的，多数人都会经历这样的阶段：看花还没看够，看事还没看透。

年轻时，谁怕过啊，都是铁人。

人生有很多道理，本来就是要等你透不过气来时才懂得。

我见过多少铁人，一张体检报告就吓尿了。

一下就把烟戒了，开始跑步了，不喝酒了，不敢熬夜了，开始节食了……

我头一年去培训，他还嘲笑我晚餐节食、不抽烟是怕死。

第二年我再去培训，他泡上枸杞了。

铆钉朋克，迟早穿上棉毛裤。

夜店女神，终归换上平底鞋。

江山尽改英雄面，岁月何曾饶旧人。

三、最大的成就感，就是用自己喜欢的方式，度过这一生

成功，其实是动物界共有的初级欲望（陈述句，无贬义）——

占有更多资源，住更大的房子（洞穴和领地），存折上变得更大的数字（食物）……

我们太忙了，甚至顾不上想一想，以整个生活做代价去拥有这些，真的值得吗？

一日三餐是天理，一念三千是人欲。

物质对人的安慰是极其有限的，因为喜新厌旧周期快，而且人的需求有限。

听说你思想境界高，忙不是为赚钱，更在乎的是"成就感""对员工的责任""对社会的责任"……

你高兴就好。

我认同的是："人一辈子，最大的成就感，就是用自己喜欢的方式，度过这一生。"

当前的 hard（困难）模式，你是否真的喜欢，自己想清楚。

——忙碌是因为对员工的责任？

你想多了，市场经济，你的企业不干了，其他企业会招人的，员工饿不着的。

——还是对社会的责任？

好好缴税吧，缴税是企业家最直接的社会责任。遵守劳动法，善待员工，及时给供应商付款，采购好的原材料，产品要货真价实……把这几件事情办明白，再上台谈社会责任。

什么？这么干企业就倒闭了？请参考上一问。

——听说你的兴奋点是事业，不是钱……

很多时候，枷锁是自己给自己套上的。总想着年年业绩翻倍放卫星，重压之下市场动作一定变形。总干违反市场规律的事，是要被市场报复的。

——听说你也想放下，只是没时间？

知道我对时间的概念是怎么更新的吗？

我在肿瘤医院看护病人，看各色人等躺在病床上，蓬头垢面、毫无尊严、任人摆布。

家属探视，排队等一趟电梯要挤几十分钟……

我当时明白了，进了医院，平时省的那点儿时间，都得加倍还回去。

医院其实是最忙的地方：

有人忙着生，有人忙着死。有人忙着生不如死，有人忙着向死而生。

四、多欲者寡欢，不如舍去，得一个自由

总有人问我，为什么不把公司做大？

多接几个咨询单子，然后大哥接单，小弟做单，从中抽水……赚更多的钱。

我的想法是：

遍地黄金真好看，你把黄金捡起来做成个金箍儿，高高举起，戴在头上。从此，江湖上就少了一个逍遥自在的齐天大圣，多了一个去西天取经的猴子。

我也许只是只猴子，但不喜欢戴金箍儿。

西方有句谚语：金钱不成为你的仆人，就会成为你的主人。

我还是让它做仆人吧。

鸿鹄安知燕雀之志？

多欲者寡欢，不如舍去，得一个自由。

这几年经过一番努力，我终于把公司变得更小了。

所有咨询项目不再续约，全部转给员工。

我教老员工们本事，逼他们自己成立公司自立门户，给他们引荐项目扶上马送一程，成不成才，看他们自己的努力和造化。

从此跑单帮、访谈、市调、备课、讲课、做微咨询……所有工作我单挑，保证质量，不保证数量。

厨子、采购、老板三合一，关了手机，就是假期。

打开电脑备课，拔掉电源看景。

半生差旅，早已惯做离人。

不同的是，以前，都是跑售点。现在，也会跑跑景点。

那些即将抵达的地方，都是我素未谋面的故乡。

五、闲话无常，深呼吸，浅悲喜

在微信公众号（菩萨公园）里看到一段妙论——

万物由基本粒子构成，粒子总是在做无规则热运动，世事无恒常的东西，永远在变动，这就是，无常。

说得真好，深入浅出。

上了点年纪，在生活中，身边人和事，都在印证这个逻辑。

我看过一生钻营好斗、贪婪刻薄，而且总能"占到便宜"的"强者"，晚年孤苦。

我见过读书不多，但是善良忍让的老工人，得善终。

我看到贫苦一生的长辈，晚年健康硬朗，生活安乐。

我看到小富一方的大经销商得了重病，拿钱买不到命，生死一线之间，却还强打精神操持生意。

我看到商场上披荆斩棘，干掉竞争者，成功上位获得控股权的老板，突然中风，半身不遂，眼睁睁看着儿子败家，自己在病床上，泪水始终不干，求死不能。

我看到善良仗义、拥有赤子之心的好人，罹患癌症，英年早逝。

我看到古道热肠、救人无数的肿瘤医院专家，自己却罹患肿瘤。

我看到仪表堂堂、坐拥天下的大企业家，其实资金链绷得直冒火星子，股票质押 100%，几十个亿的固定资产不能变现，愁得一天只睡 3 个小时。

我看到在位时前呼后拥的企业高管，一旦失势，旧人落幕，新人登场。仰人鼻息，反过来给过去的小弟赔笑脸，看人眼色。

…………

这些事情一旦关联起来想，就会疑惑：

什么是强，什么是弱？

什么是输，什么是赢？

人活着，孜孜以求，千辛万苦想抓到的结果，其实皆是无常，就像空气一样不靠谱。

既然如此，跑马拉松有什么用？练一身肌肉有什么用？赚钱有什么用？

终究要老朽的，裹尸布上没口袋，等有一天你休息了，床板一搭，白布一盖，亲戚朋友等着吃席，你挣的那点钱，带不走。

不要那么丧。

我并非主张从此晒太阳抓虱子，才叫魏晋风骨。

花花世界，掌声鲜花红毯，功名古玉文章。

这些虚幻的东西多美好，明知虚幻，当下就尽情体验吧。

那么多先烈先贤奋斗，为的是后代活得好一点儿。

躬逢太平岁月，别糟践。

只是，要明白知行所止，有些东西，付出代价太大的话，不要也罢。

而且，记住，别入戏太深，用看电影的心态去享受它们。

笙歌夜宴，都是光学影像。

散场，就起身，不贪恋。

红尘多可笑，痴情最无聊。

深呼吸，浅悲喜。

山河远阔，人间烟火。

终究，笙歌归院落，灯火下楼台。

争个什么，起先有得失，过后无输赢。

何苦要那白茫茫的一片真干净？

六、直视骄阳，你瞅啥

行文至此，也许会被指责：矫情，贪生怕死，境界低。

好吧，笑骂由人。

之前写过一篇《参生死》，里面已经有交代。

您若不认同，我何足道哉？

死亡，是人类都要面对的终极拷问。

生寄死归，人生下来，就是排队奔着死去的。

我打小性格比较怂，之前不明白为什么有人去玩那些刺激的极限项目：跳伞、蹦极、滑翔伞、潜水、雪山冰川极地徒步，甚至去坐空中秋千……

真是服了这些"找死"的后生崽，一条命，就那么不值钱？

这几年，一一尝试之后，我明白了，干这种事儿，的确有益身心健康。

当你一次次面对生死恐惧，牙一咬就干了。

然后，再次面对生死恐惧，你就越来越坦然了。

干多了，就有免疫力。

坐完号称世界第二长的过山车之后，我的感觉不是害怕，就是下了车之后，感觉眼珠子好疼，好像要甩出来了。

克服恐惧最好的方法，就是面对。

生死穷达，到底是随机概率，还是因果循环？

既然有，好人罹难，恶生善死。

那么，死亡对生者而言，是一种厄运吗？

死亡，真的可怕吗？

人，在这个世界闭上眼，会在另一个世界睁眼吗？

这些事儿，也许下一世，我也搞不明白。

那就索性，不想了。

生命的长度我们是无法控制的，只能增加其宽度，增加更好的体验。

遇事别着急，多少当时看来天大的事情，十年之后，都是下酒菜。

实在放不下的时候，去墓地和重症病房看看，就知道自己已经得到太多，再要就是贪婪。

减少意外，接受无常。

有本欧文·亚隆写的书,《直视骄阳:征服死亡恐惧》,翻译得有点艰涩,若能静心读进去,会受益的。

骄阳似火,让人不敢直视,似乎在问"你瞅啥"。

别怕,

戴上墨镜,直视骄阳,淡淡地说:

瞅你咋的?

魏庆,写于 2019 年 10 月 28 日,假期归途中。

回头看了一眼,不好意思,这把年纪竟如此煽情,写完了,先吐为净。

即将回到工作状态,现原形。生活中不但有诗和远方,还有甲方。

再当五个月劳模,期待下一个假期。

魏庆老师的 152 期营销视频课

魏庆老师的 152 期营销视频课，合集 126 个小时。拍摄上线完毕，持续发售中。

1. 视频课学习概要

（1）整体概要

152 期魏庆本人主讲的视频课程，从经销商和厂家两个角度展开。

（2）24 个专题

152 期课程涉及 24 个营销专题，销售员在营销管理工作中遇到的很多常见难题，课程里面都有解决思路和解决方法，乃至动作、步骤、流程和案例。

（3）参考资料

请参考以下公众号文章，来判断你应该先听哪些课程。

扫码查看：《24 个常见营销问题的答案——152 期魏庆视频课知识点目录》

扫码查看：《魏庆视频课（共 152 期），内容大纲，续费政策，团购清单》

扫码查看：《魏庆152期（110个小时）完整视频课介绍》

（4）咨询课程购买

课程购买咨询：课程购买＋助理微信 F490930（刘小姐）

直接询问魏老师：如果看完以上内容，你还是不清楚自己适合先学习哪些课程，或者是想咨询营销专业问题的话，那么你可以选择直接跟魏庆老师沟通（魏庆老师的微信公众号是：魏庆老师），添加好友时备注"咨询视频课"，魏老师会通过好友申请。

（5）试听魏庆老师的免费视频课

途径一，关注魏庆老师的微信短视频号：魏庆老师，或抖音号：魏庆老师营销培训，即可观看免费短视频。

途径二，关注微信公众号：魏庆培训，或者扫描下方二维码，查看魏庆老师的十一期完整视频课（超过5个小时）。

（6）直接购买视频课

2. 如果您是经销商，那么请重点看下面的内容

（1）送给经销商的礼物

很多厂家会批量采购魏庆视频课经销商版，然后送给自己的经销商做礼物，因为这套课程可以帮经销商提升其精细化管理的水平，也能有效提高经销商销售团队的作战能力。

（2）经销商生意管理的知识体系

魏庆视频课经销商版，包括"2021魏庆视频课""2020魏庆视频课经销商版""2019魏庆视频课经销商版""2018魏庆视频课经销商版"——以上四套课程总计120期。系统讲解了"经销商如何提高利润""经销商如何推新品""经销商如何管理团队""经销商如何搞促销""经销商的一线人员如何做终端推销""经销商如何盘活资金"……形成一个庞大系统的经销商生意管理知识体系。

（3）跨界学习厂家版课程

需要特别说明的是，部分大经销商也购买并跨界学习了"2020魏庆视频课厂家版"，因为大经销商也希望学习下面这些内容：厂家如何管理经销商、如何汰换经销商、如何管理市场、如何做市场年度营销规划……

3. 如果您是厂家，那么请重点看下面的内容

（1）厂家版定制内容

如果您是厂家销售人员，那么请重点关注"2020魏庆视频课厂家版"，因为这个视频是针对厂家员工定制的。

（2）厂家更需要学习经销商版

因为厂家销售人员要管理和服务经销商，其中一个重要职责就是帮经销商提高销售团队的管理水平，帮经销商卖新品、分析销售数据、提高利润……所以，经销商版视频课讲述经销商如何做生意，也适合厂家销售人员学习。

（3）结论

对厂家销售员来说，魏庆老师视频课中的所有课程都适合学习。

（4）送给经销商做礼物

很多厂家会批量采购魏庆视频课经销商版，送给经销商做礼物。因为这套课程，是一个相对完整的"经销商生意管理的知识体系"，可以帮经销商提升精细化管理水平，提高经销商销售团队的作战能力。

4. 魏庆老师的独家建议

（1）通读

先对照课程大纲，在一段时间内把课程视频挨个过一遍，了解每堂课在讲什么内容，以便你日后快速检索到自己需要的课程。

（2）针对性精读

根据目前你的工作重点，选择需要立刻强化学习的课程，并进行针对性地反复学习。在课程中寻找适合自己的答案，落地执行做出结果（需要选择哪些课程，可以自己看大纲，也可以直接咨询魏庆老师）。

（3）作为查阅工具

152期视频课，累计超过110个小时，相当于魏庆老师线下面授培训15天。这是一个庞大的营销管理知识系统，营销管理岗位遇到的很多常见问题都能在课程中找到答案。当你在工作中遇到难题时，就可以按图索骥，检索针对性的课程，进行针对性学习（需要选择哪些课程，可以自己看大纲，也可以直接咨询魏庆老师）。

5. 感谢众多企业批量采购课程

感谢众多企业的信任，批量采购魏庆营销视频课：

【雪花啤酒】团购160张魏庆视频课年卡

【联合利华】买断十期魏庆视频课程的内部播放权

【蒙牛乳业】团购15套合计60张魏庆视频课年卡

【达利园】一次性团购及经销商组团购买，合计80张魏庆视频课年卡

【金锣火腿肠】团购21张魏庆视频课年卡

【重庆啤酒】团购15张魏庆视频课年卡

【德高建材】团购11张魏庆视频课年卡

【外勤365】团购16张魏庆视频课年卡

【常成轮胎】团购10套合计40张魏庆视频课年卡

【青岛啤酒】团购11张魏庆视频课年卡

【西安汉斯啤酒】团购12张魏庆视频课年卡

【成都仁人聚惠（日丰管业）】团购6套合计30张魏庆视频课年卡

……

客户名单，未能一一尽录，在此一并表示感谢！